böhlau

Wolfdieter Bihl

Der Erste Weltkrieg

1914–1918

Chronik – Daten – Fakten

Böhlau Verlag Wien · Köln · Weimar

Gedruckt mit Unterstützung durch

das Bundesministerium für Wissenschaft und Forschung   BMWF ᵃ

Bibliografische Information der Deutschen Nationalbibliothek:
Die Deutsche Nationalbibliothek verzeichnet diese Publikation in
der Deutschen Nationalbibliografie; detaillierte bibliografische Daten
sind im Internet über http://dnb.d-nb.de abrufbar.

ISBN 978-3-205-78379-4

Das Werk ist urheberrechtlich geschützt. Die dadurch begründeten Rechte, insbesondere die der Übersetzung, des Nachdruckes, der Entnahme von Abbildungen, der Funksendung, der Wiedergabe auf fotomechanischem oder ähnlichem Wege, der Wiedergabe im Internet und der Speicherung in Datenverarbeitungsanlagen, bleiben, auch bei nur auszugsweiser Verwertung, vorbehalten.

© 2010
by Böhlau Verlag Ges.m.b.H. und Co.KG, Wien · Köln · Weimar
http://www.boehlau.at
http://www.boehlau.de

Druck: Impress, SI-Ivančna Gorica

Inhaltsverzeichnis

	Vorwort.	8
1.	Internationale Abkommen 1806–1914	9
2.	Die Julikrise 1914.	43
3.	Die Streitkräfte im Sommer 1914	53
4.	Das Kriegsbild des Sommers 1914	55
5.	Kriegspläne, Mobilmachung und Aufmarsch der Armeen 1914.	57
6.	Die innere Lage der Krieg führenden Staaten 1914	60
7.	Die Kämpfe in Galizien, Ostpreußen und Russisch-Polen im Sommer und Herbst 1914.	83
8.	Die Westfront 1914.	89
9.	Der Balkankriegsschauplatz 1914.	93
10.	Der osmanische Kriegsschauplatz 1914	96
11.	Der Krieg in den deutschen Kolonien 1914	97
12.	Der Seekrieg 1914	98
13.	Die innere Lage der Krieg führenden Staaten 1915.	101
14.	Der Karpatenwinter 1914/15	110
15.	Die Westfront 1915	111
16.	Der Sommerfeldzug 1915 gegen Russland	112
17.	Der Krieg gegen Italien 1915	114
18.	Der Balkankriegsschauplatz 1915.	117
19.	Der osmanische Kriegsschauplatz 1915.	118
20.	Der Krieg in den deutschen Kolonien 1915.	120
21.	Der Seekrieg 1915.	120
22.	Die innere Lage der Krieg führenden Staaten 1916	121
23.	Die Neujahrsschlacht in Ostgalizien und der Bukowina (27. Dezember 1915 – 26. Jänner 1916).	135
24.	Die Kämpfe in Montenegro und Albanien 1916	135
25.	Die fünfte Isonzoschlacht (11.–16. März 1916)	137
26.	Die Offensive in Südtirol 1916	137
27.	Die sechste Isonzoschlacht (4.–17. August 1916)	139
28.	Die siebente Isonzoschlacht (14.–17. September 1916)	139

29.	Die achte Isonzoschlacht (9.–12. Oktober 1916)	139
30.	Die neunte Isonzoschlacht (31. Oktober –4. November 1916)	140
31.	Die Brusilov-Offensive im Sommer 1916	140
32.	Die Schlachten von Verdun (21. Februar–9. September 1916) und an der Somme (24. Juni–26. November 1916)	142
33.	Der Feldzug gegen Rumänien im Herbst und Winter 1916	145
34.	Der osmanische Kriegsschauplatz 1916	147
35.	Der Krieg in den deutschen Kolonien 1916	148
36.	Der Seekrieg 1916	149
37.	Anfang November 1916. Die Streitkräfte der Krieg führenden Staaten (nach Berechnungen des französischen Generalstabes)	150
38.	Der Luftkrieg 1914–1916	151
39.	Die innere Lage der Krieg führenden Staaten 1917	154
40.	Der Wandel in der Kriegführung	180
41.	Der Zusammenbruch Russlands 1917	184
42.	Der Kriegseintritt der USA 1917	191
43.	Die Südwestfront 1917	195
44.	Die Westfront 1917	200
45.	Der Balkan 1917	203
46.	Der osmanische Kriegsschauplatz 1917	203
47.	Der Krieg in den deutschen Kolonien 1917	204
48.	Der Seekrieg 1917	204
49.	Die innere Lage der Krieg führenden Staaten 1918	209
50.	Die Westfront 1918	253
51.	Die Italienfront 1918	262
52.	Die Balkanfront 1918	271
53.	Der osmanische Kriegsschauplatz 1918	275
54.	Der Krieg in den deutschen Kolonien 1918	279

55.	Der Seekrieg 1918	279
56.	Der Luftkrieg 1917–1918	281
57.	Die Friedensverträge	286
58.	Die Verluste	298
59.	Ergebnisse des Ersten Weltkrieges	301
60.	Einige Bereiche des Kulturlebens. Die Philosophen und Psychologen, Schriftsteller, Komponisten, Maler, Bildhauer und Architekten im Ersten Weltkrieg	303

Karten . . . . nach 56
Bibliografie 314
Register (Namen- u. Ortsregister) 322

Vorwort

Winfried Baumgart spricht vom Ersten Weltkrieg als von der »Urkatastrophe in der bisherigen Geschichte des 20. Jahrhunderts«, Erwin Hölzle empfindet ihn als eine »Selbstentmachtung Europas«, die erst den Aufstieg der Vereinigten Staaten von Amerika und der Sowjetunion zu Weltmächten ermöglicht habe.

Basierend auch auf eigenen Forschungen werden in komprimierter Weise die innen- und außenpolitischen, militärischen, sozioökonomischen, psychologischen, mentalitätsgeschichtlichen und ansatzweise auch die kulturgeschichtlichen Faktoren erfasst. Berücksichtigt werden jahrweise alle Fronten inklusive des See- und Luftkrieges sowie die innere Lage der Krieg führenden Staaten.

1. Internationale Abkommen 1806–1914

Zum besseren Verständnis der Situation im Juni/Juli 1914 werden die internationalen Abkommen 1806–1914 vorangestellt. In den Abkommen nach dem Ende des Heiligen Römischen Reiches spiegeln sich die Hauptprobleme, Strömungen und Entwicklungen der europäischen Politik und der mit Europa verbundenen Weltpolitik bis zum Attentat in Sarajevo (28. Juni 1914), das in den Ersten Weltkrieg einmündet, wider.

In der **Rheinbundsakte vom 12. Juli 1806** sagen sich 16 deutsche Fürsten von Kaiser und Reich los, Protektor ist ein fremder Souverän: Napoleon (seit 1804 Kaiser der Franzosen). Das ist der äußere Anlass für die Niederlegung der römischen Kaiserkrone durch Franz II. (seit 1804 bereits Kaiser von Österreich als Franz I.) am 6. August 1806 – faktisch das Ende des Heiligen Römischen Reiches (Deutscher Nation).

7. Juli 1807 Friede von Tilsit Frankreich – Russland, **9. Juli 1807 Friede von Tilsit** Frankreich – Preußen: Herzogtum Warschau unter dem König von Sachsen; Joseph Bonaparte König von Neapel, Louis Bonaparte König von Holland, Jérôme Bonaparte König von Westfalen; Preußen verliert Länder zwischen Rhein und Elbe (»Königreich Westfalen«). Danzig wird freie Stadt, Białystok an Russland.

12. Oktober 1808 Allianzvertrag Napoleon I. – Alexander I. von Russland, abgeschlossen auf dem Erfurter Fürstentag: Donaufürstentümer Moldau und Walachei sowie Finnland an Russland; über eine vollständige Teilung der europäischen Besitzungen des Sultans wird weiter unterhandelt.

19. November 1808 Konvention von Olkioki Schweden – Russland: Schweden tritt Finnland an Russland ab (Friede von Fredrikshamn

Karl XIII. von Schweden – Russland [17. September 1809]: Schweden tritt an Russland Finnland, Ostbothnien, Westbothnien, Ålandsinseln ab).

14. Oktober 1809 Friede von Schönbrunn Frankreich – Österreich: An den Kaiser der Franzosen bzw. an Bayern Salzburg, Berchtesgaden, Innviertel; an den König von Italien Grafschaft Görz, Monfalcone, Triest, Krain, Villacher Kreis und alles Gebiet rechts der Save von ihrem Austritt aus Krain bis zur bosnischen Grenze, Fiume, das ungarische Littorale, Istrien (»Illyrische Provinzen« mit der Hauptstadt Laibach unter französischer Militärverwaltung); an das Herzogtum Warschau Westgalizien, Stadt und Gebiet von Krakau, Zamośćer Kreis; an Russland Teil von Ostgalizien.

28. Mai 1812 Friede von Bukarest Russland – Osmanisches Reich (Beendigung des russisch-türkischen Krieges von 1806–1812): Die Hohe Pforte tritt an Russland Bessarabien mit der Festung Bender, den östlichen Teil der Moldau mit den Festungen Chotin, Akkerman, Ismail und Kilia ab.

30. Dezember 1812 Konvention von Tauroggen zwischen dem kaiserlich-russischen Generalmajor und Oberquartiermeister von Diebitsch und dem kgl. preußischen Generalleutnant und Kommandierenden General von Yorck: Eigenmächtiger Neutralitätsvertrag (ohne Wissen des preußischen Königs), damit Absonderung der preußischen Truppenkontingente von der französischen Armee.

26. und 27. Februar 1813 Schutz- und Trutzbündnis zu Kalisch und Breslau Russland – Preußen: Offensiv- und Defensivallianz gegen Napoleon I.

9. September 1813 Allianz-Vertrag zu Teplitz Russland – Preußen – Österreich.

1. Internationale Abkommen 1806–1914

3. Oktober 1813 Allianz-Traktat zu Teplitz (Präliminarbündnis) Österreich – Großbritannien: Bundes- und Subsidienvertrag.

8. Oktober 1813 Vertrag zu Ried/Innkreis (Präliminarbündnis) Österreich – Bayern: Beitritt Bayerns zur Großen Koalition gegen Napoleon.

14. Jänner 1814 Friedensschlüsse von Kiel Dänemark – Schweden, Dänemark – Großbritannien: Dänemark gibt Bündnis mit Napoleon auf; Norwegen an Schweden; Großbritannien behält Helgoland.

1. März 1814 Quadrupelallianz zu Chaumont Großbritannien, Österreich, Russland, Preußen: Offensiv- und Devensivbündnis gegen Frankreich.

11. April 1814 Vertrag zwischen Österreich, Russland, Preußen und Napoleon Bonaparte über die Modalitäten der Abdankung Napoleons: Elba als souveränes Fürstentum an Napoleon, an Marie Louise die Herzogtümer Parma, Piacenza und Guastalla.

30. Mai 1814 Erster Friede von Paris Frankreich (König Ludwig XVIII.), Österreich (Kaiser Franz I.), Preußen (König Friedrich Wilhelm III.), Russland (Kaiser Alexander I.), Großbritannien (König Georg III.): Frankreich in den Grenzen vom 1. Jänner 1792; an Großbritannien Malta, Tobago.

25. März 1815 Konvention zu Wien zwischen Österreich, Preußen, Großbritannien, Russland: Erneuerung des Bündnisses von Chaumont (1. März 1814) gegen Napoleon.

8. Juni 1815 Deutsche Bundesakte, ausgefertigt in Wien: Mitglieder des Deutschen Bundes die souveränen Fürsten und freien Städte Deutschlands mit Einschluss des Kaisers von Österreich, der Könige von Preußen, von Dänemark und der Niederlande. Österreich ohne die polnischen, ungarischen und italienischen Gebietsteile, aber mit Böhmen, Mähren, Krain, Triest, Tirol bis südlich Trient, Preußen ohne Ost- und Westpreußen, Posen. Der König von Dänemark für Holstein, der König der Niederlande für das Großherzogtum Luxemburg. Der König von England als König von Hannover namentlich nicht aufgeführt. Im Deutschen Bund: 39 Mitgliedstaaten (um 1789 zählte das Heilige Römische Reich über 300 große, mittlere, kleine und kleinste Territorien).

9. Juni 1815 Wiener Kongressakte:
An Österreich die 1797, 1801, 1805 und 1809 verlorenen Gebiete (Tirol, Vorarlberg, Kärnten, Krain, Triest, Galizien, Lombardei mit Mailand, Venedig, Salzburg). Es tritt Belgien an die Niederlande ab und überlässt den Breisgau an Baden und Württemberg.

Preußen überlässt an Bayern Ansbach und Bayreuth, an Hannover Ostfriesland, Hildesheim, Goslar und Lingen, an Russland die polnischen Gebiete aus der dritten Teilung Polens. Preußen erhält dafür Schwedisch-Pommern mit Rügen (von Dänemark im Austausch gegen Lauenburg), die Rheinprovinz (Kur-Trier, Kur-Köln, Aachen, Jülich, Berg), die Vergrößerung Westfalens, die Hälfte des Königreiches Sachsen.

An Bayern – außer Ansbach und Bayreuth – die Reichsstädte Augsburg und Nürnberg, das Großherzogtum Würzburg, das Fürstentum Aschaffenburg, die Rheinpfalz, Teil von Fulda.

Bayern, Sachsen, Württemberg bleiben Königreiche, neues Königreich Hannover aus den ehemaligen Ländern des Kurfürstentums Braunschweig-Lüneburg. Frankfurt wird Freistadt und Mitglied des Deutschen Bundes.

Russland erhält den größten Teil des Herzogtums Warschau (Kongresspolen), Letzteres wird als Königreich Polen durch Personalunion mit Russland vereinigt. Krakau wird neutraler Freistaat unter preußisch-österreichisch-russischem Protektorat (1846 an Österreich).

Holland und das bisher österreichische Belgien werden zum Königreich der Niederlande vereinigt. Luxemburg wird an die Niederlande abgetreten, die Stadt wird Bundesfestung.

In Spanien, Portugal, Sardinien (durch Genua vergrößert), Neapel (Ferdinand IV. nennt sich von nun an Ferdinand I., »König beider Sizilien«) werden die alten Dynastien wieder eingesetzt; auch der Kirchenstaat wiederhergestellt.

Österreich herrscht im Lombardo-Venetianischen Königreich, in den österreichischen Sekundogenituren Toskana, Modena und in dem Napoleons Gemahlin zugesprochenen Herzogtum Parma, samt Piacenza und Guastalla.

Großbritannien behält Malta (1800 besetzt), Helgoland (1807 besetzt), Ceylon (seit 1802), das Kapland (1806 erobert). Britisches Protektorat über die Ionischen Inseln (5. November 1815).

Schweden in Personalunion mit Norwegen vereinigt.

Dänemark durch Schwedisch-Pommern entschädigt, das es gegen (das von Hannover an Preußen abgetretene) Lauenburg an Preußen tauscht.

26. September 1815 Heilige Allianz, abgeschlossen zu Paris zwischen Alexander I. von Russland, Franz I. von Österreich, Friedrich Wilhelm III. von Preußen: Manifest Alexanders I. (Entwurf von Alexander Stourdza, Name »Sainte Alliance« von Juliane Baronin von Krüdener) zur Restauration (Unterwerfung des staatlichen Lebens unter christliche Moralprinzipien, Bekenntnis zum patriarchalischen Regiment, zum Gottesgnadentum, zur Friedensidee, zum Völkerbund). Auf Veranlassung Metternichs wird das Bekenntnis für christliche Brüderlichkeit nicht mit Bezug auf die Völker, sondern mit Bezug auf die Monarchen ausgesprochen (die Fürsten in der Rolle als Familienväter). Metternich gibt dem Dokument einen konkreten politischen Charakter (Stützung der bestehenden Regierungsform, Versicherung auf Gegenseitigkeit). Einladung zum Beitritt an alle europäischen Monarchen, ausgenommen den Papst und den Sultan.

Alle außer Großbritannien sagen zu.

20. **November 1815 Zweiter Frieden von Paris** Frankreich – Österreich – Preußen – Russland – Großbritannien (Ende der »100 Tage«-Herrschaft Napoleons): Grenzen Frankreichs sind die des Jahres 1790.

20. **November 1815 Vierbund**, abgeschlossen zu Paris zwischen Österreich, Russland, Preußen, Großbritannien: Wahrung des Legitimitätsprinzips als Grund der Intervention; Frankreich unter internationale Polizeiaufsicht gestellt.

29. September bis 21. November 1818 Kongress von Aachen Franz I. von Österreich, Alexander I. von Russland, Friedrich Wilhelm III. von Preußen.

Protokoll – 29. September 1818: Besatzungstruppen räumen Frankreich mit Ablauf des Novembers 1818.

Konvention – 9. Oktober 1818 (Frankreich – Österreich – Preußen – Russland – Großbritannien): Herabsetzung der Kontribution von 700 auf 265 Millionen Franken.

Am 12. November 1818 zeigt Richelieu den Beitritt Frankreichs zur Heiligen Allianz an. Das Protokoll vom 15. November 1818, auch von Richelieu unterzeichnet, erklärt die Heilige Allianz als höchste Norm für das europäische Völkerrecht. Frankreich wieder in das Konzert der europäischen Mächte aufgenommen.

15. Mai 1820 Wiener Schlussakte, durch die Bundesversammlung in ihrer Plenarsitzung am 8. Juni 1820 zum Grundgesetz des Deutschen Bundes erhoben. Ergänzung und Erläuterung der Bundesakte vom 8. Juni 1815.

23. Oktober bis 24. Dezember 1820 Kongress zu Troppau Franz I. von Österreich, Alexander I. von Russland, Friedrich Wilhelm III. von Preußen: Revolutionäre Bewegungen in Spanien, Portugal und Neapel führen zur Zirkularnote der Monarchen (8. Dezember 1820), um »Europa vor der Geißel neuer Revolutionen [zu] schützen«.

Jänner 1821 Kongress zu Laibach mit dem König beider Sizilien. Österreich, Russland und Preußen bekennen sich zum Prinzip der Intervention (in Neapel). Am 19. Jänner Protestation Lord Castlereaghs im Namen Großbritanniens gegen das Prinzip der bewaffneten Intervention. Manifest vom 13. Mai 1821 gegen die »Versuche der Ruhestörer«.

27. Jänner 1822 Manifest der in Epidaurus versammelten griechischen Nationalversammlung erklärt die politische Unabhängigkeit des griechischen Volkes. Der griechische Nationalkongress in Astros erneuert die Unabhängigkeitserklärung. Am 2. August 1825 stellt sich Griechenland unter britischen Schutz.

20. Oktober bis 14. Dezember 1822 Kongress zu Verona: Im Oktober versammeln sich die Monarchen von Österreich, Russland, Preußen, Neapel und Sardinien. Abzug der österreichischen Besatzung aus Sardinien, Verminderung der österreichischen Besatzung in Neapel. Missbilligung des griechischen Aufstandes. Ultimatum an die Pforte, den Bukarester Frieden (1812) zu erfüllen. Frankreich wird mit der Intervention in Spanien betraut. Großbritannien lehnt Interventionen jeglicher Art ab und erkennt die südamerikanischen Republiken an. In orientalischen Fragen kommt es zum Zerwürfnis zwischen Österreich und Russland. Preußen zieht sich vom Kongress zurück. In einer Zirkulardepesche (14. Dezember 1822) äußern sich die Minister von Österreich, Russland und Preußen über die Absichten und Resultate des Kongresses von Verona.

6. Juli 1827 Vertrag zwischen Großbritannien, Frankreich und Russland über die Pazifikation Griechenlands (halbsouveräner Staat, Suzeränität des Sultans).

14. September 1829 Friede von Adrianopel beendet den russisch-türkischen Krieg von 1828–1829: Russland erhält fast das ganze Donaudelta (bis zum St.-Georgs-Arm) und einen Teil von Armenien.

Alle Privilegien und Freiheiten der Donaufürstentümer werden neu bestätigt (Statthalter sollen nicht mehr, wie bisher, auf sieben Jahre, sondern auf Lebenszeit gewählt werden; die Pforte hat sich in die innere Verwaltung der Fürstentümer nicht einzumischen [bis 1834 unter russischer Verwaltung]). Die Pforte erkennt Griechenland als selbständigen Staat mit unabhängiger innerer Verwaltung gegen einen jährlichen Tribut an.

3. Februar 1830 Londoner Protokoll (Russland, Frankreich, Großbritannien): Feststellung der Unabhängigkeit Griechenlands, Einrichtung einer Erbmonarchie.

4. Oktober 1830: In **Brüssel** ruft eine provisorische Regierung einen von Holland unabhängigen belgischen Staat aus (25. Februar 1831 – belgische Verfassung, Muster aller zukünftigen liberalen europäischen Verfassungen).

26. Juli 1831 Konferenz von London: Definitivvertrag zwischen den Niederlanden und Belgien unter Mitwirkung der Großmächte Frankreich, Großbritannien, Preußen, Österreich und Russland (als Signatarmächte der Verträge von 1815):»Belgien wird einen unabhängigen und für immer neutralen Staat bilden. Es wird gehalten sein, diese selbe Neutralität gegen alle anderen Staaten zu beobachten.«

8. Juli 1833 Vertrag von Hünkâr Iskelesi: Russland – Osmanisches Reich als Folge des türkisch-ägyptischen Krieges 1831–1832 und der Bedrohung Sultan Mahmuds II. durch dessen ägyptischen Vasallen Mehmed Ali. Defensivallianz; die Meerengenfrage wird nach den russischen Wünschen geregelt.

19. April 1839 Londoner Protokoll Holland – Belgien: Definitiver Friede zwischen Holland und Belgien: Die Artikel der Londoner Konferenz von 1831 werden von beiden Teilen angenommen. Beide Länder bilden selbständige Königreiche; Holland führt den Namen

»Königreich der Niederlande«. Der größte Teil Luxemburgs mit Belgien vereinigt.

3. November 1839 Hatt-ı šerif (Edles großherrliches Handschreiben) von Gülhane des Sultans Abdülmecit I.: Reformgesetzgebung für alle Untertanen, gleich welcher Religion, sämtlichen akkreditierten Botschaftern der befreundeten Mächte amtlich mitgeteilt.

15. Juli 1840 Quadrupelvertrag von London Großbritannien – Preußen – Österreich – Russland – Osmanisches Reich: Schutz der Pforte gegen Mehmed Ali.

25. Juli 1840 1. Donauschifffahrtsvertrag, abgeschlossen zu Wien Österreich – Russland: Schifffahrt auf der Donau völlig frei.

1840–1842 »Opiumkrieg« zwischen Großbritannien und China, ausgebrochen wegen des chinesischen Opiumeinfuhrverbots und zerstörter Opiumladungen. Im Frieden von Nanking (Nanjing) 1842 wurde China gezwungen, fünf chinesische Häfen dem europäischen Handel zu öffnen und Hongkong an Großbritannien abzutreten.

8. (16.) Juli 1846 Offener Brief des Königs Christian VIII. von Dänemark: Auch das Herzogtum Schleswig der Erbfolge des dänischen Königsgesetzes unterworfen. In einem Beschluss vom 17. September 1846 wendet sich der deutsche Bundestag gegen den offenen Brief Christians VIII. Am 21. März 1848 verkündigt König Friedrich VII. die Einverleibung Schleswigs in Dänemark. Die Schleswig-Holsteiner, die am Erbrecht des Herzogs Christian von Sonderburg Augustenburg festhalten, bilden eine provisorische Landesregierung. Am 12. April 1848 wird Schleswig in den Deutschen Bund aufgenommen. Preußen unterstützt den Herzog von Augustenburg, marschiert in Jütland ein, wird aber durch die diplomatische Intervention der Großmächte (drohende Haltung Russlands) zum Waffenstillstand von Malmö (26. August 1848) gezwungen, in dem die provisorische

Regierung fallen gelassen wird. Die Frankfurter Nationalversammlung verwirft am 5. September 1848 den Waffenstillstand, billigt ihn aber am 16. September 1848. Neuer Waffenstillstand zu Malmö am 10. Juli 1849, Friede von Berlin am 2. Juli 1850.

26. Mai 1849 »Dreikönigsbündnis«, abgeschlossen in Berlin zwischen Preußen, Sachsen, Hannover [deutscher Bundesstaat ohne Österreich].

27. Februar 1850 »Vierkönigsbündnis«, obwohl nur von Bayern, Württemberg und Sachsen unterzeichnet (Hannover sieht mit Rücksicht auf Preußen von der förmlichen Unterzeichnung ab). Österreich durch Erklärung vom 13. März 1850 beigetreten (Hauptgrundsätze für eine Revision der Bundesverfassung).

19. April 1850 Clayton-Bulwer-Vertrag, abgeschlossen zu Washington zwischen Großbritannien und den USA: Sicherung und Neutralität der Landenge von Panama.

2. August 1850 1. Londoner Protokoll, verhandelt zwischen Österreich, Frankreich, Großbritannien, Preußen, Russland, Schweden und Norwegen: Wahrung der Integrität Dänemarks, Erhaltung des Friedens und des europäischen Gleichgewichts.

29. November 1850 Vertrag zu Olmütz zwischen Österreich und Preußen: Preußen verzichtet auf das Eingreifen in Hessen, beteiligt sich an der Exekution in Holstein und gibt seine deutsche Unionspolitik auf.

16. Mai 1851 Geheimer Allianzvertrag auf drei Jahre zwischen Österreich und Preußen. Gegenseitige Garantierung des Besitzstandes mit Einschluss der italienischen Provinzen Österreichs.

8. Mai 1852 2. Londoner Protokoll, unterzeichnet von Österreich,

Frankreich, Großbritannien, Preußen, Russland sowie von Schweden und Dänemark: Regelung der Erbfolge im Königreich Dänemark: Nachfolger des kinderlosen Friedrich VII. Prinz Christian zu Schleswig-Holstein-Sonderburg-Glücksburg (Herzog Christian von Augustenburg durch Geldentschädigung abgefunden).

12. März 1854 Allianz, abgeschlossen zu Konstantinopel, zwischen Großbritannien, Frankreich und dem Osmanischen Reich.

31. März 1854 Commodore Perry, Führer eines amerikanischen Geschwaders, erreicht die Öffnung mehrerer japanischer Häfen und den Abschluss eines **Handelsvertrages zwischen Japan und den USA**.

20. April 1854 Defensiv-Allianz, abgeschlossen zu Berlin zwischen Österreich und Preußen: Schutz- und Trutzbündnis für die Dauer des Krimkrieges.

14. Juni 1854 Vertrag von Boyadji-Köi (bei Konstantinopel) zwischen Österreich und dem Osmanischen Reich: Besetzung der Donaufürstentümer durch österreichische Truppen.

8. August 1854 Vier-Punkte-Programm der Krimkrieg-Koalition an Russland (Note, abgefasst zu Wien vom britischen und französischen Gesandten, gerichtet an Graf Buol-Schauenstein): Minimalprogramm künftiger Verhandlungen.

2. Dezember 1854 Dezemberbündnis, abgeschlossen zu Wien zwischen Frankreich, Großbritannien und Österreich.

26. Jänner 1855 Militärkonvention, abgeschlossen zu Turin zwischen Sardinien, Großbritannien und Frankreich: Sardinien unterstützt die Westmächte im Krimkrieg.

18. Februar 1856 Hatt-ı Hümayun (Großherrliches Handschreiben) des Sultans Abdülmecit I.: Der Sultan genehmigt die 21 Punkte einer Reform im Innern, die im Auftrag der Westmächte und Österreichs eine Gesandtschaftskonferenz unter Mitarbeit osmanischer Minister in Konstantinopel ausgearbeitet hat.

30. März 1856 Friede von Paris Frankreich – Großbritannien – Russland – Sardinien – Osmanisches Reich – Österreich – Preußen: Russland tritt die Donaumündungen mit einem kleinen, am linken Ufer der unteren Donau gelegenen Teil von Bessarabien an das Fürstentum Moldau ab (verliert dadurch die Kontrolle über die Donauschifffahrt, die für frei erklärt wird). Es gibt die besondere Schutzherrschaft über die Christen im Osmanischen Reich, die unter den Schutz aller Großmächte gestellt werden, und über die Donaufürstentümer auf. Die Donaufürstentümer behalten ihre Privilegien unter der Souveränität der Pforte und unter der Garantie der kontrahierenden Mächte. Frankreich, Österreich, Großbritannien, Preußen, Russland, Sardinien verpflichten sich, die Unabhängigkeit und den Territorialbestand des Osmanischen Reiches zu achten (da das russische Kabinett sich weigert, die Integrität des Osmanischen Reiches auch für die Zukunft zu garantieren, verbinden sich in Paris Großbritannien, Frankreich und Österreich zu einem solchen Vertrag: 15. April 1856). Das Schwarze Meer wird neutralisiert. Russland darf im Schwarzen Meer keine Kriegsschiffe halten und keine Waffenplätze anlegen. Die Westmächte geben Sevastopol' nach der Zerstörung der Hafenbauten und Befestigungen an Russland zurück. Russland gibt Kars zurück. Russland darf auf den Ålandinseln keine Befestigungen anlegen.

1857–1860 führen Großbritannien und Frankreich gegen **China** unter dem Vorwand der angeblichen Missachtung der britischen Flagge, die von einer »Lorcha« (chinesische Dschunke mit europäischer Takelung) unberechtigt geführt wird, den sog. »Lorchakrieg«. In den Verträgen von Tientsin (Tianjin) (1858) und Peking (1860) muss China den europäischen Mächten Zugeständnisse machen: Einrichtung von Gesandtschaften der europäischen Mächte in Peking, Konsulargerichtsbarkeit für die Fremden, Freizügigkeit der christlichen Mission in China, Zugeständnisse für den europäischen Handel.

11. Juli 1859 Waffenstillstand von Villafranca (Friedenspräliminarien) Österreich – Frankreich: Einstellung der Feindseligkeiten zwischen Österreich und Frankreich in Oberitalien.

10. November 1859 Friede von Zürich Frankreich – Österreich – Sardinien: Österreich tritt die Lombardei mit Ausnahme der Festungen Mantua und Peschiera an Napoleon III. ab, der das Land an Sardinien übergibt. Italien soll eine Föderation unter dem Vorsitz des Papstes bilden (Venetien,»das weiterhin unter dem Szepter S. Kaiserl. u. Kgl. Majestät verbleibt«, wird eines dieser Staaten sein). Die Rechte des Großherzogs von Toskana, des Herzogs von Modena und des Herzogs von Parma bleiben vorbehalten. (Diese Gebiete und der Kirchenstaat sind mit Ausnahme des Gebietes um Rom – seit 1849 französische Besatzung – durch Volksabstimmungen 18.–22. März 1860 mit Sardinien vereinigt.) Savoyen und Nizza von Sardinien an Frankreich abgetreten (24. März 1860).

23. Jänner 1860 Handelsvertrag, abgeschlossen zu Paris, zwischen Großbritannien und Frankreich.

14. März 1861 Viktor Emanuel II. von Sardinien nimmt den Titel eines »Königs von Italien« an.

22. Jänner 1863 Polnischer Aufstand gegen Russland. Preußen schließt mit Russland die Alvenslebensche Konvention zu gegenseitiger Unterstützung bei der »Unterdrückung der Insurrektion« (Schreiben König Wilhelms I. von Preußen an den Generalleutnant und Generaladjutanten v. Alvensleben 1. Februar 1863, Vertrag vom 8. Februar 1863 v. Alvensleben – Gorčakov; das preußische Abgeordnetenhaus fordert absolute Neutralität gegenüber dem Aufstand).

Frankreich, Großbritannien und Österreich intervenieren erfolglos zugunsten der Polen in St. Petersburg.

30. März 1863 Vereinigung Schleswigs mit Dänemark unter einer Verfassung. Österreich und Preußen protestieren. Der dänische Reichstag nimmt am 13. November 1863 eine neue Verfassung an, durch die Schleswig mit Dänemark vereinigt werden soll. Am 16. Jänner 1864 schließen Österreich und Preußen einen Vertrag ab und fordern die dänische Regierung auf, binnen 48 Stunden die am 1. Jänner 1864 in Kraft getretene neue Verfassung zurückzunehmen. Am 18. Jänner 1864 lehnt Dänemark das österreichisch-preußische Ultimatum ab. Beginn des deutsch-dänischen Krieges.

1. August 1864 Friedenspräliminarien, abgeschlossen zu Wien zwischen Österreich, Preußen und Dänemark: Einstellung der Feindseligkeiten in den Elbherzogtümern.

22. August 1864 Genfer Konvention zum Schutz der Verwundeten und Kranken sowie der Zivilbevölkerung im Krieg (»Rotes Kreuz«). Von den meisten europäischen Mächten unterzeichnet.

30. Oktober 1864 Friede von Wien zwischen Österreich, Preußen und Dänemark: Dänemark tritt Schleswig, Holstein und Lauenburg an Österreich und Preußen ab.

14. August 1865 Gasteiner Konvention: Schleswig und Holstein bleiben gemeinsamer Besitz von Österreich und Preußen. Österreich übernimmt die Verwaltung von Holstein, Preußen die Verwaltung von Schleswig, Lauenburg kommt gegen Geldentschädigung an Preußen. Kiel/Bundeshafen unter preußischem Oberbefehl. Am 20. August 1865 von den österreichischen und preußischen Monarchen in Salzburg bestätigt, am 15. September 1865 in Kraft getreten (Gouverneur von Holstein Feldmarschallleutnant v. Gablenz).

26. Jänner 1866 Scharfe Note Bismarcks an Österreich wegen der Politik Österreichs in Holstein. Am 7. Februar 1866 weist der österreichische Außenminister Graf Mensdorff die preußische Note zurück. Am 28. Februar 1866 entscheidet sich der preußische Ministerrat für Krieg gegen Österreich; nur der preußische Kronprinz missbilligt diesen Entschluss, indem er eine bewaffnete Auseinandersetzung mit Österreich als »Bruderkrieg« bezeichnet. 8. April 1866: Befristetes geheimes Schutz- und Trutzbündnis Preußens mit Italien (Preußen verspricht, Italiens Ansprüche auf Venetien zu unterstützen). Am 1. Juni 1866 wendet sich Österreich an den Bundestag in Frankfurt a. M. um einen Schiedsspruch in der schleswig-holsteinischen Frage und beruft die holsteinischen Landstände für den 11. Juni nach Itzehoe ein, um ihnen Gelegenheit zu geben, ihre Wünsche bezüglich der Regierung ihres Landes darzulegen. 3. Juni 1866: Protest Preußens gegen den Schritt Österreichs, der als Bruch der Gasteiner Konvention ausgelegt wird. Am 7. Juni 1866 rückt der preußische General von Manteuffel trotz Protest v. Gablenz' in Holstein ein. Am 9. Juni klagt Österreich Preußen beim Bundestag in Frankfurt wegen Bruches des Wiener und Gasteiner Vertrages und beantragt am 11. Juni die Mobilmachung der außerpreußischen Teile des deutschen Bundesheeres. Am 11. Juni zieht sich v. Gablenz mit seiner Besatzungsarmee, begleitet von der holsteinischen Regierung, nach Altona zurück (von dort zur österreichischen Nordarmee nach Böhmen). 12. Juni 1866: Neutralitätsvertrag Österreich – Frankreich. Österreich verpflichtet sich, auch im Falle eines Sieges über Preußen, zur Abtretung Venetiens an Napoleon III.; Aufrechterhaltung der weltlichen Herrschaft des Papstes; Entschädigung der früheren habsburgischen Fürsten von Toskana und Modena in Deutschland für den Fall eines günstigen Kriegsausganges, Österreich verspricht, in Deutschland keine Gebietsveränderungen ohne Zustimmung Frankreichs vorzunehmen. Am 14. Juni ordnet der Bundestag über Antrag Österreichs die Mobilmachung der Bundesarmee (mit Ausnahme des preußischen Kontingentes) gegen Preußen an. Der preußische Gesandte von Savigny erklärt daraufhin den Deutschen Bund für aufgelöst. 15.

Juni 1866: Preußisches Ultimatum an Hannover, Sachsen und Hessen-Kassel, bis zum 16. Juni vom Bundesbeschluss zurückgetreten. Alle drei Staaten lehnen das Ultimatum ab, auch Bayern, Württemberg und Baden treten an die Seite Österreichs. Am 16. Juni rücken preußische Truppen in Hannover, Sachsen und Kurhessen ein, am 18. Juni in Dresden. (Das sächsische Heer beginnt bereits am 15. Juni das Königreich zu räumen. König Johann verlässt mit seiner Regierung das Land.) 15. Juni – 26. Juli (23. August): Krieg um die Vorherrschaft in Deutschland, zugleich österreichisch-italienischer Krieg.

20. Juni 1866 Kriegserklärung Italiens an Österreich.

26. Juli 1866 Waffenstillstand von Nikolsburg (Vorfriede) Österreich – Preußen: Der Territorialbestand der österreichischen Monarchie mit Ausnahme des lombardisch-venetianischen Königreiches bleibt unverändert. Der Kaiser von Österreich anerkennt die Auflösung des bisherigen Deutschen Bundes und »gibt seine Zustimmung zu einer neuen Gestaltung Deutschlands ohne Beteiligung des österreichischen Kaiserstaates«; er verspricht weiter, das engere Bundesverhältnis anzuerkennen, welches Preußen nördlich der Mainlinie begründen wird, und erklärt sich einverstanden, »dass die südlich von dieser Linie gelegenen deutschen Staaten in einen Verein zusammentreten, dessen nationale Verbindung mit dem Norddeutschen Bunde der näheren Verständigung zwischen beiden vorbehalten bleibt«. Der Kaiser von Österreich überträgt an den König von Preußen alle seine im Wiener Frieden vom 30. Oktober 1864 erworbenen Rechte auf die Herzogtümer Holstein und Schleswig.

18. August 1866 Bündnisvertrag, abgeschlossen in Berlin zwischen Preußen und Mecklenburg-Schwerin, Sachsen-Weimar, Mecklenburg-Strelitz, Oldenburg, Braunschweig, Sachsen-Altenburg, Sachsen-Coburg-Gotha, Anhalt, Schwarzburg-Sondershausen, Schwarzburg-Rudolstadt, Waldeck, Reuß jüngere Linie, Schaumburg-Lippe, Lippe, Lübeck, Bremen, Hamburg (17 Staaten). (Hessen, Reuß ältere

Linie, Sachsen-Meiningen, Sachsen schließen sich durch die Friedensverträge September/Oktober 1866 an = Norddeutscher Bund: 22 Mitglieder.)

22. August 1866 Friedensvertrag von Berlin zwischen Preußen und Bayern (welches aufseiten Österreichs in den Krieg eingetreten war): Entsprechende Bestimmungen in den anderen Friedensverträgen mit den deutschen Staaten: 13. August 1866 – Preußen/Württemberg, 17. August 1866 – Preußen/Baden, 3. September 1866 – Preußen/Hessen, 26. September 1866 – Preußen/Reuß ältere Linie, 8. Oktober 1866 – Preußen/Meiningen, 21. Oktober 1866 – Preußen/Sachsen.

22. August 1866 Schutz- und Trutzbündnis Preußen – Bayern. Gleichlautende Verträge 13. August 1866 mit Württemberg, 17. August 1866 mit Baden, 3. September 1866 mit Hessen.

23. August 1866 Friede von Prag Preußen – Österreich: Bestätigung der Nikolsburger Präliminarien.

3. Oktober 1866 Friede von Wien Österreich – Italien: Anerkennung des Königreiches Italien durch Österreich, Venetien an Italien.

15. März 1867 Ausgleich mit Ungarn: Das Kaisertum Österreich in eine Doppelmonarchie umgewandelt. Handschreiben vom 14. November 1868 verfügt als offiziellen Namen des Gesamtstaates »Österreichisch-Ungarische Monarchie« oder »Österreichisch-Ungarisches Reich«. Österreichische Reichshälfte offiziell bis 1915 »Die im Reichsrathe vertretenen Königreiche und Länder«, ab 1915 »Österreich« (unter dem »Kaiser von Österreich«). Die »Länder der ungarischen heiligen Krone« unter dem »Apostolischen König von Ungarn«.

17. April 1867 Gründung des Norddeutschen Bundes.

19. Juli 1870 Kriegserklärung Frankreichs an Preußen: Ausbruch des Deutsch-Französischen Krieges. (Der Kronrat in Wien beschließt am 18. Juli 1870 über Antrag des ungarischen Ministerpräsidenten Andrássy unbewaffnete Neutralität.)

20. September 1870 Truppen König Viktor Emanuels II. ziehen in **Rom** ein. Ende der weltlichen Herrschaft des Papstes.

8. Oktober 1870 Einverleibung des **Kirchenstaates** in das Königreich Italien. Verlegung der königlichen Residenz von Turin nach Rom.

18. Jänner 1871 König Wilhelm I. von Preußen wird im Spiegelsaal des Schlosses zu **Versailles** zum **Deutschen Kaiser** (Wilhelm I.) proklamiert.

26. Februar 1871 Versailler Friedenspräliminarien zwischen dem Deutschen Reich und Preußen, Bayern, Württemberg, Baden als Vertretern des Deutschen Reiches einerseits und Frankreich andererseits: Elsass (ohne Belfort) und Lothringen mit Metz an das Deutsche Reich. Frankreich zahlt dem Deutschen Kaiser 5 Milliarden Franken in einem Zeitraum von drei Jahren.

13. März 1871 Die **Londoner Pontuskonferenz** hebt die Schwarzmeerklausel des Pariser Friedens von 1856 auf.

10. Mai 1871 Frankfurter Friedensvertrag Deutsches Reich – Frankreich: Bestätigung der in den Versailler Präliminarien festgelegten Bedingungen.

6. Mai 1873 Deutsch-russische Militärkonvention, abgeschlossen zu St. Petersburg.

6. Juni 1873 Schönbrunner Konvention zwischen Kaiser Franz Joseph I. und Zar Alexander II.: Die Vertragspartner verpflichten sich,

Streitigkeiten untereinander friedlich auszutragen und im Falle eines europäischen Konfliktes eine gemeinsame Haltung einzunehmen. Durch eine Akzessionsakte vom 22. Oktober 1873 tritt Kaiser Wilhelm I. bei (»Dreikaiserabkommen«).

Juli 1875 Ausbruch von Aufständen in **Bosnien**, der **Hercegovina** und **Bulgarien** gegen die osmanische Herrschaft. Ende Juni/Anfang Juli 1876: Kriegserklärungen Serbiens und Montenegros an die Pforte (Österreich-Ungarn: neutral). 15. Jänner 1877: Geheimvertrag zu Budapest zwischen Österreich-Ungarn und Russland: Österreich-Ungarn erhält gegen das Versprechen der Neutralität im bevorstehenden russisch-türkischen Krieg das Recht zur Besetzung Bosniens und der Hercegovina nach dem Krieg. Russisch-Türkischer Krieg: 1877–1878.

3. März 1878 Vorfriede von San Stefano bei Konstantinopel zwischen Russland und dem Osmanischen Reich. Russlands Bedingungen: Serbien, Montenegro, Rumänien (Dezember 1861: Proklamierung der Donaufürstentümer Moldau und Walachei zum »Fürstentum Rumänien«; am 20. April 1866 Prinz Karl von Hohenzollern-Sigmaringen zum Fürsten von Rumänien gewählt), durch osmanisches Gebiet vergrößert, sollen unabhängige Staaten werden. Bulgarien, mit Ostrumelien und Makedonien bis ans Ägäische Meer ausgedehnt (Großbulgarien), soll als autonomes und dem Osmanischen Reich tributpflichtiges Fürstentum zwei Jahre von den Russen besetzt bleiben (Österreich-Ungarn und Großbritannien dagegen). 13. Juni – 13. Juli 1878: Berliner Kongress über die orientalische Frage unter dem Vorsitz Bismarcks.

13. Juli 1878 Friede von Berlin (Großbritannien, Deutsches Reich, Österreich-Ungarn, Frankreich, Italien, Russland, Osmanisches Reich): Russland behauptet als Gewinn den 1856 verlorenen Teil Bessarabiens bis zum Donaudelta, in Asien Kars, Ardahan und Batum.

Das zu errichtende tributpflichtige Fürstentum Bulgarien auf das Gebiet zwischen Donau und Balkan eingeengt (statt 164.000 km² nur

64.000 km², statt 4,5 Millionen nur 1,85 Millionen Einwohner). Ostrumelien wird eine von der Pforte abhängige Provinz mit Verwaltungsautonomie, der Generalgouverneur von der Hohen Pforte mit Zustimmung der Mächte auf fünf Jahre ernannt, Makedonien wird an die Pforte zurückgegeben. Die russische Okkupation in Bulgarien und Ostrumelien wird auf neun Monate befristet.

Montenegro, Serbien (mit geringem Gebietsgewinn), Rumänien (um die Nord-Dobrudscha erweitert) werden unabhängig. An Griechenland ein Teil von Epirus und Thessalien.

Österreich-Ungarn okkupiert Bosnien-Hercegovina.

An Großbritannien Zypern.

Ende Juli – Ende September 1878: Einmarsch von k.u.k. Truppen in Bosnien.

21. April 1879 Vereinbarung Österreich-Ungarns mit Sultan Abdülhamit II.: Bosnien-Hercegovina unter Vorbehalt der Souveränitätsrechte des Sultans in dauernde k.u.k. Verwaltung. Im September 1879 Sandžak Novi Pazar ebenfalls besetzt. Bosnien-Hercegovina Teil des k.u.k. Zollgebietes, unter Verwaltung des k.u.k. Reichsfinanzministeriums.

7. Oktober 1879 Defensivbündnis Österreich – Ungarn – Deutsches Reich, abgeschlossen zu Wien: Im Falle eines Angriffes Russlands auf einen Vertragspartner helfen sie einander mit der gesamten Kriegsmacht. Falls ein Kontrahent von einer anderen Macht angegriffen wird, beobachten sie mindestens eine wohlwollende neutrale Haltung. Wenn jedoch in solchem Falle die angreifende Macht von seiten Russlands unterstützt wird, tritt die Beistandsverpflichtung mit voller Heeresmacht in Kraft (der »Zweibund« ist bis 26. Oktober 1918 in Kraft, eine der Konstanten der österreichisch-ungarischen Politik).

2. Juli 1880 Vertrag zu Madrid, abgeschlossen zwischen Deutschem Reich, Österreich-Ungarn, Belgien, Dänemark, Spanien, USA,

Frankreich, Großbritannien, Italien, Marokko, Niederlande, Portugal, Schweden, Norwegen. Abkommen über Ausübung der Schutzrechte in Marokko.

18. Juni 1881 Geheimer Vertrag zwischen Kaiser Franz Joseph I., Kaiser Wilhelm II. und Zar Alexander III., abgeschlossen zu Berlin: Wahrung wohlwollender Neutralität im Falle eines Konfliktes eines Vertragspartners mit einer vierten Macht. Österreich-Ungarn darf zu einem ihm genehmen Zeitpunkt die Okkupation Bosnien-Hercegovinas in eine Annexion umwandeln. (»Dreikaiserbündnis«). (Erneuert am 27. März 1884–1887: nicht mehr verlängert.)

28. Juni 1881 Geheimbündnis des Fürsten Milan Obrenović von Serbien (seit 6. März 1882 König) mit Kaiser Franz Joseph I.: Weitgehende Unterstellung der serbischen Politik unter österreichisch-ungarische Führung. Ergänzung des Bündnisses durch eine Konvention vom 30. Oktober 1881. Verlängerung des Geheimvertrages am 9. Februar 1887 (bis 1895).

20. Mai 1882 Defensivbündnis zwischen Österreich-Ungarn, dem Deutschen Reich und Italien, abgeschlossen zu Wien (»**Dreibund**«): In dem Falle, wo Italien ohne unmittelbare Herausforderung seinerseits aus irgendeinem Grunde von Frankreich angegriffen werden sollte, sollen die beiden anderen vertragsschließenden Parteien der angegriffenen Partei mit all ihren Kräften Hilfe und Beistand leisten. Diese gleiche Verpflichtung soll Italien im Falle eines nicht unmittelbar herausgeforderten Angriffs Frankreichs gegen Deutschland obliegen. Wenn eine oder zwei der vertragsschließenden Parteien ohne unmittelbare Herausforderung ihrerseits angegriffen werden und sich in einen Krieg mit zwei oder mehreren Großmächten verwickelt sehen sollten, die den gegenwärtigen Vertrag nicht unterzeichnet haben, so soll der Casus foederis gleichzeitig für alle vertragsschließenden Parteien eintreten. In dem Falle, wo eine Großmacht, die den gegenwärtigen Vertrag nicht unterzeichnet hat, die Sicherheit der Staaten einer der vertragsschließenden Parteien bedrohen sollte und die bedrohte Partei sich dadurch gezwungen sehen sollte, ihr den Krieg zu erklären, verpflichten sich die beiden anderen, ihrem Verbündeten gegenüber eine wohlwollende Neutralität zu beobachten. (Vor allem gegen Frankreich gerichtet.) Ausnahmefall: Wenn sich Großbritannien den Gegnern Österreich-Ungarns oder des Deutschen Reiches anschließt, behält Italien freie Hand (»Mancini-Deklaration«).

30. Oktober 1883 Geheimes Defensivbündnis Österreich-Ungarns mit König Carol I. von Rumänien. Akzessionserklärung des Deutschen Reiches am selben Tag, Akzessionserklärung Italiens am 15. Mai 1888.

26. Februar 1885 General-Akte der Berliner Konferenz (Kongo-Akte), abgeschlossen zwischen dem Deutschen Reich, Österreich-Ungarn, Belgien, Dänemark, Spanien, USA, Frankreich, Großbritannien, Italien, den Niederlanden, Luxemburg, Portugal, Russland, Schweden, Norwegen und dem Osmanischen Reich: Handelsfreiheit im Kongobecken, Verbot des Sklavenhandels, Neutralität des Kongobeckens auch im Kriegsfall, Kongoschifffahrtsakte.

20. September 1885 Fürst Alexander von Battenberg erklärt sich durch Übernahme der Regierung in Ostrumelien zum »**Fürsten beider Bulgarien**«. 13. November 1885: Kriegserklärung Serbiens an Bulgarien wegen der Annexion Ostrumeliens. 1885/86 Serbisch-Bulgarischer Krieg. Bulgarische Siege. Wien erzwingt Waffenruhe (28. November 1885) und Waffenstillstand (22. Dezember 1885). **Friede von Bukarest** (3. März 1886) stellt beiderseitigen Besitzstand wieder her. Eingreifen Wiens stärkt Misstrauen Russlands. 21. August 1886: Staatsstreich der russisch gesinnten Partei (Militärrevolte). Verhaftung des Fürsten Alexander, vorübergehend auf russisches Gebiet gebracht. Abdankung Alexanders. Am 22. August 1887 hält der neu gewählte Fürst Prinz Ferdinand von Sachsen-Coburg-Koháry, früher Offizier in österreichischen Diensten, Einzug in Sofia (Ferdinand I.).

12. Februar 1887 Mittelmeer-Abkommen, abgeschlossen zwischen Großbritannien und Italien durch einen Notenaustausch: Aufrechterhaltung des Status quo im Mittelmeer, in der Adria, der Ägäis, im Schwarzen Meer. Italien ist bereit, Großbritannien in Ägypten zu unterstützen, Großbritannien ist bereit, Italien in Tripolis und der Cyrenaika zu unterstützen. Am 24. März 1887 tritt Österreich-Ungarn dieser Übereinkunft bei. Note Spaniens vom 4. Mai 1887 (betreffend das westliche Mittelmeer).

20. Februar 1887 Erste Erneuerung des »Dreibund«-Vertrages.

18. Juni 1887 Geheimer Neutralitätsvertrag (Rückversicherungsvertrag) zwischen dem Deutschen Reich und Russland (ohne Wissen Österreich-Ungarns): Für den Fall, dass eine der vertragsschließenden Parteien sich mit einer dritten Großmacht im Krieg befinden sollte, wird die andere eine wohlwollende Neutralität bewahren. Diese Bestimmung soll auf einen Krieg gegen Österreich oder Frankreich keine Anwendung finden, falls dieser Krieg durch einen Angriff einer der vertragsschließenden Parteien gegen eine dieser beiden letzteren Mächte hervorgerufen ist. Das Deutsche Reich erkennt die geschichtlich erworbenen Rechte Russlands auf der Balkanhalbinsel an und insbesondere die Rechtmäßigkeit seines vorwiegenden und entscheidenden Einflusses in Bulgarien und Ostrumelien. Ganz geheimes Zusatzprotokoll: In dem Falle, dass Seine Majestät der Kaiser von Russland sich in die Notwendigkeit versetzt sehen sollte, zur Wahrung der Interessen Russlands selbst die Aufgabe der Verteidigung des Zuganges zum Schwarzen Meer zu übernehmen, verpflichtet sich das Deutsche Reich, seine wohlwollende Neutralität zu gewähren und die Maßnahmen, die Seine Majestät für notwendig halten sollte, um den Schlüssel seines Reiches in der Hand zu behalten, moralisch und diplomatisch zu unterstützen. (Am 18. Juni 1890 nicht mehr erneuert.)

12. und 16. Dezember 1887 Orientdreibund Großbritannien, Öster-

reich-Ungarn, Italien: Aufrechterhaltung des Status quo im Orient »unter Ausschluß aller Kompensationspolitik«. Aufrechterhaltung örtlicher Autonomien. Unabhängigkeit des Osmanischen Reiches »als Hüter wichtiger europäischer Interessen«; das Kalifat, die Freiheit der Meerengen usw. sollen von jedem vorwiegend fremden Einfluss unabhängig sein.

29. Oktober 1888 Suezkanalvertrag (Konvention von Konstantinopel), abgeschlossen zwischen dem Deutschen Reich, Österreich-Ungarn, Spanien, Frankreich, Großbritannien, Italien, den Niederlanden, Luxemburg, Russland und dem Osmanischen Reich: Garantie der freien Benutzung des Suezkanals durch alle Mächte zu allen Zeiten.

1. Juli 1890 Helgoland-Sansibar-Vertrag, abgeschlossen zu Berlin zwischen dem Deutschen Reich und Großbritannien: Das Deutsche Reich verzichtet im Tausch mit Großbritannien gegen die Insel Helgoland (1714 dänisch, 1807/1814 britisch) auf Rechte und Ansprüche im Sultanat von Sansibar und legt die Grenzen der beiderseitigen Einflusssphären in Ost-, West- und Südwestafrika fest. Helgoland durch Reichsgesetz vom 15. Dezember 1890 dem preußischen Staat einverleibt.

6. Mai 1891 Zweite Erneuerung des Dreibundvertrages.

17. August 1892 Russisch-französische Militärkonvention (Zweiverband): Falls Frankreich vom Deutschen Reich oder von Italien mit Unterstützung des Deutschen Reiches angegriffen wird, wird Russland alle seine verfügbaren Kräfte für einen Angriff auf das Deutsche Reich einsetzen. Falls Russland vom Deutschen Reich oder von Österreich-Ungarn mit Unterstützung des Deutschen Reiches angegriffen wird, wird Frankreich alle seine verfügbaren Kräfte zum Kampf gegen das Deutsche Reich einsetzen. Falls der Dreibund oder eine der an ihnen beteiligten Mächte mobilmachen sollten, werden

1. Internationale Abkommen 1806–1914

auch Frankreich und Russland mobilmachen. Frankreich und Russland werden keinen Separatfrieden schließen. Diese Konvention soll so lange dauern wie der Dreibund. Diplomatische Bestätigung der Militärkonvention durch Briefwechsel vom 15./27. Dezember 1893 und 23. Dezember 1893/4. Jänner 1894. Erneuerung und Änderung des Bündnisses durch Briefwechsel vom 28. Juli/9. August 1899 (Ziel, den allgemeinen Frieden und das Gleichgewicht zwischen den europäischen Mächten aufrechtzuhalten).

1894–1895 Chinesisch-Japanischer Krieg um den Einfluss in Korea. **17. April 1895 Friede von Shimonoseki:** China muss die »Unabhängigkeit« Koreas anerkennen und auf alle Rechte in Korea verzichten, dazu Formosa (Taiwan) und die Pescadores-Inseln an Japan abtreten.

3. Juni 1896: Der zur Krönung des Zaren in Moskau weilende **chinesische** Kanzler schließt mit der **russischen** Regierung ein **geheimes Verteidigungsbündnis** gegen einen japanischen Angriff. **9. Juni 1896: russisch-japanischer Vertrag über Kondominium in Korea** ohne Abgrenzung der Einflusssphären. **April 1898: neuer russisch-japanischer Vertrag:** russischer Rückzug, Vorrang der wirtschaftlichen Interessen Japans in **Korea** anerkannt.

Als Vergeltung für die Ermordung deutscher katholischer Missionare in Schantung besetzt das Deutsche Reich 1897 Kiautschou. Im **Kiautschou-Vertrag**, abgeschlossen am **6. März 1898** zu Peking zwischen dem Deutschen Reich und China, verpachtet der Kaiser von China Kiautschou auf 99 Jahre an das Deutsche Reich. Darauf schließen die europäischen Großmächte ähnliche Verträge mit China ab, Frankreich über die Bucht von Kuangtschouwan, Russland über Talienwan (Dalni, Dairen, Port Arthur), Großbritannien über Wei-hai-wei.

24. April 1897 Besuch Kaiser Franz Josephs I. in **Petersburg. Mündliches Abkommen** mit Zar Nikolaus II. (»Balkanentente«) über die Aufrechterhaltung des Status quo auf dem Balkan. Gemeinsame

Note an die Balkanstaaten, dass beide Mächte entschlossen seien, den allgemeinen Frieden, das Prinzip der Ordnung und den Status quo aufrechtzuhalten.

14. Juni 1898 Britisch-französischer Vertrag über die Abgrenzung der französisch-britischen Interessensphären in Zentralafrika. Der Sudanvertrag vom 21. März 1899, abgeschlossen zu London zwischen Großbritannien und Frankreich, legt den Faschoda-Konflikt bei: Frankreich wird vom Nil-Becken ausgeschlossen. Die Provinz Darfur rechnet zur britischen, das Wadai zur französischen Einflusssphäre. Frankreich wird zugestanden, dass Marokko zur natürlichen Einflusssphäre Frankreichs gehört.

30. August 1898 Angola-Vertrag, abgeschlossen zu London zwischen dem Deutschen Reich und Großbritannien: Berlin und London einigen sich dahin, der Einmischung einer dritten Macht in den portugiesischen Provinzen Mozambique, Angola und Timor entgegenzutreten.

1898 – Krieg der USA gegen Spanien: **10. Dezember 1898 Friede von Paris**: Spanien muss Puerto Rico, Guam und die Philippinen an die USA abtreten, Kuba wird Republik unter dem Protektorat der USA.

14. Oktober 1899: Britisch-portugiesische geheime Deklaration (**Windsorvertrag**), abgeschlossen zu London zwischen Großbritannien und Portugal: Bestätigung der alten britisch-portugiesischen Verträge, besonders des Vertrages vom 29. Jänner 1642 und vom 23. Juni 1661.

14. November 1899 Samoa-Vertrag (Konvention), abgeschlossen zu London zwischen dem Deutschen Reich und Großbritannien: Die bisher gemeinschaftlich ausgeübte Verwaltung der Samoa-Inseln durch das Deutsche Reich, Großbritannien und die USA wird aufgehoben. Großbritannien verzichtet zugunsten des Deutschen Reiches auf die Inseln Upola und Sawai, zugunsten der USA auf die Insel Tutuila und auf die Inseln der Samoagruppe ostwärts des 171. Längengrades. Das Deutsche Reich verzichtet zugunsten Großbritanniens auf die Tonga-Inseln mit Einschluss Vavaus und auf Savage Island, zugunsten der USA auf die oben genannten Inselgruppen.

16. Oktober 1900 Jangtse-Abkommen, abgeschlossen zu London zwischen dem Deutschen Reich und Großbritannien in Form eines Notenwechsels: Die an den Flüssen und an der Küste Chinas gelegenen Häfen sind für den Handel aller Nationen offen. Territoriale Integrität Chinas.

14. und 16. Dezember 1900 Mittelmeerabkommen, abgeschlossen zu Rom in Form eines Notenwechsels zwischen Frankreich und Italien: Geheimer Beitritt Italiens zum britisch-französischen Abkommen vom 21. März 1899. Italien erhält freie Hand in Tripolis und anerkennt dafür Frankreichs Ansprüche auf Marokko.

Boxerkrieg 1900: Fremdenfeindlicher Aufstand des chinesischen Geheimbundes der »Boxer« (Yihetuan = »Vereinigung für Gerechtigkeit und Eintracht«). Ermordung des deutschen Gesandten Frh. v. Ketteler in Peking. Eingreifen der Großmächte (Großbritannien, Frankreich, Russland, Deutsches Reich, Österreich-Ungarn, Italien, USA, Japan). **7. September 1901 Friede von Peking** zwischen China einerseits und dem Deutschen Reich, Österreich-Ungarn, Belgien, Spanien, den USA, Frankreich, Großbritannien, Italien, Japan, den Niederlanden, Russland andererseits: Beendigung des Boxer-Aufstandes und der Chinawirren. Bestrafung der Schuldigen, Sühnegesandtschaft des Kaisers von China zum Deutschen Kaiser, Entschädigung von 450 Millionen chinesischen Dollars, zahlbar in 50 Jahren.

18. November 1901 Hay-Pauncefote-Vertrag, abgeschlossen zu Washington zwischen Großbritannien und den USA: Beseitigt die noch bestehenden britischen Vorrechte in der Panama-Kanalzone.

30. Jänner 1902 Bündnis zwischen Großbritannien und Japan, abgeschlossen zu London: Status quo in China und Korea (indirekt gegen Ausdehnungsbestrebungen Russlands in Ostasien).

1899–1902 Burenkrieg. 31. Mai 1902 Friede von Pretoria: Die Burenrepubliken müssen die britische Souveränität über ihre Gebiete anerkennen. Die Buren sollen Selbstverwaltung erhalten.

28. Juni 1902 Dritte Erneuerung des Dreibundvertrages.

1. November 1902 Geheimer französisch-italienischer Neutralitätsvertrag, abgeschlossen zu Rom in Form eines Notenwechsels: Falls Frankreich (Italien) angegriffen wird, beobachtet Italien (Frankreich) strikte Neutralität. Bestätigung der Einigung über Marokko und Tripolis.

2. Oktober 1903 Mürzsteger Punktation zwischen Kaiser Franz Joseph I. und Zar Nikolaus II., betreffend die Durchführung von Reformen in Makedonien (als Note am 22. Oktober 1903 der Pforte überreicht).

8. April 1904 Entente cordiale, abgeschlossen zu London zwischen Großbritannien und Frankreich (Kolonialabkommen; »Entente cordiale« = herzliches Einvernehmen; keine Allianz mit definitiven Beistandsverpflichtungen). Gegen Zugeständnisse in der ägyptischen Frage räumt Großbritannien Frankreich in Marokko eine Stellung ein, die einem Protektorat wie in Tunis gleichkommt. Eine Einflusszone soll auch Spanien zufallen (laut französisch-spanischem Geheimvertrag über Marokko vom 3. Oktober 1904 soll Spanien an der Aufteilung Marokkos teilnehmen). Konvention betreffend Neufundland, Erklärung bezüglich Siams, Madagaskars, der neuen Hebriden.

15. Oktober 1904 Neutralitätsvereinbarung zwischen Aehrenthal, k.u.k. Botschafter in St. Petersburg, und dem russischen Außenminister Graf **Lamsdorff**: Beide Mächte sichern sich loyale und absolute Neutralität für den Fall zu, dass eine von beiden ohne Provokation in einen Krieg mit einer dritten Macht verwickelt werden sollte. Dieses Abkommen bezieht sich ausdrücklich nicht auf Balkanstaaten, sodass für Österreich-Ungarn nur Italien als Gegner übrig bleibt (dieses Abkommen am 1. November 1904 Kaiser Wilhelm II. mitgeteilt).

1904–1905 Russisch-Japanischer Krieg.

25. Juli 1905 Vertrag zu Björkö (Finnland): Verteidigungsbündnis zwischen Kaiser Wilhelm II. und Zar Nikolaus II., Heranziehung Frankreichs vorgesehen (wird nicht effektiv; 1907 wird russischerseits erklärt, dass der Vertrag gegenstandslos geworden ist).

12. August 1905 Britisch-japanisches Bündnis, abgeschlossen zu London, ersetzt das Übereinkommen vom 30. Jänner 1902: Erhaltung der Gemeininteressen aller Mächte in China, Erhaltung der Hoheitsrechte der Vertragsstaaten in Ostasien und Indien, Defensivbündnis gegen einen unprovozierten Angriff, Anerkennung der von Japan zu ergreifenden Maßregeln bezüglich Koreas.

5. September 1905 Friede von Portsmouth (bei Boston, New Hampshire) (Vermittlung des amerikanischen Präsidenten Roosevelt) Russland – Japan: Russland anerkennt das vorherrschende politische, militärische und wirtschaftliche Interesse Japans in Korea, beide Partner räumen die Mandschurei (mit Ausnahme der Halbinsel Liao-Toung wieder unter chinesische Verwaltung), Abtretung von Port Arthur/Talienwan an Japan, mandschurische Eisenbahn und die Kohlengebiete gehen in japanischen Besitz über, Russland tritt den Südteil der Halbinsel Sachalin an Japan ab.

1905–1906 Erste Marokkokrise: Kaiser Wilhelm II. will die französische Oberhoheit über das formell unabhängige Sultanat Marokko (Garantie der Mächte am 2. Juli 1880) nicht widerspruchslos hinnehmen; Spanien und Italien stimmen den Franzosen zu. Wilhelm II. am 31. März 1905 in Tanger. Jänner–März 1906 Konferenz von Vertretern von elf europäischen Staaten und der USA in Algeciras (Spanien). Berlin dort nur durch Österreich-Ungarn unterstützt. Kompromiss in der **Algeciras-Akte vom 7. April 1906**, unterzeichnet vom Deutschen Reich, Österreich-Ungarn, Belgien, Spanien, den USA, Frankreich, Großbritannien, Italien, Marokko, den Niederlanden, Portugal, Russland, Schweden. Die marokkanische Polizei wird durch französische und spanische Offiziere und Unteroffiziere reformiert, kein Zweig des öffentlichen Dienstes darf zugunsten von Sonderinteressen vergeben werden. Da der französische Standpunkt sich durchsetzt, erleidet das Deutsche Reich eine schwere diplomatische Niederlage.

30. Juli 1907 Japanisch-russischer Vertrag (unter französischer Vermittlung): Abgrenzung der Interessengebiete (Japan: Korea, südliche Mandschurei, Russland: nördliche Mandschurei, Äußere Mongolei).

31. August 1907 Britisch-russischer Vertrag, abgeschlossen zu St. Petersburg: Vergleich bezüglich Persiens (Teilung in eine nördliche, russische, eine mittlere, neutrale und eine südliche, britische Einflusszone; Integrität und Unabhängigkeit Persiens), Konvention bezüglich Afghanistans (britisches Protektorat; Integrität Afghanistans), Verfügungen bezüglich Tibets (Hoheitsrechte Chinas anerkannt, Integrität Tibets, Großbritanniens besonderes Interesse anerkannt, im Übrigen beiderseitiges Desinteressement). London erreicht damit die Sicherung der indischen Grenzen.

23. April 1908 St. Petersburger Vertrag zwischen Russland, dem Deutschen Reich, Dänemark und Schweden über die Erhaltung des Status quo an der Ostsee; ein entsprechendes Nordseeabkommen am selben Tag in Berlin unterzeichnet (Deutsches Reich, Dänemark, Frankreich, Großbritannien, Niederlande, Schweden).

1. Internationale Abkommen 1806–1914

23. Juli 1908 Revolution der »Jungtürken« im Osmanischen Reich.

16. September 1908 Verständigung des k.u.k. Ministers des Äußern Aloys Frhr. Lexa von **Aehrenthal** mit dem russischen Außenminister Izvol'skij in Buchlau (bei Brünn) über die Annexion Bosnien-Hercegovinas (Gegenleistung Wiens: Unterstützung der russischen Meerengen-Vorstellungen).

25.–30. September 1908 Handschreiben Aehrenthals an die Außenminister der Großmächte über die beabsichtigte Annexion **Bosniens und der Hercegovina**. **3. Oktober 1908 Handschreiben Kaiser Franz Josephs an die Staatsoberhäupter der Großmächte**. 5. Oktober 1908: Österreich-Ungarn zeigt den Signatarmächten des Berliner Kongresses die Annexion der beiden Provinzen sowie die gleichzeitige Zurückziehung seiner Truppen aus dem Sandžak Novi Pazar an (am selben Tag proklamiert Fürst Ferdinand von Bulgarien sein Land einschließlich Ostrumeliens zum unabhängigen Königreich). Scharfe Reaktion in Russland, Serbien, Montenegro, Großbritannien, Frankreich sowie im Osmanischen Reich. Russland fühlt sich übervorteilt, da infolge des britischen Widerstandes die Meerengenfrage ungelöst bleibt. Serbien fürchtet für die Verwirklichung seiner großserbischen Pläne und mobilisiert. Boykott österreichischer Waren und Schiffe im Osmanischen Reich. Berlin deckt das Vorgehen Österreich-Ungarns. Reichskanzler Fürst Bülow (7. Dezember Reichstagsrede für Österreich-Ungarn) vermittelt den **Ausgleich zwischen der Pforte und Österreich-Ungarn (26. Februar 1909**; vom osmanischen Parlament am 5. April 1909 gebilligt; 2,5 Millionen türk. Pfund = ca. 55 Millionen Goldkronen Ablöse für die osmanischen Staatsgüter; Verzicht Österreich-Ungarns auf alle Rechte im Sandžak). Conrad v. Hötzendorf für Krieg gegen Serbien (Russland nicht kampfbereit, rät Serbien zum Abwarten). Am 31. März 1909 anerkennt Serbien die Annexion (Russland am 19. April 1909); seine Bestrebungen in Bezug auf die südslawischen Gebiete der Habsburgermonarchie bleiben aufrecht.

9. Februar 1909 Marokkoabkommen, abgeschlossen zu Berlin zwischen dem Deutschen Reich und Frankreich: Präzisierung der Tragweite der Klauseln der Algeciras-Akte (deutsche Handelsinteressen nicht behindert, politische Interessen Frankreichs in Marokko).

24. Oktober 1909 Russisch-italienischer Geheimvertrag von Racconigi (bei Turin) zur Aufrechterhaltung des Status quo auf dem Balkan.

4. Juli 1910 Russisch-japanisches Geheimabkommen. Russische Zustimmung zur Inkorporierung Koreas in das japanische Reich.

1911 Zweite Marokkokrise: Im April 1911 beginnt Frankreich mit dem Vormarsch auf die Sultansstadt Fez. Berlin spricht von Bruch des Algeciras-Abkommens. Am 1. Juli 1911 geht das Kanonenboot »Panther« vor dem südwestmarokkanischen Hafen Agadir vor Anker (Schutz für deutsche Untertanen und Schutzbefohlene bzw. der deutschen Interessen). Konflikt durch **Marokko-Kongo-Vertrag**, abgeschlossen zu Berlin zwischen dem Deutschen Reich und Frankreich (4. **November 1911**), beigelegt: Auslieferung Marokkos an Frankreich, Handelsfreiheit in Marokko (ungestörter Betrieb in den deutschen Bergwerken in Marokko), Vergrößerung Kameruns (Verbindung mit Belgisch-Kongo, »Entenschnabel«). Diplomatische Niederlage des Deutschen Reiches.

13. Juli 1911 Grey-Takaakikato-Vertrag, abgeschlossen zu London zwischen Großbritannien und Japan: Revision des Übereinkommens vom 12. August 1905.

1911–1912 Italienisch-Türkischer Krieg. Italienische Kriegserklärung an die Osmanen am 29. September 1911. Annexion von Tripolis und der Cyrenaika am 5. November 1911. Osmanische Zustimmung im **Frieden von Lausanne** (18. **Oktober 1912**; der Sultan erklärt Tripolis und Cyrenaika für »autonom«).

8. Juli 1912 Russisch-japanisches Geheimabkommen: Äußere Mongolei faktisch russisches Protektorat. November 1912 russisch-mongolischer Vertrag: Äußere Mongolei faktisch russisches Protektorat, wenn auch der Form nach die chinesische Oberhoheit 1913 noch einmal bestätigt wird.

16. Juli 1912 Marinekonvention, abgeschlossen zu Paris zwischen Frankreich und Russland.

13. März 1912 Serbisch-bulgarisches Bündnis gegen das Osmanische Reich (**Griechenland und Montenegro schließen sich an**). Art. 3 des »**Balkanbundes**« sieht gemeinsamen Kampf gegen jede Großmacht vor, die osmanisches Gebiet besetzen würde (damit auch gegen Österreich-Ungarn gerichtet). Motor des Bündnisses der russische Gesandte in Belgrad Nikolaj Hartwig. 30. September 1912: Der »Balkanbund« mobilisiert gegen die Osmanen. Österreich-Ungarn erhöht den Stand seiner Armee und trifft militärische Vorkehrungen. »Probemobilisierung« in Russland. 8. Oktober 1912: Ergebnisloser gemeinsamer Schritt Wiens und Petersburgs in Konstantinopel im Auftrag der Großmächte zur Erhaltung des Friedens auf dem Balkan. Mit der Kriegserklärung Montenegros an die Osmanen (8. Oktober 1912) Beginn des **Ersten Balkankrieges**. Zusammenbruch der osmanischen Herrschaft auf dem Balkan (damit Zusammenbruch des auf Erhaltung des Osmanischen Reiches ausgerichteten Systems Österreich-Ungarns), Rückzug der osmanischen Armee bis knapp vor Konstantinopel (Waffenstillstand Anfang Dezember 1912, **Präliminarfriede von London am 30. Mai 1913**). 4. November 1912: Infolge der Weigerung Österreich-Ungarns, einer von Frankreich, Großbritannien und Russland vorgeschlagenen Erklärung des »Desinteressements« der Großmächte an der Balkanfrage beizutreten, treffen Frankreich und Russland die Vereinbarung, jeder Gebietserweiterung einer Großmacht auf dem Balkan entgegenzutreten.

22. und 23. November 1912: Französisch-britische Vereinbarung über

eine Verständigung wegen eines gemeinsamen Vorgehens im Kriegsfalle (**Briefwechsel Grey–Cambon**).

5. Dezember 1912 Letzte Erneuerung des Dreibund-Vertrages: Anerkennung der durch den Italienisch-Türkischen Krieg geschaffenen Gebietsveränderungen durch die beiden Bündnispartner.

17. Dezember 1912 – 11. August 1913 Botschafterkonferenz in London zur Regelung der durch den Balkankrieg aufgeworfenen Streitfragen. Hauptprobleme: die neuen Grenzen Bulgariens und Serbiens sowie die geplante Errichtung eines selbständigen Staates Albanien (Österreich-Ungarn und Italien widersetzen sich der serbischen Forderung nach direktem Zugang zum Adriatischen Meer und treten für ein albanisches Staatswesen bis zur griechischen Grenze ein). Konferenz stimmt der Schaffung Albaniens zu.

3. Juli bis 10. August 1913 Zweiter Balkankrieg: Rumänisch-serbisch-griechisches Angriffsbündnis, Kriegserklärung an Bulgarien am 3. Juli 1913. Militärischer Zusammenbruch Bulgariens. Der k.u.k. Minister des Äußern Graf Berchtold versucht vergeblich, zugunsten der Bulgaren zu intervenieren. Am 21. Juli 1913 greifen **osmanische Truppen gegen die Bulgaren** ein und besetzen Adrianopel. Einleitung von Friedensverhandlungen durch die Botschafterkonferenz in London am 21. Juli, **Friede von Bukarest am 10. August 1913** (Friedensschluss zwischen dem Osmanischen Reich und Bulgarien am 29. September 1913 in Adrianopel) mit harten Bedingungen für Bulgarien: Südteil der Dobrudscha mit Silistra an Rumänien, Makedonien größtenteils an Serbien, Adrianopel an das Osmanische Reich, Kreta, ein Teil Makedoniens mit Saloniki und Kavalla an Griechenland. Fürstentum Albanien (mit Skutari, Durazzo und Valona) selbständig; März 1914 Prinz Wilhelm zu Wied zum Fürsten (Mbret) gewählt. Österreich-Ungarn erklärt die Bestimmungen des Bukarester Friedens für »kaum geeignet, eine längere Periode des Friedens zu garantieren«. Annäherung Bulgariens an Österreich-Ungarn. Gegensatz Serbiens zu Österreich-Ungarn bleibt bestehen.

8. Juli 1913 Erneuerung des österreichisch-ungarisch-deutschen Defensivbündnisses mit Rumänien.

8. Februar 1914 Osmanisch-russisches Reformabkommen über die Rechte der Armenier in Ostanatolien (zwei neutrale Generalinspektoren, der Niederländer Westenenk und der Norweger Hoff) (wegen des Kriegsausbruches nicht realisiert).

März 1914 Deutsch-britische vorläufige Verständigung über die **Bagdadbahn**: Britische finanzielle Beteiligung; Berlin verzichtet auf die Strecke Bagdad–Basra.

2. Die Julikrise 1914

Am **28. Juni 1914** ermordet der bosnische Student serbischer Nationalität **Gavrilo Princip** den Thronfolger und Generalinspektor der gesamten bewaffneten Macht Erzherzog **Franz Ferdinand** und dessen Gemahlin Herzogin Sophie von Hohenberg in Sarajevo. Damit ist der Hauptexponent eines Entgegenkommens gegenüber den österreichisch-ungarischen Slawen – ein solches hätte die Zugkraft eines südslawischen Reiches unter Führung der serbischen Dynastie Karadjordjević gemindert – gefallen. Eine Gruppe von acht Attentätern, auf serbischem Boden geschult und mit Waffen aus dem Armeelager von Kragujevac ausgerüstet, hat das Attentat geplant; der serbische Major Vojislav Tankosić und der serbische Eisenbahner Milan Ciganović haben ihre Hände im Spiel gehabt. Die Geheimorganisation »**Vereinigung oder Tod**« (Ujedinjenije ili smrt) bzw. »**Schwarze Hand**« (Crna ruka) (mit großserbischen Tendenzen) und die mit ihr in Verbindung stehende Gruppe »Jung-Bosnien« (Mlada

2. Die Julikrise 1914

Bosna; mit jugoslawischen Endzielen) stehen hinter den Attentätern. 1910–1914 fünf Attentate vorausgegangen (letztes am 20. Mai 1914 gegen Banus von Kroatien Iván Frhr. v. Skerlecz). Erst nach dem Ersten Weltkrieg wird bekannt, dass der Chef der Nachrichtenabteilung des serbischen Generalstabes und führende Angehörige der »Schwarzen Hand« Dragutin **Dimitrijević** (genannt Apis) das Attentat geplant und sein Untergebener Rade Malobabić es vorbereitet hat. Dimitrijević habe sich beim russischen Militärattaché Vasilij Artamanov versichert, dass Russland Serbien im Konfliktfall nicht im Stich lassen werde, er habe aber Artamanov nicht in die Attentatspläne eingeweiht. Dimitrijević mit dem serbischen Ministerpräsidenten Nikola Pašić tödlich verfeindet; im Juni 1917 nach einem problematischen Prozess in Saloniki von einem serbischen Kriegsgericht zum Tode verurteilt und erschossen. 1924 veröffentlicht der ehemalige serbische Unterrichtsminister Ljuba Jovanović Memoiren, worin er mitteilt, einige Wochen vor dem Attentat habe Pašić von den Vorbereitungen einiger Männer zu einem Anschlag gegen Franz Ferdinand in Sarajevo gesprochen, es sei nicht geglückt, deren Übertritt nach Bosnien zu verhindern. 1941 ist im politischen Archiv des serbischen Außenministeriums ein undatierter **Handzettel Pašić'** (zwischen 2. und 13. Juni 1914 geschrieben) gefunden worden, der den Eindruck des Niederschlages einer ersten Information über den Weg der Verschwörer macht. Dieses Dokument, 1945 in Wien ediert, ist nach dem Krieg als NS-Propaganda abgetan oder gar nicht zur Kenntnis genommen worden (die Authentizität heute außer Zweifel).

1914 ist ein Beweis für die **Mitwisser**schaft der serbischen Regierung nicht zu erbringen gewesen. Auch heute ist das Ausmaß einer etwaigen Mitwisserschaft der Regierung umstritten (auch eine Mitwisserschaft würde noch keine Mittäterschaft bedeuten!). Der Übertritt der Attentäter nach Bosnien ist zumindest nicht verhindert worden, vielleicht aus Furcht vor der »Schwarzen Hand«. Eine Preisgabe der Verschwörer hätte Konsequenzen für die südslawische Propaganda bzw. für die Großserbische Idee gehabt. Ciganović ist die Flucht nach Albanien ermöglicht worden; die Flucht eines an-

2. Die Julikrise 1914

deren Verschwörers, Muhamed Mehmedbašić', ist von den montenegrinischen Behörden ermöglicht worden. Eine Beflaggung in der Ortschaft Metalka an der bosnisch-montenegrinischen Grenze am 30. Juni ist von den k.u.k. Behörden zuerst als »Feier des Attentates« ausgelegt worden, hat sich aber am 6. Juli als Feier des Geburtstages des montenegrinischen Kronprinzen Danilo herausgestellt.

Vorbereitungen der k.u.k. Behörden zum Schutz des Thronfolgers bei den Armeemanövern in Bosnien unzulänglich.

Die politischen Kreise Europas verabscheuen offiziell die Tat, erwarten eine rasche Vergeltung von seiten Österreich-Ungarns. In Österreich-Ungarn bei Diplomaten, Politikern, Publizisten, Militärs die Ansicht vorherrschend, dass Serbien für das Attentat zur Verantwortung gezogen werden müsse, dass nur eine Niederwerfung Serbiens die Bedrohung beenden könne. Der Chef des k.u.k. Generalstabes Franz Conrad von Hötzendorf für einen sofortigen Krieg gegen Serbien, der k.u.k. Minister des Äußern Graf Berchtold und der ungarische Ministerpräsident Graf Tisza wollen erst die Zustimmung aus Berlin abwarten. Berchtold im Juni/Juli 1914 von der am Ballhausplatz die antiserbische Politik gestaltenden jüngeren Generation der Diplomaten (Johann Graf Forgách, Alexander Frhr. v. Musulin, Alexander Graf Hoyos) – die von den dynamisch-imperialistischen Grundsätzen Aehrenthals geprägt gewesen ist – beeinflusst. Hoyos vom Legationssekretär an der deutschen Botschaft Dietrich von Bethmann Hollweg, dem Neffen des Reichskanzlers, bestärkt. Die Leitmotive Österreich-Ungarns für die Entscheidungen des Juli 1914: Notwendigkeit einer aktiven Außenpolitik zur Überwindung der inneren Schwierigkeiten; Notwendigkeit einer expansiven Balkanpolitik zur Wahrung der Großmachtstellung Österreich-Ungarns, Demütigung bzw. Zerschlagung Serbiens als Garantie der Großmachtstellung Habsburgs, Entschlossenheit, mit Serbien »abzurechnen« und gegen Serbien Krieg zu führen (Thronfolgermord als weithin akzeptabler Vorwand).

Alle europäischen Staatsmänner haben 1914 mit dem **Risiko eines Krieges**, ja sogar eines Weltkrieges gespielt, diesen wohl aber nicht planmäßig herbeigeführt. Natürlich haben sie nicht geahnt, dass der

2. Die Julikrise 1914

Krieg vier Jahre dauern und zehn Millionen Tote kosten würde. Vielmehr haben sie geglaubt, dass der Krieg, von beiden Seiten als Verteidigungskrieg proklamiert, zu Weihnachten 1914 beendet sein würde. Sicher hat die sogenannte Bündnisautomatik eine große Rolle gespielt; der Hauptgrund ist meines Erachtens in der verbreiteten Vorstellung gelegen, dass die vielen aufgestauten Probleme (südslawische Frage, panslawische Vorstellungen Russlands, Elsass-Lothringen, deutsche Flotte und Kolonien, Existenz des Osmanischen Reiches usw.) nicht mehr mit friedlichen Mitteln zu lösen seien und dass es das einzig »Ehrenhafte« sei, die Waffen sprechen zu lassen. Theoretisch wäre es denkbar gewesen, durch ein europäisches Diplomatentreffen (wie angesichts der Marokkokrisen, der bosnischen Annexionskrise und der Balkankriege) die Julikrise zu entspannen, vielleicht sogar zu lösen, schon anlässlich des Begräbnisses des Thronfolgers Erzherzog Franz Ferdinand (obwohl es dort wegen der k.u.k. Hofetikette in Bezug auf die morganatische Ehe zu Schwierigkeiten gekommen wäre). Verhängnisvoll die damals weitverbreitete, fatalistisch anmutende Vorstellung eines kommenden großen Krieges, eines fast schicksalhaft unabwendbaren Vorganges.

3. bis 6. Juli 1914: Mission des Kabinettschefs Graf Berchtolds, Graf **Hoyos,** in **Berlin/Potsdam** (mit einem Memorandum an Staatssekretär v. Jagow, betreffend Unverlässlichkeit Rumäniens und Wichtigkeit einer Allianz mit Bulgarien, mit einem Handschreiben Kaiser Franz Josephs I. an Kaiser Wilhelm II. vom 2. Juli 1914 und mündlichen Instruktionen an den k.u.k Botschafter Szögyény). Hoyos und Szögyény konferieren mit Unterstaatssekretär Zimmermann, der den beurlaubten Staatssekretär v. Jagow vertritt, und mit Kaiser Wilhelm II. Sogenannter »Blankoscheck« Berlins vom 5. Juli: »Kaiser Franz Joseph könne sich darauf verlassen, dass Seine Majestät im Einklang mit seinen Bündnispflichten und seiner alten Freundschaft treu an der Seite Österreich-Ungarns stehen werde« (schon im Oktober 1908 fast gleichartige Unterstützungszusage Kaiser Wilhelms II. an den damaligen Legationssekretär Hoyos). Unterstaatssekretär Zimmer-

2. Die Julikrise 1914

mann zu Hoyos: »90% Wahrscheinlichkeit für einen europäischen Krieg, wenn Sie etwas gegen Serbien unternehmen.« Besprechungen Kaiser Wilhelms II. mit Reichskanzler Bethmann Hollweg, mit Generaloberst v. Plessen, Generaladjutant des Kaisers, General d. Inf. Frhr. v. Lyncker, Chef des Militärkabinetts, mit dem preußischen Kriegsminister Erich v. Falkenhayn. Unterstützung und Rückendeckung Berlins für einen Krieg, der die machtpolitische Situation auf dem Balkan zugunsten Österreich-Ungarns verändern soll.

Am 6. Juli geht Kaiser Wilhelm II. auf Nordlandreise.

Am 7. Juli 1914 erstattet Hoyos Berchtold und den beiden Ministerpräsidenten unter Beisein des deutschen Botschafters v. Tschirschky (!) mündlichen Bericht. **Gemeinsamer Ministerrat:** »tunlichst rasche Entscheidung des Streitfalles mit Serbien im kriegerischen oder feindlichen Sinne«. Mobilisierung erst, »nachdem konkrete Forderungen an Serbien gerichtet und dieselben zurückgewiesen, sowie ein Ultimatum gestellt worden war«. Aber »alle Anwesenden, mit Ausnahme des königlich-ungarischen Ministerpräsidenten waren der Ansicht, dass ein rein diplomatischer Erfolg, auch wenn er mit einer eklatanten Demütigung Serbiens enden würde, wertlos wäre und dass daher solche weitgehenden Forderungen an Serbien gestellt werden müssten, die eine Ablehnung voraussehen ließen, damit eine radikale Lösung im Wege militärischen Eingreifens angebahnt würde«.

8. Juli 1914 Tschirschky bei Berchtold: fordert unverzügliches Handeln gegen Serbien (Tisza, von Berchtold darüber unterrichtet, will sich durch diese deutsche Direktive nicht beeinflussen lassen). Stimmung in Österreich, es sei die Schicksalsstunde für das Habsburgerreich; Furcht, man würde die Freundschaft des Deutschen Reiches verlieren, wenn man nichts unternähme, um Grenzen und Bestand der Monarchie sicherzustellen. Die deutsche militärische Führung ist ab Mitte Juli 1914 mit einer Präventivkriegsplanung beschäftigt. Der Anlass des Krieges, der österreichisch-ungarische Wunsch der

2. Die Julikrise 1914

Niederschlagung Serbiens, ist von eigenen militärischen Erwägungen verdrängt worden. Der Entwurf für das an Belgien zu richtende Ultimatum ist schon vor der serbischen Antwort auf das österreichisch-ungarische Ultimatum vom 23. Juli vom deutschen Generalstab ausgearbeitet und am 26. Juli (also vor der österreichisch-ungarischen Kriegserklärung an Serbien am 28. Juli) an das deutsche Auswärtige Amt weitergeleitet worden.

14. und 19. Juli 1914 Endgültiger Entschluss zum Krieg gegen Serbien: Im Ministerrat am 19. Juli: »dass sofort bei Beginn des Krieges den fremden Mächten erklärt werde, dass die Monarchie keinen Eroberungskrieg führt und nicht die Einverleibung des Königreiches [Serbien] beabsichtigt. Natürlich sollen strategisch notwendige Grenzberichtigungen sowie die Verkleinerung Serbiens zugunsten anderer Staaten sowie eventuell notwendige vorübergehende Besetzungen serbischer Gebietsteile durch diesen Beschluss nicht ausgeschlossen werden« (Graf Forgách am 16. Juli in einem Privatschreiben an Graf Mérey, k.u.k. Botschafter in Rom: »Was übrigens nach einem hoffentlich siegreichen Kriege geschehen würde, ist übrigens – unter uns gesagt – eine andere Frage«).

21. Juli 1914: Der Ballhausplatz übersendet dem k.k. Ministerpräsidenten den Entwurf eines Manifestes, das nach der Kriegserklärung veröffentlich werden soll.

23. Juli 1914 Österreichisch-ungarisches Ultimatum an Serbien (bis 25. Juli, 18 Uhr befristet) fordert: Lossagung der serbischen Regierung von der südslawischen Bewegung, Säuberung von Armee, Beamtenschaft und Schulwesen, Unterdrückung der österreichfeindlichen Presse, Auflösung der österreichfeindlichen Geheimorganisationen, Mitwirkung von k.u.k. Beamten bei der Untersuchung des Attentates von Sarajevo.

24. Juli 1914: Sir Edward **Grey** schlägt vor, dass Großbritannien, das Deutsche Reich, Frankreich und Italien zwischen Österreich-Ungarn

2. Die Julikrise 1914

und Russland (nicht zwischen Wien und Belgrad!) vermitteln sollen. (Konferenz in London, von Berlin endgültig am 28. Juli abgelehnt: Es sei für das Deutsche Reich unmöglich, seinen Bundesgenossen in seiner Auseinandersetzung mit Serbien vor ein europäisches Gericht zu ziehen.)

25. Juli 1914: Der dem Ministerium des Äußern zugeteilte Univ.-Prof. Dr. Alexander Frhr. v. Hold-Ferneck arbeitet für Musulin ein Gutachten aus, das die Gründe darlegt, warum man an Serbien auch dann den Krieg erklären könne, wenn die serbische Regierung »unsere Forderungen ohne jeden Protest pauschaliter anzunehmen [sich bereit] erklärt«. – Teils zustimmende, teils ausweichende Antwort Serbiens (Mitwirkung von k.u.k. Organen bei Untersuchung des Attentates abgelehnt).

Mobilisierung in Serbien (russischer Außenminister Sazonov am 24. Juli zum serbischen Gesandten: Russland werde in keinem Falle aggressive Handlungen Österreichs gegen Serbien zulassen [es bestand kein offizielles russisch-serbisches Bündnis!]).

Abbruch der diplomatischen Beziehungen Österreich-Ungarns zu Serbien (Abreise des k.u.k. Gesandten Giesl Frhr. v. Gieslingen aus Belgrad). Teilmobilisierung in Österreich-Ungarn.

27. Juli 1914: Berchtold erbittet vom Kaiser die Unterzeichnung der Kriegserklärung mit der Begründung, er »halte es nicht für ausgeschlossen, dass die Triple-Entente noch einen Versuch machen könnte, eine friedliche Beilegung des Konfliktes zu erreichen, wenn nicht durch eine Kriegserklärung eine klare Situation geschaffen wird«. General Conrad von Hötzendorf erklärt sich außerstande, vor einer Frist von vierzehn Tagen den Krieg beginnen zu können.

28. Juli 1914 (11 Uhr) Kriegserklärung Österreich-Ungarns an Serbien: Kriegswilligkeit Kaiser Franz Josephs I. umstritten; unterschreibt auf die Nachricht von einem Gefecht bei **Temes Kubin** (heute Kovin) (am Nordufer der Donau gegenüber Semendria [Smederevo] hin.)

2. Die Julikrise 1914

Hergang: Die 14. Infanteriebrigade meldet am 26. Juli: »Bei Kevevara (= Temes Kubin) serbische Dampfer durch eigenes Feuer angehalten, nach vorgenommener Untersuchung wieder freigelassen. Eigene Dampfer von Semendria aus angeschossen, doch ohne Schaden.« Originalmeldung über das Gefecht soll vom Kommando des IV. Korps (Budapest) an den k.u.k. Generalstab in Wien gegangen sein: »Temes Kubin. Serbische Soldaten auf Schiff auf eigene Truppen Feuer eröffnet, großes Geplänkel, Anzahl Tote und Verwundete nicht bekannt.« Text der Meldung lässt auf ein Telegramm schließen, das aus Budapest eingelangt sein muss. In Temesvár von einem Gefecht bei Temes Kubin nichts bekannt. Berchtold wird informiert, dass es das Gefecht nicht gegeben hat. Zu Mittag des 27. Juli wird noch das österreichisch-ungarische Korrespondenzbureau über das Gefecht bei Temes Kubin informiert, dann fährt Berchtold nach Ischl und legt dem Kaiser die Kriegserklärung vor. Der Kaiser unterschreibt. Spätestens am Morgen des 28. Juli weiß Berchtold, dass bei Temes Kubin nichts passiert ist, und streicht die Passage über Temes Kubin aus der vom Kaiser unterschriebenen Kriegserklärung (Berchtold informiert den Kaiser darüber am 29. Juli). Das bewusste Telegramm nicht auffindbar. Die Nachricht von einem serbischen Angriff auf österreichisch-ungarische Einheiten ist aber in die Weltöffentlichkeit gelangt. Kriegserklärung erst einen Monat nach dem Attentat auch dadurch mitverursacht, dass sich ein Teil der Truppen auf »Ernteurlaub« befindet.

„Halt-in-Belgrad«-Vorschlag Kaiser Wilhelms II. (Belgrad als »Faustpfand« Österreich-Ungarns).

29. Juli 1914: Grey schlägt Berlin vor, dass Österreich-Ungarn seinen Vormarsch nach Besetzung Belgrads abbrechen und seine Differenzen mit Russland der Vermittlung der Mächte anheimstellen solle (**letzter britischer Vermittlungsvorschlag am 31. Juli**). Deutsches Ultimatum an Belgien. Teilmobilisierung in Russland.

30. Juli 1914 Generalmobilmachung der russischen Armee (nach Druck der Militärs auf den Zaren).

2. Die Julikrise 1914

31. Juli 1914 Deutsches Ultimatum an Russland (12-Stunden-Frist). **Österreichisch-ungarische Gesamtmobilmachung.**

1. August 1914 Mobilisierung in Frankreich und im Deutschen Reich. Deutsche Kriegserklärung an Russland. In der begeisterten Menge auf dem Münchner Odeonsplatz anlässlich der Proklamation des Kriegszustandes der junge Österreicher Adolf Hitler, später bayerischer Kriegsfreiwilliger.

2. August 1914 Deutsche Sommation an Belgien mit der Forderung nach Durchmarschrecht für deutsche Truppen. **Geheimer deutschosmanischer Defensivvertrag gegen Russland.**

3. August 1914 Deutsche Kriegserklärung an Frankreich. Neutralitätserklärung Rumäniens (Wien habe Bukarest vom beabsichtigten Vorgehen gegen Serbien nicht verständigt). **Neutralitätserklärung des Osmanischen Reiches.**

4. August 1914 Deutscher Einmarsch in das neutrale Belgien (aus militärischen Erwägungen aufgrund des »Schlieffen-Planes«). **Britische Kriegserklärung an das Deutsche Reich** (bis dahin keine fixe Allianz Großbritanniens mit Beistandsverpflichtungen in Bezug auf Frankreich und Russland wie zwischen Berlin und Wien bzw. Paris und Petersburg; Berlin hofft bis zuletzt auf britische Neutralität). Neutralitätserklärung Italiens (Österreich-Ungarn habe Angriffskrieg gegen Serbien begonnen; Dreibund aber ein Defensivbündnis).

5. August 1914 Montenegrinische Kriegserklärung an Österreich-Ungarn (Beschluss der montenegrinischen Volksvertretung über die militärische Unterstützung Serbiens bereits am 31. Juli). Österreich-ungarischer Beitritt zum deutsch-osmanischen Vertrag vom 2. August in Form eines Notenwechsels.

2. Die Julikrise 1914

6. August 1914 Serbische Kriegserklärung an das Deutsche Reich. Kriegserklärung Österreich-Ungarns an Russland.

12. August 1914 Kriegserklärung Großbritanniens und Frankreichs an Österreich-Ungarn. Kriegserklärung Montenegros an das Deutsche Reich.

23. August 1914 Kriegserklärung Japans an das Deutsche Reich. Kriegserklärung Österreich-Ungarns an Japan.

27. August 1914 Kriegserklärung Japans an Österreich-Ungarn. Kriegserklärung Österreich-Ungarns an Belgien.

Österreichisch-ungarisch-serbischer Konflikt zum Weltkrieg ausgeweitet. Berlin glaubt bis zuletzt an ein Nichteingreifen Londons, erhofft sich außerdem eine Paralysierung Großbritanniens durch einen irischen Aufstand. Paris ist sich seit dem Grey-Cambon'schen Briefwechsel (November 1912) einer Unterstützung durch Großbritannien sicher.

»Geist von 1914«: Kriegsbegeisterung in beträchtlichen Teilen der Bevölkerung der Krieg führenden Staaten, Glaube an schnellen Sieg. Auch die Sozialdemokraten können den Krieg nicht verhindern.

Große Teile der Intellektuellen, Wissenschafter und Künstler lassen sich von der Kriegsbegeisterung anstecken, unterstützen bis Kriegsende die Kriegsanstrengungen ihrer Länder propagandistisch (nur wenige wie Karl Kraus, Hermann Hesse und Romain Rolland entziehen sich der Kriegspropaganda). Gedanken des Sozialdarwinismus sind in nicht unbeträchtlichem Ausmaß verbreitet. Die Religionsgemeinschaften unterstützen größtenteils die Regierungen bis Kriegsende.

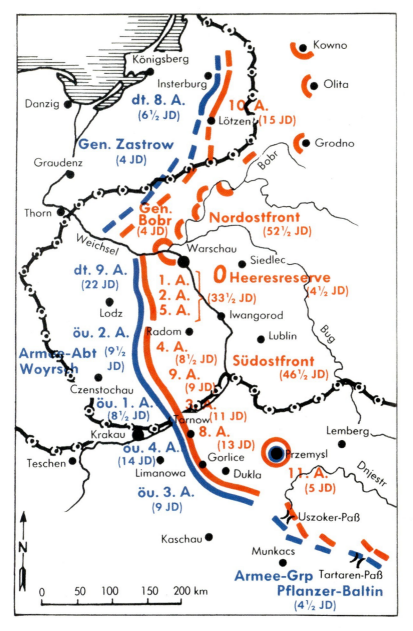

Der Frontverlauf im Osten am 1. Jänner 1915 (Quelle: Truppendienst)

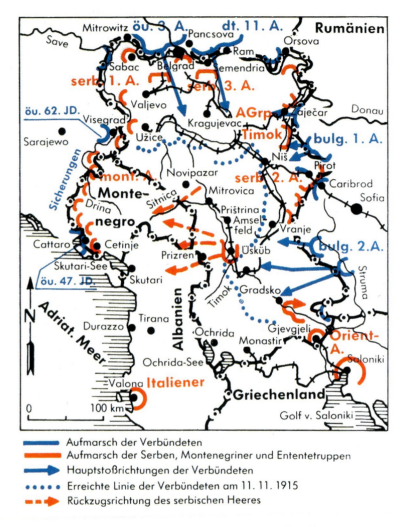

Der Feldzug gegen Serbien im Herbst 1915 (Quelle: Truppendienst)

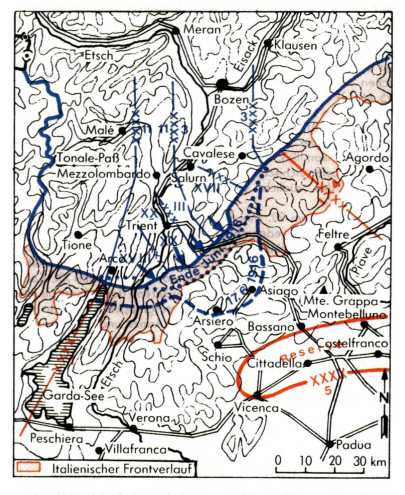

Der Verlauf der Südtirol-Offensive 1916 (Quelle: Truppendienst)

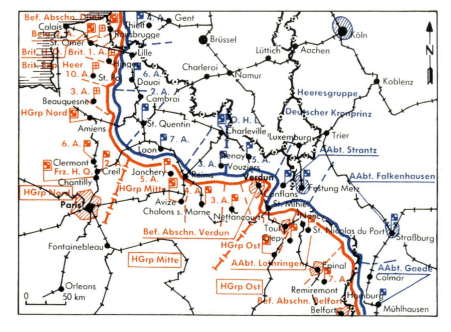

Die Westfront am 21. Februar 1916 (Quelle: Truppendienst)

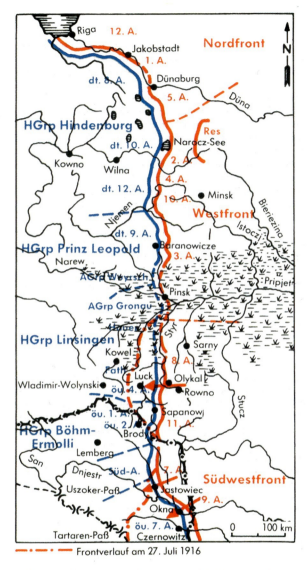

Der Frontverlauf am 27. Juli 1916 (Quelle: Truppendienst)

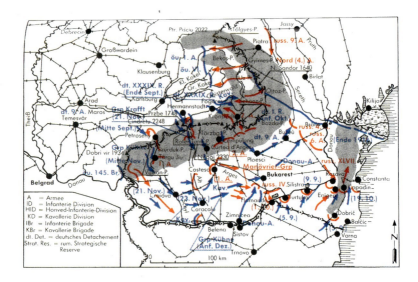

Der Feldzug gegen Rumänien vom August 1916 bis Jänner 1917
(Quelle: Truppendienst)

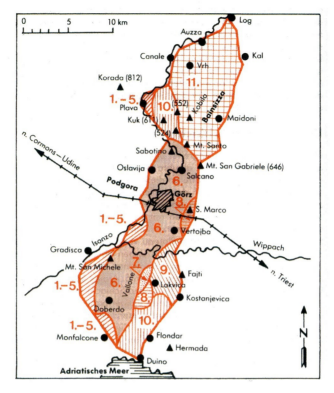

Die italienischen Geländegewinne in den
elf Isonzo-Schlachten vom Juni 1915 bis zum September 1917
(Quelle: Truppendienst)

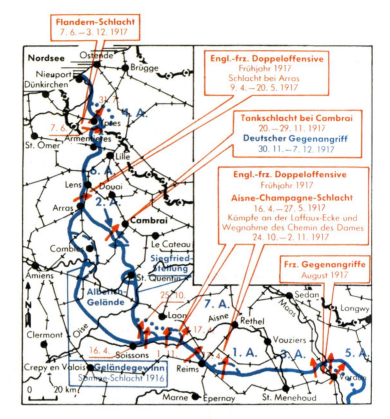

Westfront 1917 (Quelle: Truppendienst)

3. Die Streitkräfte im Sommer 1914

	Fläche	Einwohnerzahl	Wehrsystem	Heer Friedensstand	Heer Kriegsstand	Anzahl der Großverbände bei Kriegsbeginn	Flotte
Deutsches Reich (ohne Schutzgebiete)	540.857 km²	66,303.000	Allgemeine Wehrpflicht	761.000 Mann	2,398.000 Mann	50 InfDiv 11 KavDiv 25 ResDiv	33 Linienschiffe 13 Panzerkreuzer (einschl. Schlachtkreuzer) 34 Kreuzer
Österreich-Ungarn	676.060 km²	51,390.000	Allgemeine Wehrpflicht	415.000 Mann	1,800.000 Mann	50 InfDiv 11 KavDiv 36 Landsturm- bzw. Marsch-Brig.	14 Linienschiffe (Schlachtschiffe) 3 Panzerkreuzer 9 Kreuzer
Großbritannien (einschl. Kolonien)	30.402.262 km²	422,732.000	Freie Werbung	Mutterland einschl. Kolonien: 647.000 Mann Indien: 322.000 Mann	655.000 Mann 322 000 Mann	Expeditionary Force: 6 InfDiv 1 KavDiv 2 ber. Brig	57 Linienschiffe (Battleships) 42 Panzerkreuzer (einschl. Battle-Cruisers) 61 Kreuzer
Russland	22,470.004 km²	163,778.000	Allgemeine Wehrpflicht	1,200.000 Mann	3,420.000 Mann	77 InfDiv 38 KavDiv	8 Linienschiffe 6 Panzerkreuzer 6 Kreuzer

3. Die Streitkräfte im Sommer 1914

	Fläche	Einwohnerzahl	Wehrsystem	Heer Friedensstand	Heer Kriegsstand	Anzahl der Großverbände bei Kriegsbeginn	Flotte
Frankreich (einschl. Kolonien)	6.484.243 km²	90.111.000	Allgemeine Wehrpflicht	984.000 Mann	1.867.000 Mann	47 InfDiv 10 KavDiv 25 ResDiv	20 Linienschiffe 19 Panzerkreuzer 8 Kreuzer
Belgien	29.546 km²	7.517.000	Allgemeine Wehrpflicht	43.000 Mann	180.000 Mann	6 InfDiv 2 KavDiv	–
Serbien	83.303 km²	6.207.000	Allgemeine Wehrpflicht	60.000 Mann	250.000 Mann	11 InfDiv 1 KavDiv	–
Montenegro	15.080 km²	400.000	Miliz	3.000 Mann	40.000 Mann	4 InfDiv	–

Deutsches Heer: 1914 etatsmäßig 794.319 Mann, dazu Marine 79.000, Kolonialtruppen 7.000 = 880.000 Mann. **Österreich-Ungarn:** 478.000 Heer, 16.000 Marine = 494.000 Mann. **Mit Reserven Deutsches Heer:** 2.147.000 Mann = 87,5 Infanteriedivisionen, 11 Kavalleriedivisionen, **Österreich-Ungarn:** 1.338.000 Mann = 49,5 Infanteriedivisionen, 11 Kavalleriedivisionen: **Deutsches Reich und Österreich-Ungarn** 3.485.000 Mann. **Deutsche Kriegsstärke:** rd. 2,1 Mill. Mann. **Frankreich:** Kriegsstärke 2.150.000 Mann, **Großbritannien:** 132.000 Mann, **Belgien:** 100.000 Mann, **Russland:** 2.712.000 Mann, **Serbien:** 285.000 Mann. **Ost- und Westgegner:** 5.379.000 Soldaten, **Deutsches Reich und Österreich-Ungarn:** 3,5 Mill. Mann.

4. Das Kriegsbild des Sommers 1914

In Erinnerung an die Feldzüge von 1859, 1866 und den ersten Teil von 1870/71 ist das militärische Denken der Jahre vor 1914 auf die »Entscheidungsschlacht« hin ausgerichtet. Die Erfahrungen des amerikanischen Bürgerkrieges, des zweiten Teiles von 1870/71 und des Russisch-Japanischen Krieges 1904/05 bleiben unberücksichtigt. 1914 sind alle europäischen Heere für diese eine Entscheidungsschlacht organisiert, bewaffnet und ausgebildet. Auch die Vorbereitungen für die Heeresversorgung sind nur auf eine kurze Kriegsdauer abgestellt. Die allgemeine Wehrpflicht in den meisten Ländern Europas gestattet die Aufstellung von Massenheeren, um schon durch die größere Zahl das Übergewicht über den Gegner zu erringen. Das deutsche Heer strebt in der Konzeption des älteren Moltke und des Generalstabschefs Generalfeldmarschall Schlieffen die Vernichtung des Gegners nach dem Vorbild der Schlacht von Cannae (216 v. Chr.) an. In kühnen Operationen und unter rücksichtsloser Entblößung breiter Grenzabschnitte sollen ein Flügel des Feindes oder besser beide umfasst werden, ja, man ist bereit, die Entscheidungsschlacht mit verkehrter Front anzunehmen. Frankreich stellt sich auf den Gegenschlag ein. Es fängt den erwarteten und in seinen Vorbereitungen erkannten Feindangriff mit schwächeren Kräften in der Front auf und lässt den vernichtenden Schlag von einer starken, zurückgehaltenen Heeresreserve führen. Österreich-Ungarn bevorzugt in Operation und Technik das Zusammenwirken zweier zueinander gewinkelter Fronten. Die Flanke des im Kampf stehenden und somit festgehaltenen Feindes soll vom Angriff der zweiten Front vernichtend getroffen werden. In Russland überwiegen die Probleme des verhältnismäßig langsamen Aufmarsches jene der operativen Führung und der Taktik. Alles ist auf den Massenangriff unzähliger Großverbände, auf die »Dampfwalze«, abgestellt. Um die Kräfte aus dem ganzen Reich in Galizien, Russisch-Polen und Masuren aufmarschieren zu lassen, werden Monate benötigt, obwohl mit französischer Hilfe das Bahn-

4. Das Kriegsbild des Sommers 1914

netz verbessert worden ist. Ein zahlenmäßiger Ausgleich mit der russischen »Dampfwalze« ist für die Mittelmächte nicht herstellbar. Die Planungen auf dem Kontinent sind auf einen kurzen Krieg eingestellt. Nur Großbritannien und später die USA planen nach ihrem Kriegseintritt auf lange Sicht.

Taktisch geht man mit unzutreffenden Vorstellungen in den Krieg, vor allem unterschätzt man trotz der Erfahrungen des Burenkrieges, des Russisch-Japanischen Krieges, der Balkankriege und der Kolonialkriege die abstoßende Feuerkraft der Mehrladegewehre. Nur Russen und Serben haben eine entsprechende Kriegserfahrung. Die Infanterie ist 1914 die Hauptwaffe. Ihr Angriff soll die Entscheidung auf dem Gefechtsfeld erzwingen. Die Annahme, dass die Feuerüberlegenheit von der Infanterie selbst im Zuge eines über große Entfernung vorgetragenen Angriffes errungen werden könne, hat sich als Irrtum erwiesen. Es ist nur selten möglich gewesen, den Verteidiger durch Infanteriefeuer zu erschüttern. Oft ist auch ohne Feuerüberlegenheit zum Sturm angetreten worden, was zu großen Verlusten auf den Schlachtfeldern des Jahres 1914 geführt hat. Das Ausrücken in den bunten Vorkriegsuniformen führt zu großen Verlusten. Der Artillerieeinsatz hält sich 1914 noch in relativ engen Grenzen. Die Artillerie ist 1914 reine Hilfswaffe der Infanterie. Die Kavallerie bewährt sich im Bewegungskrieg bei der Aufklärung, ihre Erfolge bei Attacken bleiben Episoden.

Flugzeug, Luftschiff, Kraftfahrzeug, Fernmeldegeräte stecken 1914 noch in den Kinderschuhen (die Flugzeuge haben anfangs noch keine Fallschirme!).

Im Verlauf des Krieges entwickelt sich ein neues Medium, der Film, der auch für die psychologische Kriegführung eingesetzt wird. Berühmt wird der britische Film 1916 »The Battle of the Somme«. 1917 wird durch Zusammenschluss mehrerer Firmen auf staatliche Veranlassung (Ludendorff!) in Berlin die Filmgesellschaft »UFA« (Universum Film AG) gegründet. Dem k.u.k. Kriegspressequartier ist der Filmproduzent Oberleutnant Graf Alexander (»Sascha«) Kolowrat-Krakowski zugeteilt.

5. Kriegspläne, Mobilmachung und Aufmarsch der Armeen 1914

Weder aufseiten der Mittelmächte noch aufseiten der Entente besteht ein gemeinsames Oberkommando und ein einheitlicher Kriegsplan. Russland ist aufgrund der 1892 mit Frankreich geschlossenen Militärkonvention verpflichtet, gegen das Deutsche Reich offensiv zu werden, um Frankreich in seinem Kampf gegen das Deutsche Reich zu unterstützen. Vorerst muss Russland das österreichisch-ungarische Heer ausschalten, um sein Hauptkriegsziel, die Vernichtung der deutschen Kriegsmacht, zu erreichen. Daher ist für den Fall, dass Berlin die Masse seines Feldheeres zuerst im Westen gegen Frankreich einsetzt, vorgesehen, mit vier Armeen gegen das k.u.k. Heer in Galizien und mit zwei Armeen gegen die deutschen Kräfte in Ostpreußen offensiv zu werden. Zwei weitere russische Armeen sollen nach Niederwerfung des k.u.k. Heeres und der deutschen Kräfte in Ostpreußen aus dem Raum Warschau in Richtung Berlin vorstoßen. Diesem Kriegsplan »A« (Austria) steht der Kriegsplan »G« (Germania) gegenüber: Wenn Berlin sich mit der Masse seines Heeres zuerst gegen Russland wendet, dann hat das russische Heer so lange defensiv zu bleiben, bis nach Herausziehung seiner gesamten Streitkräfte aus dem Inneren des Reiches ein günstigeres zahlenmäßiges Verhältnis die Offensive gestaltet.

Österreich-Ungarns Heer hat die Aufgabe, gegenüber der russischen Übermacht dem deutschen Verbündeten so lange Rückendeckung zu geben, bis dieser im Westen einen entscheidenden Sieg errungen hat. Dieser Sieg soll dem Deutschen Reich die Möglichkeit verschaffen, sich gegen Russland zu wenden, um dort die Entscheidung zu erzwingen. Nach den Intentionen des k.u.k. Generalstabschefs General d. Inf. Conrad von Hötzendorf soll diese Aufgabe offensiv gelöst werden. Zwei k.u.k. Armeen haben zuerst im Nordstoß zwischen Bug und Weichsel den russischen Stoßkeil in der Südflanke zu treffen und später, nach Osten einschwenkend, mit

5. Kriegspläne, Mobilmachung und Aufmarsch der Armeen 1914

den beiden Armeen des rechten Flügels die Offensive in allgemeiner Richtung Ost fortzusetzen. Das deutsche Ostheer soll aufgrund der Absprachen zwischen Generaloberst Helmuth v. Moltke und General d. Inf. Conrad von Hötzendorf vom Jahre 1909 den Nordstoß des k.u.k. Heeres durch eine Offensive aus Ostpreußen heraus in Richtung Siedlce (ostwärts von Warschau) unterstützen.

Gegen Serbien und Montenegro müssen die k.u.k. Streitkräfte angesichts der eigenen Kräftekonzentration in Galizien vorerst defensiv bleiben, um dem Gegner den Einbruch zu verwehren.

Die Deutsche Oberste Heeresleitung plant, mit sieben Armeen im Westen die Offensive zu ergreifen. Auf der Grundlage des Schlieffen-Planes soll das französische Heer durch einen starken rechten Flügel in einer groß angelegten Linksschwankung umfasst und vernichtet werden. Diese Entscheidung erwartet man innerhalb von sechs Wochen. Sie soll dem Deutschen Reich die Möglichkeit geben, die Masse seines Heeres nach dem Osten zu werfen, um im Verein mit den k.u.k. Streitkräften das russische Heer zu besiegen.

Das französische Oberkommando beabsichtigt, mit starken Kräften die deutsche Front im Raum Metz zu durchbrechen, sofern das deutsche Heer nicht versucht, unter Verletzung der belgischen Neutralität den linken französischen Heeresflügel zu umfassen. Das britische Expeditionsheer hat auf dem linken Flügel des französischen Heeres in die Kämpfe einzugreifen. Belgiens Heer fasst nur die Sicherung der Neutralität Belgiens ins Auge.

Der österreichisch-ungarische Generalstab muss im Hinblick auf eine mögliche militärische Auseinandersetzung mit Russland, Serbien und Montenegro oder mit Serbien und Montenegro allein Aufmarsch und Gruppierung der Streitkräfte in zwei Varianten planen. Im Kriegsfall »R« (Krieg gegen Russland und Serbien/Montenegro) soll die »A«-Staffel in der Stärke von neun Korps und zehn Kavalleriedivisionen bis zum 18. Mobilisierungstag in Galizien aufmarschieren. Ihr hat die »B«-Staffel mit vier Korps und einer Kavalleriedivision nach Galizien zu folgen. Gegen Serbien/Montenegro soll die »Minimalgruppe Balkan« in der Stärke von drei Korps aufmarschieren. Der Kriegsfall »B« (Krieg gegen Serbien/Montenegro) sieht den Aufmarsch der »Minimalgruppe Balkan« (drei Korps) und der »B«-Staffel – verstärkt durch zwei Kavalleriedivisionen der »A«-Staffel – gegen Serbien und Montenegro vor.

Durch die österreichisch-ungarische Kriegserklärung am 28. Juli wird der 28. Juli 1914 erster Mobilisierungstag des Kriegsfalls »B«. Durch die Wiener Kriegserklärung an St. Petersburg am 6. August tritt der Kriegsfall »R« ein, mitten in den Aufmarsch für den Kriegsfall »B«. Die »B«-Staffel hat daher nicht mehr auf dem Balkan, sondern gegen Russland aufzumarschieren. Die Masse der »B«-Staffel befindet sich zum Zeitpunkt der allgemeinen Mobilisierung bereits auf dem Transport zum Balkankriegsschauplatz. Ein Umleiten der Transporte ist aus eisenbahntechnischen Gründen nicht möglich. Die Transportbewegung der »B«-Staffel muss daher nach dem Plan für den Kriegsfall »B« auslaufen. Nur noch nicht verladene Teile der »B«-Staffel (drei Infanteriedivisionen, eine Kavalleriedivision, mehrere Landsturminfanteriebrigaden und Marschbrigaden) können nach dem Plan für den Kriegsfall »R« nach Galizien transportiert werden. Die Masse der »B«-Staffel gelangt in den Aufmarschraum nördlich, nordöstlich und nordwestlich von Belgrad und kann von dort erst ab dem 18. August auf den nordöstlichen Kriegsschauplatz verlegt werden. Teile der »B«-Staffel, das VIII. Korps und die 29. Infanteriedivision bleiben auf dem Balkankriegsschauplatz. Die k.u.k. Streitkräfte auf dem Balkan sind am 12. August 1914 operationsbereit.

In Galizien sind die Verbände des linken k.u.k. Flügels (1. Armee) am 23. August 1914, die Mitte (4. und 3. Armee) am 25. bzw. 26. August operationsbereit. Der Aufmarsch der rechten Flügelarmee, der 2. Armee, verzögert sich.

Entgegen den Erwartungen des k.u.k. Generalstabes brechen die russischen Reiterarmeen nicht nach Galizien ein. Es können daher die beiden linken Armeen nach Norden, die beiden rechten Armeen nach Osten geschwenkt werden.

Das deutsche Heer marschiert planmäßig mit sieben Armeen im Westen, mit einer Armee in Ostpreußen und mit einem Landwehrkorps in Oberschlesien auf. Da Italien die für die Vogesenfront zugesagte Armee nicht bereitstellt, müssen deutsche für den Osten vorgesehene Verbände zweiter Linie an ihre Stelle treten. Frankreich stellt fünf Armeen und zwei Gruppen von Reservedivisionen an der Ostgrenze, von der Oise bis Belfort, bereit. Das britische Heer sammelt sich nach der Landung im Raum von Mons-Maubeuge. Die belgische Armee steht ostwärts Brüssel, Front nach Osten.

6. Die innere Lage der Krieg führenden Staaten 1914

Österreich-Ungarn: Vielvölker- und Vielkonfessionenstaat wie das russische Reich und das Osmanische Reich. Seit 1867 Realunion besonderer Art zweier ansonsten selbständiger Staaten aufgrund der Pragmatischen Sanktion mit zwingenden gemeinsamen Angelegenheiten und Institutionen, die nach außen eine einzige Gesamtmacht darstellt. Auswärtige Angelegenheiten, Kriegswesen (mit Ausnahme der Gesetzgebung über Art und Erfüllung der Wehrpflicht und der Rekrutenbewilligung), Finanzwesen (soweit es gemeinsame Angelegenheiten betrifft) sind gemeinsame Reichsangelegenheiten. Alle zehn Jahre Ausgleich über Ausgaben (1867: Anteil der österreichischen Reichshälfte 70% [1907: 63,6%], Anteil der ungarischen Reichshälfte 30% [1907: 36,4%]). Währungs- und Zollunion. Die gemeinsamen Ministerien sind den »Delegationen« (je 60 Mitgliedern der beiden Parlamente [Reichsrat, Reichstag], die jährlich, abwechselnd in Wien und Budapest, über die gemeinsamen Angelegenheiten zu beraten haben) verantwortlich. Zu den »im Reichsrathe vertretenen Königreichen und Ländern« (seit 1915: »Österreich«) gehören Österreich unter der Enns, Österreich oberhalb der Enns, Salzburg, Kärnten, Krain, Küstenland (Görz und Gradisca, Istrien, Triest), Tirol mit Vorarlberg, Böhmen, Mähren, Österr.-Schlesien, Galizien und Lodomerien, Bukowina, Dalmatien. Zu den »Ländern der ungarischen heiligen Krone« gehören Ungarn mit Siebenbürgen (Fiume corpus separatum), Kroatien-Slawonien und den Gebieten

6. Die innere Lage der Krieg führenden Staaten 1914

der früheren Militärgrenze. Kroatien-Slawonien erhält durch Ausgleich mit Ungarn Autonomie. Die beiden Reichshälften gemeinsamen Behörden und Einrichtungen führen die Bezeichnung »k.u.k.« (kaiserlich und königlich), dieselben der österreichischen Reichshälfte werden mit »k.k.« (kaiserlich königlich), die der ungarischen Reichshälfte mit »k.« (»m. k.«) (königlich, magyar királyi) bezeichnet. Gemeinsames k.u.k. Heer, daneben k.k. österreichische Landwehr und k. ungarische Honvéd. Ungarischer Reichstag rekrutiert die Soldaten, setzt ihre Zahl fest, übernimmt die finanzielle Versorgung und die Verteilung im Lande. Laufend Konflikte mit den Zentralstellen über eine eventuelle Vergrößerung der ungarischen Rechte (z.B. Frage der magyarischen Kommandosprache). Offizierskorps überwiegend dynastisch-übernational eingestellt. 1911: 76,1% der Offiziere der k.u.k. Armee Deutsche, 10,7% Magyaren, 5,2% Tschechen; 56,8% der Reserveoffiziere Deutsche, 24,5% Magyaren, 10,6% Tschechen. 1913 in der k.u.k. Armee auf je 1.000 Mann 267 Deutsche, 223 Magyaren, 135 Tschechen, 85 Polen, 81 Ruthenen, 67 Kroaten und Serben, 64 Rumänen, 38 Slowaken, 26 Slowenen, 14 Italiener. Von den Beamten des k.u.k. Kriegsministeriums 68% Deutsche, 14% Tschechen, 7% Magyaren.

Klammern des Gesamtstaates bis 1918: Armee, Adel, Beamtenschaft, katholische Kirche, Deutsche, Juden.

Der bis 1918 wirksame Dualismus – geschaffen, um das Gesamtreich zu stärken – verhindert eine weitgehende Föderalisierung der Donaumonarchie. De facto beherrschen die Magyaren die ungarische Reichshälfte, in geringerem Maße die Deutschen die österreichische Reichshälfte. Nationale Fragen sind mit sozialen verknüpft: In Ungarn ist sozialer Aufstieg nur durch Bekenntnis zum Magyarentum möglich, in Österreich ermöglicht der Gebrauch der deutschen Sprache den sozialen Aufstieg (führt zur Germanisierung von Nichtdeutschen). Im Zuge des nationalen Erwachens verlangen die nichtdeutschen und nichtmagyarischen Nationalitäten nicht nur Aufstiegsmöglichkeiten für den Einzelnen (um den Preis der Entnationalisierung), sondern Gleichberechtigung und Erhaltung der

Nationalitäten. Die radikale Intelligenzija der Nichtdeutschen und Nichtmagyaren sieht immer mehr den übernationalen Vielvölkerstaat im Zeitalter der Nationalstaaten als Anachronismus an und verlangt mehr Autonomie, manche auch einen eigenen Nationalstaat oder den Zusammenschluss mit Konnationalen.

Großzügige, den Gesamtstaat betreffende Föderationsprojekte scheitern. Tschechen und Südslawen erreichen nicht die Stellung der Magyaren (die Kroaten haben zumindest eine Teilautonomie), daher Stärkung der panslawischen und neoslawischen Gedanken. Doch weitgehendes Vorrecht der Polen in Galizien gegenüber den Ruthenen ab 1868; polnisch-ruthenischer Ausgleich vom 8. Juli 1914 nicht mehr effektiv. Tschechisch-deutscher Ausgleich in Mähren 1905; 1910: Ausgleich im Vielnationalitätenkronland Bukowina.

1910: Anteil der Deutschen an der Gesamtmonarchie 23,9%, der Magyaren 20,2%, der Slawen 47,2%, der Romanen 8,4%.

Fünf Nationalitäten haben keine nennenswerte Anzahl von Konnationalen im Ausland: Magyaren, Tschechen, Slowaken, Kroaten, Slowenen.

91% der Bewohner Österreich-Ungarns katholisch, 2,3% orthodox, 1,9% protestantisch, 4,7% israelitisch. Bosnien-Herzegowina: 42% orthodox, 34% muslimisch, 21% katholisch.

Landwirtschaftliche Bevölkerung in der österreichischen Reichshälfte – 1895: 48%. Agrarische Bevölkerung in Kroatien, Bosnien-Hercegovina – 1900: 82% bzw. 88,4%, in Galizien, Bukowina, Dalmatien, Bosnien-Hercegovina – 1910: 86,6%.

Industrialisierung auf wenige Gebiete beschränkt: Böhmen, Mähren, Schlesien, Steiermark, Vorarlberg, Wiener Becken. Eisenbahnnetz Österreich-Ungarns: 1913 46.000 km (mit Bosnien).

Vertagung des österreichischen Reichsrates März 1914 (seit 1907 allgemeines, gleiches, geheimes und direktes Wahlrecht für Männer), ungarischer Reichstag aktiv.

Maßnahmen hinsichtlich Produktion und Bereitstellung von Waffen, Gerät, Munition und Verpflegung nur für eine kurze Kriegs-

6. Die innere Lage der Krieg führenden Staaten 1914

dauer getroffen. Infolge zu geringer Geldmittel in früheren Jahren keine ausreichende Reserve an Waffen und Munition. Mängel in der materiellen Ausrüstung (besonders bei der Artillerie: leichte und schwere Haubitzen sowie Gebirgsgeschütze veraltet, Feldkanone der russischen und serbischen hinsichtlich Tragweite und Leistung unterlegen, russische Infanteriedivision verfügt über 48, österreichisch-ungarische über 42 Geschütze; einige moderne Großkampfschiffe, zu wenig kleinere Einheiten).

Suspendierung der staatsbürgerlichen Rechte. Kriegsleistungsgesetz bringt Arbeitspflicht für alle nicht wehrpflichtigen Männer bis zum 50. Lebensjahr. Kriegswichtige Betriebe bis hin zu Großindustrien militarisiert. Weitgehende Militarisierung des täglichen Lebens. Unterordnung der zivilen Verwaltung unter die militärischen Behörden, vor allem unter das Armeeoberkommando. Kriegsüberwachungsamt beim k.u.k. Kriegsministerium leitende Stelle für die Handhabung der Ausnahmeverfügungen. Die Koordination der beiden Reichsteile in Bezug auf die Wirtschaft, speziell auf die Lebensmittelversorgung, ist während des ganzen Krieges sehr mangelhaft.

Deutsches Reich: 26 Gliedstaaten und das Reichsland Elsass-Lothringen. Kaschuben und Polen in Westpreußen, Polen (Masuren) und Litauer in Ostpreußen, Polen in Posen und Oberschlesien, Sorben in der Lausitz, Dänen in Nordschleswig, Wallonen in Eupen-Malmédy, französische Minderheit um Metz in Lothringen. Einziger Minister der Reichskanzler, die Chefs der Reichsämter führen den Titel »Staatssekretär«. In Friedenszeiten preußischer, bayerischer, sächsischer, württembergischer Generalstab, in Kriegszeiten hat der »Chef des Generalstabes des Feldheeres« vom Kaiser den Auftrag, die Operationen des Feldheeres zu leiten. »Oberste Heeresleitung« (seit August 1914) und Organe der Seekriegführung nebeneinander. Der Kaiser Inhaber der obersten politischen und militärischen Gewalt. Er entscheidet bei Konflikten zwischen Zivil- und Militärgewalt. Enge Verschränkung zwischen dem militärischen und dem politischen Fragenbereich (Verfassungsreform, Integration der Arbeiterschaft

6. Die innere Lage der Krieg führenden Staaten 1914

in den Staat, strategische Zielsetzung, operative Führung, militärische Sicherheit des Inlands, Mobilisierung des Wirtschafts- und Arbeitspotenzials für die Kriegführung usw.).

Das »Große Hauptquartier« vereinigt Dienststellen und Stäbe des Kaisers (Generaladjutant, Zivil-, Militär-, Marine-Kabinett), der Obersten Heeresleitung, des Admiralstabes, 1914–1916 auch des preußischen Kriegsministers, auch die Vertreter des Reichskanzlers und des Auswärtigen Amts im Hauptquartier.

Der preußische Kriegsminister beschafft den Ersatz an Mannschaften und Material. Er ist die oberste Instanz der militärischen und wirtschaftlichen Mobilmachung, maßgebende Verbindungsstelle zwischen OHL, Zivilverwaltung, Wirtschaft und Berufsverbänden.

Ziel der von Reichskanzler Bethmann Hollweg bei Kriegsbeginn proklamierten »Burgfriedenspolitik« ist die Festigung der nationalen Existenz über alles Trennende hinweg. Sie bedeutet Verzicht auf die Austragung parteipolitischer, konfessioneller, klassen- und verbandspolitischer Konflikte während des Krieges. Die Freien Gewerkschaften bekennen sich durch Ruhenlassen aller unausgetragenen Konflikte am 2. August 1914 zur Burgfriedenspolitik. Die Sozialdemokratische Partei stimmt im Plenum des Reichstages für die Kriegskredite (zwei Enthaltungen: Karl Liebknecht, Otto Rühle), im Plenum am 2. Dezember 1914 mit einer Gegenstimme (Liebknecht).

Kaiser Wilhelm II. in der 2. Balkonrede am 1. August 1914: »Ich kenne keine Parteien und auch keine Konfessionen mehr; wir sind heute alle deutsche Brüder und nur noch deutsche Brüder« (Thronrede im Weißen Saal des Stadtschlosses Berlin am 4. August: »Ich kenne keine Partei mehr, ich kenne nur Deutsche«).

Bei **allen Krieg führenden Staaten** kommt es nicht nur zu militärischen, sondern auch zu **wirtschaftlichen Mobilmachungsmaßnahmen**. Das deutsche Gesetz über die Ermächtigung des Bundesrates zu wirtschaftlichen Maßnahmen vom 4. August 1914 räumt der zivilen Zentralgewalt unter der Generalklausel »Abwehr wirtschaftli-

6. Die innere Lage der Krieg führenden Staaten 1914

cher Schädigungen« eine umfassende Regelungskompetenz für das Gesamtgebiet der Wirtschaft ein. Am 4. August werden neben dem »Ermächtigungsgesetz« das Kriegskreditgesetz, fünf Kriegsfinanzgesetze, vier Kriegswirtschaftsgesetze und drei Kriegssozialgesetze erlassen.

In der Landwirtschaft ist die Ernte durch die Einberufungen nur notdürftig gesichert. In der Eisen- und Kohlenwirtschaft fällt die Produktion im August 1914 auf die Hälfte der Friedensproduktion.

Als kriegsnotwendig gelten Rüstungswirtschaft und die Versorgungswirtschaft für Truppe und Zivilbevölkerung.

Übergang von der Markt- zur Planwirtschaft.

Schlieffen rechnet mit kurzer Kriegsdauer. Moltke schließt die Möglichkeit eines Krieges von maximal zwei Jahren Dauer nicht aus. Die zivilen Ressorts und auch das preußische Kriegsministerium nehmen eine Kriegsdauer von neun Monaten an.

Rüstungsindustrie teils staatlich (»Heereswerkstätten«), teils privat. Im Oktober 1914: Vorräte an Waffen und Munition aufgebraucht (»Munitionskrise«).

Die am 13. August 1914 im preußischen Kriegsministerium eingerichtete »Kriegsrohstoffabteilung« erhält die Zuständigkeit für die Rohstoffbewirtschaftung im Deutschen Reich (als Behörde Verwaltungs- und Kontrollaufgaben). Für die technisch-kaufmännische Durchführung der Rohstoffbewirtschaftung werden private »Kriegsrohstoffgesellschaften« gegründet.

Die Landwirtschaft zugunsten der Streitkräfte und der Rüstungsindustrie zurückgedrängt. An die Stelle der eingezogenen Bauern und Landarbeiter Frauen, Jugendliche, in den ersten Kriegsmonaten arbeitslose Industriearbeiter, dann mehr und mehr Kriegsgefangene. Getreideernte im Durchschnitt während des Krieges ein Fünftel unter dem Stand der letzten Vorkriegsjahre. Oktober 1914: Höchstpreise für Getreide fixiert. Noch 1914: Höchstpreise für Kartoffeln, Zucker und Futtermittel.

September 1914: Erste Kriegsanleihe.

6. Die innere Lage der Krieg führenden Staaten 1914

Deutsche »Schutzgebiete« (Kolonien): Deutsch-Südwestafrika, Deutsch-Ostafrika, Togo, Kamerun, Mikronesien (Marianen ohne Guam, Palau-Inseln und Karolinen, Marshall-Inseln mit Nauru), Melanesien (Bismarck-Archipel, Salomonen-Inseln Buka und Bougainville, Kaiser-Wilhelm-Land auf Neuguinea), Samoa (Upolu, Sawaii), Pachtgebiet Kiautschou.

Alle Krieg führenden Staaten berufen sich darauf, einen **Verteidigungskrieg** zu führen; zugleich treten alle Kriegsbeteiligten mit annexionistischen Programmen hervor. Die aufgestellten Gebietsforderungen überschreiten rational begründete Ansprüche auf Entschädigung und Sicherung. Dem Sieger soll eine hegemoniale Stellung innerhalb eines europäischen oder außereuropäischen Großraumes gewährleistet werden. Die Alliierten vertreten amtlich einen Annexionismus und legen ihn in Vereinbarungen fest.

In Österreich-Ungarn erörtern Politiker, hohe Beamte, Offiziere, Wirtschaftsverbände, Intellektuelle Kriegszielfragen. Vor der Niederlage an der Marne, am 9. **September 1914,** verfasst **Bethmann Hollweg** eine »**Vorläufige Aufzeichnung über die Richtlinien unserer Politik beim Friedensschluß**«; kein fertiges oder verbindliches deutsches Kriegszielprogramm, sondern Grundlage für eine Diskussion zwischen den obersten Reichsämtern. Das »allgemeine Ziel des Krieges« ist »Sicherung des Deutschen Reiches nach West und Ost auf erdenkliche Zeit. Zu diesem Zweck muss Frankreich so geschwächt werden, dass es als Großmacht nicht neu erstehen kann, Rußland von der deutschen Grenze nach Möglichkeit abgedrängt und seine Herrschaft über die nicht-russischen Vasallenvölker gebrochen werden.« Detaillierte Kriegsziele für den Westen: Frankreich: möglicherweise Belfort, Küstenstrich von Dünkirchen bis Boulogne, jedenfalls das Erzbecken von Briey; Kriegsentschädigung, Handelsvertrag, der Frankreich in wirtschaftliche Abhängigkeit vom Deutschen Reich bringt. Belgien: Angliederung von Lüttich und Verviers an Preußen; Belgien militärisch und wirtschaftlich Vasallenstaat. Luxemburg: wird deutscher Bundesstaat. Mitteleuropäischer Wirtschaftsverband

6. Die innere Lage der Krieg führenden Staaten 1914

(Einschluss von Frankreich, Belgien, Holland, Dänemark, Österreich-Ungarn, Polen, eventuell Italien, Schweden, Norwegen) »unter deutscher Führung, muss die wirtschaftliche Vorherrschaft Deutschlands über Mitteleuropa stabilisieren«. Frage der kolonialen Erwerbungen (z.B. Schaffung eines zusammenhängenden mittelafrikanischen Kolonialreiches) und die Russland gegenüber zu erreichenden Ziele werden später geprüft. Holland: Zu erwägen ist ein engeres Verhältnis zum Deutschen Reich. Annexionistisch die OHL, Teile der Rechtsparteien und des Zentrums, Verbände (extrem die »Denkschrift des Alldeutschen Verbandes« vom 28. August 1914), Unternehmer, Wirtschaftsverbände, Wissenschafter, Publizisten. Nach der Marne-Schlacht versucht der Reichskanzler mit der Formel »Reale Garantien für die künftige Sicherheit Deutschlands« eine gemeinsame Plattform für divergierende Kriegszielvorstellungen. Der rechte Flügel der Sozialdemokraten lehnt nicht alle Gebietsforderungen ab, nur die sozialistische Linke ist gegen jede territoriale Expansion.

Öffentliche Diskussion der Kriegszielfrage in der Presse, in Flugschriften und in Versammlungen durch das Kriegszustandsrecht verboten, Petitionen an das Parlament erlaubt.

Der deutsche Reichstag ist 1914–1918 aktiv.

Pazifistische Organisationen: Deutsche Friedensgesellschaft seit 1892, »Bund Neues Vaterland« seit 16. November 1914.

Die Ziele der Planung des Deutschen Reiches 1914–1918 beachtlich: **Islam** als politische Waffe unter Benutzung der Proklamation des sog. Heiligen Krieges (Dschihad) durch das Osmanische Reich (14. November 1914) gegen Russen, Briten und Franzosen. Aufwiegelung der **Inder** gegen die Briten. 1915/16: Deutsch-osmanische Missionen zu Habibullah Emir von **Afghanistan** (Niedermayer, Hentig), um ihn zum Einfall nach Britisch-Indien zu bewegen (nicht geglückt). Ausrufung einer provisorischen Regierung Indiens auf afghanischem Boden – 1. Dezember 1915. Überlegungen in Bezug auf **Turkestan**. Etablierung einer deutschfreundlichen Strömung in **Persien** (Waßmuß). Aufwiegelung der **Kaukasus-Völker** gegen die Russen (alle diese Aktivitäten zum Teil in Rivalität zum osmanischen Bundesgenossen).

6. Die innere Lage der Krieg führenden Staaten 1914

Russland: Das Reich erstreckt sich auf Europa und Asien. Rund 100 Nationalitäten: Slawen, Deutsche, Juden (als Nationalität), Armenier, Sprecher baltischer, finnisch-ugrischer, kaukasischer, iranischer, türkischer, mongolischer und paläosibirischer Sprachen.

Christentum, Judentum, Islam, Buddhismus. Führend die orthodoxen Russen.

1898: Gründung der »Russischen Sozialdemokratischen Arbeiterpartei« in Minsk (spätere Flügel Bol'ševiki, Men'ševiki). Aus den terroristischen Narodnikigruppen gehen 1902 die Sozialrevolutionäre hervor. Die Agitation der revolutionären Gruppierungen im Untergrund führt zusammen mit der Unzufriedenheit der Arbeiter, dem Landhunger der Bauern, den Verfassungsforderungen der Intelligenz und der liberalen Zemstvo-Bewegung sowie dem Widerstand der Nationalitäten gegen die Russifizierung nach der Niederlage im Russisch-Japanischen Krieg und dem Versagen der Regierung gegenüber Massendemonstration in Petersburg (22. Jänner 1905) zur **Revolution.** In St. Petersburg konstituiert sich erstmals im Oktober aus den Streikkomitees ein Rat (»Sovet«) der Arbeiterdeputierten. Der von allen gesellschaftlichen Gruppen getragene Generalstreik zwingt Zar Nikolaus II. (seit 1894) zu Zugeständnissen. Das Oktobermanifest (30. Oktober 1905), das die bürgerlichen Grundrechte gewährt und eine Volksvertretung mit Gesetzgebungskompetenz (Duma) in Aussicht stellt, erfüllt wesentliche Forderungen der liberalen Opposition. Die besonders von den Bol'ševiki weitergeführten Unruhen (z.B. Aufstand in Moskau, Dezember 1905) und spontane Bauernerhebungen werden niedergeschlagen. Vor dem Zusammentritt der ersten Duma kann der Zar mit der Neuausgabe der »Grundgesetze« (6. Mai 1906) eine Verfassungsreform oktroyieren, die als Gegengewicht zur Duma einen Staatsrat mit zum Teil ernannten Mitgliedern und praktisch den gleichen Befugnissen schafft. Alle von der Duma erlassenen Gesetze bedürfen der Genehmigung durch Zar und Staatsrat. Erste Duma (stärkste Gruppe: die liberalen »Konstitutionellen Demokraten«): Mai–Juni 1906. Zweite Duma: Februar–Juni 1907. Mit der Änderung des Wahlrechts durch den sogenannten Staatsstreich

6. Die innere Lage der Krieg führenden Staaten 1914

vom 16. Juni 1907 zugunsten der besitzenden Klassen konservative Mehrheiten (dritte Duma: November 1907 – Juni 1912, vierte Duma: November 1912 – Februar 1917) (Sozialdemokraten in der zweiten Duma: 65, in der vierten Duma: 14 Vertreter).

Die Industriepolitik Ministerpräsident Wittes (1903–1906) und die Agrarpolitik Stolypins (1906–1911) bringen die Umwandlung von einem Agrarland mit patriarchalischen Sitten in einen modernen Industriestaat, die Umwandlung der aristokratisch-bäuerlichen Gesellschaft in eine demokratisch-bürgerliche. Die städtische Bevölkerung steigt von 6,7 Millionen 1867 auf 25,8 Millionen 1916 (von 10 auf 21% der Gesamtbevölkerung). Drei Millionen Industriearbeiter (Kohle, Eisenerz/Stahl, Erdöl) – 100 Millionen bäuerliche Bevölkerung.

Nach der Niederlage gegen Japan Hinwendung zur Meerengen-Balkan-Frage. Diplomatische Niederlage in der bosnischen Annexionskrise.

In allen Bereichen vertiefte Bindung an Europa; die geistige Integrierung Russlands in Europa vollkommener als die längst vollzogene außenpolitische, die in den Anfängen stockende wirtschaftliche und die angestrebte innenpolitische.

Einfluss imperialistisch-panslawistischer Ideen unter den Außenministern Izvol'skij (1906–1910) und Sazonov (1910–1916). Im Februar 1914 wird vom Außen- und Kriegsministerium ein Plan zur Überrumpelung Konstantinopels im Falle eines Krieges entworfen.

Die Persönlichkeit des Zaren und der Zarin sowie der Einfluss Rasputins wichtig für die innere Lage Russlands.

1914: Russland militärisch, wirtschaftlich und politisch nicht auf einen Krieg vorbereitet. Die »russische Dampfwalze« leidet von Anfang an unter schweren Betriebsmängeln, wie dem Totalverlust der auf das südliche Ostpreußen vorstoßenden Narew-Armee in der Schlacht bei Tannenberg schon im August 1914 gezeigt hat. Trotzdem emotionaler Auftrieb und patriotische Kundgebungen, die auch von der Dumamehrheit (die vierte Duma an sich von Misstrauen gegen Ministerpräsident Goremykin erfüllt) getragen wird. Sozialrevolutionäre und Men'ševiki, auch Plechanov und der Anarchist Kropot-

6. Die innere Lage der Krieg führenden Staaten 1914

kin stellen sich auf den Boden der Vaterlandsverteidigung. Auch die Abgeordneten der sog. Fremdstämmigen bekennen ihre Treue zur Regierung. Nur die Bol'ševiki gegen eine Kriegsbeteiligung; ihre fünf Abgeordneten verhaftet und nach Sibirien verschickt (Februar 1915).

Industrialisierung noch in den Anfängen. Die große Industrie 1914 in wenigen Zentren (Moskau, St. Petersburg). 1913: ca. 2,3 Millionen Fabrikarbeiter, ohne die Bergarbeiter und die Arbeiter der staatlichen Fabriken, gegenüber ca. 27 Millionen landwirtschaftlichen Arbeitern. Industriebetriebe in den westlichen Provinzen – Kohlen- und Eisenerzbergbau, Maschinen- und Textilindustrie in Polen, Eisen-, Gummi- und Textilfabriken in den baltischen Provinzen – ab Herbst 1914 so weit wie möglich demontiert und ins Landesinnere übersiedelt, durch die Evakuierung nur ein kleiner Teil der Produktionskapazität erhalten.

Erste Kriegsanleihe im Oktober 1914.

Krieg führt zu Versorgungsschwierigkeiten (vor 1914: Kornkammer Europas!), verantwortlich nicht eine zu geringe Produktion, sondern unzulängliche Verteilung. Landwirtschaft durch Einberufungen zum Militär geschwächt; 1914 15%, 1916 36% der arbeitsfähigen Männer mobilisiert. Getreideernten in Krieg 10% unter dem Vorkriegsdurchschnitt; Abnahme des Viehbestandes. Lebensmittel gelangen nur zum Teil in die Städte. Desorganisation des Verkehrswesens.

Am 14. September 1914 teilt Sazonov den Botschaftern Frankreichs und Großbritanniens mit, »was er unter den Veränderungen verstehe, die man im Interesse der Alliierten an der Karte und am Aufbau Europas vornehmen müsse«. Dieser Skizze komme keine offizielle Bedeutung zu:

1. Das Hauptziel der drei Alliierten muss die Vernichtung der deutschen Macht wie der Bestrebungen Deutschlands nach der militärischen und politischen Herrschaft sein.
2. Die territorialen Veränderungen sollen durch das Nationalitätenprinzip bestimmt sein.
3. Russland annektiert den Unterlauf des Njemen und den östlichen Teil Galiziens. Es annektiert für das polnische Königreich Ostposen, Schlesien und den westlichen Teil Galiziens.

6. Die innere Lage der Krieg führenden Staaten 1914

4. Frankreich erhält Elsass-Lothringen zurück, hierzu kommen Teile der preußischen Rheinlande und der Pfalz nach seinem Ermessen.
5. Belgien wird in (zwei Worte fehlen) bedeutende Vergrößerung seines Gebietes erhalten.
6. Schleswig-Holstein wird Dänemark zurückerstattet.
7. Das Königreich Hannover wird wiederhergestellt.
8. Österreich bildet eine Dreiermonarchie, aus dem Kaiserreich Österreich, dem Königreich Böhmen und dem Königreich Ungarn. Das Kaiserreich wird nur die »Erbprovinzen« umfassen. Das Königreich Böhmen wird die jetzige Tschechei (oben zugefügt: »Slowaken«) und Mähren umfassen. Das Königreich Ungarn wird sich über Transsilvanien mit Rumänien zu verständigen haben.
9. Serbien annektiert Bosnien, Hercegovina, Dalmatien, Nordalbanien.
10. Bulgarien erhält von Serbien eine Kompensation in Mazedonien.
11. Griechenland annektiert Südalbanien, mit Ausnahme Valonas, das an Italien fallen wird.
12. England, Frankreich und Japan teilen sich die deutschen Kolonien.
13. Deutschland und Österreich zahlen Kriegsentschädigungen.

Der russische Botschafter in Paris Izvol'skij zum französischen Außenminister Delcassé, »daß mit der Habsburgermonarchie Schluß sein müßte, daß sie ein völliger Anachronismus sei und daß deren Völker, mit der Ausnahme von Polen, zu selbständigem politischem Leben erzogen werden müßten«. Ein serbisch-kroatischer Staat mit Istrien und Dalmatien solle Gegengewicht zu Italien, Ungarn und Rumänien bilden.

Einige tschechische Emigranten unterbreiten am 4. August 1914 Sazonov den Vorschlag, Zar Nikolaj die Wenzelskrone anzubieten.

6. Die innere Lage der Krieg führenden Staaten

Serbien: orthodoxe Südslawen, im Mittelalter unter den Nemanjiden Großreich auf dem Balkan. »Osmanische Herrschaft«. 1878: selbständiges Fürstentum, 1882: Königreich. 10. Juni 1903: Ermordung des letzten **Obrenović**, König Alexander (geb. 1876), mit Königin Draga (verw. Mašin, geb. Lunjević) durch Offiziersverschwörung (Crna ruka, Schwarze Hand). Vorausgegangen: 1899 – Attentat auf Alexanders Vater, Exkönig Milan (1881 – Bündnis mit Österreich-Ungarn), Verfolgung der Radikalen Partei, Trägerin der Majorität des Volkswillens, 1900: Heirat Alexanders mit der schlecht beleumdeten Draga, 1901: Versuch Alexanders, die gefährdete Lage durch Oktroi einer neuen Verfassung zu sichern, die in den Augen der radikalen Mehrheit schlechter gewesen ist als die von ihr selbst geschaffene des Jahres 1889, 1902: Weigerung der russischen Zarin, Draga zu empfangen, April 1903: Suspendierung der Verfassung von 1901 für Dreiviertelstunde, um der Krone neue Einwirkungsmöglichkeiten zu schaffen, Gerüchte von einer geplanten Erbfolge der Brüder Lunjević.

Haus **Karadjordjević** löst Dynastie Obrenović ab: **Peter** (geb. 1844), Enkel des Befreiers Karadjordje, in der Emigration westlich gebildet, leistet am 24. Juli 1903 den Eid auf die Verfassung von 1889. Er gelobt, ein konstitutioneller König zu sein und »sich von den traditionellen Bestrebungen des serbischen Volkes« bestimmen zu lassen. 1904 wird einer der Hauptrepräsentanten der Radikalen Partei, Nikola Pašić, Außenminister. König Peter trifft Fürst Ferdinand von Bulgarien und leitet seit 1905 Handelsvertragsverhandlungen mit dem Ziel einer Zollunion beider Länder ein. Die Ablehnung einer vor Österreich-Ungarn 1906 geforderten Aufgabe dieser Zollunion führt zu einem Zollkrieg, der erst im September 1910 beendet wird (Einfuhrsperre für serbisches Schlachtvieh und serbische Fleischwaren, ungarische Großgrundbesitzer gegen Einfuhr aus Serbien; »**Schweinekrieg**«). Der Zollkrieg bewirkt die wachsende Unabhängigkeit Serbiens vom österreichisch-ungarischen Markt. Die jungtürkische Revolution führt am 5. Oktober 1908 zur Proklamation Bulgariens zum unabhängigen Königreich und zur Annexion Bosnien-Hercegovinas durch Österreich-Ungarn. Kundgebungen

6. Die innere Lage der Krieg führenden Staaten 1914

in Serbien fordern Verteidigung der serbischen Interessen. Die Skupština, das Parlament, bewilligt Rüstungskredite und stellt Kompensationsforderungen auf. Aber die Signatarmächte des Berliner Vertrages (1878) erheben in Belgrad Vorstellungen. Am 31. März 1909 muss Serbien die Annexion Bosniens anerkennen, seine Bestrebungen in Bezug auf die südslawischen Gebiete Österreich-Ungarns bleiben aufrecht. Parallel läuft der Agramer Hochverratsprozess gegen 53 Serben aus Kroatien. Der 1911 geplante Besuch Peters bei Kaiser Franz Joseph unterbleibt. 13. März 1912: Serbisch-bulgarisches Bündnis gegen die Osmanen (Griechenland und Montenegro schließen sich an). Motor des Bündnisses – der russische Gesandte (seit 1909) Nikolaj Hartwig.

8. Oktober 1912: Kriegserklärung Montenegros an die Osmanen, Serbien und Griechenland folgen: Beim Waffenstillstand (3. Dezember 1912) sind die Osmanen auf die Çatalca-Linie zurückgedrängt. Die Serben erreichen die Adria. Österreich-Ungarn und Italien wünschen nicht, dass Serbien an die Adria grenzt, treten für ein albanisches Staatswesen ein (30. Mai 1913: Friede mit dem Osmanischen Reich in London). Serbien will von Bulgarien Kompensationen in Makedonien; kündigt das Bündnis mit Bulgarien. Griechenland und Rumänien treten auf Serbiens Seite. Osmanische Truppen besetzen wieder Adrianopel. Bulgarien muss um Frieden bitten. 10. August 1913: Friede von Bukarest: Serbisches Staatsgebiet von 48.303 km² mit 2.958.000 Einwohnern auf ca. 90.300 km² mit ca. 4 Millionen Einwohnern vergrößert. Montenegro verdoppelt sich an Umfang und Einwohnerzahl. Am 11. August 1913 grenzt die Londoner Konferenz endgültig das neue Albanien ab. Serbien sieht sich von der Adria abgedrängt und schreibt dies in erster Linie Österreich-Ungarn zu, dann erst Italien. Spannungen an der albanischen Grenze führen zu einem bewaffneten Vorgehen Serbiens im albanischen Staatsgebiet, lösen scharfe Noten Österreich-Ungarn zugunsten Albaniens aus.

Pašić sichert den Bukarester Frieden durch Vereinbarungen mit Griechenland, Montenegro und Rumänien ab; energisches Eindämmen der »Crna ruka« (Schwarzen Hand) oder »Ujedinjenije ili smrt«

(Vereinigung oder Tod). König Peter überträgt seinem zweiten Sohn **Alexander** am 24. Juni 1914 die Regentschaft. Attentat in Sarajevo auf den k.u.k. Thronfolger am 28. Juni 1914 durch in Verbindung mit der von Pašić bekämpften «Crna ruka» stehende Fanatiker. Ultimatum Wiens am 23. Juli, Kriegserklärung Österreich-Ungarns an Serbien am 28. Juli 1914. Die beiden sozialistischen Abgeordneten in der Skupština verweigern die Zustimmung zu den Kriegskrediten.

Montenegro: orthodoxe Südslawen. Im Mittelalter Fürstentum Zeta, dann Teil des Reiches der Nemanjiden. 1499/1528 nominell dem Osmanischen Reich eingegliedert. Seit 1516 üben die Bischöfe von Cetinje ein theokratisches Regime aus. Der Metropolit Danilo Petrović Njegoš († 1735) macht diese Würde 1697 in seiner Familie erblich. Erbfolge des Neffen. 1852: **weltliches Fürstentum** (Danilo I.). Nikita I. (Nikolaus I.) unabhängiger Fürst 1878 (1910: König); eine Tochter mit dem russischen Großfürsten Nikolaj Nikolaevič verheiratet, eine andere ist Königin von Italien. Teilnahme am Ersten Balkankrieg.

Großbritannien und Irland: Germanische und keltische Sprachen. Herzstück des British Empire, das sich auf alle Kontinente erstreckt und sich im Umbau zu einem Commonwealth of Nations befindet. Seit 1907 werden die sich selbst regierenden durch die Krone mit dem Mutterland verbunden Staaten »Dominions« genannt (Kanada: 1867–1873, Australien: 1900, Neuseeland: 1907, Südafrikanische Union: 1910). Königin Victoria, 1877: »Empress of India« (als Nachfolgerin der Großmoguln von Delhi). Die Frage Britisch-Indiens (vom heutigen Pakistan bis Burma) wird erst nach 1945 gelöst. Ungelöst bleibt auch die »Irische Frage«: Mai 1914 nach zweimaliger Verabschiedung eines Home-Rule-Gesetzes durch das Unterhaus 1912/13 und jeweiligem Veto des Oberhauses wird das Gesetz endgültig und ohne weitere Vetomöglichkeit des Oberhauses verabschiedet, kann aber wegen Widerstandes sowohl seitens des protestantischen Ulster wie seitens der 1905 gegründeten radikalen irischen Sinn-Fein-Bewegung (kelt. sinn fein = wir selbst) nicht in Kraft gesetzt werden.

6. Die innere Lage der Krieg führenden Staaten 1914

1901: deutsch-britische Bündnisführer. Berlin macht die Einbeziehung Großbritanniens in den Dreibund und die Genehmigung des Vertrages durch das britische Parlament zur Bedingung, was London ablehnt. 16. Februar 1908: Brief Kaiser Wilhelms II. an den Ersten Lord der britischen Admiralität Tweedmouth über das deutsche Flottenbauprogramm, das nicht als »Herausforderung an die englische Vorherrschaft zur See« zu verstehen ist. 1909: Deutsch-britische Kontakte, die bis 1912 andauern und als Ziel eine Begrenzung der Flottenrüstung verfolgen, bleiben ergebnislos. Ein Abkommen über die Bagdad-Bahn kommt noch zustande.

Die Verletzung der belgischen Neutralität durch das Deutsche Reich gibt Großbritannien den Anlass zur Kriegserklärung (4. August 1914). Reaktivierung der alten britischen Balance-of-Power-Politik, Kampf gegen eine die Küste bedrohende kontinentale Vormacht (Erinnerung an die von Napoleon drohende Invasion der Insel).

Der Eintritt in den Krieg wird vom Unterhaus gebilligt, ausgenommen dem pazifistischen Flügel der Labour Party (Independent Labour Party) unter Führung von Ramsay MacDonald (1866–1937).

Im **Vertrag von London (5. September 1914)** verpflichten sich Großbritannien, Frankreich und Russland, im gegenwärtigen Krieg keinen Separatfrieden zu schließen (Russland mit dem Vorbehalt, »wenn es nicht durch innere Unruhen dazu gezwungen sei«). Sie vereinbaren auch, »daß – sofern Friedensbedingungen diskutiert werden sollten – keine der verbündeten Mächte Friedensbedingungen stellen kann ohne vorheriges Einverständnis mit jedem der anderen Verbündeten«. Japan tritt am 19. Oktober 1915 bei, Italien am 30. November 1915.

Der Krieg bringt bisher unbekannte staatliche Eingriffe in Wirtschaft und Gesellschaft mit sich (Produktionslenkung, Handelsregelungen, Verbrauchsbeschränkungen, allgemeine Wehrpflicht, Arbeitsverpflichtungen, Einschränkung des Streikrechts). London rechnet ursprünglich mit einer Kriegsdauer zwischen drei und acht Monaten. Lord Kitchener, Kriegsminister seit 6. August 1914, hält

6. Die innere Lage der Krieg führenden Staaten 1914

das Deutsche Reich militärisch für stärker als Frankreich und Russland und folgert daraus, dass Großbritannien weit größere Lasten als erwartet in einem möglicherweise jahrelangen Krieg werde tragen müssen. Die Rüstungspolitik während der ersten Kriegsmonate marktwirtschaftlich, direkte Kontrollen seltene Ausnahme, z.B. bei der Requirierung von Transportmitteln. Facharbeiter, Maschinen, Rohstoffe bald knapp. In den ersten drei Kriegsmonaten treten wöchentlich 75.000 Freiwillige in die Streitkräfte ein, Ende 1914: 30.000 Freiwillige wöchentlich (Wehrpflicht für ledige Männer erst im Jänner 1916 beschlossen, im März 1916 in Kraft getreten).

Bald nach Kriegsausbruch Schwierigkeiten bei der Versorgung mit Zucker, im übrigen Ernährung in den ersten beiden Kriegsjahren wenig beeinträchtigt. November 1914: Eerste Kriegsanleihe.

Der Krieg ist auch ein **Wirtschaftskrieg**. Die Gesetzgebung der Krieg führenden Staaten verbietet den Handel mit dem Feind. Beide Parteien sind bestrebt, den Gegner auch vom Welthandel abzuschneiden. Die erste Phase der alliierten Blockade gegen die Mittelmächte, die beschränkte Blockade (August 1914 bis März 1915), hält sich im Kern an die Londoner Deklaration von 1909, die von Großbritannien nicht ratifiziert worden ist (drei Warengruppen: »absolute Konterbande« = Waffen, Munition, militärische Ausrüstung; »relative Konterbande« = zivile Waren, die auch militärischen Zwecken dienen können wie Lebensmittel, Viehfutter, Feuerungsmaterial, Schmierstoffe, Bekleidung; »Freie Liste« = Rohstoffe für Industrie und Landwirtschaft, z.B. Erz, Baumwolle, Düngemittel). Ziel ist, den Mittelmächten die Zufuhr von Konterbande zu sperren; Importwaren der »Freien Liste« und Exporte der Mittelmächte auf neutralen Schiffen bleiben unbehindert. Die Alliierten verschärfen die Prisenbestimmungen durch Ausdehnung der Konterbandeliste und schärfere Kontrolle des neutralen Handels, nicht nur auf hoher See, sondern auch in den neutralen Ländern selbst. Die neutralen Nachbarländer (Niederlande, Dänemark, Norwegen, Schweden, Schweiz) bestehen darauf, ihre eigenen Erzeugnisse frei nach den Mittelmächten zu exportieren. Die deutschen Auslandskreuzer

6. Die innere Lage der Krieg führenden Staaten 1914

und Hilfskreuzer werden von den Alliierten verfolgt. Kriegswichtige Rohstoffe zum Teil im Machtbereich der Mittelmächte nicht oder nur in ungenügenden Mengen gewonnen (Salpeter, Baumwolle, verschiedene Nichteisenmetalle). Daher Umstellung der Wirtschaft der Mittelmächte: Ersatzindustrien, intensive Nutzung der Rohstoffvorkommen, Sparmaßnahmen, Rückgewinnung von Rohstoffen aus Abfällen und auch aus nicht-kriegswichtigen Anlagen; synthetische Stickstoffgewinnung im Deutschen Reich im großen Stil ausgebaut.

Frankreich: Frankreich sieht sich als Nationalstaat, hat aber Bürger, die Bretonisch, Baskisch, Flämisch, Italienisch sprechen; im Süden wird Okzitanisch gesprochen, eine eigene romanische Sprache.

Präsident seit 1913: Raymond Poincaré, Ministerpräsident seit 1913: René Viviani. Poincaré verkündet die »Union sacrée« am 4. August; die Sozialisten treten der Regierung der nationalen Verteidigung bei, der sozialistische Gewerkschaftsbund CGT bläst den Generalstreik ab. Besitzungen in Afrika, Asien, Nord- und Südamerika, Ozeanien.

Wirtschaftlich auf den Krieg nicht vorbereitet. Die schnelle Eroberung der nördlichen und nordöstlichen Grenzgebiete durch deutsche Truppen auch in wirtschaftlicher Hinsicht ein schwerer Schlag. Das lothringische Industriegebiet (Briey-Longwy) im August 1914 verloren. Als sich im November 1914 nach der Marne-Schlacht und dem Wettlauf zum Meer die Front stabilisiert, läuft sie durch das nordfranzösische Industriegebiet. Die besetzten Gebiete machen nur 6% des Gesamtterritoriums aus, aber in ihnen leben und arbeiten vor dem Krieg 10% der Bevölkerung, 14% aller Industriearbeiter. 64% der Roheisenproduktion, 58% der Stahlproduktion, 49% der Kohleförderung vor dem Krieg aus dem besetzten Gebiet. Unzulängliche Planung, rigorose Einberufungen, Verlust wichtiger Industriezentren führen zu allgemeinem Materialmangel an der Front (»Munitionskrise«). September/Oktober 1914 Beginn der Mobilisierung der Privatwirtschaft für die Rüstungsproduktion. In den ersten Kriegswochen Arbeitslosigkeit das große Problem. Unmittelbar nach Mobilisierung 25% der Arbeiter einberufen, 40% arbeitslos, wenig mehr als ein Drittel beschäftigt. Betroffen Bauarbeiter, Buchdrucker, Arbeiter verschiedener Luxusindustrien. In diesen Berufen hält Arbeitslosigkeit an, während in der Rüstungsindustrie ab September 1914 Facharbeiter fehlen. Um die Arbeitslosen unterzubringen und Arbeiter für Rüstungsindustrie und Landwirtschaft zu gewinnen, November 1914 ein öffentlicher zentraler Arbeitsnachweis in Paris eingerichtet. Rüstungsindustrie bemüht sich, bereits eingezogene Facharbeiter in die Betriebe zurückzuholen und neue Einberufungen von Facharbeitern zu verhindern. Ab September 1914 erhält die Rüstungsindustrie Priorität gegenüber den Anforderungen der Streitkräfte. Die Industriellen können Facharbeiter von der Armee zurückholen, indem sie Namenslisten einreichen oder ihren Bedarf in einer pauschalen Anzahl geltend machen. Bergbau und Eisenindustrie durch die Invasion getroffen. Mehr als drei Viertel der Vorkriegskapazität des Bergbaus und der Eisen- und Stahlindustrie im besetzten Gebiet oder innerhalb der Kampfzone. Nach der Stabilisierung der Fronten Bergwerke, Kokereien und Stahlwerke wieder in Betrieb genommen (teilweise noch in Reichweite deutscher Artillerie). Als Ersatz für Kohle hydroelektrische Energiegewinnung ausgebaut. Die militärische Führung spielt in der Rüstungspolitik keine besondere Rolle. Die eigentliche Organisation der Rüstungswirtschaft liegt bei der Industrie selbst, die staatliche Autorität bleibt im Hintergrund.

Belgien: Unter **Leopold II.** (1865–1909) Entwicklung zum Industriestaat. Spannungen zwischen den Niederländisch sprechenden Flamen und den Französisch sprechenden Wallonen. 1908: Belgien übernimmt den Kongostaat als Kolonie. 1909–1934: **Albert I.**, Neffe Leopolds II. Militärische Besprechungen mit Frankreich und Großbritannien 1900 und 1912. 1914 entschlossen, seine Neutralität zu behaupten. Im deutschen Operationsplan der Durchmarsch durch Belgien vorgesehen, um mit starkem rechten Flügel von Norden her zur Umfassung der französischen Armee zu kommen. Daher am 2. August abends Überreichung der deutschen Sommation in Brüssel,

6. Die innere Lage der Krieg führenden Staaten 1914

in der die belgische Regierung aufgefordert wird, als neutrale Macht den Durchmarsch der deutschen Truppen zuzulassen, wogegen Besitzstand und Unabhängigkeit garantiert sowie Räumung nach dem Krieg, Barzahlung aller Bedürfnisse und Vergütung allen Schadens zugesichert wird, sofern Belgien wohlwollende Neutralität bewahrt. 3. August: ablehnende belgische Antwortnote. Einmarsch in Belgien. 5. August: Abbruch der diplomatischen Beziehungen zwischen Belgien und dem Deutschen Reich. Kriegszustand, nachdem am 4. August erneutes Werben um die belgische Neutralität erfolglos gewesen ist. Im Reichstag erklärt Bethmann Hollweg den Einmarsch in Belgien als völkerrechtliches Unrecht und begründet es mit »Notwehr«, in der keine Zeit zu verlieren sei. Überparteilich-patriotische Solidarität in Belgien. Sozialist Emil Vandervelde Staatsminister am 4. August 1914.

Osmanisches Reich: Vielvölker- und Vielkonfessionenreich. Sultan **Abdülhamit II.** (1876–1909), **Mehmed V.** (1909–1918). Nach osmanischer Auffassung ist der Sultan auch Kalif, obwohl er kein Angehöriger des Stammes Mohammeds (quraiš) ist. Bis 1917 sind die drei heiligen Städte des Islam, Mekka, Medina und Jerusalem, unter osmanischer Hoheit. Bezeichnung des Landes »Türkiya« bzw. »Türkiye« erst nach dem Ersten Weltkrieg offiziell eingeführt (»Türk« hat lange pejorativen Nebensinn: »roh«, »ungebildet«). Der Türke sieht sich als »Osmanlı« (also Untertan der Dynastie Osman); die nichttürkischen Nationalitäten sind theoretisch auch Untertanen der Dynastie Osman, aber sie haben alle ihre Nationalbezeichnung (Albaner, Grieche, Armenier, Araber usw.). Das Entstehen eines säkularisierten nationalen Bewusstseins der Türken 1914 noch nicht abgeschlossen.

Gedanken über die Zukunft eines reformierten Reiches machen sich Vereinigungen, Zeitschriften und Einzelpersönlichkeiten, die unter den Oberbegriffen »Jungosmanen« (ab den 1860er-Jahren) und »Jungtürken« zusammengefasst werden (Ibrahim Temo, 1889 in Konstantinopel revolutionär-patriotische Organisation »Terakki ve ittihat« [Fortschritt und Einheit]). Antihamidisches Exil in Paris (Ahmed Riza, Prinz Sabaheddin). »Kongresse der ottomanischen

6. Die innere Lage der Krieg führenden Staaten 1914

Liberalen« 1902 und 1907. 1907 verlegt Mustafa Kemal eine 1906 gegründete revolutionär-nationalistische Geheimgesellschaft nach Saloniki. Am 27. September 1907 fusionieren die Pariser und Saloniki-Gruppe unter dem gemeinsamen Namen »Osmanlı Terakki ve Ittihad Cemiyeti«. Am 23. Juli 1908 nimmt die jungtürkische Revolution in Makedonien ihren Ausgang; Verbrüderung von Türken und Nichttürken. Wiedereinführung der Verfassung, Abdankung Abdülhamits II. (1909), Liberale Union (ab November 1911), Entmachtung des Komitees »Einheit und Fortschritt« 1912 durch eine terroristische Offiziersgruppe, Jänner 1913: Rückkehr des Komitees zur Macht (Einparteiregime der Staatspartei »Einheit und Fortschritt«). Die Jungtürken wandeln sich von Anhängern einer übernationalen osmanischen Reichsidee zu Vorstellungen einer allmählichen Türkisierung der nichttürkischen Nationalitäten (z.B. Armenier, Araber usw.).

1908–1918: Drei intellektuelle Richtungen: 1. Westler (Modernisierung von Staat, Religion, Familie, Wirtschaft und Erziehung nach westlichen, der eigenen Kultur angepassten Modellen), 2. Islamisten (nur im Islam liegt die Kraft der Revitalisierung des Osmanischen Reiches), 3. Als Alternative bzw. Synthese die Türkisten (Basis der Nationalität sind kulturell-geistige Faktoren). Die ethnische Gemeinsamkeit mit den anderen Türkvölkern betont der Pantürkismus.

Ägypten ist theoretisch ein autonomer Bestandteil des Osmanischen Reiches. Neben der Europäischen Türkei und Kleinasien gehören 1914 zum Reich die Gebiete der heutigen Staaten Syrien, Libanon, Israel, Jordanien, Irak, Jemen, Teile Saudi-Arabiens. Die Türken, sunnitische Muslime, sind das staatstragende Volk des Reiches; das Osmanisch-Türkische, geschrieben in arabischen Schriftzeichen, ist als Sprache in Verwaltung und Armee die Reichssprache. Das Arabische ist die Sprache des Islam, daher auch für die nichtarabischen Muslime Sakral- und Bildungssprache, die Sprache ihrer theologischen und juristischen Quellen. Die Mehrheit der Araber ist muslimisch-sunnitisch, eine Minderheit schiitisch, ein bedeutender Teil ist christlich (mit Rom uniert die westsyrischen Maroniten, die ostsyrischen Chaldäer, die Anhänger des byzantinisch-melkitischen Ritus;

6. Die innere Lage der Krieg führenden Staaten 1914

mit Rom nicht uniert die westsyrischen Jakobiten, die ostsyrischen Nestorianer). Ein Sonderfall die Drusen. Die Kurden überwiegend muslimisch. Die orthodoxen Griechen an den Küsten Kleinasiens und in Konstantinopel. Die Mehrheit der Armenier gregorianisch (apostolisch), eine Minderheit mit Rom uniert und protestantisch. Tscherkessen, Perser, Juden, Lasen usw. Die arabische Frage, die armenische Frage, in geringerem Maße die Lage der Griechen werden zu großen Problemen im Weltkrieg.

Ab Kriegsbeginn starkes Anwachsen des türkischen Nationalismus auf allen Gebieten des öffentlichen Lebens. Dieser Nationalismus geht mit einer gesteigerten Fremdenfeindlichkeit Hand in Hand. Die einseitige Aufkündigung aller unter dem Namen »**Kapitulationen**« bestehenden finanziellen, wirtschaftlichen, gerichtlichen und verwaltungsmäßigen Vorrechte der Ausländer durch Erlass des Sultans vom 8. September 1914 gibt dem türkischen Nationalismus auf politischem, wirtschaftlichem und geistigem Gebiet einen tief greifenden Auftrieb.

20. Jänner 1915: Innenminister Talaat übergibt Kemal Bey die absolute Kontrolle über die zivile Lebensmittelverteilung.

Japan: 1867: Kaiser Meiji (Mutsuhito). 1868: Der Shogun tritt vom Amt zurück. Der Kaiser übernimmt wieder in eigener Person die weltliche Herrschaft. Ende der Tokugawaherrschaft.

1868–1912: Meiji-Ära. Das Feudalsystem wird aufgehoben, der kaiserliche Hof von Kyoto nach Tokyo verlegt.

1869: Ein kaiserlicher Erlass verkündet das Programm der »neuen Ära«: parlamentarische Regierung, neue Verfassung und Verwaltung, wirtschaftliche und soziale Reformen. Ziel: Japan den ihm zukommenden Platz unter den Großmächten zu erringen.

1879: Japan besetzt die Oga-Sawara-Inseln (Bonin-Inseln) und die Riu-Kiu-Inseln.

11. Februar 1889: Verkündung der neuen Verfassung (nach preußischem Muster). Japan eine konstitutionelle erbliche Monarchie: Der Kaiser (Tenno) hat die ausführende Staatsgewalt, ist Oberbefehlsha-

ber des Heeres und der Marine, bestimmt über Krieg und Frieden und schließt Verträge mit fremden Mächten ab. Bei der Ausübung der Regierungsgewalt wird er vom Kabinett und dem Geheimen Staatsrat beraten. Das nur dem Kaiser verantwortliche Kabinett besteht aus elf Ministern unter dem Vorsitz des Ministerpräsidenten, der vom Kaiser ernannt wird. Das Parlament besteht aus Oberhaus und Unterhaus. Seit 1890 regelmäßige Parlamente.

Zahlreiche Einrichtungen europäischer Kultur sowie Errungenschaften der Technik eingeführt. Erste Eisenbahn 1872. Das Heerwesen zuerst nach französischem, 1871 nach preußischem Muster aufgebaut. Beginn der Industrialisierung.

1894–95: Chinesisch-Japanischer Krieg, entscheidende Siege des japanischen Heeres und der Flotte. 1895: China tritt Formosa (Taiwan) und die Pescadores-Inseln ab und erkennt die »Unabhängigkeit« Koreas an.

1900–1901: Teilnahme Japans an der Niederwerfung des Boxeraufstandes in China. Die japanische Regierung tritt für Integrität Chinas ein.

1902: Bündnis mit Großbritannien gegen die Ausdehnungsbestrebungen Russlands in Ostasien.

1904–1905: Russisch-Japanischer Krieg. Japanische Siege zu Lande und zur See. Japan erhält Port Arthur, die Schutzherrschaft über Korea und die Südhälfte von Sachalin. Japan wird vorherrschende Macht im Fernen Osten.

1909: Vereinbarungen mit Russland über territoriale Abgrenzung zwischen Mandschurei und Korea. Die japanische Regierung gewinnt freie Hand zur Annexion Koreas (1910).

1912: Tod Meijis, Nachfolger Sohn Yoshihito als Kaiser Taisho (1912–1926). Geheimvertrag mit Russland, Einigung über alle strittigen Fragen in der Mongolei und Mandschurei.

19. August 1914: Japan stellt an das Deutsche Reich ein Ultimatum zur Übergabe von Tsingtau, das abgelehnt wird. Darauf am 23. August 1914 Kriegserklärung Japans an das Deutsche Reich.

Die begrenzten militärischen Operationen erfordern keine großen

Ressourcen. Die Wirtschaft erlebt enormen Aufschwung, der Exportboom setzt sich als Inlandskonjunktur fort. Die Exportwirtschaft profitiert vom Rückzug der europäischen Waren von den asiatischen Märkten. Führende Exportsektoren die Baumwoll- und Seidenindustrie.

7. Die Kämpfe in Galizien, Ostpreußen und Russisch-Polen im Sommer und Herbst 1914

Schon in den ersten Gefechten zeigt sich, dass im k.u.k. Heer auch die slawischen und romanischen Soldaten mit großer Tapferkeit kämpfen und damit die Deutung des Weltkrieges als Kampf zwischen Germanen und Slawen durch den deutschen Staatssekretär Gottlieb v. Jagow widerlegen. Mitte August 1914 beginnt das russische Oberkommando (Stavka) mit der Offensive gegen **Ostpreußen**. Die zahlenmäßig stark unterlegene deutsche 8. Armee (viereinhalb Korps, eine Kavalleriedivision, drei Landwehrbrigaden) versucht am 20. August in der Schlacht bei Gumbinnen die russische 1. (Njemen-) Armee zu schlagen, muss jedoch die Schlacht abbrechen und nach Westen zurückgehen. Große Teile Ostpreußens müssen den Russen überlassen werden, in der Höhe der Festung Königsberg bleibt jedoch die russische 1. Armee stehen.

Angesichts der bedrohlichen Lage in Ostpreußen und des Aufmarsches der russischen Armeen gegenüber Galizien entschließt sich das k.u.k. Armeeoberkommando (AOK) noch vor Beendigung des Aufmarsches aller k.u.k. Heeresteile die Offensive Richtung Nord – zwischen Bug und Weichsel – einzuleiten. Das verlustreiche **Reitergefecht von Jaroslawice** am 21. August 1914, das größte Kavallerietreffen der k.u.k. Truppen im Weltkrieg, bedeutet das Ende einer Traditionswaffengattung. Am 22. August 1914 rückt die k.u.k. 1. Armee (I., V. und X. Korps, neun Infanterie-, zwei Kavalleriedivisionen) aus dem Raum südostwärts der Sanmündung in der Richtung über Frampol bzw. Kraśnik auf Lublin vor. Westlich der Weichsel begleitet

7. Die Kämpfe in Galizien, Ostpreußen und Russisch-Polen

die k.u.k. Armeegruppe Kummer (zweieinhalb Landsturmdivisionen, eine Kavalleriedivision) den Vorstoß der 1. Armee nach Norden. Noch weiter westlich folgt das deutsche Landwehrkorps Woyrsch dieser Bewegung. In der **Schlacht von Kraśnik** (23.–25. August 1914) wirft die k.u.k. 1. Armee (General d. Kavallerie Dankl) die russische 4. Armee gegen Lublin zurück. Der k.u.k. 4. Armee (II., XVII., VI. und IX. Korps, neun Infanteriedivisionen, eine Kavalleriedivision), seit dem 23. August im Vormarsch aus dem Raum nördlich Przemyśl in Richtung Chełm (Cholm) über Zamość bzw. Tomaszów, gelingt es unter dem Befehl von General d. Infanterie Auffenberg beinahe, die russische 5. Armee bei **Komarów** einzukesseln (26. August – 1. September 1914). Zur gleichen Zeit steht der k.u.k. Ostflügel im schweren Kampf gegen die über die Ostgrenze Galiziens eingebrochene russische 3. und 8. Armee. Die k.u.k. 3. Armee (III., XI., XII. Korps, acht Infanterie-, drei Kavalleriedivisionen) (General d. Kav. Brudermann) stößt am 26. August 1914 in der **Schlacht bei Zloczów** auf überlegene russische Kräfte (3. Armee) und muss hinter die Gnila Lipa zurückgehen. Die schwachen Verbände der k.u.k. Armeegruppe Kövess (eine Infanteriedivison, drei Kavalleriedivisionen) sind nicht in der Lage, das Vordringen der russischen 8. Armee gegen die südliche Flanke der k.u.k. 3. Armee zu verhindern.

Ab dem 28. August 1914 formiert sich die k.u.k. 2. Armee (IV., VII. Korps) aus den aus Syrmien mit der Bahn anrollenden Verbänden. Anschließend greift die k.u.k. 2. Armee (General d. Kav. Böhm-Ermolli) in die Kämpfe südlich der k.u.k. 3. Armee ein. Die in diesem Raum stark überlegenen russischen Kräfte durchbrechen am 30. August die k.u.k. Abwehrfront östlich von Lemberg und werfen die k.u.k. 3. und 2. Armee bis hinter die Linie der Gródeker Teiche zurück. Am 2. September erobern russische Truppen Lemberg. Während der **Schlacht um Lemberg** ersucht Conrad ein erstes Mal um deutsche Truppenhilfe (immer wieder muss Österreich-Ungarn bis 1918 reichsdeutsche militärische, später auch wirtschaftliche Hilfe erbitten, was zu Verstimmungen zwischen Wien und Berlin führt, vor allem zu abwertenden Einschätzungen der Deutschen Obers-

7. Die Kämpfe in Galizien, Ostpreußen und Russisch-Polen

ten Heeresleitung gegenüber den Österreichern; immer wieder zeigt Wien Tendenz, reichsdeutsche Forderungen »abwehren« zu müssen. Immer wieder kommt es zu Konflikten bei Unterstellung von k.u.k. Truppen unter deutsche bzw. von deutschen Truppen unter k.u.k. Truppen. Mit zunehmendem Krieg fühlt sich die Habsburgermonarchie in einer Position des Kampfes um die Selbstbehauptung Österreich-Ungarns). Der Oberbefehlshaber der deutschen 8. Armee General d. Inf. Paul von Beneckendorff und von Hindenburg (Quartiermeister Generalmajor Erich Ludendorff) meistert die Krise in Ostpreußen. In einer Einkreisungsoperation vernichtet er in der **Schlacht bei Tannenberg** (27.–30. August 1914) die russische 2. (Narev-)Armee (»Tannenberg« von Ludendorff als Revision der Niederlage des Deutschen Ordens gegen ein litauisch-polnisches Heer 1410 ausgesucht!). Die 8. Armee gewinnt auch die **Schlacht an den Masurischen Seen** (6.–15. September 1914). Die russische 1. (Njemen-)Armee muss Ostpreußen räumen.

General d. Inf. Conrad befiehlt der siegreich nach Norden vordringenden k.u.k. 4. Armee eine Kehrtschwankung und setzt sie zum Angriff gegen die nördliche Flanke der russischen 3. Armee an. Die Masse der k.u.k. 4. Armee wird gegen den Raum Rawa Ruska angesetzt, während die Armeegruppe Erzherzog Joseph Ferdinand (vier Infanteriedivisionen) die wieder vorrückende russische 5. Armee zu binden hat. Gleichzeitig mit dem beabsichtigen Flankenstoß der k.u.k. 4. Armee haben die k.u.k. 3. und 2. Armee im Frontalangriff über die Linie der Gródeker Teiche nach Osten vorzustoßen. Aus diesen Operationen entwickelt sich nach dem 1. September die **zweite Schlacht von Lemberg**. Die russische 3. Armee kann die k.u.k. 4. Armee in die Verteidigung drängen.

Die k.u.k. 3. Armee (jetzt unter General d. Inf. Boroević) und die k.u.k. 2. Armee können im Vordringen gegen Lemberg nach Osten und Nordosten Raum gewinnen. Am Westflügel muss inzwischen die k.u.k. 1. Armee trotz Unterstützung durch die k.u.k. Armeegruppe Kummer und das deutsche Landwehrkorps Woyrsch dem Druck der durch die ursprünglich zum Vorstoß nach Berlin be-

7. Die Kämpfe in Galizien, Ostpreußen und Russisch-Polen

stimmte russische 9. Armee verstärkten russischen 4. Armee weichen und bis zum 9. September 1914 schrittweise nach Süden zurückgehen. Die Armeegruppe Erzherzog Joseph Ferdinand kann das Vordringen der russischen 5. Armee gegen Flanke und Rücken der k.u.k. 4. Armee nicht verhindern. Das k.u.k. AOK hat keine Reserven mehr, um die Lücke zwischen der k.u.k. 1. und 4. Armee zu schließen. Die Situation (Gefahr der Umfassung der k.u.k. 4., 3. und 2. Armee; deutscher Rückschlag an der Marne) zwingt das AOK, den Rückzug des k.u.k. Heeres an den San einzuleiten (Rückwärtsbewegung beginnt am 11. September 1914). Ost- und Mittelgalizien dadurch verloren, San-Festung **Przemyśl** von den Russen **eingeschlossen**. Verluste des k.u.k. Heeres bis Mitte September 1914: 400.000 Tote, Verwundete, Gefangene (davon 100.000 als Kriegsgefangene) (von 800.000 Mann), Verluste der Russen 250.000 Mann (davon 40.000 Gefangene). Großteil der aktiven k.u.k. Offiziere und Unteroffiziere gefallen. Mit dem Einsatz des k.u.k. Heeres ist die Rückendeckung für das verbündete Deutsche Reich erreicht.

Mitte September 1914 **Räumung von Czernowitz**.

Am 26. September 1914 ist die Festung Przemyśl vollständig eingeschlossen.

Am 28. September 1914 eröffnet die deutsche 9. Armee (Generaloberst v. Hindenburg) den Feldzug mit dem Vormarsch aus Schlesien (Beuthen, Kreuzburg) über Radom bzw. Kielce gegen die mittlere Weichsel. In Anlehnung an den südlichen Flügel der deutschen 8. Armee folgt am 1. Oktober 1914 die k.u.k. 1. Armee dem Vormarsch der Verbündeten gegen die Weichsel. Zwischen 7. und 12. Oktober 1914 **entsetzt** die k.u.k. 3. Armee (General d. Inf. Boroević) **Przemyśl**. Die drohende Umfassung der deutschen 9. Armee westlich von Warschau durch die russische 2. Armee und das Zurückweichen der k.u.k. 1. Armee an der Weichsel (**Schlacht bei Ivangorod** [h. Dęblin], 22.–26. Oktober 1919) führt zum Rückzug der Verbündeten auf die Linie Westufer der Warthe – östlich Czenstochaus – Krakau – Karpaten. Die 1. Armee verliert 40.000–50.000 Mann. **Przemyśl** neuerlich **eingeschlossen**.

7. Die Kämpfe in Galizien, Ostpreußen und Russisch-Polen

Generaloberst v. Hindenburg, nunmehr mit dem Oberbefehl sämtlicher im Osten kämpfenden deutschen Verbände betraut, verfügt die Verlegung der deutschen 9. Armee (General d. Kav. v. Mackensen) von Oberschlesien in den Raum Thorn-Gnesen. Von dort soll sie in Richtung Lodz den russischen Armeen in die nördliche Flanke stoßen (12. November). Am 8. November beginnt die Verlegung der k.u.k. 2. Armee aus den Karpaten in den Raum östlich Breslaus. Die k.u.k. 2. Armee, das deutsche Landwehrkorps Woyrsch und die k.u.k. 1. Armee decken das kriegswichtige oberschlesische Industriegebiet. Aus dem Raum Krakau hat die k.u.k. 4. Armee (Erzherzog Joseph Ferdinand) gegen die Südflanke des russischen Angriffskeiles zu wirken. Die deutsche 9. Armee ist Mitte November im Raum Kutno erfolgreich. Am 16. November 1914 eröffnen die k.u.k. 1. und 4. Armee eine Offensive in Galizien und Russisch-Polen. Am 17. November räumen die k.u.k. Truppen den **Uzsóker Pass**. Die deutsche 9. Armee siegt bei **Lodz** (19.-22. November), die k.u.k. 2. Armee bei **Krakau** und **Czenstochau** (17.-25. November 1914).

Ende November 1914 drängt die russische 3. Armee den Südflügel der k.u.k. 4. Armee bis in den Raum südlich der Festung Krakau zurück. Die stark geschwächte k.u.k. 3. Armee muss vor der russischen 8. Armee in die Karpaten, bis in den Raum Eperjes, Laborcza-Tal nördlich Homonnas, Uzsóker Pass zurückweichen. Dadurch entsteht zwischen den inneren Flügeln der k.u.k. 4. und 3. Armee eine fast 100 km breite Lücke. General d. Art. Ivanov plant, mit zwei Korps der 8. Armee gegen Neusandez vorzudringen und die russische 3. Armee gegen die südostwärts Krakau stehenden k.u.k. Truppen vorgehen zu lassen (Ziel: Einbruch nach Böhmen und Schlesien). Die Armeegruppe des Feldmarschallleutnants Roth und die deutsche 47. Reservedivision beginnen am 1. Dezember 1914 in den Rücken der russischen 3. Armee bei Limanowa (**Schlacht bei Limanowa-Lapanów, 1.- 15. Dezember**) vorzustoßen; bis 6. Dezember werfen sie die Russen in den Raum südlich Lapanów zurück. Die Russen können am 10. Dezember Roths nach Osten offene Flanke zurückdrängen. Das AOK befiehlt der k.u.k. 3. Armee gegen Neusandez vorzugehen. Die

Gruppe des Feldmarschallleutants Szurmay (38. Honvéd-Infanteriedivision und eine kombinierte Division) dringt durch die Karpaten gegen Neusandez vor. Roth setzt das ihm unterstellte VI. Korps (Feldmarschallleutnant v. Arz) ebenfalls nach Neusandez an. Am 12. Dezember wird die Verbindung zwischen der k.u.k. 3. und 4. Armee hergestellt. Die russische 3. und 8. Armee gehen bis in die Linie Dunajec-Mündung, Tarnów, Sanok zurück. 90.000 k.u.k. und deutsche Soldaten wehren so den Einbruch von 110.000–120.000 Russen ab.

Am 6. Dezember wird **Lodz** durch deutsche Truppen eingenommen.

Kriegszielerörterungen in Österreich-Ungarn: 12. August 1914: Berchtold zur polnischen Frage: Polen aus Westgalizien und Russisch-Polen soll faktisch dritter habsburgischer Reichsteil werden, Ostgalizien und Bukowina sollen eigene ruthenische Provinz bilden. Szögyény am 13. August: K.u.k. Verwaltung ganz Russisch-Polens ist Endziel (ebenso Berchtold in Note vom 26. August). Am 13. August Entwurf einer kaiserlichen Proklamation an die Polen (Königreich Polen aus Galizien und Russisch-Polen mit eigener Regierung und eigenem Landtag). Tisza gegen trialistische Lösung; im Fall einer Angliederung Russisch-Polens an Galizien, Bosnien-Hercegovina und eventuell Dalmatien an Ungarn (19. August). Tiszas Veto im Kronrat 22. August bringt Polenproklamation zu Fall. Austropolnische Lösung, d.h. Verbindung Russisch-Polens mit dem Habsburgerreich in irgendeiner Form, bis 1918 eines der österreichisch-ungarischen Kriegsziele. Ende August 1914: Denkschrift des k.u.k. Generalkonsuls in Warschau Leopold Frhr. v. Andrian-Werburg – »Die Frage österreichischen Gebietserwerbes in Nordosten im Falle eines glücklichen Krieges der Zentralmächte gegen Rußland«: Drei Viertel Kongresspolens an Österreich, ein Viertel an das Deutsche Reich. Berchtold denkt im Oktober an Erwerbung des montenegrinischen Lovćen. Denkschrift Andrians, 6. Dezember 1914: Serbien Hauptgegner, Minimalpostulate: Serbien tritt Šabac, Belgrad und eventuell Nordostecke an Österreich-Ungarn ab, Montenegro den Lovćen. Maximalforderungen: An Österreich-Ungarn Großteil Russisch-Polens, Novi Pazar, westserbischer Streifen, Negotin. 6. Dezember: Denkschrift des Sektionsrates im Ministerium des Äußern Ernst Frhr. v. d. Wense – »Politische und wirtschaftliche Erwägungen zur Liquidation des gegenwärtigen Krieges«: Serbien muss verschwinden oder völlig unter k.u.k. Kontrolle gelangen. Stellungnahme des k.u.k. Botschafters in Rom Mérey zu Andrian (15. Dezember): Russland Hauptgegner; Kohlengebiet von Petrikau, Belgrad oder Šabac an Östereich-Ungarn.

Dezember 1914: Der Führer des tschechischen Exils Tomáš G. Masaryk erläutert in Rom dem russischen Journalisten Svatkovskij den »Korridorplan« (territoriale Verbindung von Tschechen und Südslawen über die kroatischen Sprachinseln in Westungarn) (schon im Oktober 1914 zum britischen Publizisten Seton-Watson).

8. Die Westfront 1914

Deutscher Aufmarsch und Operationsplan beruhen in abgeschwächter Form auf dem sog. **Schlieffenplan** (1905): Schwerpunktbildung zur raschen Offensive im Westen, mit schwachen Kräften defensiv im Osten (d.h. Hauptlast beim verbündeten Österreich-Ungarn!, im Westen große Schwenkung mit starkem rechten Flügel unter Umgehung der französischen Festungslinien durch Belgien (d.h. Verletzung der belgischen Neutralität), Umfassung und operative Überholung, Einschließung und Vernichtung des gegen die Moselfestungen, den Jura und die Schweizer Grenze gedrängten Gegners (bevor sich die Franzosen mit dem britischen Expeditionskorps zusammenschließen können). Nach dem Sieg im Westen Sieg der deutschen und k.u.k. Truppen gegen Russland. Der Aufmarsch vollzieht sich bis zum 17. August in sieben Armeen (Generaloberst v. Moltke). 4.–16. August 1914: Forts von **Lüttich** genommen. Heftiger Widerstand der Belgier. Französischer Aufmarsch unter General Joffre (fünf Armeen), am linken Flügel schließt das britische Expeditionskorps an.

8. Die Westfront

9.–10. August: Gefecht bei **Mühlhausen**; die Franzosen zurückgeschlagen. 14. August: Beginn des Vormarsches der französischen 1. und 2. Armee gegen Elsass-Lothringen. 19. August: Schlacht bei **Mühlhausen**. 20.–22. August: Schlachten in den **mittleren Vogesen** und in **Lothringen** (Abwehr der französischen Offensive). 18.–19. August: Die Belgier, an der Gette und bei Tirlemont geschlagen, ziehen sich auf **Antwerpen** zurück; ein deutsches Korps bleibt vor Antwerpen stehen, ein weiteres schließt die Festung **Maubeuge** ein, eine Brigade bleibt in Brüssel. 20. August: Einzug deutscher Truppen in **Brüssel**. Der schnelle Vormarsch der 1., 2. und 3. deutschen Armee in südlicher Richtung schließt sich an. Als sächsische Truppen die zerstörte Brücke in der belgischen Stadt Dinant (an der Maas) reparieren, werden sie beschossen, angeblich von Franktireurs (Freischärlern); in einer Strafaktion 674 der 8.000 Einwohner von den Deutschen erschossen, angeblich alle bewaffnet. Am 19. August besetzen die Deutschen die Universitätsstadt **Löwen**. Am 25. August fallen plötzlich Schüsse, die Soldaten geraten in Panik, fühlen sich von Franktireurs umzingelt und beginnen eine fünftägige Strafaktion (Zerstörung der Stadt, Erschießungen). Im Zuge der Kämpfe, möglicherweise durch Artilleriebeschuss, erfasst das Feuer das Universitätsgebäude und zerstört die weltberühmte Bibliothek.

22.–27. August: Die großen Grenzschlachten: Französische Offensive gestoppt. Deutscher Sieg bei **Neufchâteau** am Semois (22./23. August), Überschreiten der Maas, die Festung **Longwy** genommen (26. August), **Montmédy** genommen (28. August), die Briten bei **Mons** geschlagen, gehen zurück und müssen **Le Cateau** freigeben (25./27. August). Der Vormarsch der 1. bis 4. deutschen Armee geht weiter vorwärts.

30. August – 5. September: Die deutschen Truppen dringen bis an und über die **Marne** vor. Paris ist bedroht. Die französische Regierung flüchtet am 3. September nach Bordeaux. General Galliéni wird Gouverneur von Paris. Joffre bildet vor Paris eine 6. Armee, die der entgegen dem Schlieffenplan nördlich Paris' nach Südosten einschwenkenden deutschen 1. Armee (Generaloberst v. Kluck) in der

8. Die Westfront

rechten, offenen Flanke steht. Am 6. September kommt der Angriff der französischen 6. Armee am Ourq zum Stehen. Kluck holt unter weitestgehender Entblößung seiner Südfront zur Umfassung des Nordflügels der 6. Armee aus. Am 6. September erzielen britische und französische Verbände in Richtung **Château-Thierry** Raumgewinne. Dadurch zwingen sie den rechten Flügel der deutschen 2. Armee zu einem Defensivhaken, Front nach Westen. Der linke Flügel der deutschen 2. Armee und Teile der 3. Armee erzielen im Raum **Fère-Champenoise** Angriffserfolge gegenüber der französischen 9. Armee. Eine Lücke zwischen der 1. und 2. deutschen Armee ist am 9. September 40 km breit geworden, die Briten dringen zögernd ein. Verhängnisvoll ist die nicht funktionierende Kommunikation zwischen den deutschen Armeen. Moltke, in der Krise überfordert, sieht die Lage pessimistisch. Er schickt den Chef der Nachrichtenabteilung im Großen Generalstab, Oberstleutnant **Hentsch**, an die Front, um die Lage zu erkunden (8.–10. September). Es ist umstritten, ob er definitive Vollmacht besessen hat, den Rückzug zu empfehlen.

Hentsch sieht die Lage, vor allem die Lücke zwischen 1. und 2. Armee und das Eindringen der Briten, als sehr ernst an. Obwohl die Frontlage bei 1. und 2. Armee am 9. September günstig ist, veranlasst er am selben Tag den Rückzug der 2. und 1. Armee. Nach Schließung der Lücke und Konsolidierung der Front soll eine neue Offensive versucht werden. Am 10. September müssen auch die 3., 4. und 5. Armee den Rückzug antreten – das »**Wunder an der Marne**«, der erhoffte rasche deutsche Sieg im Westen ist damit in weite Ferne gerückt, der Bewegungskrieg wird zum Stellungskrieg. Moltke wird am 14. September durch Generalleutnant Erich v. Falkenhayn als Chef des Generalstabes abgelöst.

13. September – 10. Oktober 1914: Alle Durchbruchsversuche der Franzosen und Briten gegen die sich festigende deutsche Front abgewiesen.

22.–25. September: Kämpfe bei **Verdun**, das auf der Nord- und Nordostfront eingeschlossen wird. Übergang der Deutschen über die Maas südlich von Verdun bei **St. Mihiel**.

8. Die Westfront

1.–9. Oktober: Kämpfe um **Antwerpen**, das am 10. Oktober durch General v. Beseler eingenommen wird. König Albert entkommt mit Teilen der britisch-belgischen Truppen nach Flandern. Nach der Einnahme von **Gent** (11. Oktober), **Brügge** (14. Oktober), **Ostende** (15. Oktober) ist ganz Belgien bis zum Yserkanal in deutscher Hand.

10. Oktober – 10. November 1914: Im Ringen um die offene Heeresflanke, im sog. Wettlauf zum Meer, gelingt es den Deutschen nicht, die Kanalhäfen zu gewinnen. In der **Ypern-Schlacht** beiderseitig große Verluste (in den Flandern-Schlachten verlieren die deutsche 4., 5. und 6. Armee 100.000 Mann). Am 10. November erhalten unerfahrene junge Kriegsfreiwillige den Befehl, beim Dorf **Langemarck** bei Ypern eine Hügelkette zu erstürmen und die erste feindliche Linie anzugreifen. Dort liegen erfahrene britische Söldnertruppen, die mit ihren Maschinengewehren von der Anhöhe herab auf die hilflos Anstürmenden zielen. 2.000 junge Männer, vor allem Gymnasiasten und Studenten, werden allein am ersten Tag ohne Gegenwehr niedergemäht. Erst am 18. November wird die Offensive abgebrochen. Dass sie mit wehenden Fahnen und das »Deutschland«-Lied singend in den Kampf gezogen seien, ist Legende – aber »Langemarck« wird zum Mythos. Die Frontlinie verläuft von der Kanalküste bei Nieuport (britisch), westlich an Péronne (deutsch) vorbei, nördlich von Soissons und Reims durch den Argonnerwald, bricht bei Verdun um, das französisch bleibt, um dann entlang der deutsch-lothringischen Grenze, durch die Vogesen und den Sundgau die Schweizer Grenze zu erreichen.

Zu Silvester 1914 kommt es zu Verbrüderungen britischer und deutscher Soldaten an der Westfront (auch an der Karpatenfront zwischen k.u.k. und russischen Soldaten).

Das besetzte Belgien wird unter Militärverwaltung gestellt (Generalgouverneure: Generalfeldmarschall v. d. Goltz bis November 1914, Generaloberst v. Bissing bis April 1917, Generaloberst v. Falkenhausen bis Kriegsende).

9. Der Balkankriegsschauplatz 1914

Der Oberkommandant der k.u.k. Balkanstreitkräfte Feldzeugmeister Oskar Potiorek beginnt die Offensive gegen Nordwest- und Westserbien am 12. August mit ursprünglich drei Armeen (5., 6., 2.), die 2. Armee muss aber nach Galizien abgegeben werden. Die Serben haben drei Armeen und die Armeegruppe Užice. Potiorek hat 900 km Front zu decken. Ihm stehen (ohne 2. Armee) inklusive der Sicherheitsbesatzungen in den Festungen 280.000–290.000 Mann zur Verfügung (davon die Hälfte Gefechtsstände), den Serben 210.000, mit Reserven 350.000 Mann zur Verfügung, den Montenegrinern 40.000–60.000 Mann.

Am 12. August überschreitet die k.u.k. 5. Armee die **untere Drina**, die 6. Armee folgt am 14. August. Nach Anfangserfolgen müssen sich die k.u.k. Truppen bis 24. August hinter **Save und Drina** zurückziehen. Das k.u.k. AOK, das durch die kaiserliche Verordnung über die innenpolitischen Befugnisse des AOK in bestimmten Gebieten (Mähren, Bukowina, Galizien, Batschka, südliche Komitate Ungarns, Kroatien, Bosnien-Hercegovina, Dalmatien) ermächtigt ist, Geiseln auszuheben, Geldstrafen und Kautionen zu verhängen, Häuser zu zerstören und unter Berufung auf das »Kriegsnotwehrrecht« standrechtliche Erschießungen vorzunehmen, will auch in »Feindesland« Härte demonstrieren. Schon Mitte August 1914 ordnet das Balkanoberkommando (Feldzeugmeister Potiorek) die Aushebung serbischer Geiseln an. Sollten in den Orten, in denen Geiseln ausgehoben worden sind, Aktionen gegen Angehörige der k.u.k. Armee stattfinden, sind die Häuser der Geiseln anzuzünden. Nach Beginn der Kämpfe kommt es zu regelrechten Massakern, so in Šabac (17. August 1914), wo Angehörige der 29. Infanteriedivision an die 80 zivile Gefangene auf dem Kirchhof niedermachen, die verdächtigt worden sind, an den Kämpfen gegen die k.u.k. Truppen beteiligt gewesen zu sein, und in Lješnica (19. August 1914). Der Kaiser will keine Barbarisierung der Kriegführung; die strenge Scheidung in »Kriegsraison« und »Kriegssitte« soll aufrechtbleiben. Am 29. August meldet der

9. Der Balkanschauplatz 1914

Gendarmeriekommandant für Bosnien-Hercegovwina, Generalmajor Snjarić, dass trotz gegenteiligen Befehlen des montenegrinischen Königs sich dessen Truppen Grausamkeiten hatten zuschulden kommen lassen. Der Schweizer Kriminologieprofessor Rodolphe Archibald Reiss berichtet von Erschießungen verwundeter und gefangener Serben durch k.u.k. Truppen. Serben und Montenegriner verwüsten bei ihrem Vorstoß auf Sarajevo Ortschaften, nehmen Erschießungen vor, verschleppen islamische Würdenträger. Zahlreiche und willkürliche Verhaftungen in Österreich-Ungarn führen zum Befehlsschreiben des Kaisers vom 17. September 1914: »Es sind vielfach Klagen eingelaufen, daß in letzter Zeit neuerlich zahlreiche Verhaftungen von angeblich politisch Verdächtigen oder Unzuverlässigen in allen Teilen der Monarchie stattgefunden haben, Verhaftungen, welche fast lediglich auf Veranlassung oder über Aufforderung militärischer Kommandos und Behörden erfolgten. Ich befehle, dass alle militärischen Stellen strengstens angewiesen werden, derartige Maßnahmen nur auf Grund schwerwiegender Verdachtsmomente zu veranlassen. Ich will nicht, dass durch unberechtigte Verhaftungen auch loyale Elemente in eine staatsschädliche Richtung getrieben werden.«

Im Weltkrieg vermengen sich »Front« und »Hinterland« immer mehr. Immer mehr werden Zivilisten betroffen (Deportationen, Internierungen, Zwangsarbeit, Geiselnahme, Hinrichtungen). 1914–1916 lassen Truppenkommandanten tausende Zivilisten, Männer und Frauen, in Galizien, der Bukowina, Bosnien, Serbien und Montenegro standrechtlich bzw. feldgerichtlich, viele auch ohne Gerichtsverhandlung unter Berufung auf das »Kriegsnotwehrrecht« hinrichten (»Spionage«, »Russophilie«, »Kollaboration mit dem Feind«; oft genügt »verdächtig« zu sein). Opfer in Galizien sind vor allem Ruthenen und Juden. Spionagehysterie auf beiden Seiten; blühendes Denunziantenunwesen. Geiselnahme und Repressalien der Russen in Ostpreußen und Galizien. 1917 werden serbische Zivilisten von den Bulgaren hingerichtet (Südostserbien).

Am 6. September setzt die serbische Timokdivision über die Save bei **Mitrovica**, wird aber von der k.u.k. 29. Infanteriedividson (Feld-

9. Der Balkanschauplatz 1914

marschallleutnant Alfred Krauß) zurückgeworfen. Am 8. September beginnt Potiorek eine neue Offensive gegen **Nordwest-Serbien**. Serbische und montenegrinische Verbände stoßen am 11. September gegen **Sarajevo** vor. Die k.u.k. 6. Armee kann zwischen 17. und 24. September die Schlüsselstellung auf der **Jagodnja** behaupten. Zur selben Zeit fangen k.u.k. Truppen in der viertägigen Schlacht auf der **Romanja planina** den serbisch-montenegrinischen Einbruch Richtung Sarajevo auf und treiben die Serben und Montenegriner bis Ende Oktober 1914 über die Grenze zurück.

Am 6. November 1914 gehen die k.u.k. 5. und 6. Armee erneut zum Angriff über. Mitte November nimmt die 6. Armee **Valjevo** ein. Bis Ende November stößt man bis zum **Rudnik-Gebirge** vor. Die 5. Armee erkämpft den Übergang über die Flüsse **Kolubara** und **Ljig** südlich **Lazarevac**. Am 2. Dezember 1914 räumen die Serben **Belgrad**. Die Serben beginnen am 3. Dezember eine Gegenoffensive bei Arandjelovac. Die 6. Armee muss sich in Richtung Nordwest zurückziehen, am 13. Dezember überschreitet sie die Save bei **Šabac**. Die 5. Armee zieht sich auf Belgrad zurück und kann am 15. Dezember den Uferwechsel durchführen.

Verluste der Balkanstreitkräfte seit Kriegsbeginn: 273.000 Mann, davon über 30.000 Tote, rund 173.000 Verwundete, 70.000 Gefangene (von 450.000 eingesetzten Mann). Serbische Verluste: 22.000 Gefallene, 91.000 Verwundete.

Rücktritt Potioreks als Oberkommandant auf dem Balkan und als Oberbefehlshaber 6. Armee.

K.u.k. Verluste 1914: 189.000 Offiziere und Soldaten gefallen, über 490.000 verwundet, 278.000 kriegsgefangen, vermisst.

Desertionen: September 1914 Tschechen der k.u.k. 26. Infanteriedivision laufen zu den Russen über. Am 20. Oktober 1914 desertieren sechs Kompanien des k.u.k. Infanterieregiments Nr. 36 (Jungbunzlau).

10. Der osmanische Kriegsschauplatz 1914

11. August 1914: Die im Mittelmeer den britisch-französischen Marinekräften entkommenen Kriegsschiffe Schlachtkreuzer »Goeben« und der kleine Kreuzer »Breslau« laufen im Bosporus ein. Sie werden vom Osmanischen Reich gekauft, bekommen türkische Namen Goeben = Yavuz Sultan Selim, Breslau = Midilli, behalten aber ihre deutsche Besatzung.

25. Oktober 1914: Kriegseintritt des Osmanischen Reiches an der Seite der Mittelmächte.

28.–29. Oktober: Beginn von Seekampfhandlungen mit Russland auf dem Schwarzen Meer. Odessa, Sevastopol' und andere russische Städte von osmanischen Kriegsschiffen beschossen. 1. November Kriegserklärung Russlands an das Osmanische Reich.

5. November: Kriegserklärung Großbritanniens und Frankreichs an das Osmanische Reich. Annexion Zyperns durch Großbritannien.

14. November: Sultan-Kalif Mehmed V. lässt den »Dschihad«, den sog. »Heiligen Krieg« gegen Briten, Franzosen und Russen verkünden.

18. Dezember: Erklärung des britischen Protektorats über Ägypten

Am 1. November überschreiten die Russen die Grenze, zwischen 8. und 17. November bringen die Osmanen den russischen Vormarsch zum Stehen (**Köprüköy**). Niederlage der osmanischen 3. Armee bei **Sarykamyš** (Dezember 1914/Jänner 1915).

November: Vorrücken der Osmanen gegen den **Suezkanal**.

Einnahme des **Forts Fao** am Persischen Golf am 6./7. November, die von **Basra** am 22. November und die von **Gurna** (Korna) am Zusammenfluss von Euphrat und Tigris am 8. Dezember 1914 durch anglo-indische Truppen.

11. Der Krieg in den deutschen Kolonien 1914

Deutsch-Südwestafrika: Am 9. September 1914 erklärt die Südafrikanische Union den Krieg, am 13. September: Beginn von Feindseligkeiten. Schutztruppen besetzen die Walfischbai. Oberstleutnant v. Heydebreck, Kommandeur der Schutztruppe, Gefecht von Sandfontein. Unionstruppen in Ramansdrift, Lüderitzbucht und Caprivizipfel. Landung portugiesischer Truppen. Oberstleutnant Franke, Nachfolger v. Heydebrecks, erstürmt am 18. Dezember 1914 das Fort Naulila.

Deutsch-Ostafrika: 8. August 1914: Der britische kleine Kreuzer »Pegasus« beschießt Dar-es-Salam; der deutsche kleine Kreuzer »Königsberg« macht ihn gefechtsunbrauchbar. Das britische Landungskorps unter Generalmajor Aitken mit einem britischen und acht indischen Regimentern (Kashmir-Rifles) greift am 2. November Tanga an. Der am Kilimandscharo stehende Kommandeur der Schutztruppe, Oberstleutnant Paul v. Lettow-Vorbeck, trifft in der Nacht vom 3. zum 4. November in Tanga ein und besiegt das britisch-indische Korps mit wenigen Kompanien (bis 5. November 1914).

Togo: Keine Schutztruppe, nur eine Eingeborenen-Polizeitruppe. Ab 8. August: Einmarsch britischer und französischer Streitkräfte. Am 27. August 1914 muss sich der stellvertretende Gouverneur v. Doering in Kamina ergeben.

Kamerun: Einmarsch britischer und französischer Einheiten. Am 27. September 1914 muss sich Duala ergeben. Die Schutztruppe (Major Zimmermann) weicht aus, liefert Gefechte mit Briten und Franzosen.

Südsee-Schutzgebiete: August–September 1914: Deutsch-Neuguinea von australischen Truppen besetzt (17. September Kapitulation in Herbertshöhe, Neupommern). August–Oktober 1914: Karolinen,

Palau-Inseln, Marianen, Marshallinseln von Japan besetzt. Samoa am 29. August 1914 von neuseeländisch-britischen Streitkräften besetzt.

Kiautschou: Den 4.000 Soldaten des Kiautschou-Gebietes steht eine japanische Landarmee von 65.000 Mann gegenüber. Am 2. September landen Japaner an der Nordküste Schantungs. Am 28. September ist Tsingtau auch von Land her eingeschlossen. Vom 29. Oktober 1914 an wird das Gebiet von See und Land her neun Tage ohne Unterbrechung beschossen. In der Nacht vom 6. zum 7. November sprengen die Deutschen, nachdem sie ihre letzten Granaten verschossen haben, die Geschütze und ergeben sich den Japanern. An der Verteidigung Tsingtaus beteiligt sich auch der k.u.k. Kreuzer »Kaiserin Elisabeth«.

12. Der Seekrieg 1914

Die deutsche Flotte verfügt 1914 über 18 Großkampfschiffe, 14 ältere Schlachtschiffe und vier Schlachtkreuzer, die britische über 29 Großkampfschiffe, 20 ältere Schlachtschiffe und neun Schlachtkreuzer.

Der deutsche Operationsbefehl von 1914 fordert zuerst Kräfteausgleich, dann unter günstigen Verhältnissen die Entscheidungsschlacht. Am 2. August 1914 ersetzt der Erste Lord der Admiralität Winston Churchill den Oberbefehlshaber der britischen Flotte Admiral Callaghan, einen Verfechter sofortigen offensiven Einsatzes der Flotte, durch John Jellicoe, den Vertreter der Fernblockade und der Entscheidungsschlacht nur unter günstigen Umständen.

Die deutsche Flottenführung ist bestrebt, die Briten durch Vorstöße an die britische Küste, durch Minenkrieg, Einsatz von U-Booten sowie durch Handelskrieg mit Kreuzern und Hilfskreuzern zu schwächen und so die Voraussetzungen zu einer Schlacht unter Erfolg versprechenden Kräfteverhältnissen zu schaffen. Das erste Unternehmen ist ein Vorstoß des Hilfsminenschiffes »Königin Luise« gegen die **Themsemündung**. Dabei wird das Schiff vom kleineren britischen Kreuzer »Amphion« überrascht und von der eigenen Be-

12. Der Seekrieg 1914

satzung versenkt. Die »Amphion« fährt auf eine deutsche Mine und sinkt. Am 28. August greifen britische Kreuzer und Zerstörer in der **Deutschen Bucht** deutsche Vorpostenboote an. Die zu ihrer Hilfe herbeikommenden deutschen kleinen Kreuzer »Köln«, »Mainz«, »Ariadne« und das Torpedoboot V187 werden von den Briten versenkt. Am 2. und 3. November 1914 beschießen die Schlachtkreuzer und kleinen Kreuzer der 1. und 2. deutschen Aufklärungstruppe unter Admiral Hipper britische Küstenbatterien bei **Great Yarmouth** und am 15. und 16. Dezember 1914 **Hartlepool** und **Scarborough**.

Das Ostasiengeschwader unter Vizeadmiral Graf Spee, bestehend aus den Panzerkreuzern »Scharnhorst« und »Greisenau« und dem Begleitschiff »Titania«, liegt Anfang August 1914 vor Ponape in den Karolinen. Von den zum Geschwader gehörenden kleinen Kreuzern befindet sich »Emden« in Tsingtau und »Nürnberg« vor Honolulu. Der nicht dem Geschwader zugeteilte Kreuzer »Karlsruhe« löst in Westindien »Dresden« (Azoren, Kap Hoorn, Osterinsel) ab. Der kleine Kreuzer »Königsberg« befindet sich vor Dar-es-Salam.

Das Geschwader Spee erscheint am 22. September 1914 vor **Papeete** (Tahiti) und versenkt dort das französische Kanonenboot »Zélée«. Mitte Oktober vereinigen sich die Panzerkreuzer Spees und die »Nürnberg« mit den im Pazifik eingetroffenen kleinen Kreuzern »Dresden« und »Leipzig«. Am 1. November trifft das Geschwader vor **Coronel** mit einem aus zwei Panzerkreuzern, einem kleinen Kreuzer und einem Hilfskreuzer bestehenden britischen Verband zusammen. Die beiden Panzerkreuzer »Good Hope« und »Monmouth« werden versenkt, der kleine Kreuzer »Glasgow« und der Hilfskreuzer »Otranto« schwer beschädigt. Spee umfährt am 2. Dezember 1914 Kap Hoorn und wendet sich nach den **Falkland-Inseln,** um die dortige Kohlen- und Funkstation zu zerstören. Das britische Schlachtkreuzergeschwader verfolgt das Geschwader Spee und versenkt die beiden Panzerkreuzer sowie die kleinen Kreuzer »Nürnberg« und »Leipzig«. Der kleine Kreuzer »Dresden« entkommt in den Pazifik.

Der Kreuzer »Emden«, am 14. August 1914 von Admiral Spee zu selbständiger Handelskriegführung entlassen, versenkt 83.000 BRT

12. Der Seekrieg 1914

Handelsschiffsraum, den russischen kleinen Kreuzer »Schemtschug« und den französischen Zerstörer »Mousquet«. Vor den **Kokosinseln** wird sie durch den australischen Kreuzer »Sydney« schwer beschädigt. Ein Teil ihres Landungskorps unter Kapitänleutnant v. Mücke erreicht Südarabien.

Auch »Karlsruhe« führt erfolgreich Handelskrieg (76.000 BRT), sinkt aber am 4. November 1914.

Der Schlachtkreuzer »Goeben« und der kleine Kreuzer »Breslau« führen unter türkischem Namen Seekrieg im Schwarzen Meer.

Am 5. September 1914 versenkt das deutsche U-Boot »U21« (unter Kapitänleutnant **Hersing**) den britischen kleinen Kreuzer »Pathfinder«. Ein britisches U-Boot versenkt am 13. September den deutschen kleinen Kreuzer »Hela«. Am 22. September versenkt das deutsche »U9« (Kapitänleutnant **Weddingen**) die britischen Panzerkreuzer »Aboukir«, »Hogue« und »Cressy«. Am 2. November 1914 erklärt Großbritannien die ganze Nordsee zum Kriegsgebiet. Seit November 1914 drängt der Chef des deutschen Admiralstabs v. Pohl auf einen »warnungslosen« U-Boot-Handelskrieg.

Am 2. August 1914 legen deutsche kleine Kreuzer vor **Libau** Minen und vernichten russische Munitionslager. Am 26. August 1914 strandet bei einem Angriff der kleine Kreuzer »Magdeburg« und geht verloren. Am 11. November versenkt das deutsche »U26« im Finnischen Meerbusen den russischen Panzerkreuzer »Palloda«. Bei einem Vorstoß gegen Libau sinkt am 17. November das deutsche Flaggschiff »Friedrich Carl«.

Österreich-Ungarn geht mit 15 Schlachtschiffen, drei kleinen Panzerkreuzern, elf geschützten Kreuzern (davon vier modernen), sechs modernen, 13 älteren kleinen Zerstörern, 37 modernen, aber kleinen Torpedobooten, einer größeren Zahl älterer Torpedofahrzeuge und -boote, sieben Unterseeboten (Versuchsbooten) und acht Donaumonitoren in den Kampf. Die k.u.k. Kriegsmarine steht mit 218.000 t und 48 schweren Geschützen gegen 658.000 t und 136 schwere Geschütze der französischen und britischen Mittelmeerstreitkräfte.

Der in der Bocche di Cattaro liegende Panzerkreuzer »Karl VI.«

und die kleinen Kreuzer »Franz Josef«, »Szigetvár« und »Panther« feuern auf die **montenegrinischen** Batterien, am 22. Oktober 1914 auch das moderne Schlachtschiff »Radetzky«. Am 8. August zerstören die kleinen Kreuzer »Szigetvár« und »Zenta«, der Zerstörer »Uskoke« und das Torpedoboot 72 die Funkstation und die Hafenanlagen von **Antivari**. Am 10. August Blockade über die montenegrinische Küste. Am 16. August greifen französische Einheiten die Blockadeschiffe, den kleinen Kreuzer »Zenta« und den Zerstörer »Ulan«, an; dem Zerstörer gelingt der Durchbruch, »Zenta« wird versenkt. Verminung des Hafens von Antivari, U-Boot-Einsatz vor der montenegrinischen Küste.

Französisches U-Boot »Curie« bei seinem Vorstoß in den Hafen von **Pola** versenkt (18. Dezember 1914) (als U14 in der k.u.k. Marine). Am 21. Dezember 1914 torpediert das k.u.k. U-Boot »U12« (Linienschiffsleutnant **Lerch**) in der Straße von **Otranto** das französische Schlachtschiff »Jean Bart«.

Der Kreuzer »Kaiserin Elisabeth« beteiligt sich an der Verteidigung **Tsingtaus**. Nach Aufbrauchen der Munition wird er in der Nacht zum 2. November 1914 versenkt. Die Matrosen gehen mit der deutschen Festungsbesatzung in japanische Kriegsgefangenschaft.

13. Die innere Lage der Krieg führenden Staaten 1915

Österreich-Ungarn: Anfang 1915: Staatliche Bewirtschaftung für Getreide (für beide Reichsteile getrennt); Ernährungslage zum Teil in Ungarn besser als in Österreich. 1915: Förderung von Steinkohle fast Vorkriegsniveau, aber Engpass bei den Transportmitteln. Engpass bei Erdöl: 1914 Verlust von Galizien, bei Tarnów-Gorlice zerstören die Russen 1915 drei Viertel der Ölbrunnen. Erölproduktion 1915: Hälfte der Vorkriegserzeugung. Mai 1915: Kriegsanleihen. Mangel an Arbeitskräften (ab April 1915 fast erschöpft). Einsatz von Flüchtlingen, Kriegsgefangenen, Frauen (Rüstungsindustrie, Schaffnerinnen bei Straßenbahn). Gewerkschaften weiter für Burgfrieden. In der

Wirtschaft noch keine Zeichen von Unruhe. Das AOK verstärkt die Militarisierung des Hinterlandes, schaltet sich immer stärker in die Innenpolitik ein, beteiligt sich an Bemühungen zum Sturz von Ministerpräsident Stürgkh.

3. April 1915: Übergang von Einheiten des aus Prager Tschechen bestehenden Infanterieregiments 28 zu den Russen (frisch zugeführte Soldaten, erst Tage vor dem Einsatz Gewehre bekommen, wegen der Kälte keine Deckungen gebaut, beim ersten Ansturm der Russen in Panik geraten; d.h. unerfahrene, sich selbst überlassene Soldaten; General Boroević verfügt Auflösung des Regiments). In der Nacht zum 27. Mai 1915 desertiert bei Sieniawa die Hälfte des Infanterieregiments Nr. 36 (Jungbunzlau), obwohl es beim Vormarsch tadellos gekämpft hat (am 16. Juli 1915 aufgelöst).

Einzelne Fälle von Illoyalität bei ruthenischen Soldaten. Hinrichtungen von ruthenischen Zivilisten wegen angeblicher Russophilie. Internierten-Lager in Thalerhof bei Graz.

9./10. Jänner 1915: **Posener Abkommen** über die deutsch-österreichisch-ungarische Interessensphären in Russisch-Polen (Berlin erhält die wertvolleren Teile mit mehr Industrie).

10. Jänner 1915: Denkschrift des Grafen Forgách: Pessimismus in Bezug auf die Kriegslage, daher baldiger Friedensschluss vor Übergang Rumäniens und Italiens auf die Seite der Gegner notwendig.

Jänner 1915: Stellungnahme des k.u.k. Botschafters in Petersburg Graf Szápáry zur Denkschrift Andrians vom 6. Dezember 1914: Besser, sich mit Italien friedlich abzufinden, als einen Frieden mit Russland mit viel schwereren Opfern zu erkaufen.

22. April 1915: Kattowitzer Grenzabkommen über die deutsch-österreichisch-ungarischen Interessensphären in Russisch-Polen.

Das Buch Friedrich Naumanns »Mitteleuropa« (Berlin 1915) beschäftigt auch österreichisch-ungarische Politiker, Beamte, Militärs, Wirtschaftstreibende, Wissenschaftler und Publizisten.

Conrad: 1914 gegen eine Verkleinerung Serbiens. Am 31. Mai 1915 für enge Verbindung Serbiens mit Österreich-Ungarn. Anfang September 1915 dafür, sich mit Serbien zu arrangieren. In Denkschriften

Oktober/November 1915 für Abhängigkeit Serbiens ohne Zerstückelung. Silvesterdenkschrift 1915: Russisch-Polen an Österreich-Ungarn oder Teilung mit dem Deutschen Reich; völlige Einverleibung Serbiens in Österreich-Ungarn; Grenzen zu Italien wie vor 1866.

Deutsches Reich: Der »**Burgfrieden**« hält 1915. Abstimmungen der SPD-Fraktion über Kriegskredite im Plenum des Reichstages: 20. März 1915 – zwei Nein-Stimmen (Liebknecht, Rühle), 20. August 1915 – eine Nein-Stimme (Liebknecht), 21. Dezember 1915 – 20 Nein-Stimmen (Gruppe Haase). Beendigung der Diskriminierung: Aufhebung des Verbots des Haltens oder Verbreitens sozialdemokratischer Zeitungen in Kasernen (31. August 1914), staatliche Bestätigung für Sozialdemokraten im Fall ihrer Wahl zu mittelbaren Staatsbeamten (6. Jänner 1915), Zugang zum unmittelbaren Staatsdienst, auch zu führenden Reichsämtern. Übergang von Markt- zur Planwirtschaft Anfang 1915 abgeschlossen. Staatliche Preisregulierung mit strafrechtlicher Bekämpfung des Preiswuchers, mit Preisüberwachung und staatlicher Preisfestsetzung (Höchstpreise meist in der Funktion von Mindestpreisen) (illegaler, schwarzer Markt nicht unterbunden). Jänner 1915: Lebensmittelkarten für Brot und Mehl. Höchstpreise für Butter und Fisch – Oktober 1915, für Milch, Schweinefleisch, Obst und Gemüse – November 1915. Synthetische Produktion von Stickstoff (für Pulver- und Sprengstoffproduktion, für Dünger für die Landwirtschaft) 1915 gesteigert.

März 1915: 4. Kriegsanleihe.

Als Vergeltung der Erklärung der Nordsee zum Kriegsgebiet (November 1914) stimmen Bethmann Hollweg und Kaiser Wilhelm II. der Bekanntmachung des deutschen Admiralstabes vom 4. Februar 1915, nach der das **Seegebiet um Großbritannien und Irland** ab 18. Februar 1915 zum **Kriegsgebiet** erklärt werden soll (auch gegen feindliche Handelsschiffe), zu. Am 17. Februar erhalten die U-Boote die Weisung, neutrale Schiffe im Sperrgebiet zu schonen. Auf Drängen Bethmanns wird am 7. Juli 1915 der **Verzicht auf den warnungslosen U-Boot-Handelskrieg** ausgesprochen. Nach der Verschärfung des

13. Die innere Lage der Krieg führenden Staaten 1915

Verhältnisses zu den USA (Versenkung der »Lusitania« am 7. Mai 1915, der »Arabic« am 19. August 1915) setzt Bethmann den kaiserlichen Befehl vom 30. August 1915 durch, feindliche Passagierdampfer nur nach den Regeln des Kreuzerkrieges zu versenken. Der protestierende Chef des Admiralstabes Bachmann wird durch v. Holtzendorff ersetzt, Tirpitz' Entlassungsgesuch wird vom Kaiser nicht stattgegeben. Holtzendorff erteilt am 18. September 1915 den geheimen Befehl, bis auf Weiteres an der britischen Westküste und im Kanal jede Form des U-Boot-Handelskrieges einzustellen und in der Nordsee nur noch Handels-Kreuzerkrieg zu führen.

Das »Mitteleuropa«-Projekt (siehe Bethmanns Septemberprogramm 1914) wird diskutiert, auch unter Einfluss Naumanns »Mitteleuropa« (Berlin 1915).

Bethmann Hollweg erklärt am 9. Dezember 1915 im Reichstag, je länger der Krieg dauere, umso höhere Garantien müsse das Reich für die Zukunft fordern.

Seit November 1914 denkt Bethmann an die Möglichkeit, die Koalition der Gegner durch einen Sonderfrieden mit Russland aufzubrechen (über den als deutschfreundlich geltenden früheren Finanzminister Witte [† März 1915] oder durch briefliche Einwirkung der Großherzogin von Baden über den Großherzog von Hessen an die Zarin, dessen Schwester, oder über russische Geschäftsleute oder über den in Stockholm lebenden ehemaligen Unterstaatssekretär Kolyško). Am aussichtsreichsten die Missionen des Etatsrates Andersen, Direktors der dänischen Ostasienlinie (mit Wissen König Christians), die aber im August 1915 scheitern; der Zar hält sich an seine Bündnispflichten gebunden.

Großbritannien: Die Industrie versucht den Mangel an Facharbeitern durch Anwerben ungelernter Arbeiter bei gleichzeitiger Standardisierung des Produktionsprozesses auszugleichen. Widerstand der Gewerkschaften gegen »dilution«, d.h. Auffüllung der Fabriken mit ungelernten Arbeitern. Kompromiss Unternehmer–Gewerkschaften: März 1915 »Shells und Fuses Agreement« (die Gewerkschaften stim-

13. Die innere Lage der Krieg führenden Staaten 1915

men für Kriegsdauer der Dilution zu; nach dem Krieg die alten Zustände; Dilution darf weder zur Entlassung von Facharbeitern noch zur Lohnsenkung ausgenutzt werden). Gewerkschaften – Staat: März 1915 »Treasury Agreement« (Gewerkschaften erklären Bereitschaft zu Kooperation in der Rüstungspolitik, stimmen für Kriegsdauer der Dilution zu, verzichten auf Streiks in Kriegsindustrien, akzeptieren Zwangsschlichtung von Arbeitskonflikten durch paritätisch besetzte Ausschüsse oder durch staatliche Kommissionen). Juni 1915 – neu geschaffenes Rüstungsministerium (Lloyd George): Verschmelzung von staatlicher Bürokratie und Rüstungsindustrie in Richtung einer staatsmonopolistischen Organisation. Gewerkschaften und Arbeiterschaft in dieses System integriert durch »Munitions of War Act« (Juli 1915): Regierung kann jeden kriegswichtigen Betrieb zum »controlled establishment« erklären (Staat hat weitgehende Eingriffsrechte gegenüber den Arbeitern und formal auch gegenüber den Eigentümern; Bindung der Arbeiter an den Arbeitsplatz). Ernte 1915 gut; kein Mangel an Lebensmitteln, aber Unzufriedenheit über steigende Preise.

Das Empire stellt im Krieg viele Truppen: Indien – 1.440.000 Freiwillige (1915 an der Westfront 138.000), Kanada – 458.000, Neufundland – 8.000, Australien – 332.000, Neuseeland – 112.000, Südafrika – 136.000 Weiße (75.000 Eingeborene im South African Native Labour Contingent), Karibik – 16.000, Britisch-Ostafrika – 34.000, Britisch-Westafrika – 25.000.

Alliierte erklären **März 1915** ihre Absicht, jeglichen Schiffsverkehr von und nach Häfen der Mittelmächte und jegliche Einfuhr und Ausfuhr der Mittelmächte über neutrale Häfen zu unterbinden (**unbeschränkte Blockade**).

Frankreich: Bis Ende 1915 kehren rund 500.000 Facharbeiter von der Armee in die Betriebe zurück. November 1915: 1. französische Kriegsanleihe. Staatliche Bewirtschaftung der Lebensmittel beginnt Oktober 1915 beim Getreide.

Während des Krieges 607.000 Soldaten aus Übersee, hauptsächlich Nord- und Westafrika, in der französischen Armee.

13. Die innere Lage der Krieg führenden Staaten 1915

Belgien: Bei den belgischen Truppen auch Soldaten aus Belgisch-Kongo. Rigorose deutsche Besatzungsverwaltung. In der Etappe Roubaix-Tourcoing per Proklamation vom 20. Oktober 1914 das Glockenläuten in katholischen Kirchen verboten (angeblich als geheimes Signal für Franktireurs benützt). Bis 1916 12.000 belgische Arbeiter für die deutsche Rüstungsindustrie angeworben (ab 1916 Zwangsrekrutierungen).

Italien: Dreibund überdeckt die Aspirationen auf die italienischsprachigen Gebiete der Habsburgermonarchie. Libyen seit 1911/12 bei Italien (Eritrea 1889, Italienisch-Somaliland). Nach der Niederlage bei Adua (1896) ist die Erwerbung Abessiniens das Ziel.

23. Juli 1914: Wien informiert Rom von Demarche an Serbien. Rom will für Besetzung serbischen Territoriums Kompensationen (Trentino), auch Berlin dafür.

8. August 1914: gemeinsamer k.u.k. Ministerrat lehnt Abtretung des Trentino ab.

Rom verhandelt mit den Entente- und den Mittelmächten. Paris und London bieten Trentino, Valona und Triest an.

23. September 1914: Geheimer Neutralitätsvertrag Rumänien–Italien.

Der deutsche Botschafter in Rom, der frühere Reichskanzler Fürst v. Bülow, meint, über das Trentino könne gesprochen werden, nicht über Triest. Ende Jänner 1915: Gedanke in Berlin, Österreich-Ungarn für die Abtretung des Trentino an Italien durch das polnische Kohlengebiet um Sosnowice zu entschädigen.

6. Februar 1915: rumänisch-italienisches Defensivbündnis.

Anfang März 1915: Gespräche Italiens in London. Forderungen Roms: Trentino, zisalpiner Teil Tirols, Triest, Görz-Gradisca, ganz Istrien bis zum Quarnero einschließlich Voloscas, Dalmatien von Nordgrenze bis zur Narenta.

8. März 1915: Burián (Nachfolger Berchtolds als Minister des Äußern), Tisza, Stürgkh, Koerber (gemeinsamer Finanzminister), Kriegsminister Krobatin, auch Conrad und Kaiser Franz Joseph für

13. Die innere Lage der Krieg führenden Staaten 1915

Abtretung des Trentino, aber gegen Konzessionen am Isonzo. (Kurz vor Ministerrat Telegramm Kaiser Wilhelms II. an Kaiser Franz Joseph I.: Rückgabe Schlesiens an Österreich, falls Österreich-Ungarn Italien nachgibt.)

26. April 1915: Londoner Vertrag Italien–Großbritannien, Frankreich, Russland. Für den Kriegseintritt erhält Italien Trentino, zisalpines Tirol (Brennergrenze), Triest, Görz-Gradisca, ganz Istrien bis zum Quarnero mit Einschluss Voloscas und der istrischen Inseln Cherso, Lussin sowie weiterer kleinerer Inseln, Dalmatien, Valona, Sasseno, Dodekanes; Anteile bei einer Aufteilung der asiatischen Türkei oder der Erwerbung von Teilen der deutschen Kolonien in Afrika.

4. Mai 1915: Aufkündigung des Dreibund-Vertrages durch Italien.

8. Mai: Besprechung in Teschen (Kaiser Wilhelm, Bethmann Hollweg, Falkenhayn, Burián, Tisza, Stürgkh, Conrad): Der Flügel des neutralistischen früheren Ministerpräsidenten Giolitti soll gestärkt werden.

Die größere Zahl von Abgeordneten der Kammer und des Senats scheint Giolitti zu unterstützen. Wien macht großzügiges Angebot (ganz Tirol, soweit es italienisch ist, Gradisca, Freihafen für Triest, Valona, Prüfung der Wünsche in Bezug auf Görz und die dalmatinischen Inseln).

Außenminister Sonnino beruft am 12. Mai Ministerrat ein. Kabinett des Kriegsanhängers Salandra tritt zurück. Neutralisten auf Regierungsübernahme nicht vorbereitet. König Viktor Emanuel III. nimmt Rücktritt Salandras nicht an.

20. Mai 1915: Parlament: Übertragung außerordentlicher Vollmachten an die königliche Regierung (Salandra): Senat fast einstimmig dafür, Kammer 407 : 74 Stimmen

20. Mai: Generalmobilmachung für 23. Mai verkündet.

23. Mai 1915: Dem k.u.k. Botschafter in Rom, Baron Macchio, die italienische Kriegserklärung an Österreich-Ungarn überreicht, parallel dazu Minister Burián durch den Herzog von Avarna.

Bei Kriegsausbruch 1914 kurzfristig gewisse Ernährungsschwierig-

13. Die innere Lage der Krieg führenden Staaten 1915

keiten, weil Getreidezufuhr aus Rumänien und Südrussland blockiert ist, aber diese Krise bald überwunden.

Russland: Juni 1915: Verantwortung für die Rüstungspolitik vom Kriegsministerium auf einen besonderen Verteidigungsrat übertragen (Exekutive, Duma-Abgeordnete, Industrie). Juli 1915: drei weitere Kommissionen (für Energieversorgung, Ernährung, Transportwesen).
April–August 1915: große Streikwelle (Lebensbedingungen, Teuerung, Wohnungsnot). Ab Oktober 1915 zunehmend politische Motive.
4. März 1915: Sazonov teilt den Botschaftern Frankreichs und Großbritanniens, Paléologue und Buchanan, die Gedanken des Zaren zur Frage Konstantinopels und der Meerengen mit. Konstantinopel, das Westufer des Bosporus, des Marmarameeres und der Dardanellen, Südthrazien bis zur Linie Enos-Midia sollen in den Bereich des russischen Reiches einbezogen werden, ebenso der Teil der asiatischen Küste im Raum zwischen Bosporus, dem Fluss Sakarya und einem Punkt am Golf von Ismid, ferner die Inseln des Marmarameeres, die Inseln Imbros und Tenedos. Die französische Regierung stimmt am 8. März, am 12. März die britische Regierung zu.

Serbien: Pašić legt Verwahrung gegen den Londoner Vertrag vom 26. April 1915 ein, da die Italien versprochenen Gebiete zum Teil von Südslawen besiedelt sind, auf die ein künftiges geeintes Jugoslawien Anspruch erheben kann. Südslawische Emigranten aus Österreich-Ungarn bilden am 30. Mai 1915 in London ein »Jugoslawisches Komitee« (Jugoslovenski odbor).
Angesichts der drohenden Haltung Bulgariens muss Pašić im August 1915, bedrängt von seinen Alliierten, der Skupština die »Anerkennung der berechtigten Wünsche Bulgariens in dem Maße, bis zu welchem diese nicht eine Gefährdung der Daseinsinteressen Serbiens bedeuten«, empfehlen.

Bulgarien: Mehrheitlich orthodoxe Südslawen (Minderheit islamisch, Pomaken), türkische Minderheit.

13. Die innere Lage der Krieg führenden Staaten 1915

Nach Kriegsausbruch verhandelt Zar Ferdinand I. mit beiden Seiten. Kaiser Wilhelm II. sagt Erfüllung der bulgarischen Wünsche in Bezug auf Makedonien, die Dobrudscha und Thrakien zu.
6. September 1914: Freundschafts- und Bündnisvertrag, abgeschlossen zu Sofia zwischen Bulgarien und dem Deutschen Reich. Am selben Tag Militärkonvention, abgeschlossen zu Pleß zwischen den Oberkommandos des Deutschen Reiches, Österreich-Ungarns und Bulgariens.

Osmanisches Reich: Die **Armenier** sind enttäuscht, dass die von den Großmächten seit dem Berliner Kongress (1878) versprochenen Reformen zugunsten der von Armeniern bewohnten Landesteile nicht verwirklicht worden sind. Das osmanisch-russische Reformabkommen vom 8. Februar 1914 ist wegen des Kriegsausbruches nicht realisiert worden. Die osmanische Regierung, vor allem Vizegeneralissimus Enver Pascha und Innenminister Talaat Pascha, nimmt Einzelfälle von Illoyalität unter armenischen Untertanen – Zusammenstöße mit osmanischen Gendarmen in Muş, Spionageakte an der kilikischen Küste (Einfluss alliierter Konsuln!), Bombenfunde in Erzerum und Kayseri, Flucht des osmanisch-armenischen Abgeordneten Armen Garo (Garegin Pasdermadjian) zu den Russen, Eintritt osmanischer Armenier in Freiwilligeneinheiten des russischen Heeres – zum Anlass, um durch Gesetze im Ministerrat vom 27. und 30. Mai 1915 die der Zusammenarbeit mit den Russen verdächtigten Armenier (vor allem aus den Provinzen Van, Bitlis, Erzerum) nach Mesopotamien und Syrien (Mosul, Urfa, Aleppo) zu deportieren. Das fällt in die Zeit der Dardanellen-Kämpfe, der Bedrohung des osmanischen Vaterlandes durch die Alliierten. Eine Aufstandspsychose erfasst viele Türken. Die Deportation erfolgt unter sehr grausamen Umständen (Massaker, Seuchen, Erschöpfung). K.u.k. Dokumente sprechen von »Exterminierung einer Rasse«. Die bisherigen Opferzahlen schwanken zwischen 200.000 und 1.500.000. Nach jüngster türkischer Forschung (Yusuf Halaçoğlu) sind von 550.000 Umgesiedelten 50.000 umgekommen. (Kommentar Norman Stones: »Was geschah, als die Armenier in Syrien ankamen, ist nicht aufgeklärt. Noch eine große Anzahl muss gestorben sein.«) Es kommt auch zu Grausamkeiten von Armeniern an Muslimen.

Unruhe auch unter **Arabern** und **Griechen**.

14. Der Karpatenwinter 1914/15

Am 23. Jänner 1915 treten die Truppen der k.u.k. 3. Armee und der »deutschen Südarmee« (drei deutsche Infanterie-, zwei k.u.k. Infanteriedivisionen, eine deutsche, eine k.u.k. Kavalleriedivision) zum **Entsatzangriff Richtung Przemyśl** an. Im bergigen Waldgelände der Karpaten, bei Temperaturen bis zu −25°, inmitten von Schneestürmen, ohne warme Verpflegung, ohne schützende Unterkunft wird gekämpft.

Bis zum 26. Jänner 1915 erzielen Mitte und rechter Flügel der k.u.k. 3. Armee in Richtung Sanok, Lisko, Chyrów Fortschritte. Die Südarmee ist am 26. Jänner in siegreichem Vordringen gegen Uzsóker-, Verecke- und Beskid-Pass sowie gegen den Wyszków-Sattel. Am 26. Jänner 1915 beginnt die russische 8. Armee eine Offensive gegen Mitte und linken Flügel der k.u.k. 3. Armee, am 4. Februar 1915 nehmen die Russen die Straßengabel und Bahnstation von Mezölaborcz. Am 8. Februar setzt Tauwetter ein, die Straßen werden fast unpassierbar, dann fallen wieder große Mengen von Schnee. In der Winterschlacht an den **Masurischen Seen** (7.–15. Februar) besiegt Hindenburg die russische Njemen-Armee. (92.000 Russen gehen in Gefangenschaft). Die Armeegruppe Pflanzer-Baltin erobert am 16. Februar **Kolomea**, am 17. Februar **Czernowitz** und am 20. Februar **Stanislau** zurück; der Vorstoß gegen die russische 9. Armee bei **Dolina** misslingt.

Am 27. Februar 1915 greift die k.u.k. 2. Armee in Richtung Baligrod-Przemyśl an, am 28. Februar schließt sich die k.u.k. 3. Armee an. General Brusilovs 8. Armee beginnt Gegenangriffe, am 12. März sinken die Temperaturen auf −20°. Der Versuch der k.u.k. 4.

Armee, durch eine am 8. März im Raum Gorlice eingeleitete Offensive die 3. und 2. Armee zu entlasten, scheitert. Die k.u.k. 2. Armee meldet am 14. März, dass sie von 95.000 Mann 40.000 verloren hat, davon 6.000 durch Gefechtsverluste, alle anderen durch Krankheiten und Erfrierungen.

Am 22. März 1915 muss die Festung **Przemyśl** (General Kuśmanek mit neun Generalen, 2.593 Offizieren und 117.000 Mann) kapitulieren.

Die **Osterschlacht in den Karpaten** (2.–20. April 1915) (3. April Übergang von Teilen des Infanterieregiments 28 zu den Russen) erschöpft die Mittelmächte, aber auch die russische Angriffskraft.

Die Schlachten in den Karpaten fordern aufseiten der Mittelmächte, einschließlich der Besatzung von Przemyśl, Verluste in der Höhe von 600.000–800.000 Mann. Der russische Durchbruchsversuch in die ungarische Tiefebene ist vergeblich gewesen.

15. Die Westfront 1915

8. Jänner – 5. Februar 1915: Kämpfe bei **Soissons** und am Kanal von **La Bassée** mit deutschen Erfolgen.

16. Februar – 20. März 1915: Winterschlacht in der **Champagne**. Durchbruchsversuch der Franzosen wird abgewiesen.

10.–14. März 1915: Durchbruchsversuch der Briten bei **Neuve Chapelle** bringt geringen Erfolg und wird abgewiesen.

22. April – 25. Mai 1915: **Zweite Schlacht bei Ypern**. Deutsche 4. Armee verwendet am 22. April 1915 **Kampfgas** (Chlorgas). (Franzosen verschießen 1914 Bromessigester-Granaten, die zwar einen erstickenden, aber keinen giftigen Kampfstoff freisetzen. Vor Jahresende 1915 beginnen die Deutschen mit der Verwendung von Phosgen, dem sie Diphenylchlorarsin beigeben.) Geländegewinn und Verbesserung der Stellungen.

9. Mai – 23. Juli 1915: Durchbruchsversuche der Alliierten zwischen **Lille und Arras** (**Lorettoschlacht**) werden nach geringem deutschem Geländeverlust abgewiesen.

22. September – 6. November 1915: Joffres »Große Offensive« (**Herbstschlacht in der Champagne** vom 22. September bis Anfang November und **Herbstschlacht bei La Bassée und Arras** vom 25. September bis 13. Oktober). Bei hohen Verlusten gelingen stellenweise nur unbedeutende Geländegewinne, nirgends gelingt ein Durchbruch.

16. Der Sommerfeldzug 1915 gegen Russland

Die Durchbruchschlacht von Gorlice-Tarnów
2. Mai 1915: Vierstündiges Artilleriefeuer leitet die von Conrad und Falkenhayn geplante Durchbruchschlacht in Richtung Gorlice ein (deutsche 11. Armee [aus 8 deutschen, 2 k.u.k. Infanteriedivisionen] unter Generaloberst v. Mackensen, k.u.k. 4. Armee, k.u.k. 3. Armee). Bis 3. Mai 15–20 km Einbruch in die russische Front. Am 7. und 8. Mai rücken die Verbündeten gegen den San vor. Innerhalb von sechs Tagen verlieren die Russen von 250.000 Mann 210.000, darunter 140.000 als Kriegsgefangene. [**Libau** wird am 7. Mai durch deutsche Truppen besetzt].

Der Vorstoß gegen Lemberg
In der Verfolgungsschlacht bei **Sanok** und **Rzeszów** erleiden die Russen eine Niederlage. Mitte Mai wird ein Brückenkopf bei **Jaroslau** gebildet. Russische Angriffe bei **Sieniawa** abgewiesen; russischer Erfolg bei **Opatów**. 3. Juni 1915: **Wiedereroberung von Przemyśl** durch bayerische und k.u.k. Truppen. 8. Juni: **Stanislau** genommen. Russische Verluste im Mai 1915: 412.000 Tote, Verwundete, Gefangene und Vermisste. 12. Juni: Fortsetzung der Offensive der Heeresgruppe Mackensen über den San. 17.–22. Juni **Schlacht bei Lemberg** (22. Juni: **Eroberung Lembergs** durch deutsche und k.u.k. Truppen).

Die Offensive in Richtung Brest-Litovsk
25.–27. Juni 1915: Schlacht bei **Tomaszów**, 1.–10. Juli: bei **Kraśnik**,

16. Der Sommerfeldzug 1915 gegen Russland

16.–18. Juli: bei **Krasnostaw**. K.u.k. Truppen besetzen **Lublin** (30. Juli). Die Verbündeten nehmen **Cholm (Chełm)** (1. August 1915), **Włodzimierz Wołyński (Volodymyr-Volynśkyj)** (4. August). Am 4. August erobert die k.u.k. Armeegruppe Kövess die Weichsel-Festung **Ivangorod**. Deutsche Truppen besetzen **Warschau** (5. August). Die k.u.k. 4. Armee siegt in Schlacht bei **Lubartów** (6.–7. August).

(1. August 1915: **Mitau** in Kurland von Deutschen genommen, 15. August: **Kovno**.)

19. August: Deutsche Truppen nehmen **Novogeorgievsk** (heute Modlin Stary).

23. August: Truppen der k.u.k. 1. Armee besetzen **Kovel**.

26. August 1915: **Brest-Litovsk** durch deutsche Truppen erobert. K.u.k. Truppen erobern **Luck** (31. August).

Mai bis August 1915: Verluste der Verbündeten – 500.000 Mann an Toten, Verwundeten und Gefangenen (Russen über eine Million Mann).

1. September: K.u.k. 2. Armee erobert **Brody**.

1. September 1915: **K.u.k. Militärgeneralgouvernement in Kielce** (ab 1. Oktober 1915 in **Lublin**) unter Generalmajor Baron Diller eingerichtet.

15. September: russischer Angriff bei **Derazno**, vorübergehende Aufgabe von **Luck** durch k.u.k. Truppen (23. September) (am 25. September wieder besetzt). Rovno (Rowné) wird nicht erreicht.

16. September: Deutsche Truppen erobern **Pinsk**, am 18. September **Wilna**, am 23. September **Baranoviči**, das frühere Hauptquartier des Großfürsten Nikolaj Nikolaevič.

In **Kurland** und bei **Dünaburg** führen die Kämpfe im September und Oktober zur Stabilisierung der Front.

Verluste der k.u.k. Truppen im September 1915 in Wolhynien und Ostgalizien: 200.000 Mann an Toten, Verwundeten und Gefangenen. Desertionen bei der 19. Infanteriedivision (Tschechen, Ruthenen), beim Feldjägerbataillon Nr. 22 (Eger).

Verluste Österreich-Ungarns ein Jahr nach Kriegsbeginn: 56.989 Offiziere und Unteroffiziere, 2.484.548 Mann. Jeder achte Offizier, jeder zehnte Mann gefallen, 730.000 Offiziere und Soldaten kriegsgefangen oder vermisst, 928.000 verwundet.

Die Offensive der Verbündeten bringt großen Raumgewinn, aber keine Vernichtung Russlands. Die Stellungsfront verläuft in süd-nördlicher Richtung von der Bukowina (Czernowitz österreichisch) durch Ostgalizien und Wolhynien (Tarnopol russisch, Dubno österreichisch) über Pinsk (deutsch), Baranoviči (deutsch), Smorgon (russisch), Dünaburg (russisch) dünaabwärts zum Rigaer Meerbusen (Riga mit Brückenkopf russisch).

25. August 1915: General v. **Beseler Generalgouverneur im nördlichen Kongresspolen** (ohne Suwalki). (In Lublin ab 1. Mai 1916 Feldzeugmeister v. Kuk.) Litauen und Kurland unter Militärverwaltung Ober-Ost.

Anfang Oktober Kräfteverteilung im Raum Riga-Karpaten: Russen 121 Infanterie-, 39 Kavalleriedivisionen; Verbündete 93 Infanteriedivisionen (46 deutsche, 47 k.u.k.), 21 Kavalleriedivisionen (elf k.u.k., zehn deutsche).

17. Der Krieg gegen Italien 1915

1,3% der k.u.k. Streitkräfte sind Italiener. Das Tiroler Kaiserjägerregiment Nr. 2 besteht zu 48% aus Italienern, das Feldjägerbataillon Nr. 20 zählt 31% Italiener, bei der Kriegsmarine macht der italienische Anteil bei den Mannschaften 18,3%, bei den Offizieren 9,8% aus. Bis 1915 kämpfen sie loyal im Rahmen der k.u.k. Truppen. Aber noch vor der italienischen Kriegserklärung fliehen hunderte Italiener aus Österreich-Ungarn; ca. 1.000 Triestiner, ebenso viele aus dem adriatischen Küstenland, 700 aus Tirol lassen sich als Freiwillige in die italienische Armee einreihen. Der Bischof von Trient Endrici wird der Ausspähung und des unerlaubten Kontaktes mit dem Feind bezichtigt, auf strafrechtliche Verfolgung wird verzichtet. Ab 25. Mai 1915 werden aus dem Trentino 114.000 Menschen, rund ein Drittel der italienischen Bevölkerung Tirols, umgesiedelt.

17. Der Krieg gegen Italien 1915

Der Kommandant der k.u.k. Südwestfront, Generaloberst Erzherzog Eugen, verfügt Ende Mai 1915 über 224.000 Gewehrträger, 3.000 Reiter und 640 mobile Geschütze: k.u.k. 5. Armee mit dem XV. und XVI. Korps im Küstenland (General d. Inf. v. Boroević), Armeegruppe Rohr zusammen mit dem VII. Korps in Kärnten (General d. Kav. Rohr), Truppen des Landesverteidigungskommandos Tirol (General d. Kav. Dankl).

Italiens Generalstabschef Generalleutnant Cadorna verfügt über vier Armeen, die Karnische Gruppe und über Heeresreserven. Hauptangriffsziel ist das Becken von Laibach. Mitte Juni 1915 gibt es am Isonzo 210.000 Feuergewehre und 820 Geschütze, an der Kärntner Front 70.000 Feuergewehre und 280 Geschütze und an der Tiroler Front 180.000 Feuergewehre und 710 Geschütze.

Das Deutsche Reich, das erst 1916 im Kriegszustand mit Italien ist, schickt zum Schutz Bayerns das »Deutsche Alpenkorps« nach Österreich. Das Korps darf italienisches Gebiet nicht betreten.

Am Tag der Kriegserklärung stoßen k.u.k. Seestreitkräfte gegen die italienische Ostküste vor. Ziel ist die Unterbrechung der entlang der Ostküste verlaufenden Aufmarschbahn sowie die Zerstörung militärischer und industrieller Anlagen. Das Gros der k.u.k. Flotte unter dem Befehl des Marinekommandanten Admiral Haus erscheint am Morgen des 24. Mai vor dem Kriegshafen **Ancona**. Neun k.u.k. Schlachtschiffe, gesichert von vier Zerstörern und 20 Torpedobooten, beschießen Hafenanlagen, Batterien, Werften, das Militärlager, die Funkstation, Leuchtfeuer, Gasometer, Aquädukt und Eisenbahnstation. Gleichzeitig greifen k.u.k. Kampftruppen von See her militärische Ziele, Eisenbahnbrücken und Fabrikanlagen entlang der **Ostküste vom Kanal von Corsini bis Barletta** an. Südostwärts von **Viesta** gelingt dem Kreuzer »Helgoland« und vier Zerstörern die Versenkung des italienischen Zerstörers »Turbine«. Angriffe von k.u.k. Seefliegern gegen **Venedig** und **Ancona** ergänzen die Aktionen der Schiffseinheiten.

23. Juni 1915: Heftiges italienisches Artilleriefeuer leitet die **erste Isonzoschlacht** ein. 100.000 Mann (2. Armee) stürmen gegen den

17. Der Krieg gegen Italien 1915

Südflügel der k.u.k. 5. Armee an. Der Angriff richtet sich gegen den Brückenkopf von Görz und gegen das Plateau von Doberdò. Am 7. Juli endet der erste erfolglose Versuch, die k.u.k. Front am Isonzo zu durchbrechen. Gesamtverluste der Angreifer 15.000 Mann, der Verteidiger 10.000 Mann. Bis 1918 ist der Krieg entlang der gesamten Gebirgsfront ein Krieg um die Gipfel; es geht darum, gegnerische Stellungen aus dem Berg herauszuschießen oder zu sprengen.

17. Juli 1915: Die **zweite Isonzoschlacht** beginnt. 250.000 Mann der italienischen 2. und 3. Armee greifen 78.000 k.u.k. Soldaten an. Es geht um die Stellungen im Brückenkopf von Görz und auf dem Doberdòplateau. Die heftigen Infanterieangriffe, unterstützt durch starkes Artilleriefeuer, führen am 20. Juli zur Eroberung des Monte San Michele (bei Doberdò) durch die Italiener; die k.u.k. Infanterie erobert die Höhe am 21. Juli. Görz wird an mehreren Stellen von italienischer Artillerie in Brand geschossen. Bis zum 10. August 1915 scheitern die Versuche der Italiener, die Isonzofront zu durchbrechen. Die k.u.k. 5. Armee hat Verluste von 46.600 Mann, die Italiener haben 41.800 verloren.

13. Oktober: Beginn einer italienischen Offensive gegen **Riva** am Gardasee (fehlgeschlagen).

18. Oktober – 5. November 1915: Die italienische 2. und 3. Armee versuchen zum **dritten Mal** den Durchbruch durch die **Isonzofront**. Hauptangriffsziel ist die Stadt Görz. Die Verluste der Italiener belaufen sich auf 67.000 Mann, die der k.u.k. Truppen auf 41.000 Mann. Parallel zu den Geschehnissen am Isonzo erfolgen Angriffe an der Gebirgsfront. Kurzfristig besetzen die Italiener den Gipfel des **Col di Lana**.

Die **vierte Isonzoschlacht** (10. November – 11. Dezember 1915) (gegen Görzer Brückenkopf, Hochfläche von Doberdò) bringt den Italienern einen geringen Geländegewinn (bis zu 1 km Einbruch in k.u.k. Linien), aber keinen Durchbruch durch die Isonzofront. Italienische Verluste: 7.498 Tote, 7.513 Vermisste, 33.956 Verwundete. K.u.k. Verluste: 18. Oktober – 1. Dezember 25.865 Tote und Vermisste, 45.826 Verwundete, 2.–15. Dezember weitere 10.000 Mann Verluste, davon 5.300 Kranke.

Weihnachten 1915 erfolglose italienische Offensive bei **Rovereto**.

18. Der Balkankriegsschauplatz 1915

5. Oktober 1915: Landung britischer und französischer Truppen in **Saloniki** (Verletzung der griechischen Neutralität; »Orientarmee« des französischen Generals Sarrail).

Die am 6. September beschlossene bulgarische Waffenhilfe gibt die Möglichkeit, Serbien von drei Seiten anzugreifen. Bulgarien erstrebt die Rückgewinnung Makedoniens, Berlin und Wien wollen die Herstellung einer Landverbindung zum Osmanischen Reich. Bulgarien erhält osmanisches Gebiet westlich der Marica. Am 14. Oktober erklärt Bulgarien an Serbien den Krieg.

Oberbefehlshaber der in einer Heeresgruppe zusammengefassten deutschen, k.u.k. und bulgarischen Streitkräfte ist Generalfeldmarschall v. Mackensen (Chef des Stabes General v. Seeckt). Er hat unter der formalen Oberleitung des k.u.k. AOK den Oberbefehl; die tatsächliche operative Leitung erfolgt von der DOHL:

- k.u.k. 3. Armee (General d. Inf. v. Kövess) mit acht Infanteriedivisionen (davon zwei deutsche) und fünf Brigaden nördlich von Save und Donau bei Mitrovica und Belgrad sowie entlang der Drina,
- deutsche 11. Armee (General der Artillerie v. Gallwitz) mit acht Infanteriedivisionen nördlich der Donau zwischen Pancsova und Rama,
- bulgarische 1. Armee (Generalleutnant Bojadjieff) mit viereinhalb Infanteriedivisionen entlang der bulgarischen Westgrenze. 2. Armee mit zwei Divisionen im Tal der Struma südlich von Sofia.

Verbündete 500.000 Mann, Serben 250.000 Mann.

6. Oktober: Hauptangriff der k.u.k. 3. Armee gegen Belgrad. K.u.k. Sappeur- und Pionierbataillone bauen eine Pontonbrücke, über die es am 7. Oktober zwei k.u.k. Infanterieregimentern gelingt, die Donau zu übersetzen. Von der Donau her unterstützen Monitore der k.u.k. Donauflottille den Kampf um den Kalimegdan, die alte Belgrader Festung. Von Westen greifen die deutsche 43. und 44. Reservedivision

in Belgrad ein. Am 8./9. Oktober ist **Belgrad** in der Hand der Verbündeten. Die deutsche 11. Armee überschreitet bei Semendria die Donau. 22. Oktober: K.u.k. Truppen übersetzen die Drina bei Višegrad, 25. Oktober: K.u.k. Truppen erobern **Arandjelovac**. 29. Oktober – 1. November: Schlacht bei **Kragujevac** (Sieg der Verbündeten). 5. November: Die Bulgaren nehmen **Niš**, am 7. November **Kruševac**. 8.–9. November, 19.–20. November 1915: Vergebliche Durchbruchsversuche der Serben. 24.–25. November: Sieg der Verbündeten bei **Priština** auf dem Amselfeld → Auflösung der serbischen Armee. Conrad will Vormarsch bis Saloniki (dort die britisch-französische Orientarmee), Berlin lehnt ab. Berlin lehnt auch Feldzug nach Montenegro ab. Schweres Zerwürfnis Conrad–Falkenhayn. Conrad und Falkenhayn sind einander wesensfremd. Rückzug der Serben mit König Peter (Dezember 1915) über Montenegro nach Albanien (bis 26. Februar 1916); Schiffe der Entente bringen sie nach Korfu.

22. Dezember 1915: **K.u.k. Militärgeneralgouvernement Belgrad** (unter Feldmarschallleutnant Johann Graf Salis-Seewis) eingerichtet. (Amtsantritt 7. Jänner 1916.) 23. Dezember 1915: Conrad an Burián – Griechenland soll zur Besetzung Südalbaniens mit Valona, Bulgarien zur Besetzung Mittelalbaniens aufgefordert werden (Nordalbanien an Österreich-Ungarn).

19. Der osmanische Kriegsschauplatz 1915

Die Dardanellen-Front: Ab 19. Februar 1915 beschießt eine britisch-französische Flotte die Befestigungen. Ein Durchbruchsversuch der britisch-französischen Flotte am 18. März 1915 endet mit der Versenkung dreier und Beschädigung dreier alliierter Linienschiffe.

Unter dem Befehl des preußischen Generals d. Kavallerie und osmanischen Marschalls Liman v. Sanders, Oberbefehlshabers der osmanischen 5. Armee, stehen 500 deutsche auf Gallipoli eingesetzte Offiziere, Beamte, Unteroffiziere und Mannschaften, hauptsächlich als Kommandanten von Forts und Batterien, als Artilleristen, MG-Schützen und Spezialisten für den Maschinenbau.

25. April 1915: Der britische General Hamilton befehligt die Landung von fünf alliierten Divisionen (75.000 Mann) bei Seddülbahir, Ariburnu und Kumkale. Ihnen stehen 80.000 Mann der osmanischen 5. Armee gegenüber. 27. April: Die Franzosen räumen den Landekopf bei Kumkale.

Torpedoboot »Muavenet Millie« unter deutschem Kommando und das deutsche U-Boot »U21« versenken am 13., 25., 27. Mai drei britische Linienschiffe.

Anfang August 1915: Drei britische und zwei französische Divisionen landen an der Suvla-Bucht. Stellungskrieg. Elf britische und zwei französische Divisionen stehen 13, später 17 osmanischen Divisionen gegenüber.

November/Dezember 1915: K.u.k. 24-cm-Mörserbatterie Nr. 15 und k.u.k. 15-cm-Haubitzbatterie Nr. 36 landen auf Gallipoli.

20. Dezember 1915: Die Alliierten räumen die Anaforta- und Ariburnu-Front, am 9. Jänner 1916 Seddülbahir.

Die Dardanellen-Schlacht bindet 410.000 Briten und 79.000 Franzosen an Landstreitkräften (nicht eingerechnet die Flottenbesatzung). Durch gegnerische Waffeneinwirkung verlieren die Alliierten 115.000 britische und 27.000 französische Soldaten. Osmanische Gefechtsverluste: 165.000 Mann.

Das russische Reich bleibt weiterhin von seinen westlichen Alliierten abgeschnitten, Zufuhr an Waffen, Munition und Versorgungsgütern nur über das zeitweise vereiste Archangel'sk oder über Vladivostok möglich.

Kaukasus-Front: Van 31. Mai – 4. August 1915 in russischer Hand, **Urmia** am 2. Juni 1915. **Malazgirt** 17. Mai – 26. Juli 1915 in russischer Hand. 2. August 1915 **Karakilise** osmanisch, 7. August 1915 wieder russisch.

Suez-Kanal: Februar 1915: Erfolgloser osmanischer Vorstoß zum Kanal (20.000 Soldaten unter Djemal Pascha bzw. Kreß v. Kressenstein).

Persien: 8. Jänner 1915: Osmanen nehmen **Täbriz** ein, müssen es wieder aufgeben (30. Jänner).
Mesopotamien: 14. April 1915: Osmanische Niederlage bei **Zubair** (südwestlich Basra), am 3. Juni 1915 fällt **Amara** an General Townshend. 22. November 1915: Britische Niederlage bei **Ktesiphon** (südöstlich Bagdads).

20. Der Krieg in den deutschen Kolonien 1915

Deutsch-Südwestafrika: 9. Juli 1915: Waffenstillstand mit dem Oberkommandierenden der Streitkräfte der Südafrikanischen Union General Botha. Fünf Wochen später ist ganz Deutsch-Südwestafrika von der Union besetzt.
Deutsch-Ostafrika: V. Lettow-Vorbeck hält sich gegen die Briten.
Kamerun: Kämpfe der Schutztruppe gegen britische und französische Einheiten.

21. Der Seekrieg 1915

24. Jänner 1915: Großkampfschiffe treffen bei der **Doggerbank** aufeinander: Verband unter Admiral **Hipper** (Schlachtkreuzer »Seydlitz«, »Derfflinger«, »Moltke«, älterer Panzerkreuzer »Blücher«, vier kleine Kreuzer, 18 Torpedoboote) gegen Kampfgruppe unter Admiral **Beatty** (fünf Schlachtkreuzer, größere Zahl kleiner Kreuzer). »Blücher« versenkt; schwere Schäden an britischen Schiffen, aber kein Totalverlust.

Nach dem Kriegseintritt Italiens versenkt der k.u.k. Kreuzer »Helgoland« gemeinsam mit k.u.k. Zerstörern den italienischen Zerstörer »Turbine«. Das k.u.k. U-Boot »U4« (**Linienschiffsleutnant Singule**) beschädigt den britischen Kreuzer »Dublin« durch einen Torpedotreffer schwer (9. Juni 1915) und versenkt am 18. Juli 1915 vor Gravosa den italienischen Panzerkreuzer »Giuseppe Garibaldi«:

Das deutsche U-Boot »U21« (**Kapitänleutnant Hersing**) versenkt am 25. Mai 1915 vor den **Dardanellen** das britische Linienschiff »Triumph« und am 27. Mai 1915 das britische Linienschiff »Majestic«.
Am 7. Juli 1915 versenkt das deutsche U-Boot mit der Kennung »U26« unter k.u.k. Flagge (»U14«) (mit einem einzigen k.u.k. Offizier unter sonst ausschließlich deutscher Besatzung) den schweren italienischen Kreuzer »Amalfi«.
Der deutsche kleine Kreuzer »Bremen« und die Torpedoboote »S 177« und »V 191« gehen vor **Windau** durch russische Minen verloren. Britische U-Boote versenken in der **Ostsee** am 23. Oktober 1915 den deutschen Panzerkreuzer »Prinz Adalbert« und am 7. November 1915 den kleinen deutschen Kreuzer »Undine«. Die osmanische Flotte kann im Sommer 1915 die Seeherrschaft im **Schwarzen Meer** nicht erringen. »Breslau« (»Midilli«) monatelang ausgefallen.
Am 7. Mai 1915 ist der britische Passagierdampfer »**Lusitania**« auf dem Weg von New York nach Liverpool (mit Kriegsmaterial und Munition an Bord!). Die deutsche Botschaft in Washington weist vor Abfahrt der »Lusitania« in einer Anzeige der »New York Times« auf den Kriegszustand hin und warnt, dass eine Atlantikfahrt nur auf eigene Gefahr anzutreten sei. Vor Liverpool schießt das deutsche U-Boot »U 20« einen Torpedo. Unter den 1.198 Umgekommenen 139 Amerikaner.
19. August 1915: Britischer Passagierdampfer »**Arabic**« versenkt (2 Amerikaner kommen ums Leben).

22. Die innere Lage der Krieg führenden Staaten 1916

Österreich-Ungarn
6. September 1916: Mit Zustimmung Kaiser Franz Josephs I. werden in Kreuznach »**Bestimmungen für den einheitlichen Oberbefehl der Zentralmächte und ihrer Verbündeten**« festgelegt:

22. Die innere Lage der Krieg führenden Staaten 1916

1. Zur Sicherstellung der einheitlichen Führung der künftigen bulgarisch-deutsch-österreichisch-ungarisch-türkischen Operationen übernimmt Seine Majestät der Deutsche Kaiser die Oberleitung der Operationen der Zentralmächte und ihrer Verbündeten.
2. Die Hoheitsrechte der Obersten Kriegsherren der verbündeten Wehrmächte hinsichtlich ihrer Streitkräfte werden hiedurch nicht berührt.
3. Die Oberleitung erstreckt sich auf die – der Gesamtsituation entsprechende – einheitliche Anlage und Durchführung der Operationen im Großen, vornehmlich auf
    a) die grundlegenden Ziele der auf den verschiedenen Kriegsschauplätzen zu führenden Operationen,
    b) die hiefür verwendeten Kräfte –
    c) auch hinsichtlich der Befehls- und Unterordnungsverhältnisse.
4. Zur Ausübung der Oberleitung stehen dem Deutschen Kaiser die Armeeoberkommandanten (Generalissimus) der verbündeten Wehrmächte und deren Generalstabschefs zur Verfügung.
   ...
5. Die nach Anhörung der Armeeoberkommandanten (Generalissimus) vom Deutschen Kaiser getroffenen Entscheidungen sind für alle verbündeten Wehrmächte bindend.
6. Die Armeeoberkommandanten (Generalissimus) der verbündeten Wehrmächte sind verpflichtet, dem Deutschen Kaiser fortlaufend Bericht zu erstatten.
   ...
8. Die Führung der Verhandlungen zwischen den verbündeten Heeresleitungen steht der Deutschen Obersten Heeresleitung zu.
   ...

Um einem Bedenken des k.u.k. Chefs des Generalstabes Rechnung zu tragen, war zwischen der öst.-ung. Heeresleitung in Teschen und der deutschen in Pleß noch folgender Geheimzusatzartikel verein-

22. Die innere Lage der Krieg führenden Staaten 1916

bart worden: »Mit der Übernahme der Oberleitung der Operationen der Zentralmächte und ihrer Verbündeten übernimmt Seine Majestät der Deutsche Kaiser die Verpflichtung, sich sowohl bei Führung der Operationen, wie bei jeder Art in die Kriegführung einschlägiger Verhandlungen von dem Grundsatze leiten zu lassen, den Schutz und die Integrität der Gebiete der österreichisch-ungarischen Monarchie jenen des Deutschen Reiches gleich zu halten.

Wenn in Fällen, welche diese Integrität betreffen, das Armeeoberkommando sein Einverständnis nicht zu erklären vermag, verpflichtet sich Seine Majestät der Deutsche Kaiser, nicht ohne Zustimmung Seiner Kaiserlichen und Königlichen Apostolischen Majestät zu entscheiden.«

5. November 1916: **Proklamierung eines selbständigen Königreiches Polen** (aus den russisch-polnischen Gebieten) durch das Deutsche Reich und Österreich-Ungarn (ohne Festlegung definitiver Grenzen und ohne Bestimmung eines Königs). Form der Verbindung mit den Mittelmächten und Ausmaß der von Berlin und Wien verlangten Grenzstreifen bis 1918 strittig. Provisorischer Staatsrat am 26. November 1916 gegründet, zusammengetreten am 14. Jänner 1917.

21. November 1916: Tod Kaiser Franz Josephs I. nach 68-jähriger Regierungszeit. Mit dem von allen Nationalitäten, Konfessionen und Ständen als Symbol des übernationalen Reiches respektierten Herrscher ist eine Klammer des im Zeitalter von Nationalismus und Chauvinismus zum Teil als Anachronismus angesehenen Vielvölkerstaates verschwunden. Eine Ära ist zu Ende gegangen. Nachfolger wird sein Großneffe Erzherzog Karl Franz Josef, geb. 1887, als Karl I. Kaiser von Österreich und als Karl IV. Apostolischer König von Ungarn (Krönung in Ofen am 30. Dezember 1916, dabei Eid auf die ungarische Verfassung, d.h. inklusive der Bestimmungen über die Integrität der ungarischen Länder), vermählt mit Zita von Bourbon-Parma. Karl, nicht verbunden mit den Entscheidungen des Juli 1914, bemüht sich um Befriedung im Innern und um Frieden mit der Entente; will auch die Reichsdeutschen zwingen, die Friedenspolitik mitzumachen, will an Berlin nicht Verrat üben, aber ihm klarmachen,

22. Die innere Lage der Krieg führenden Staaten 1916

dass der Frieden nicht ohne Opfer zu erreichen ist. Karl seit 24. November 1916 Armeekommandant.

11. Mai 1916: **Erste Hungerkrawalle in Wien**. **Nationale Radikalisierung bei den Deutschen** (März 1916: Denkschrift des Deutschen Nationalverbandes »Der Standpunkt des Deutschen Nationalverbandes zur Neuordnung der Dinge in Österreich«, »Osterbegehrschrift« vom 23. April 1916 der deutschradikalen Parteien) und **bei Tschechen und Südslawen**. Kramář im Gefängnis, andere Oppositionelle im Exil (**Masaryk, Beneš**, der russophile Josef **Dürich**, der Kroate **Trumbić**). Zeitschriften »La nation Tchèque« (herausgegeben vom Freund Masaryks Denis, Professor an der Sorbonne) und »New Europe« (publiziert von R.W. Seton-Watson, Henry Wickham-Steed, Masaryk) gegen die Habsburgermonarchie. An den Fronten stark zunehmende Zahl von Desertionen.

21. Oktober 1916: k.k. **Ministerpräsident Graf Stürgkh** vom Sozialdemokraten Dr. Friedrich Adler in Wien **erschossen**, weil er sich trotz Drängen der Sozialdemokraten geweigert hat, den Reichsrat einzuberufen. Nachfolger Ernest v. **Koerber** (bis 13. Dezember 1916). Regierung Heinrich Graf v. **Clam-Martinic** ab 20. Dezember 1916. Ottokar Graf Czernin von und zu Chudenitz ab 22. Dezember 1916 k.u.k. Minister des Äußern.

September-**Getreideernte** 1916 in Österreich-Ungarn auf Hälfte des Friedensertrages gesunken, in Österreich 49 Mill. Zentner (1913: 91 Millionen), in Ungarn 78 Mill. (1913: 146 Millionen). 1916 beträgt die Getreideproduktion pro Kopf der Bevölkerung in Ungarn 203 kg, in Österreich 72 kg. Im Frieden importiert Österreich aus Ungarn 14.000 Meterzentner Getreide, 1915 5.000, 1916 463,7 Meterzentner.

19. November: Die tschechischen Parteien (mit Ausnahme der Fortschrittlichen Staatsrechtler und der Realisten) proklamieren die Bildung einer »**Tschechischen Union**« (Český svaz) im Reichsrat; Festhalten an der habsburgischen Reichsidee.

22. Die innere Lage der Krieg führenden Staaten 1916

Deutsches Reich

30. März 1916: »Gruppe Haase« konstituiert sich unter dem Namen »**Sozialdemokratische Arbeitsgemeinschaft**« (SAG) als selbständige Fraktion. Die SAG stimmt im Plenum des Reichstages am 7. Juni 1916, 27. Oktober 1916 gegen die Kriegskredite. Die von Liebknecht geführte »Gruppe Internationale« bildet sich am 1. Jänner 1916 zum »**Spartakus-Bund**« um. Dessen »Leitsätze« verbinden »Klassenkampf auch im Krieg«, »Klassenaktion des Proletariats aller Länder« gegen den Krieg und »revolutionären Klassenkampf gegen den Imperialismus« der herrschenden Bourgeoisie. Die deutschen Linken nehmen an der Zimmerwalder Konferenz (5.–8. September 1915), der Jenaer Jugendkonferenz (23.–24. April 1916) und an der Kienthaler Konferenz (24.–30. April 1916) teil. Liebknechts Auftreten und Maßregelung im Reichstag (5./8. April 1916), die Mai-Demonstration der Spartakusgruppe 1916 sowie die Festnahme Liebknechts und dessen Verurteilung durch das Kriegsgericht (28. Juni 1916) sind Etappen zur Gründung der Unabhängigen Sozialdemokratischen Partei.

Das Ziel der »**Neuorientierung**« Bethmann Hollwegs ist es, allen Teilen des Volkes das Bewusstsein zu geben, am Staat, der Opfer fordert, gleichberechtigten Anteil zu haben. Sein Dilemma: Wenn er diese Politik (die der Sozialdemokratie die Einordnung in den Staat ermöglicht) betreibt, muss er mit den Konservativen in Konflikt geraten; wenn er in Fragen der inneren Reformen zu vorsichtig taktiert, muss er den Sozialdemokraten als unaufrichtig erscheinen. So versucht Bethmann eine »**Politik der Diagonale**«, mit der er es sich zuletzt mit beiden Seiten verdirbt.

Die Festigung der **Koalitionsfreiheit** erfolgt durch das Gesetz vom 26. Juni 1916. Mit dem **Gesetz über den Kriegszustand** vom 4. Dezember 1916 und dem **Gesetz über den vaterländischen Hilfsdienst** vom 5. Dezember 1916 wird ein wichtiges Stück innerer Neuorientierung verwirklicht. Das Gesetz vom 5. Dezember sieht bei einer Mindestzahl von 50 Beschäftigten obligatorische Arbeiter- und Angestellten-Ausschüsse vor. Der §14 sichert den im Hilfsdienst Beschäftigten das Vereins- und Versammlungsrecht zu. Für Männer

22. Die innere Lage der Krieg führenden Staaten 1916

wird eine allgemeine Dienstpflicht vom 17. bis zum 60. Lebensjahr eingeführt, die aber nicht Teil der Wehrpflicht ist, die Arbeiter behalten also ihren zivilen Status. Ihre Freizügigkeit wird generell eingeschränkt; die Möglichkeit, einen höheren Lohn zu erreichen, gilt aber als hinreichender Grund, die Stelle zu wechseln. Keine Dienstpflicht für Frauen (die OHL will ursprünglich allgemeinen Arbeitszwang einschließlich der Frauen; Dienstpflicht der Männer Teil der allgemeinen Wehrpflicht). Seit 1916 die großen **Gewerkschaftseinrichtungen** (Freie, Christliche, Hirsch-Duncker'sche) zu einem Kartell verbunden.

Kriegsernährungsamt als Reichszentralbehörde für die Ernährungswirtschaft seit 22. Mai 1916 (unmittelbar dem Reichskanzler unterstellt). Seit Jänner 1916 als parlamentarisches Beratungsorgan der »Beirat des Reichstags für Volksernährung«; schlechte Ernte 1916: Ernährungskrise im Winter 1916, 17. März 1916: Höchstpreis für Schlachtrinder. Das mit der Rüstungsbeschaffung betraute »**Kriegsamt**« Anfang November 1916 im preußischen Kriegsministerium errichtet. Dem Kriegsamt unterstellt Kriegsrohstoffabteilung, Kriegsersatz- und Arbeitsdepartement, Waffen- und Munitionsbeschaffungsamt (WUMBA).

In den 1916 entfesselten Angriffen des Hauptquartiers »Oberst« (Hindenburg/Ludendorff) gegen Falkenhayn stellt sich der Kaiser zuerst vor Falkenhayn. Erst unter dem Druck der öffentlichen Meinung, der Presse und der Parteien beruft er entgegen seinem eigenen Urteil (mithilfe Bethmann Hollwegs!) am 29. August 1916 **Hindenburg und Ludendorff** an die Spitze der OHL (**dritte OHL**): Generalfeldmarschall v. Hindenburg zum Chef des Generalstabs des Feldheeres, Generalleutnant Ludendorff unter Beförderung zum General der Infanterie zum Ersten Generalquartiermeister bestellt. Mit der Betrauung der Oberst-Generäle hat Bethmann Hollweg selbst eine Bresche für das System militärischer Suprematie geschlagen. Hindenburg wird faktisch Oberbefehlshaber des Feldheeres. Ludendorff sein erster Ratgeber in allen operativen und sonstigen Führungsfragen. In Fragen der inneren Politik hat Falkenhayn sich kaum ein-

22. Die innere Lage der Krieg führenden Staaten 1916

gemischt. Die dritte OHL greift in Innen- und Außenpolitik ein (Kriegszustandsrecht, Kriegswirtschaft, allgemeiner Arbeitseinsatz, Personalentscheidungen des auswärtigen Dienstes, polnische Frage, Kriegszielfragen). Am 31. August 1916 präsentiert die dritte OHL dem preußischen Kriegsminister Forderungen nach erheblicher Ausweitung der Rüstungsproduktion (»**Hindenburg-Programm**«).

5. Jänner 1916: Armee (Falkenhayn, Wild v. Hohenborn) und Marine (Tirpitz, Holtzendorff) einigen sich darauf, für die Wiederaufnahme des **verschärften U-Boot-Handelskrieges** einzutreten. Ein entsprechender kaiserlicher Befehl ergeht am 11. Februar 1916 (laut einem Ausführungsbefehl vom 23. Februar sollen aber feindliche Passagierschiffe nicht angegriffen werden). Bethmanns schärfster Gegner **Tirpitz** wird am 15. März 1916 entlassen. Nach der Torpedierung des französischen Passagierdampfers »Sussex« (24. März 1916) gibt Holtzendorff aufgrund der Vorstellungen Bethmanns am 24. April den Befehl, den **U-Boot-Handelskrieg** nur noch **nach der Prisenordnung** zu führen. Holtzendorff meint damals, der Bruch mit den USA werde alle Vorteile, die der uneingeschränkte U-Boot-Krieg gegenüber Großbritannien bringen könne, zunichtemachen. Der Kaiser entscheidet am 1. Mai 1916 gemäß Bethmanns Vorschlag gegen den uneingeschränkten U-Boot-Krieg. Flottenchef Scheer, der den Krieg nach Prisenordnung als militärisch undurchführbar angesehen hat, hat am 27. April die U-Boote aus dem Fronteinsatz zurückberufen.

28. September 1916: Bethmann erklärt im Reichstag, ein deutscher Staatsmann, der sich scheue, gegen Großbritannien »jedes taugliche, den Krieg wirklich abkürzende Kampfmittel zu gebrauchen«, verdiene, »gehängt zu werden«.

Der seine Meinung revidierende Holtzendorff erwirkt am 15. Oktober 1916 den kaiserlichen Befehl zur **Wiederaufnahme des U-Boot-Kreuzer-Krieges**.

5. April 1916: Bethmann im Reichstag: Einen Status quo ante könne es nicht mehr geben. Die russischen Ostseeprovinzen und Polen sollten von der russischen Herrschaft befreit werden. Belgien sollte nicht annektiert werden, doch dürfe es nicht als britisch-fran-

22. Die innere Lage der Krieg führenden Staaten 1916

zösischer Vasallenstaat »militärisch und wirtschaftlich als Vorwerk gegen Deutschland« ausgebaut werden.

Zur Unterstützung der Bethmannschen Kriegszielpolitik bildet sich am 6. Juli 1916 der »**Deutsche Nationalausschuß**« aus Vertretern der Diplomatie, der Staatsverwaltung, der Konfessionen, der Wissenschaft und der Wirtschaft. Als Gegenschlag am 22. Juli 1916 Gründung des »**Unabhängigen Ausschusses für einen Deutschen Frieden**«.

27. November 1916: Der Oberkommandierende in den Marken gibt in Berlin die Kriegszieldiskussion frei; sie dürfe aber nicht zu verletzenden Angriffen gegen Andersdenkende, zur Beeinflussung der Kriegführung, zur Stiftung von Misshelligkeiten unter den Verbündeten oder gegenüber den Neutralen benutzt werden.

Inoffizielle Friedensversuche der Reichsleitung gibt es auch 1916 (Sonderfrieden mit Japan und Russland [Mai 1916], positives Eingehen auf eine im Mai 1916 unternommene Friedensaktion Wilsons). Bethmann erklärt am 28. September 1916 im Reichstag, nach den Zurückweisungen der Bereitschaft zu Friedensverhandlungen gebe es nur die Parole »Ausharren und siegen!«. K.u.k. Minister des Äußern Burián regt bei einem Besuch in Pleß am 17. Oktober 1916 eine gemeinsame Friedensaktion der Mittelmächte in der Form einer an die feindlichen Regierungen zu richtenden Friedensnote an. Bethmann hat ähnliche Vorstellungen, versichert sich zunächst des Einverständnisses der OHL und der Ermächtigung durch den Kaiser. Am 15.–16. November treffen sich Bethmann und Burián zu Verhandlungen über die beiderseitigen Friedensbedingungen in Berlin; sie stellen Maximalforderungen auf, mit denen man in die Verhandlungen eintreten will, um zu sehen, was sich als durchsetzbar erweisen wird. Die Berliner Kriegsziele liegen auf der Linie, die der im Einvernehmen mit Bethmann arbeitende »Nationalausschuß« öffentlich vertritt. Am 12. Dezember 1916 lassen die **Vierbundmächte** durch Vermittlung neutraler Staaten den feindlichen Regierungen **gleichlautende Friedensnoten** überreichen, in denen sie den Eintritt in Friedensverhandlungen vorschlagen. Am selben Tag gibt Bethmann dem

Reichstag den deutschen Friedensschritt bekannt. Die **Alliierten weisen das Friedensangebot der Mittelmächte am 30. Dezember 1916 als Scheinangebot zurück.** Sie lehnen auch Wilsons Friedensnote vom 18. Dezember 1916 (von den Mittelmächten akzeptiert) am 10. Jänner 1917 ab.

28. September 1916: deutsch-osmanischer Geheimvertrag.

23. Dezember 1916: **Hindenburg** an Bethmann Hollweg; Belgien in »engster Abhängigkeit«, maritimer Stützpunkt an flandrischer Küste. Brückenkopf bei Osowiec. Sereth Grenze Österreich-Russland. Walachei »im Sinne einer alten römischen Provinz« für Deutschland nutzbar zu machen. Cernavodă-Konstanza in deutscher Verwaltung, Konstanza auch Freihafen für Bulgarien. Dobrudscha an Bulgarien.

24. Dezember 1916: Chef des Admiralstabes Admiral v. Holtzendorff an Bethmann Hollweg: **Kriegsziele der Marine:** Belgische und kurländische Küste mit Ösel und Moon sowie Färöer. Neben einem afrikanischen Kolonialreich die Azoren, Valona, Dakar mit Senegambien, Tahiti. Eventuell Portugiesisch-Timor.

Großbritannien: 26. Mai 1915: Liberales Kabinett **Asquith** unter Einschluss der Labour Party zum **Koalitionskabinett** umgebildet.

1916: In Irland Aufstand der Partei der Sinn-Feiner (kelt. sinn fein = wir selbst), die statt Homerule eine unabhängige Republik Irland mit eigenem Parlament schaffen wollen. 24. April 1916: **Osteraufstand.** Blutige Kämpfe in Dublin (Ende April). Die Republik ausgerufen. Schnelle Unterdrückung des Aufstandes, die Führer erschossen. Roger Casement, der im feindlichen Aufstand gegen Großbritannien agitiert, später auch ergriffen und hingerichtet (August 1916).

5. Juni: Lord Kitchener in geheimer Mission nach Russland, kommt um bei der Torpedierung der »Hampshire« bei den Orkneyinseln.

7. Dezember 1916: Umbildung und Straffung des Kabinetts. **David Lloyd George** wird Premierminister eines **Kriegskabinetts** mit weitgehenden Vollmachten (**Konservative, Liberale, Labour Party**).

22. Die innere Lage der Krieg führenden Staaten 1916

1914: Schwierigkeiten bei Versorgung mit Zucker, August 1914: Royal Commission on Sugar Supplies. Spätsommer 1916: Schlechte Ernte. Oktober 1916: Nach Vorbild der Zuckerkommission Einfuhr- und Verteilungsstelle für Weizen (Royal Commission on Wheat Supplies). Nach Regierungswechsel neue Ernährungspolitik auf der Basis strikter Importbewirtschaftung, Produktionsförderung und kontrollierter Verteilung. Dezember 1916: **Ernährungsministerium** gegründet.

10. Februar 1916: Provisorisches **Abkommen** Sir Mark **Sykes** – Georges **Picot** (bestätigt durch Austausch von Noten der britischen bzw. französischen Regierung am 15./16. Mai 1916).

Frankreich: Staatspräsident Raymond **Poincaré** 18. Februar 1913 – 18. Februar 1920. Ministerpräsident René **Viviani** 9. Juni 1914 – 29. Oktober 1915, 29. Oktober 1915 – 17. März 1917 Aristide **Briand**.

April 1916: Preiskontrollen für Grundnahrungsmittel. 1916: staatliches Monopol für Zucker. 1916: Kriegsanleihe.

Februar 1916: Tschechoslowakischer Nationalrat in Paris.

Belgien: Deutsche Besatzungsverwaltung (König Albert seit 1909, Ministerpräsident 14. Juni 1911 – 3. Juni 1918 Charles Frh. de Broqueville).

Bis Sommer 1916 12.000 Arbeiter für die deutsche Rüstungsindustrie angeworben. 26. Oktober 1916 – Februar 1917 zwangsweise Arbeiter für die deutsche Industrie deportiert.

Italien: König **Viktor Emanuel III.** seit 29. Juli 1900. Ministerpräsident Antonio **Salandra** 21. März 1914 – 12. Juni 1916, Paolo **Boselli** 19. Juni 1916 – 27. Oktober 1917. 23. August 1916: Kriegserklärung an das Deutsche Reich. März 1916: Höchstpreise für Grundnahrungsmittel. 1916: Aufbau einer zentralen Bewirtschaftung (von der Erfassung beim Produzenten bis zur individuellen Rationierung des Verbrauchs).

Portugal: 23. November 1914: Nationalversammlung stimmt für den

22. Die innere Lage der Krieg führenden Staaten 1916

Kriegseintritt aufseiten der Alliierten. Dieser Beschluss kommt nicht zur Ausführung, da der deutschfreundliche General de Castro die Macht ergreift und von Jänner bis Mai 1915 diktatorische Gewalt innehat. Nach seinem Sturz Bernardino Machado Staatspräsident (7. August 1915 – 28. April 1918).

Nach der Beschlagnahme deutscher Schiffe im Hafen von Lissabon (24. Februar 1916) erklärt das **Deutsche Reich Portugal den Krieg** (9. März 1916).

Portugiesische Truppenkontingente an der Westfront und in Deutsch-Ostafrika.

Russland: Ministerpräsident 11. Februar 1914 – 2. Februar 1916 **Goremykin**, 2. Februar – 23. November 1916 **Stürmer (Panin)**, 23. November 1916 – 9. Jänner 1917 **Trepov**.

Unterstützung durch die Alliierten nur über Archangel'sk oder Vladivostok. Die von Kriegsgefangenen erbaute Murmanskbahn erst November 1916 fertig. Waffenlieferungen der Alliierten relativ unbedeutend: 1916 importiert Russland Kriegsmaterial für 318 Mill. Rubel oder 20,5 Mill. Pfund Sterling (= 2,3 % der russischen oder 1,4% der britischen Kriegsausgaben dieses Jahres bzw. Haushaltsjahres). 1916: 36% der arbeitsfähigen Männer (Landwirtschaft) mobilisiert.

1916 wird der Arbeitskräftemangel ein akutes Problem.

3. Juli 1916: **Russisch-japanisches Geheimbündnis** mit unausgesprochener Spitze gegen die USA und Großbritannien als spätere Gegner.

6. September 1916: Stürmer unterrichtet die russischen Botschafter in Paris und London Izvol'skij und Benckendorff über die **Verhandlungen der russischen, französischen und britischen Regierung**: Frankreich und Großbritannien werden keine Einwände dagegen erheben, dass die Stadt Konstantinopel, das Westufer des Bosporus, des Marmarameeres, der Dardanellen, Süd-Thrazien bis zur Linie Enos-Midia, der Teil der asiatischen Küste zwischen dem Bosporus, dem Sakaryafluß und einem noch zu bezeichnenden Punkt am Ufer des Ismidischen Meerbusens, ferner die Inseln des Marmarameeres,

die Inseln Imbros und Tenedos dem russischen Reich angegliedert werden. Frankreich, Großbritannien und Russland sind bereit, einen unabhängigen türkischen Staat oder eine Föderation arabischer Staaten unter Souveränität eines arabischen Herrschers anzuerkennen und unter ihren Schutz zu stellen. In der nördlichen Zone wird Frankreich, in der südlichen Zone wird Großbritannien das Recht haben, Unternehmen zu gründen und lokale Anleihen auszuschreiben; sie werden berechtigt sein, eine solche Verwaltung – direkt oder indirekt – oder eine solche Kontrolle auszuüben, die ihnen wünschenswert und für dieses Land zweckmäßig erscheint. Was Palästina betrifft, so wird hier eine internationale Administration eingerichtet, deren Form später bestimmt werden soll, unter der Bedingung, dass sämtlichen christlichen Institutionen im Heiligen Land die Erhaltung ihrer früheren Rechte und Privilegien zugesichert wird.

Russland annektiert das Gebiet von Kleinasien bis zu einem noch zu bestimmenden Punkt an der Küste des Schwarzen Meeres westlich von Trapezunt, das Gebiet von Kurdistan, südlich von Wan und Bitlis, zwischen Musch, Sert, dem Lauf des Tigris, Tigris-ben-Omar, dem Kamm der Berge, die Amadia beherrschen, und dem Raum von Mergewer.

Frankreich annektiert die Gebiete, die zwischen Ala-Dagh, Cesarea-Dagh, Ildiz-Dagh, Zara, Eghin und Charput liegen, wie die Länder Syrien und Kilkien.

Großbritannien werden der südliche Teil von Mesopotamien und die Häfen von Haifa und Akre überlassen.

Serbien: 7. Jänner 1916: Amtsantritt des **Generalgouverneurs** Feldmarschallleutnant Graf **Salis-Seewis**. Die Dienstsprache des k.u.k. Heeres, Deutsch, Amtssprache. 12 bzw. 13 Kreiskommandos, schließlich in 57 Bezirkskommandos umgewandelt. Gebiet westlich des Moravatales und bis Makedonien (bulgarische Verwaltung des ostwärts der Morava gelegenen altserbischen Gebietes, Makedoniens und des Amselfeldes). Wegen der großen Not zeitweise kaum Steuern. Juli

22. Die innere Lage der Krieg führenden Staaten 1916

1916: Neuer Generalgouverneur General d. Inf. Adolf Frhr. v. **Rhemen**. Disziplinierung der Truppe, zentralistische Militärverwaltung. Steuern, Volkszählung (Bevölkerungsverluste Serbiens 360.000 Menschen). Landwirtschaftliche Überschüsse (Ernährung der Besatzungstruppen, Export). Kriegsgefangenen- und Internierten-Arbeiterkompanien. Ausbau neuer Schmalspurbahnen. Ab September 1916 für Bauern Arbeitszwang, für Arbeitsfähige Arbeitspflicht. Partisanen eher im bulgarischen Okkupationsgebiet.

Montenegro: 1. März 1916: **K.u.k. Militärgeneralgouvernement** (Feldmarschallleutnant Victor **Weber Edler v. Webenau**). Größter Teil des montenegrinischen Heeres im Land geblieben, Waffen versteckt. Mehr Besatzungstruppen als für Serbien (1917 in Serbien 21.000 Mann, in Montenegro 40.000 Mann). Nahrungsmittel aus Österreich-Ungarn. Bau von Straßen, Drahtseilbahn, Pferdefeldbahnen, Post- und Telegrapheneinrichtungen. Seuchenbekämpfung. Schulgründungen.

Bulgarien: König **Ferdinand I.** seit 7. Juli 1887, Ministerpräsident **Radoslavov** 18. Juli 1913 – 16. Juni 1918. Nach dem Kriegseintritt verhängen die Alliierten auch über die bulgarische Küste eine offizielle Blockade. Berlin liefert Bulgarien Kriegsmaterial für insgesamt 1.074 Mill. Mark. Bulgarien liefert Erze, Lebensmittel, Tabak. Ein Teil Serbiens unter bulgarischer Verwaltung.

Rumänien: König Karl (Carol) I. (26. März 1881 – Oktober 1914), den Mittelmächten treu. Nachfolger sein Neffe **Ferdinand I.** seit 10. Oktober 1914, verheiratet mit Maria, Nichte König Eduards VII. Sein Ministerpräsident **Brătianu** bestimmt ihn 1916 zum Anschluss an die Entente. Aspirationen auf die von Rumänen besiedelten Teile Österreich-Ungarns (Bukowina, Banat, Siebenbürgen), auf die Dobrudscha, auf Bessarabien.

22. Die innere Lage der Krieg führenden Staaten 1916

Osmanisches Reich: 2. November 1916: Das Osmanische Reich entledigt sich der letzten Fesseln, die seine volle Souveränität noch beeinträchtigt haben, der internationalen Verträge von **Paris 1856** (Kollektivgarantie der Großmächte für die christlichen Untertanen), **London 1871** (Revision der Schwarzmeer-Stipulationen des Pariser Vertrages) und **Berlin 1878** (Art. LXI Garantie der Mächte für die Armenier, Art. LXII Schutz der Christen und christlichen Anstalten) sowie der **Libanon-Statute** von 1861 und 1864.

Das Reich, ein Staat mit ausbaufähiger Landwirtschaft, erst zum Teil erschlossenen Bodenschätzen (Erdöl, Kohle, Kupfer, Blei, Eisen, Chrom, Phosphaten, Mangan) und einer in den Anfängen steckenden Industrie, soll modernisiert werden (aktive Handelspolitik, **Industrieförderungsgesetz** vom 27. März 1915, Reorganisation der **Agrarbank**, Ersetzung des Wertzollsystems durch das Gewichtssystem im **Zolltarifgesetz** vom 23. März 1916 [dadurch Hebung der Landwirtschaft], **Münzreformgesetz** vom 8. April 1916).

19. April 1916: Dem Bürgermeister von Konstantinopel sowie den Valis der Provinzen wird das Recht zugestanden, Mühlen, Bäckereien, Transportmittel und Fabriken zu beschlagnahmen sowie, wenn nötig, Höchstpreise für Lebensmittel festzusetzen.

23. Juli 1916: **Ernährungskommission** unter **Vorsitz Talaats** (Generalintendant Ismail Hakki, Unterstaatssekretär für Finanzen und Handel, Direktor der Agrarbank, d.h. zivile und militärische Lebensmittelversorgung zusammengefaßt).

14. Oktober 1916: Höchstpreise für Brot festgesetzt.

1916: Anbaufläche auf die Hälfte der Fläche im Frieden zurückgegangen. Unterernährung und Hunger der Zivilbevölkerung. Ein Teil der Angehörigen der monopolartigen Verteilungsgesellschaft Kemals bereichert sich in extremer Weise. Kohlen- und Petroleummangel in Konstantinopel. Teuerungswelle ungeahnten Ausmaßes.

10. Juni 1916: Beginn des **Aufstandes 'Abdullahs**, des Sohnes des Emirs von Mekka Ḥusain, gegen die Osmanen. 29. Oktober 1916: **Ḥusain** läßt sich zum »König der arabischen Nation« ausrufen; die

Ententemächte erkennen ihn am 31. Dezember 1916 nur als »König des Hedschas« an.

23. Die Neujahrsschlacht in Ostgalizien und der Bukowina (27. Dezember 1915 – 26. Jänner 1916)

Die Russen rennen sich in den nach den Erfahrungen in Flandern angelegten, tief gestaffelten Stellungen fest. Weniger Geschütze als auf k.u.k. Seite; Munitionsmangel. Russische Verluste 60.000 Mann, k.u.k. Verluste 30.000 Mann.

24. Die Kämpfe in Montenegro und Albanien 1916

4. Jänner 1916: Beginn der **k.u.k. Offensive gegen Montenegro**. Im Verband der k.u.k. 3. Armee (v. Kövess) stehen 101.010 Feuergewehre, 1.172 Reiter, 417 bewegliche und 530 ortsfeste Geschütze gegen 52.400 Mann und 155 Geschütze des montenegrinischen Heeres bereit.

Die in der Bucht von Cattaro liegenden k.u.k. Seestreitkräfte (Störung des Nachschubverkehrs von der italienischen Ostküste zu den albanischen Häfen S. Giovanni di Medua und Durazzo) geraten am 29. Dezember 1915 im Raum zwischen Kap Rodoni und Kap Gargano in ein Gefecht mit britischen, italienischen und französischen Seestreitkräften. Die Zerstörer »Lika« und »Triglav« gehen durch Minentreffer verloren. Dem Kreuzer »Helgoland« und drei Zerstörern gelingt die Rückkehr nach Cattaro.

7. Jänner 1916: Gemeinsamer Ministerrat: Gegen die Forderung Conrads, Stürgkhs, Krobatins und des gemeinsamen Finanzministers Koerber, ganz Serbien zu annektieren, beruft sich Tisza auf den Ministerratsbeschluss vom 19. Juli 1914 und droht mit seinem Rücktritt. Burián, theoretisch für die Annexion Serbiens, schlägt aber vor, in der Frage Serbien vorläufig nichts zu entscheiden. Kompromiss: in Polen eroberte Gebiete an Österreich, in Serbien eroberte an Ungarn anzuschließen.

24. Die Kämpfe in Montenegro und Albanien 1916

Das k.u.k. Schlachtschiff »Budapest«, die Kreuzer »Kaiser Karl VI.«, »Kaiser Franz Joseph I.« und »Panther« haben von der Bucht her und der Kreuzer »Aspern« von See her gegen Ziele auf dem Lovćen zu wirken. Den infanteristischen Angriff führen die Gruppe Sorsich, die 47. Infanteriedivision und die Gruppe Zhuber. Der Lovćen ist von 9.100 Montenegrinern (mit 50 Geschützen) besetzt.

Der Sturm auf den Lovćen (1.800 m) wird am 8. Jänner 1916 eingeleitet. Feldmarschallleutnant Trollmann (47. Infanteriedivision) erstürmt am 11. Jänner den Lovćen.

13. Jänner 1916: Die Hauptstadt Cetinje wird besetzt. **König Nikola verlässt am 30. Jänner Podgorica; in Neuilly-sur-Seine am 28. Jänner Exilregierung.**

22. Jänner: Conrad fordert Verlegung der montenegrinischen Westgrenze bis an die Linie Nordwestspitze Skutarisee – Podbozur – Goransko (damit Cetinje für Montenegro verloren); nur mehr nominelle Scheinsouveränität für Montenegro.

23. Jänner: **Kapitulation der Montenegriner.**

K.u.k. Truppen besetzen Skutari und beginnen den Einmarsch in **Albanien**.

24./25. Jänner: Conrad an Burián: Dreiteilung Albaniens (Österreich-Ungarn, Bulgarien, Griechenland) (so auch Conrad an Burián 23. Dezember 1915). Burián für selbständiges Albanien unter k.u.k. Protektorat.

9. Februar 1916: K.u.k. Truppen besetzen **Tirana**.

11. Februar 1916: Montenegrinische Regierung in Paris erklärt alle Maßnahmen in Montenegro seit dem 20. Jänner für nichtig.

23.–26. Februar 1916: **Durazzo** von k.u.k. Truppen erobert. (Am 26. Februar verlässt der letzte italienische Soldat den teilweise brennenden Hafen von Durazzo.)

1. März 1916: **K.u.k. Militärgeneralgouvernement Montenegro** (Feldmarschallleutnant Weber v. Webenau).

1. April 1916: Abkommen zwischen dem k.u.k. AOK und dem bulgarischen Oberkommando, betreffend Albanien (Vermittlung der DOHL).

April 1916: Die k.u.k. 14. Gebirgsbrigade rückt an die Vojusa vor.
In **Albanien Militärverwaltung**, kein Militärgouvernement, nur Organisierung des Etappenraumes, der teilweise Kampfraum des k.u.k. XIX. Korps bleibt. Militärverwaltung zählt ca. 100.000 Mann. Straßen, Feldbahnen, Landwirtschaft (Tabak, Baumwolle, Kakao, Rizinus- und Sonnenblumenanbau), Meeressalzgewinnung, Kampf gegen Seuchen (vor allem Malaria), Schulpflicht.

25. Die fünfte Isonzoschlacht (11.–16. März 1916)

Italienische Angriffe gegen den Monte San Michele und bei San Martino scheitern trotz starker Artillerieunterstützung. Sie kosten dem Angreifer und dem Verteidiger je 2.000 Mann.

26. Die Offensive in Südtirol 1916

12.–18. April 1916: Schwere Hochgebirgskämpfe im **Adamellogebiet**.
17.–18. April: Die Italiener sprengen den Gipfel des **Col di Lana**.
Unter dem Kommando Generaloberst Erzherzog Eugens (Generalstabschef Feldmarschallleutnant Alfred Krauß) marschiert die aus der 3. Armee (Generaloberst v. Kövess) und 11. Armee (General Dankl) formierte Heeresgruppe im Raum zwischen der Etsch südlich von Rovereto und dem Valsugana auf. Die beiden k.u.k. Armeen zählen 157.000 Mann, die italienische 1. Armee 114.000 Mann.

Einmaliger Versuch, mit zwei Armeen im Hoch- und Mittelgebirge eine riesige Operation zu beginnen und in die venetianische Ebene und die Niederungen des Po vorzustoßen. Wucht des Artilleriefeuers (auch schwerste Geschütze, drei 42-cm-Haubitzen, eine 35-cm-Kanone und zwei 38-cm-Haubitzen), Anstürmen der Infanteriemassen über 20 cm hohen Schnee gegen die italienischen Stellungen.
Beginn der Offensive 15. Mai 1916.

26. Die Offensive in Südtirol 1916

Das VIII. Korps nimmt Stellungen auf der Zugna Torta, den Ort Pozza (18. Mai), am 19. Mai den Col Santo. Das XX. Korps erstürmt die Höhe Costa d'Agra, den Monte Coston, am 16. Mai die Stellungen auf dem Soglio d'Aspio, am 17. Mai den Monte Maggio, den Cima di Campoluzzo, den Coston d'Arsiero, am 19. Mai die Stellungen in der Linie Monte Toraro, Monte Campomolon, Monte Melignone.

Das Nachziehen der Artillerie führt zu enormen Verzögerungen.

Das XVII. Korps erobert am 22. Mai Borgo, am 26. Mai den Civaron.

Das III. Korps nimmt am 21. Mai die Cost'alta und den Costesinrücken, bis 28. Mai erreicht es den Raum westlich und nördlich Asiago.

Das VIII. Korps muss den Angriff auf den Pasubio am 24. Mai wegen zu hohen Schnees einstellen. Am 25. Mai erobert das XX. Korps den Monte Cimone, am 27. Mai 1916 Arsiero. Das III. Korps kommt südlich von Asiago zum Stehen.

Das XX. Korps erstürmt den Monte Cengio und den Monte Barco.

Die Eroberung des Monte Priafora und des Monte Meletta am 7. Juni kann nicht darüber hinwegtäuschen, dass die Offensive zum Stehen gekommen ist.

Der Angriff am 15. Juni 1916 scheitert in Richtung auf den Monte Paù.

17. Juni: Das AOK befiehlt das **Einstellen der Offensive** (nach einem Raumgewinn von 15–25 km).

K.u.k. Verluste: 5.000 Tote, 23.000 Verwundete, 14.000 Kranke, 2.000 Gefangene. 40.000 Italiener werden gefangen genommen, 300 Geschütze erbeutet.

Am **29. Juni 1916** gibt es den **ersten k.u.k. Giftgaseinsatz** (flüssiges Chlor mit Phosgenbeimischung) östlich von Gradisca im Gebiet des Monte San Michele. 6.000 Gaskranke bei den Italienern. Die Gewinnung des Isonzoufers nicht erreicht. Auch die Entente wendet Giftgas an.

10.–16. Juni, 1.–24. Juli 1916: **italienische Gegenoffensive in den Sieben Gemeinden.**

12. Juli 1916: **Hinrichtung des Trientiner Reichsratsabgeordneten Cesare Battisti in Trient** (1915 nach Italien geflohen, in das italienische Heer eingetreten, am 10. Juli 1916 gefangen genommen, wegen Hochverrats verurteilt.).

27. Die sechste Isonzoschlacht (4.–17. August 1916)

8. August 1916: Die Italiener zwingen Generalmajor Erwin v. Zeidler zur **Räumung von Görz**. Die Verluste der Angreifer und Verteidiger je rund 50.000 Mann an Toten, Verwundeten, Gefangenen und Vermissten.

28. Die siebente Isozoschlacht (14.–17. September 1916)

Einbruchsraum von 3 km Breite und 1 km Tiefe bei Oppachiasella. Die Italiener geben ihre Einbußen mit 706 Offizieren, 16.864 Mann an. Südflügel der k.u.k. 5. Armee büßt während des ganzen Monats 320 Offiziere und ca. 20.000 Mann ein, Schlachtverluste ca. 15.000 Mann.

29. Die achte Isonzoschlacht (9.–12. Oktober 1916)

Raumgewinn der Italiener bei Nova Vas ca. 1 ½ km. Die Italiener beziffern ihre Einbußen mit 657 Offizieren und 19.488 Mann. Verluste der Armee Boroević im Monat Oktober 32.000 Mann, während der Schlacht über 20.000 Mann. Italiener melden an eingebrachten Gefangenen 254 Offiziere und 7.965 Mann (3.500 Mann bei Nova Vas,

1.200 Mann bei Jamiano). Einige tausend Gefangene in die Hände der k.u.k. Verteidiger gefallen.

30. Die neunte Isonzoschlacht (31. Oktober – 4. November 1916)

Italienische Geländegewinne von 5 km Breite und 4 km Tiefe südlich der Wippach. Italienische Verluste nach amtlichen Quellen 825 Offiziere und 28.100 Mann oder 975 Offiziere und 31.800 Mann. Einbußen des Südflügels der Armee Boroević 28.000 Mann, an Gefangenen nach italienischen Angaben 259 Offiziere, 8.700 Mann.

Die 7.-9. **Isonzoschlacht** bringen dem Angreifer operativ unbedeutenden Geländegewinn auf dem Doberdò-Plateau. Der operative Durchbruch gelingt nicht.

Anfang November 1916 nehmen k.u.k. Einheiten die Höhe 171 ostwärts von St. Peter bei Görz, am 18. November die Höhe 126 südlich von Biglia.

An der Front in Kärnten und Tirol italienische Angriffe im Raum **Cortina d'Ampezzo,** in den **Fassaner Alpen** und im Raum des **Pasubio** (schwere Angriffe gegen den **Pasubio** bis 21. Oktober 1916).

Der Gebirgswinter beendet alle Kampfhandlungen, auch in den Karnischen Alpen (Plöckenpass).

Lawinentod (allein zwischen 5. und 14. Dezember 1916 795 k.u.k. Soldaten tot, 505 vermisst).

31. Die Brusilov-Offensive im Sommer 1916

6. Dezember 1915: Vertreter der alliierten Oberkommanden im Hauptquartier Joffres in Chantilly: Nach dem März 1916 sollen zum frühestmöglichen Zeitpunkt gleichzeitig Angriffe gegen die Fronten der Mittelmächte beginnen. Aber Beginn des deutschen Angriffs auf Verdun 21. Februar 1916, italienischer Misserfolg in 5. Isonzooffensive

31. Die Brusilov-Offensive im Sommer 1916

(11.–16. März), Niederlage der Russen in Schlacht am Naroč-See (18. März – Ende April 1916). 15. Mai: Beginn der Südtiroloffensive.

4. Juni: Kommandant der russischen Südwestfront General Brusilov beginnt mit ungeheurem Trommelfeuer **Offensive. 6. Juni Front der k.u.k. 4. Armee zusammengebrochen** (Einbruch von 75 km Tiefe und 20 km Breite). Kommandant der 4. Armee Erzherzog Joseph Ferdinand am 7. Juni durch General d. Kav. Carl Ritter Tersztyánszky v. Nádas ersetzt. Das mehrheitlich tschechische Infanterieregiment Nr. 8 mit großen Teilen zu den Russen übergelaufen.

8. Juni: Russen erobern Luck. Russen durchbrechen die Front der ostwärts von Czernowitz und Zaleszczyki stehenden k.u.k. 7. Armee des Generals d. Kav. Frhr. v. Pflanzer-Baltin. Ruthenische Truppenteile desertieren.

Zwei Divisionen aus Südtirol zu den Russen umgeleitet. Falkenhayn dirigiert eine Division vom Oberkommando Ost zur Heeresgruppe (General d. Inf.) Linsingen.

10. Juni: Die **k.u.k. 7. Armee** bricht in der **Schlacht von Okna** (30 km nördlich Czernowitz) **zusammen.** 12. Juni: Generalmajor v. Seeckt »Oberstabschef« der 7. Armee. Südtiroloffensive eingestellt, Truppen und Artillerie an die russische Front.

16. Juni: Die Verbündeten beginnen **in Wolhynien einen Gegenangriff**, erreichen aber bis 29. Juni ihr Operationsziel Luck nicht.

18. Juni: Pflanzers 7. Armee **verliert Czernowitz.** 22.–28. Juni: Schwere Kämpfe der Verbündeten bei **Brody** und Kovel.

Thronfolger Erzherzog Karl Franz Joseph wird Kommandant der 12. Armee, der die k.u.k. 7. Armee und die deutsche Südarmee unterstellt wird (Seeckt Generalstabschef, Oberst v. Waldstätten Generalstabsoffizier »zur besonderen Verwendung«).

Anfang Juli: Angriff der russischen Westfront nördlich des Pripjet um **Baranoviči** (russische 4. Armee, General Evert); gegen deutschen General Woyrsch nicht erfolgreich.

20. Juli 1916 brechen die Russen in die Stellungen der k.u.k. 1. Armee (Feldzeugmeister Paul Puhallo v. Brlog) ein.

27. Juli: **Konferenz in Pleß** (Kaiser Wilhelm, Erzherzog Fried-

rich, Conrad, Hindenburg, Ludendorff). Hindenburg soll zusätzlich die südlich des Pripjet kämpfende Heeresgruppe Linsingen und die k.u.k. 2. Armee, die während der Gespräche in Pleß Brody verloren hat, befehligen. Hindenburg formal für die Kampfführung südlich des Pripjet an das AOK gebunden; Hauptquartier Brest-Litovsk (»**Hindenburg**«-Front).

28. Juli: K.u.k. 4. Armee (Tersztyánszky) verliert durch russische Armee 15.000 Gewehre und 10.000 Mann.

Anfang August: Russischer Durchbruch bei **Zalośce**. Kämpfe bis 31. August 1916.

K.u.k. Gesamtverluste durch die Offensive der russischen Südwestfront: 475.000 Mann, davon 226.000 Gefangene. Die Nordostfront erleidet im Sommer 1916 zeitweilig fast 60% ihrer Verluste durch Deserteure. Bis September 1916 sind es 226.000 Mann. K.u.k. Verluste 1916: 1,75 Millionen Mann. Brusilov kann Front der Verbündeten im Osten nicht durchbrechen. Die schwere Krise veranlasst Falkenhayn und Conrad, ihre Absichten und Maßnahmen aufeinander abzustimmen, vor allem mit Blick auf den nach den russischen Erfolgen zu erwartenden Kriegseintritt Rumäniens.

32. Die Schlachten von Verdun (21. Februar – 9. September 1916) und an der Somme (24. Juni – 26. November 1916)

Weihnachten 1915 sieht Falkenhayn in Großbritannien den widerstandskräftigsten Gegner, in Frankreich das »beste Schwert« auf dem Kontinent. Frankreich sei »in seinen Leistungen bis nahe an die Grenzen des noch Erträglichen gelangt«. Verdun sei das aussichtsreichste Ziel einer Offensive. Mit dem erhofften Zusammenbruch Frankreichs (als Folge des deutschen Angriffes bei Verdun) in Verbindung mit der Aufnahme des uneingeschränkten U-Boot-Krieges sei der »Ermattungsstrategie« Großbritanniens am wirkungsvolls-

32. Die Schlachten von Verdun

ten zu begegnen. (Weihnachtsdenkschrift 1915, vielleicht 1919 retuschiert.)

Anfang 1916 stehen 94 deutschen Divisionen an der Westfront 150 alliierte Divisionen gegenüber.

Den Kern des zwischen St. Mihiel und Varennes nach Nordosten vorspringenden französischen Frontbogens bilden Stadt und Festung **Verdun** an den Ufern der Maas. Verdun hat für Frankreich hohen historischen Symbolwert (843 Vertrag von Verdun: Teilung des Fränkischen Reiches – Ostfränkisches Reich/Westfränkisches Reich, d.h. Beginn der eigentlichen politischen Geschichte Frankreichs).

Im Abschnitt Verdun acht französische Divisionen an der Front, zweieinhalb Divisionen in Reserve (General Herr).

Am Morgen des 21. Februar eröffnen 1.400 deutsche Geschütze das Feuer gegen die Stellungen im Abschnitt nördlich der Stadt Verdun. Nach neunstündigem Vorbereitungsfeuer tritt die deutsche 5. Armee zum Angriff an. Die erste und zweite Stellung der französischen Infanterie werden genommen. General Herr erwägt die Räumung der Stellungen am ostwärtigen Maasufer; Joffre erzwingt das Halten dieser Stellungen. Verteidigerin Verduns wird die 2. Armee unter General Pétain. Falkenhayn will eine Fesselung und das »**Verbluten**« der französischen Streitkräfte im Kampf um die Festung Verdun, während der Oberbefehlshaber der 5. Armee, Kronprinz Wilhelm von Preußen, die Eroberung der Festung als das einzige echte operative Ziel ansieht.

25. Februar: Das Fort **Douaumont**, der nordöstliche Eckpfeiler der Hauptverteidigungsstellung, fällt in deutsche Hand.

Ab 28. Februar stockt der deutsche Angriff.

Ein auf beiden Seiten ungeheuer gesteigerter Materialeinsatz verwandelt das Schlachtfeld in eine Trichterlandschaft ohne jede Vegetation, in der keine Stellungen mehr existieren und das mit zahllosen unbeerdigten Gefallenen übersät ist. Bei Schlechtwetter ist das Gelände von knietiefem Schlamm bedeckt. Mit der zunehmenden Intensität des Artilleriefeuers steigen die Verluste auf beiden Seiten. Die deutschen Streitkräfte müssen einen etwa gleich hohen Blutzoll wie die französischen entrichten. Auf französischer Seite fallen etwa 317.000, auf deutscher Seite 282.000 Soldaten. Giftgas wird eingesetzt. Als Falkenhayn am 11. Juli 1916 der Heeresgruppe Deutscher Kronprinz vor Verdun »strikte Defensive« befiehlt, hat das französische Heer in den Augen seiner Nation einen großen Abwehrerfolg errungen.

Ende Oktober 1916: französischer Gegenangriff bei Verdun, Rückeroberung des Forts Douaumont. Bis Jahresende im Abschnitt Verdun die deutschen Erfolge vom Frühjahr 1916 nahezu wieder wettgemacht.

24. Juni 1916: Die Alliierten beginnen beiderseits der **Somme** in einem 40 km breiten Angriffsraum mit 20 britischen Infanteriedivisionen, drei britischen Kavalleriedivisionen und elf französischen Infanteriedivisionen einen Durchbruchsangriff gegen vorerst elf Infanteriedivisionen der deutschen 2. Armee. 1.655 Feld- und 1.348 schwere Geschütze sowie 309 Flugzeuge unterstützen den Angriff. Der Verteidiger verfügt in der ersten Phase der Schlacht über 598 leichte, 246 schwere Geschütze und 104 Flugzeuge. Die Luftüberlegenheit ermöglicht den Alliierten den Einsatz zahlreicher Artillerieflieger und Fesselballone, die die Wirkung der Angriffsartillerie erhöhen. Nach sieben Tagen ununterbrochenen Artilleriefeuers sind alle militärisch wichtigen Ziele mehr oder minder schwer getroffen. Die Deutschen müssen schwere Artillerie erst heranführen. Als es der britischen und französischen Infanterie gelingt, am 1. Juli 1916 mit Unterstützung zahlreicher Tiefflieger die vordersten deutschen Stellungen zu überrennen, muss die deutsche Infanterie allein die Hauptlast des Kampfes tragen. Die deutsche Front muss in Richtung **Péronne** zurückgenommen werden, bis Mitte Juli gelingt es der deutschen Führung, den Einbruch der Alliierten nördlich und südlich der Somme abzuriegeln und die Offensive zum Stehen zu bringen. Bis Ende August 1916 werden nach und nach 106 alliierte und 57 deutsche Divisionen in die gigantische Materialschlacht geworfen. Der misslungene Versuch, die deutsche Front zu durchbrechen, kostet den Alliierten 250.000 Mann, den Deutschen 200.000 Mann an Toten und Verwundeten.

15. September 1916: Die ersten britischen **Tanks** greifen an. Sie durchbrechen die Stellungen der überraschten und ihnen gegenüber hilflosen deutschen Infanterie. Erst die deutschen Feldgeschütze halten die Kampfwagen auf.

33. Der Feldzug gegen Rumänien im Herbst und Winter 1916

27. August 1916: **Kriegserklärung Rumäniens** an Österreich-Ungarn.
28. August: Deutsche und osmanische Kriegserklärung an Rumänien.
1. September: Bulgarische Kriegserklärung an Rumänien.

Besondere **Lage Rumäniens** (am Südflügel der russischen Front, an der Ostgrenze Ungarns, an der Nordgrenze Bulgariens, in einer durchschnittlichen Entfernung von 300 km zur Saloniki-Front, zur Dardanellenenge sowie zu den Verbindungslinien der Mittelmächte durch Serbien nach dem Osmanischen Reich).

An der Front in Siebenbürgen stehen nur 34.000 k.u.k. Soldaten 420.000 Rumänen gegenüber, an der Donau und an der Dobrudscha-Front stehen 70.000 deutsch-bulgarische Soldaten 142.000 Rumänen und 40.000 Russen gegenüber. Im Norden und Westen deckt der nur von wenigen Pässen durchbrochene, bewaldete Kamm der Karpaten die Grenze gegen Siebenbürgen. Im Süden, an der Grenze gegen Bulgarien, bildet die Donau, stellenweise bis zu 1.300 m breit, ein starkes Hindernis. Lediglich in der Dobrudscha ist die Grenze mehr oder weniger offen.

Siebenbürgen

27. August: Rumänische Truppen dringen in drei Armeen vom Osten und Süden in Siebenbürgen ein (Ziel: Ende der ungarischen Herrschaft, Offensive gegen Budapest). Rumänische Feldarmee bei Kriegsbeginn 20 (später 23 ½) Infanterie-, zwei Kavalleriedivisionen, fünf Kavalleriebrigaden, zwei schwere Artilleriebrigaden. Gesamt: 564.000 Mann, 1.300 Geschütze (davon 700 modern), aber keine Kriegserfahrung.

33. Der Feldzug gegen Rumänien

19. September in Siebenbürgen: Deutsche 9. Armee (General d. Inf. Falkenhayn) mit dem deutschen XXXIX. Res.-Korps, Gruppe Krafft, Kav.-Korps Schmettow (47.030 Feuergewehre, 288 MG, 3.565 Reiter, 281 Geschütze). K.u.k. 1. Armee (General d. Inf. Arz v. Straußenburg) mit deutschem I. Res.-Korps und k.u.k. VI. Korps (45.260 Feuergewehre, 217 MG, 2.288 Reiter, 234 Geschütze). Die k.u.k. 1. Armee deckt die linke, ostwärtige Flanke der deutschen 9. Armee und sichert ihr Handlungsfreiheit gegen rumänische 1. und 2. Armee. 26.–29. September: Schlacht bei Hermannstadt – Niederlage der rumänischen 1. Armee. 7.–9. Oktober: Schlacht bei Kronstadt – Sieg über die rumänische 2. Armee. Rückeroberung des Karpatenkammes durch k.u.k. Truppen (bis 2. November 1916).

Dobrudscha:
Heeresgruppe Mackensen setzt vor allem bulgarische Truppen ein. Bulgarische 3. Armee siegt am 5. September 1916 bei Tutrakan (Turtucaia) und Dobrič (heute Tolbuhin), nimmt am 9. September Silistra. Die k.u.k. Donauflottille unterbricht am 3. Oktober die rumänische Donaubrücke bei Flamanda.

19.–22. Oktober: Durchbruch Mackensens bei Toprasiar. Besetzung der Donaubrücke bei Cernavodă.

Entlastungsoffensive der Verbündeten Rumäniens
Ende August – Mitte Oktober: Heftige Angriffe an russischer Südwestfront zur Unterstützung der rumänischen Offensive in Siebenbürgen. 12. September: Sechs serbische Infanteriedivisionen, eine serbische Kavalleriedivision, drei französische Infanteriedivisionen, eine russische Brigade der Orient-Armee treten an Makedonienfront zum Angriff gegen die bulgarische 1. Armee an (Operationsziel Monastir). Mithilfe von deutschen und bulgarischen Verstärkungen gelingt es, die Front bis Mitte Oktober nördlich der griechisch-serbischen Grenze zum Stehen zu bringen. Mitte November muss Monastir den Alliierten überlassen werden.

14. Oktober: Beginn der russischen Entlastungsoffensive für Rumänien unter Brusilov (scheitert Anfang November 1916).

Walachei
11.–16. November: Durchbruch der Verbündeten (9. deutsche Armee) durch das Gebirge südlich des Surduc- und Vulkán(Vîlcan-)passes in die Walachische Ebene. 15.–17. November: Niederlage der Rumänen in der Schlacht bei Târgu (heute Tîrgu) Jiu. 21. November: Craiova fällt in deutsche Hand. 23.–25. November: Donauübergang Mackensens (deutsch-bulgarische Donauarmee mit einer deutschen Infanteriedivision, einer deutschen Kavalleriedivision, zwei bulgarischen Infanteriedivisionen, einer osmanischen Infanteriedivision; k.u.k. Pioniergruppe Generalmajor Gaugl) bei Zimnicea/Svistov (Svištov). 1.–3. Dezember: Niederlage der Rumänen in der Schlacht am Fluss Argeş. 6. Dezember: Eroberung von Bukarest; auch das kriegswirtschaftlich wichtige Erdölgebiet von Ploeşti in der Hand der Verbündeten.

Bis zum Jahresende rücken die verbündeten deutschen, österreichisch-ungarischen, bulgarischen und osmanischen Divisionen bis an die Sereth-Donau-Linie vor. 10. Jänner 1917: Besetzung der Walachei durch Truppen der Mittelmächte abgeschlossen. Front des Vierbundes gegenüber Russland lückenlos geschlossen. Fast 500.000 rumänische Soldaten gefallen, verwundet oder gefangen.

Eines der wenigen Beispiele einer erfolgreichen Kriegführung mit Koalitionsarmeen.

34. Der osmanische Kriegsschauplatz 1916

29. April 1916: Kapitulation britisch-indischer Truppen (General Townshend) bei **Kut-el-Amara** (am Tigris) vor der osmanischen 6. Armee (Marschall v. d. Goltz bzw. Halil Pascha) – neben dem Abwehrsieg an den Dardanellen das für die Osmanen spektakulärste Ereignis des Weltkrieges, hebt das türkische Selbstgefühl ins Maßlose.

Die Russen siegen bei **Köprüköy** (10.–19. Jänner 1916), erobern am 16. Februar 1916 **Erzerum**, am 3. März **Bitlis**, am 18. April **Trapezunt**, am 12. Juli **Mamahatun**, am 25. Juli 1916 **Erzincan**.
Persien: Die Russen nehmen am 26. Februar 1916 **Kermanschah** ein (am 31. Juni 1916 osmanisch). August 1916 **Hamadan, Daulatabad** osmanisch. Die Briten im September 1916 in **Isfahan**, im Oktober 1916 in **Schiraz**.
Juli/August 1916: Osmanisch-deutsches Expeditionskorps unter Oberstleutnant v. Kreß in Stärke von 18.000 Mann (einschließlich eines deutschen Hilfskorps von 1.100 Mann und einer k.u.k. Gebirgshaubitzabteilung) bleibt vor dem **Suezkanal** stecken. Die Briten haben 150.000 Mann in Ägypten stehen.

35. Der Krieg in den deutschen Kolonien 1916

Deutsch-Ostafrika

12. Februar 1916: Britischer Generalleutnant Jan Christiaan **Smuts**, ein Südafrikaner, übernimmt Oberbefehl über die »Streitkräfte Seiner Majestät in Ostafrika«. Mit zwei Divisionen und drei südafrikanischen Brigaden (vierfache Überlegenheit zu **Lettow-Vorbeck**) besetzt er im April das **Kilimandscharo**gebiet, erreicht am 31. Juli 1916 bei **Dodoma** die Zentralbahn. Lettows Taktik ist hinhaltende Verteidigung, die immer wieder in Rückzugsgefechte übergeht. Am 4. September 1916 fällt die Landeshauptstadt **Daressalam**. Britische und belgische Truppen erobern das von General Wahle verteidigte **Tabora** (17. September 1916). Lettow-Vorbecks Truppen werfen die Portugiesen über den Fluss **Rowuma** zurück und dringen in portugiesisches Gebiet vor.

36. Der Seekrieg 1916

6. Jänner 1916: Die britische Flotte verliert ihr erstes Schlachtschiff, die »King Edward VII«, durch eine vom Hilfskreuzer »Möwe« gelegte Mine.

5. und 6. März 1916: Der Chef der deutschen Hochseeflotte Admiral Scheer unternimmt mit der Flotte einen Vorstoß bis Texel, am 24. April einen gegen die **britische Ostküste**. 31. Mai 1916: Im **Skagerrak** einzige große Seeschlacht des Weltkrieges. Die britische Flotte geht mit 28 Großkampfschiffen, neun Schlachtkreuzern, neun älteren Linienschiffen, acht Panzerkreuzern, 26 kleinen Kreuzern und 79 Zerstörern in den Kampf (Admiral **Jellicoe** auf dem Schlachtschiff »Iron Duke«, Admiral **Beatty** Kommandant der Schlachtkreuzer). Auf deutscher Seite 16 Großkampfschiffe, fünf Schlachtkreuzer, sechs ältere Linienschiffe, elf kleine Kreuzer, 61 Torpedoboote (Admiral **Scheer** auf Flottenflaggschiff »Friedrich der Große«, Admiral **Hipper** befehligt die Kreuzer). Die deutschen Schlachtkreuzer versenken die britischen Schlachtkreuzer »Indefatigable« und »Queen Mary«. Als das 5. britische Schlachtschiffgeschwader aus fünf modernsten Schlachtschiffen der »Queen-Elizabeth«-Klasse mit ihren 38-cm-Geschützen den britischen Schlachtkreuzern zu Hilfe kommt, stehen die deutschen Schlachtkreuzer einer doppelten Übermacht gegenüber. Die herankommenden Schlachtschiffe der deutschen Hochseeflotte folgen den sich absetzenden Schiffen Beattys und treffen das britische Gros unter Jellicoe. Der britische Schlachtkreuzer »Invincible« und der britische Panzerkreuzer »Defence« sinken, der schwer getroffene Panzerkreuzer »Warrior« sinkt am nächsten Morgen. Durch eine Kehrtwendung entzieht Scheer die deutsche Flotte der Umklammerung durch die Briten. Als ihm Jellicoe nicht folgt, kehrt Scheer nach einer Viertelstunde um und setzt die Schlachtkreuzer erneut zum Angriff an. Gleichzeitig lässt er seine Torpedoflottillen angreifen. Da bricht Jellicoe den Kampf ab und die beiden Flotten verlieren die Fühlung. Nun dreht auch die deutsche Flotte auf Südkurs und tritt den Rückmarsch an. In der Nacht grei-

fen britische Zerstörer und Kreuzer an. Auf deutscher Seite sinken das alte Schlachtschiff »Pommern« sowie die kleinen Kreuzer »Elbing«, »Rostock« und »Frauenlob«, auf britischer Seite der Panzerkreuzer »Black Prince« und fünf Zerstörer. Auf dem Rückmarsch gehen auf deutscher Seite noch zwei in der Tagschlacht schwer beschädigte Schiffe, der Schlachtkreuzer »Lützow« und der kleine Kreuzer »Wiesbaden«, verloren. Deutsche Verluste: Ein Schlachtkreuzer, ein älteres Linienschiff, vier kleine Kreuzer, fünf Torpedoboote, 2.551 Mann. Britische Verluste: Drei Schlachtkreuzer, drei Panzerkreuzer, ein Flottillenführer, sieben Zerstörer, 6.094 Mann.

Die Skagerrak-Schlacht bringt keine Entscheidung.

K.u.k. U-Boote versenken 1916 den französischen Zerstörer »Renaudin«, den italienischen Kreuzer »Principe Umberto« sowie die »Città di Messina«.

37. Anfang November 1916
Die Streitkräfte der Krieg führenden Staaten

(nach Berechnungen des französischen Generalstabes)

	Soldaten	Ersatzmannschaften	MGs	Geschütze	Flugzeuge
Frankreich	2,934.000	331.000	44.912	10.718	1.320
Belgien	150.000	3.000	1.158	491	47
Großbrit.	1,980.000	500.000	13.206	5.755	800
Italien	1,834.000	370.000	3.588	4.913	348
Russland	6,860.000	1,500.000	12.300	7.945	598
Serbien	130.000	-	312	272	50
Rumänien	420.000	300.000	800	847	-
Dt. Reich	4,435.000	560.000	14.500	15.650	1.200
Öst.-Ung.	1,750.000	350.000	4.084	4.850	-
Bulgarien	510.000	100.000	708	1.240	-
Türkei	650.000	100.000	750	1.350	-

38. Der Luftkrieg 1914–1916

Zu Kriegsbeginn stehen den Heeresluftstreitkräften zunächst nur geringe Luftkampfmittel von sehr beschränkter technischer Leistungsfähigkeit zur Verfügung. **Deutsches Heer**: 33 Feld- und acht Festungs-Fliegerabteilungen mit zusammen 228 Frontflugzeugen sowie elf Luftschiffe. Jedem Armee-Oberkommando und aktivem Generalkommando wird eine Abteilung zu sechs Flugzeugen für taktische Erkundung unterstellt. Die Luftschiffe stehen der OHL für operative Aufklärung zur Verfügung. **Österreich-Ungarn**: August 1914: Sieben Fliegerkompanien an russischer Front, zwei Fliegerkompanien an serbischer Front, eine Seeflugzeugabteilung. Ende 1914: zehn Fliegerkompanien an russischer Front, vier Fliegerkompanien an Balkanfront. Mai 1916: 25 Fliegerkompanien (12 nördlicher, 12 südwestlicher Kriegsschauplatz, eine in Castelnuovo). Ende 1915: 16 Ballonabteilungen, Ende 1916: 25 Ballonabteilungen. K.u.k. Seeflugwesen (Pola, Kumbor in Bocche di Cattaro, Sebenico). Ende November 1915: 65 Marineflugzeuge. **Französisches Heer**: 27 Escadrilles, unterstellt der Armeeführung und den Kavalleriekorps, mit 165 Flugzeugen und zwei Luftschiffen. Das Royal Flying Corps des **britischen** Expeditionskorps verfügt über vier Squadrons mit 48 Flugzeugen. **Russland**: Bei Kriegsbeginn 224 Flugzeuge (nur zum Teil einsatzbereit), die wenigen Luftschiffe nicht frontdienstfähig. 1916: 520 Flugzeuge (davon höchstens 380 einsatzfähig). **Italien**: 1915: 150 Frontflugzeuge. Seeflugstationen: Venedig (12 Seeflugzeuge), Pesaro (zwei Flugboote), Brindisi (zwei Flugboote), Flugzeugmutterschiff »Elba« mit drei Flugzeugen. Bei Heer und Marine halbstarre Luftschiffe für Bombeneinsätze. Während auf deutscher Seite die Heeresluftschiffe den von der OHL auf die Schiffe als Fernaufklärungsmittel gesetzten großen Erwartungen infolge technischer Mängel und gegnerischer Abwehr auf dem westlichen Kriegsschauplatz nicht zu entsprechen vermögen, erbringen die zur operativen und taktischen Erkundung eingesetzten Flugzeuge während des Bewegungskrieges im Westen und Osten wertvolle Aufklärungsergebnisse.

38. Der Luftkrieg 1914–1916

K.u.k. Flugzeuge: Aufklärung, Hilfe beim Einschießen der Artillerie, Post- und Kurierflüge für die belagerte Festung Przemyśl.

Herbst 1914: Mit Übergang zum Stellungskrieg tritt neben der weitreichenden Erkundung die Nahaufklärung (Lichtbild- und Artillerieerkundung) in den Vordergrund. Dezember 1914: erste Funkanlage in einem deutschen Flugzeug.

Winter 1914/15: Infolge fehlender Bewaffnung zeitweilige deutsche Unterlegenheit gegenüber französischen Fliegerverbänden. Daher Einführung der Bewaffnung der deutschen Flugzeuge (Fokker-Flugzeuge) und Erhöhung der Stärke der Fliegerkräfte sowie deren straffe organisatorische Zusammenfassung.

Mai 1915: Schaffung der Dienststelle des Feldflugchefs – Thomsen – zur Leitung des Flugwesens des deutschen Heeres (Kommandant der k.u.k. Luftfahrtruppen: Oberst Uzelac). – 24. Mai 1915: K.u.k. Seeflieger beschießen militärische Anlagen in Bari, Ancona, Chiaravalle, Venedig. K.u.k. Seeflieger: Erkundung, Aufklärung, Angriffe gegen feindliche Seestreitkräfte, Luftschiffe, Flugzeuge und Handelsfahrzeuge, militärische Objekte, Truppen auf dem Land, Rekognoszierung und Bezeichnung von Minenfeldern, Verfolgung feindlicher U-Boote, Verteidigung der eigenen Häfen, Depots und Einheiten. Sie beherrschen den Luftraum über dem Meer und in den küstennahen Gebieten; Angriffe auch auf Durazzo, Valona, Saseno. – Die k.u.k. Heeresluftfahrtruppen verlagern ihren Schwerpunkt immer mehr auf die Südwestfront.

Juli 1915: Einsatz der Fokker-(Kampf-)Flugzeuge bewirkt Umschwung in der Luftkampflage zugunsten der deutschen Fliegertruppe. Daneben zwingt die Notwendigkeit, Bomben mitzuführen, zur Schaffung von »Kampfgeschwadern« zur Verfügung der OHL.

1915/16: Nächtliche Angriffsfahrten mit verbesserten Zeppelin-Luftschiffen gegen militärische Ziele in Paris, London, Südengland sowie im Osten und auf dem Balkan im Zusammenhang mit den Angriffsoperationen.

1916: Falkenhayn erstrebt die Luftoffensive im Westen neben den Luftschiffen durch die »Kampfgeschwader« zu sichern, deren ge-

38. Der Luftkrieg 1914–1916

schlossener Einsatz erstmalig im Frühjahr bei Verdun erfolgt. Zwar zeigt sich dort das deutsche Flugwesen dem des französischen Gegners nach Material und Einzelleistungen anfangs überlegen, doch mangelt es an der taktisch erfolgreichen Verwendung der technisch nicht mehr ausreichenden »Kampfgeschwader«. Als Flieger zeichnen sich besonders aus: auf deutscher Seite Boelcke (gef. 28. Oktober 1916), Immelmann (gef. 18. Juni 1916), Manfred Frhr. v. Richthofen (gef. 21. April 1918); auf k.u.k. Seite v. Brumowski, Arigi, Frhr. v. Banfield; auf italienischer Seite: Fürst Ruffo di Calabria; auf französischer Seite: Fonck, Guynemer (gef. Sept. 1917); auf britischer Seite: Ball (gef. Juli 1917), McCudden (gef. Juli 1918).

Juli/August 1916: Die Westgegner erringen an der Somme durch zahlenmäßig überlegenen Einsatz von Artillerie- und Tieffliegern sowie neuartiger französischer und britischer Jagdflugzeuge die Luftüberlegenheit über dem Schlachtfeld. Erste Krise der deutschen Luftstreitkräfte. Stärkeverhältnis: französische Fliegertruppe 1.033 Flugzeuge, britisches Fliegerkorps 500, deutsche Fliegertruppe auf allen Kriegsschauplätzen ca. 1.000 Flugzeuge.

Oktober 1916: Zusammenfassung der Gesamtorganisation des deutschen Luftkriegswesens unter der Dienststelle eines kommandierenden Generals der Luftstreitkräfte (v. Hoeppner, Chef des Generalstabs Thomsen): Vereinigung der Flieger-, Luftschifferverbände des Heeres, der Flugabwehr und des Wetterdienstes im Front- und Heimatgebiet in einer Hand. Aufbau des Heimat-(Reichs-)Luftschutzes. Vor allem Durchführung des großen Luftrüstungsprogrammes. Weitgehende Erfassung der für die Erfordernisse des Luftkrieges nötigen personellen und materiellen Kräfte. Schaffung einer starken Jagdfliegertruppe und Umwandlung der »Kampfgeschwader« in leistungsfähige Bombengeschwader. Auch für die k.u.k. Truppen gilt, dass zu den bisherigen Aufgaben der Flieger die unmittelbare Unterstützung der Erdtruppen durch den Infanterie- oder Schlachtflieger getreten ist, der mit Bomben und Maschinengewehren angreift, Meldungen, Munition und Verpflegung abwirft, wenn die anderen Verbindungen und der Nachschub im Trommelfeuer der Materialschlacht unterbrochen sind.

39. Die innere Lage der Krieg führenden Staaten 1917

Österreich-Ungarn

Zunehmende Versorgungs- und Verteilungsschwierigkeiten. In Österreich 1917: ca. 9 Mill. Selbstversorger, 16,5 Mill. Nichtselbstversorger, in Ungarn 1917: 10,5 Mill. Selbstversorger, 6,5 Mill. Nichtselbstversorger. Sommer 1917 Tageskopfquote der ungarischen Selbstversorger: 400–500 g Mehl, der österreichischen Selbstversorger: 300–366 g Mehl; Tageskopfquote der ungarischen Nichtselbstversorger: 233 g Mehl, der österreichischen Nichtselbstversorger: 200 g Mehl.

1917 importiert Österreich aus Ungarn 276,8 Meterzentner. Den zunehmenden Hunger – vor allem in den Großstädten – suchen Kriegsküchen, Wärmestuben, Tagesheimstätten, Suppen- und Teeanstalten zu lindern. Versorgungsschwierigkeiten auch bei der Truppe. Mangel an rollendem Material. 27. Februar 1917: Generalmajor Ottokar Landwehr v. Pragenau wird Vorsitzender des **Gemeinsamen Ernährungsausschusses** (für beide Reichshälften; dem Kaiser direkt unterstellt; aber ohne Exekutivgewalt). Im Alltag immer mehr nicht so sehr militärische Dinge als die Sicherung der Lebensbedürfnisse im Vordergrund.

Das besetzte **Russisch-Polen** liefert 1917 an Österreich-Ungarn 6.000 Waggons Getreide, 14.000 Waggons Kartoffeln, 2.000 Waggons Hartfutter, 19.000 Pferde, Millionen von Eiern, 1,7 Millionen Festmeter Holz, 300.000 Waggons Kohlen. Das besetzte **Rumänien** liefert an Österreich-Ungarn 54.000 Waggons Getreide, Hülsenfrüchte und Mais (an das Deutsche Reich 40.000 Waggons, einige tausend an Bulgarien und das Osmanische Reich). Mai 1917: 15.000 Arbeiter und Arbeiterinnen im Wiener Arsenal im Ausstand (erreichen Reduktion der Arbeitszeit auf acht Stunden am Samstag, bessere Approvisionierung), **Streiks** bei Škoda in Pilsen, in den Munitionsfabriken am Rande des Steinfelds, in Witkowitz, Mährisch-Ostrau, ab 31. Mai laufend in Prag. Auch Eisenbahner streiken.

39. Die innere Lage der Krieg führenden Staaten 1917

8. Juli 1917: **Allgemeine Militarisierung der Industrieunternehmen.** In den kriegswichtigen Betrieben Landsturmabteilungen aufgestellt. Alle wehrpflichtigen Arbeiter in diese Abteilungen eingereiht und militärisch vereidigt. Alle in die Landsturmabteilungen eingereihten Arbeiter unterliegen der militärischen Disziplin, dürfen auch nicht mehr an politischen Aktivitäten teilnehmen.

9. Jänner 1917: Bethmann Hollweg findet sich im Kronrat mit der Kaiser Wilhelm von OHL und Admiralstabschef abgerungenen Entscheidung für einen **uneingeschränkten U-Boot-Krieg** (warnungslose Versenkung aller Handelsschiffe im Sperrgebiet) ab, im Bewusstsein, dass sie den Kriegseintritt der USA zur Folge haben werde. Am 12. Jänner sendet Czernin eine Demarche nach Berlin, in der das Mitspracherecht Wiens an der Entscheidung über den U-Boot-Krieg festgestellt wird. Staatssekretär im Auswärtigen Amt Zimmermann spricht von der Notwendigkeit des verschärften U-Boot-Krieges, überzeugt den von Czernin nach Berlin entsandten Sektionschef Flotow. Großbritannien werde dadurch monatlich 600.000 BRT verlieren und in fünf bis sechs Monaten kapitulieren. Czernin verhält sich »rezeptiv«. Zimmermann und der Chef des deutschen Admiralstabes Admiral Holtzendorff nach Wien entsandt. Der k.u.k. Flottenkommandant Großadmiral Haus stimmt zu. Kaiser Karl, der gegen den uneingeschränkten U-Boot-Krieg ist, erfährt von Holtzendorff, dass die deutschen U-Boote bereits mit der neuen Order ausgelaufen und auch mithilfe von Radiotelegraphen nicht mehr von einer Gegenorder zu informieren seien (d.h., Karl ist düpiert worden). Kaiser Karl muss sich fügen, auch angesichts der ablehnenden Antwortnote der Entente vom 5. Jänner auf die Friedensinitiative der Mittelmächte (Zerschlagung der Habsburgermonarchie als Kriegsziel der Alliierten). Ein Argument Holtzendorffs: Die Ententemächte führten bereits einen uneingeschränkten U-Boot-Krieg gegen Österreich-Ungarn (neun Fälle, bei denen unbewaffnete Schiffe und sogar ein Spitalsschiff – 18. März 1916: Spitalsschiff »Electra« – torpediert worden sind). Konferenz in Pleß – 26. Jänner 1917: Großadmiral Haus stimmt zu, dass die deutschen U-Boote U35, U36 und U39 weiterhin die

k.u.k. Flagge führen (obwohl sie mit einer ausschließlich deutschen Besatzung fahren) und dass k.u.k. U-Boote verstärkt im Mittelmeer operieren (Haus: † 8. Februar 1917, Nachfolger Admiral Njegovan, ein Kroate). Versenkungen durch k.u.k. U-Boote April 1917 23.037 BRT, Mai 10.000 BRT, Juni weniger als 6.000 BRT.

10. Jänner 1917: Note **Frankreichs, Großbritanniens, Russlands und Italiens** betreffend **Kriegsziele**: u.a. »Befreiung der Italiener, Slawen, Rumänen und Tschechoslowaken von fremder Herrschaft«.

12. Kronrat unter Vorsitz Kaiser Karls. **Maximalkriegszielprogramm**: Angliederung Russisch-Polens, Montenegros, der Mačva und rumänischer Gebiete, Ablösung der Dynastie Karadjordjević. **Minimalprogramm**: Dynastiewechsel, montenegrinisches Gebiet (Lovćen), territoriale Integrität Österreich-Ungarns. Czernin für Frieden ohne Sieger und Besiegte; Clam-Martinic und Conrad für weitgehende Annexionen auf dem Balkan; Tisza sieht in Annexionen einen schädlichen Traum. Resümee Kaiser Karls: Integrität der Monarchie, weitgehende Existenzmöglichkeiten für Serbien, Annäherung an Russland notwendig, Status quo in der polnischen Frage.

Jänner–Mai 1917: **Vertrauliche Friedenssondierungen** Kaiser Karls mit Frankreich durch seinen Schwager, den belgischen Offizier Prinz **Sixtus von Bourbon-Parma**. Vorschläge Sixtus': Das Deutsche Reich gibt Elsass-Lothringen an Frankreich zurück, räumt Belgien und zahlt ihm eine Kriegsentschädigung; Österreich-Ungarn gibt Serbien frei und gewährt ihm einen Zugang zur Adria; Russland erhält freie Durchfahrt durch die Dardanellen; Österreich-Ungarn unternimmt gegen Italien keine Offensive. Kaiser Karl gibt im Brief vom 24. März 1917 (konzipiert höchstwahrscheinlich von Prälat **Alois Musil**) an Sixtus seine Zustimmung zu diesen Vorschlägen und ersucht ihn, Poincaré mitzuteilen, dass er »mit allen Mitteln die gerechten Rückforderungsansprüche Frankreichs auf Elsass-Lothringen unterstützen werde«. Die Verhandlungen verlaufen im Sande.

Italien lehnt Verhandlungen über einen Sonderfrieden ab (19.–21. April 1917: britisch-französisch-italienische Konferenz in St.-Jean-de-Maurienne).

39. Die innere Lage der Krieg führenden Staaten 1917

5. Februar 1917: Czernins Note an den amerikanischen Secretary of State Lansing: Billigung der von Wilson vorgeschlagenen Formel eines Friedens ohne Sieger und Besiegte, Aufforderung, die Regierungen der Ententemächte zur Annahme dieses Grundsatzes zu bewegen.

Februar–März 1917: Friedenskontakte des k.u.k. Botschafters in Washington Adam Grafen **Tarnowksi** mit Colonel **House**, dem Berater Wilsons, und des amerikanischen Botschafters **Penfield** mit Czernin.

Februar–April 1917: Österreichisch-ungarisch-französische Friedensfühler: Gespräche des österreichischen Polen Dr. **Bader**, Leiters des polnischen Pressebüros in Bern, und des Grafen **Rostworowski**, Vertrauensmannes des Evidenzbureaus, mit dem Leiter der Presseabteilung der französischen Botschaft in Bern, **Haguenin**. Kontakte **Mensdorffs** (mit Wissen der deutschen Regierung) zu Mrs. Barton, die in Beziehungen zu Asquith und Grey steht. Kontakte des französischen Deputierten Lazar Weiller zu Rostworowski.

27. Februar 1917: Kaiser **Karl enthebt Conrad seiner Funktion als Chef des k.u.k. Generalstabes** (Nachfolger: General d. Inf. Arz v. Straußenburg), betraut Conrad mit dem Befehl über die Heeresgruppe in Südtirol.

15.–16. März 1917: **Abdankung des Zaren.**

16. März 1917: **Kriegszielgespräche Czernins mit Bethmann Hollweg** in Wien. Czernins Aktionsprogramm: 1. Verständigung über die Kriegsziele unter den Vierbundmächten, 2. Gemeinsames Verfügungsrecht über die eroberten Gebiete, 3. Wertmäßige Übereinstimmung der territorialen und wirtschaftlichen Gewinne des Deutschen Reiches und Österreich-Ungarns. Czernin denkt an Aufteilung Rumäniens zugunsten Österreich-Ungarns und Russlands; eroberte Gebiete im Osten und Südosten als Faustpfänder zur Auslösung der von den Alliierten okkupierten Landesteile der Monarchie.

März 1917: **Memorandum Czernins** (= Exposé für den Kronrat am 22. März): Kompensationsprogramm zur Anbahnung des Friedens (»Schlüssel der Situation liegt im Westen. Wenn Deutschland

39. Die innere Lage der Krieg führenden Staaten 1917

Frankreich und Belgien herausgibt und noch etwas dazu, dann ist der Friede da. Nur dadurch, dass wir auf den Balkan gehen und Deutschland Polen verkaufen, kann der Gedanke an eine partielle Abtretung von Elsaß-Lothringen Gestalt annehmen«). Damit opfert Czernin die austropolnische Lösung seinem Konzept einer allgemeinen Friedensanbahnung (im April 1916 Burián für deutsche Herrschaft über Belgien, dafür austropolnische Lösung).

22. März 1917: **Kronrat in Laxenburg**: Czernins Vorstellungen: Erwartete Gebietsverluste gegenüber Italien; Rumänien als Kompensationsobjekt; Serbien in das k.u.k. Zollgebiet.

22. März 1917: Österreich-Ungarn tritt dem deutsch-osmanischen Geheimvertrag vom 28. September 1916 bei (von Kaiser Karl am 18. April 1917 ratifiziert; das Ratifikationsinstrument gelangt aber nie zum Austausch).

26.–27. März 1917: **Kriegszielbesprechungen in Berlin**. Resümee das sog. »Wiener Dokument« zur Kriegszielfrage (Czernin, Bethmann Hollweg). Minimalprogramm Status quo ante bellum; bei günstigem Kriegsausgang Gebietserweiterungen für das Deutsche Reich hauptsächlich »der Osten« (= Polen), für das Habsburgerreich »vor allem Rumänien«.

31. März 1917: Czernin regt im »Fremdenblatt« eine Friedenskonferenz aller Krieg führenden Staaten an.

3. April 1917: **Monarchentreffen in Bad Homburg**. Kaiser Karl und Czernin schlagen vor: Abtretung ganz Elsass-Lothringen an Frankreich, dafür österreichisch-ungarischer Verzicht auf Russisch-Polen; Angliederung Galiziens an Polen, Anschluss Polens an das Deutsche Reich (Berlin lehnt Abtretung Elsass-Lothringens ab).

6. April 1917: Kriegserklärung der USA an das Deutsche Reich (nicht an Österreich-Ungarn).

12. April 1917: **Denkschrift Czernins**: Erschöpfung der Mittelmächte, Möglichkeit revolutionärer Bewegungen (am 14. April dazu Begleitschreiben Kaiser Karls, dem Deutschen Kaiser zugeleitet).

23. April 1917: Czernin an Hohenlohe: Wien zu Separatfrieden mit Russland bereit; keine Annexionsabsichten Wiens gegenüber Russland.

39. Die innere Lage der Krieg führenden Staaten 1917

23. April 1917: Deutsch-österreichisch-ungarische **Kriegszielbesprechungen in Bad Kreuznach**: Kurland, Litauen an das Deutsche Reich; Russisch-Polen unter reichsdeutsche Vorherrschaft; Entschädigung Russlands in Ostgalizien und der Moldau. »Österreich-Ungarn kann in der Moldau bis zum Sereth, in der Westwalachei und in Serbien Gebiet erhalten. In der Westwalachei braucht Österreich-Ungarn das Gebiet bis Craivoa, um Rumänien militärisch in der Hand zu haben. Serbien könnte, soweit es nicht Bulgarien zugestanden ist, mit Montenegro und Albanien als südslawischer Staat an Österreich-Ungarn angegliedert werden. Die Sicherung der deutschen Ölinteressen in Rumänien muss erreicht werden.«

24. April 1917: Generalmajor Graf Szeptycki k.u.k. Militärgeneralgouverneur in Lublin.

26. April 1917: Czernin im »Fremden-Blatt«: Keine aggressiven Pläne und Annexionsabsichten gegenüber Russland.

16. Mai 1917: Minister des Äußern Ottokar Graf Czernin an k.u.k. Gesandten in Sofia Otto Graf Czernin: »Unser Interesse ist es, dass aus dem Krieg ein möglichst geschwächtes Serbien und Rumänien hervorgehen und schon hierin ist die Identität unserer Kriegsziele am Balkan mit jenen Bulgariens gegeben.«

17.–18. Mai 1917: Deutsch-österreichisch-ungarische **Kriegszielbesprechungen in Bad Kreuznach**: Wien fordert Lovćen, Mačva, kleines Neuserbien ohne Hafen, Wiederherstellung Montenegros und Nordalbaniens (womöglich mit Priština und Prizren), alle drei Staaten militärisch-politisch-wirtschaftlich abhängig von Österreich-Ungarn; Neuserbien mit einem Zugang zur Adria »großes Opfer«; den bulgarischen Wünschen an der unteren Morava ist entgegenzukommen. Berlin befürwortet großes Neuserbien (Westserbien, Montenegro) und ein Nordalbanien, beide eng mit Österreich-Ungarn verbunden; den bulgarischen Wünschen bezüglich linkem Morava-Ufer und eventuell auch Priština entgegenzukommen; Italien aus Valona zu entfernen; Südalbanien an Griechenland; Ausbeutung der Bodenschätze Neubulgariens an Berlin; Saloniki soll Freihafen werden. Kurland, Litauen und Polen in die reichsdeutsche Interes-

39. Die innere Lage der Krieg führenden Staaten 1917

sensphäre; Rumänien mit Ausnahme der bulgarischen Dobrudscha (Grenze bis 1913) und eines Streifens südlich der Bahn Cernavodă und Constanța in die k.u.k. Interessensphäre (aber überwiegend deutscher Anteil an Besitz und Ausbeutung der Bodenschätze, an Donauschifffahrt und Eisenbahn); politisches und militärisches Desinteresse Österreich-Ungarns am Königreich Polen (einschließlich der Eisenbahnfrage).

30. Mai 1917: **Einberufung** des seit März 1914 vertagten **Reichsrates** durch **Clam-Martinic**. Deklaration der tschechischen Abgeordneten des »Český svaz« fordert tschechoslowakischen Staat innerhalb einer habsburgischen Föderation. Die tschechischen Fortschrittlichen Staatsrechtler fordern tschechoslowakischen Staat ohne Nennung der Habsburgermonarchie. Korošec, Führer des Südslawischen Klubs, verliest eine der tschechischen Deklaration analoge Erklärung (alle slowenischen, kroatischen und serbischen Territorien Österreich-Ungarns zu einem selbständigen Staatsorganismus unter dem Zepter Habsburgs zu vereinigen).

15. Juni 1917: Moritz Graf **Esterházy Nachfolger Tiszas** als Ministerpräsident Ungarns.

23. Juni 1917: Dr. Ernst Ritter **Seidler v. Feuchtenegg**, Vertrauensmann des Kaisers, Vertreter eines gemäßigten deutschen Kurses, **Nachfolger Clam-Martinic'**.

27. Juni 1917: **Griechenland tritt der Entente bei.** 2. Juli Kriegserklärung Griechenlands an alle Vierbundmächte.

2. Juli 1917: **Amnestieerlass Kaiser Karls** für politische Delikte (Handschreiben Karls an Seidler; wohl unter Einfluss Prälat Musils): »Ich erlasse den Personen, die von einem Zivil- oder Militärgericht wegen einer der folgenden im Zivilverhältnisse begangenen strafbaren Handlung verurteilt sind, die verhängte Strafe: Hochverrat, Majestätsbeleidigung, Beleidigung der Mitglieder des kaiserlichen Hauses, Störung der öffentlichen Ruhe, Aufstand ..., Aufruhr.« Außer zunächst bei den Tschechen und bei den Sozialdemokraten findet die Amnestie schärfste Ablehnung. Karel Kramář und rund 1.000 Tschechen kommen frei. Die Amnestie allgemein als Schwächezeichen ausgelegt; na-

39. Die innere Lage der Krieg führenden Staaten 1917

tionale Radikalisierung nicht abgestoppt. Masaryk über die Versöhnungsgeste Kaiser Karls beunruhigt. Am 17. August 1917 73 Soldaten amnestiert (46 von ihnen wegen Desertion zum Tod verurteilt).

2. Juli 1917: Eine im Verbande der russischen Armee kämpfende **tschechoslowakische Brigade** erstürmt die **Mogila-Höhe bei Zborów**. Zwei tschechische Regimenter der k.u.k. 19. Infanteriedivision (k.u.k. 2. Armee), das Infanterieregiment Nr. 35 und das Infanterieregiment Nr. 75, über 3.000 Mann, desertieren dort (**nach Kontaktnahme zur Brigade**) zu den Russen. (Ab 1914 werden tschechische Kriegsgefangene gesammelt, »Česká družina«; bis 1917 3 tschechoslowakische Regimenter, beim II. Korps der russischen 11. Armee).

19. Juli 1917: **Friedensresolution des deutschen Reichstages** (gewisser **Einfluss Czernins** auf Erzberger).

20. Juli 1917: **Vertrag von Korfu zwischen dem serbischen Ministerpräsidenten Pašić und dem Kroatenführer Dr. Ante Trumbić** über die Errichtung eines Königreiches der Serben, Kroaten und Slowenen.

22. Juli 1917: **Kriegserklärung Siams** an Österreich-Ungarn und das Deutsche Reich. Siam entsendet im Sommer 1918 ein kleines Truppenkontingent nach Europa.

24. Juli 1917: Erlassung des **Kriegswirtschaftlichen Ermächtigungsgesetzes** für Österreich. (»Die Regierung wird ermächtigt, während der Dauer der durch den Krieg hervorgerufenen außerordentlichen Verhältnisse durch Verordnung die notwendigen Verfügungen zur Förderung und Wiederaufrichtung des wirtschaftlichen Lebens, zur Abwehr wirtschaftlicher Schädigungen und zur Versorgung der Bevölkerung mit Nahrungsmitteln und anderen Bedarfsgegenständen zu treffen«.)

1. August 1917: Vergeblicher **Friedensappell Papst Benedikts XV.** an die Krieg führenden Mächte.

1. und 14. August 1917: Czernin bietet Berlin als Ausgleich für territoriale Abtretungen in Elsass-Lothringen das mit Galizien vereinigte Russisch-Polen an.

39. Die innere Lage der Krieg führenden Staaten 1917

14. August 1917: **Kriegserklärung Chinas** an Österreich-Ungarn und das Deutsche Reich.

17. August 1917: Friedensbrief Univ.-Prof. Dr. Heinrich **Lammaschs** an den britischen Lordkanzler.

20. August 1917 – 31. Oktober 1918: Ungarische Regierung Sándor **Wekerle**.

25. August: Demission des Provisorischen Staatsrates des Königreiches Polen. Regentschaftsrat ab 12. September bzw. 27. Oktober 1917.

August 1917 – März 1918: Vergebliche **Friedensgespräche** des Legationrats a. D. Nikolaus Graf **Revertera** mit Abel Graf **Armand**, Major im französischen Kriegsministerium (2eme bureau de l'etatmajor de l'armée). Bedingungen der Entente: Abtretung des Trentino, Umwandlung Triests in Freihafen, Rekonstruktion Polens in den Grenzen von 1772, föderative Umgestaltung Österreichs. Dafür Bayern und Polen in Abhängigkeit zu Österreich, Preußisch-Schlesien an Österreich. Andere Bedingungen: Wiederherstellung Belgiens, Abtretung Elsass-Lothringens, Reparationen, Neutralisierung des linken Rheinufers, Abtretung Helgolands, Öffnung von Bosporus und Dardanellen. Wiederherstellung Serbiens und Rumäniens, für Serbien Hafen an der Adria. Um den Preis der Trennung vom Deutschen Reich könne Österreich die 1866 verlorene Vorherrschaft in Deutschland wiedergewinnen (Czernin nimmt zu diesen Vorschlägen nicht Stellung).

September 1917: Deutsche und österreichisch-ungarische Friedensversuche mit Großbritannien über den spanischen Gesandten in Brüssel, **Villalobar**, scheitern (ebenso österreichisch-ungarisch-britische Kontakte in der Schweiz November/Dezember 1917).

2. Oktober 1917: Czernins Rede in Budapest signalisiert weiter bestehende Friedensbereitschaft und Entschlossenheit zur Fortsetzung des Krieges.

5. Oktober 1917: Ein tschechischer und ein slowenischer Matrose sperren die Offiziere des Torpedoboots »Tb 11« in ihren Kabinen ein und bringen das Boot von Sebenico nach Italien.

39. Die innere Lage der Krieg führenden Staaten 1917

Oktober 1917 – Jänner 1918: **Friedensfühler** des Großkaufmanns Julius **Meinl**, Schöpfers der im Dezember 1915 gegründeten »Österreichischen Politischen Gesellschaft« (dort vor allem der Professor für Strafrecht und Völkerrecht an der Universität Wien Heinrich Lammasch und der Reichsratsabgeordnete Josef Redlich; korrespondierendes Mitglied der deutsche Philosoph und Pädagoge Friedrich Wilhelm Foerster): Oktober/November 1917 Gespräche mit Staatsmännern und Industrieführern in Berlin. Meinl verhandelt in der Schweiz mit Vertretern des britischen Geheimdienstes und mit amerikanischen Diplomaten und Vertrauten Wilsons (David **Herron**, Hugh R. **Wilson**). Der Reichstagsabgeordnete Conrad **Haußmann** wird deutscher Mittelsmann. Eine Bereitschaft zur Rückgabe Belgiens sowie zur Gewährung einer Autonomie für Elsass-Lothringen soll gezeigt werden, die Fragen des Verhaltens gegenüber den Nationalitäten Österreich-Ungarns sollen deklariert und die internationale Schiedsgerichtsbarkeit institutionalisiert werden. Als deutscher Druck auf Czernin erfolgt, derartige Verhandlungen abzubrechen, tut dies Czernin mit Schreiben an Meinl vom 2. Jänner 1918.

5.–6. November 1917: **Berliner Kriegszielkonferenz**: Berlin macht austropolnische Lösung von folgenden Regelungen abhängig: Abschluss eines 20-jährigen Schutz- und Trutzbündnisses und einer Militärkonvention, enger wirtschaftlicher Zusammenschluss, ökonomischer Anschluss Rumäniens an das Deutsche Reich, Autonomie für Litauen und Kurland sowie enger Anschluss derselben an das Deutsche Reich. Hindenburg und Ludendorff fordern: Reichsgrenze an Narew- und Warthelinie, Überlassung des Kohlenreviers von Dąbrowa.

29. November 1917: Zustimmung der Mittelmächte zum Friedensangebot der Bol'ševiki vom 28. November 1917.

3.–5., 13.–15. Dezember 1917: **Waffenstillstandsverhandlungen der Mittelmächte mit den Russen in Brest-Litovsk.**

4. Dezember 1917: Präsident Wilson vor dem Kongress: »daß wir nicht wünschen, das österreichisch-ungarische Reich zu schwächen oder umzugestalten. Wir wünschen, daß die Angelegenheit seiner

39. Die innere Lage der Krieg führenden Staaten 1917

Völker in allen großen und kleinen Dingen in ihren eigenen Händen ruhen.«

6. Dezember 1917: Czernin vor den Delegationen: Österreich-Ungarn kämpft für Elsass-Lothringen wie das Deutsche Reich für Lemberg und Triest (»Ich kenne da keinen Unterschied zwischen Straßburg und Triest«).

7. Dezember 1917: **Kriegserklärung der USA an Österreich-Ungarn.** Es folgen **Kuba** am 10. Dezember, **Panama** am 16. Dezember 1917, **Nicaragua** am 10. Mai 1918.

9. Dezember 1917: **Waffenstillstand zwischen den Mittelmächten und Rumänien in Focșani.**

14. Dezember 1917: **Czernins Leitsätze für die Brester Friedensverhandlungen** (an Botschafter v. Mérey):

„I. Die militärische Sicherheit, dass der Friede tatsächlich perfekt ist.

II. Den Erhalt von Lebensmitteln und Rohstoffen aus Rußland.

III. Die Möglichkeit, Polen vorerst noch militärisch in unserer Hand zu behalten, damit wir dessen zukünftigen Anschluß an die Monarchie erreichen können. Es müßte wohl ein militärischer Kordon an der Linie der jetzigen Front erhalten bleiben, schon um uns etwas gegen die Revolution absperren zu können. Dann könnte vielleicht der momentane Zustand eines Condominiums mit Deutschland in Polen noch eine Zeit erhalten bleiben.

IV. Eine Einmischung in unsere internen Angelegenheiten können wir natürlich nicht dulden.

V. Von kardinaler Wichtigkeit ist es natürlich, daß die maßlosen Begierden der Deutschen Obersten Heeresleitung den Frieden nicht gefährden. So ist Eurer Exzellenz bekannt, dass der Friede mit Rußland unter allen Umständen zustande kommen muß und daß alle Eventualitäten möglich sind, nur nicht die des Scheiterns der Verhandlungen durch die Zentralmächte. Selbst ein Separatfriede zwischen uns und Rußland wäre der Eventualität eines Scheiterns durch deutsche Wünsche vorzuziehen.«

15. Dezember 1917: **Waffenstillstand zwischen den Mittelmächten und Russland in Brest-Litovsk.**

39. Die innere Lage der Krieg führenden Staaten 1917

18. Dezember: Tschechische und südslawische Reichsratsabgeordnete fordern das Selbstbestimmungsrecht und die Teilnahme an den Brest-Litovsker Verhandlungen.

22., 25.–28. Dezember 1917, 9.–12., 14.–15., 18., 30.–31. Jänner, 1., 3., 7., 9.–10. Februar, 1., 3. März 1918: **Friedensverhandlungen mit Russland in Brest-Litovsk.**

24. Dezember 1917: Czernin an Kaiser Karl: »... daß Deutschland den enormen Gewinn von ganz Kurland und Lithauen haben wird. Es ist ganz unmöglich, daß E.M. in diesem Fall leer ausgehen und die Rolle spielen, nur damit Deutschland Eroberungen macht. E.M. müssen daher Polen erhalten, um paritätisch dazustehen.«

Dezember 1917 – Februar 1918: **österreichisch-ungarisch-britische Friedenskontakte:** Albert Graf **Mensdorff-Pouilly** – Burengeneral **Smuts**, Mitglied des britischen Kriegskabinetts. Rein militärischer Sieg der Entente nach Ausfall Russlands und Kräfteverfall Italiens nicht mehr zu erwarten. Ein deutscher Kräftezuwachs ist zu verhindern. Nachdem Russland als Gegengewicht ausgefallen ist, soll Österreich-Ungarn an dessen Stelle treten. Habsburgermonarchie in einen viergliedrigen Staatenbund umzuwandeln. Galizien und Polen sollen einen Staat bilden, der Österreich und Ungarn durch eine Personal- und Wirtschaftsunion angeschlossen werden soll. Serbien soll durch Bosnien, die Hercegovina und Dalmatien vergrößert werden und als 4. Staat diesem neuen Staatenbund angehören. An Italien Trentino. Triest Freihafen. Rumänien durch Teile der Bukowina und Bessarabiens zu vergrößern. Rumänische Dobrudscha und Serbisch-Makedonien an Bulgarien. Für die Abtretung des Elsass (ohne Straßburg) und eines Teiles Lothringens, die Räumung Nordwestfrankreichs und Belgiens sollen Finnland, Kurland und Litauen unter deutschen Einfluss kommen. Frankreich soll den französischen Kongo als Kompensation für Elsass-Lothringen an das Deutsche Reich verlieren. (Balfour lehnt eine Stellungnahme zur künftigen Gestalt des Deutschen Reiches ab. Österreich-Ungarn lehnt Separatfriedensverhandlungen ab.)

39. Die innere Lage der Krieg führenden Staaten 1917

Stand der k.u.k. Wehrmacht Ende 1917:
Bis Ende 1917 sind in Österreich-Ungarn 8.420.000 Mann eingerückt, davon 780.000 gefallen oder gestorben, 1.600.000 in Kriegsgefangenschaft geraten, 500.000 als invalid und 130.000 als älteste Jahrgänge aus der Wehrmacht entlassen, 400.000 in Rüstungsbetriebe kommandiert, 600.000 nach ihrer Einrückung enthoben. Am 1. Jänner 1918 4.410.000 Mann bei der k.u.k. Wehrmacht, davon 2,850.000 bei der Armee im Felde, 1.560.000 bei den Ersatzkörpern, Militärbehörden, Kommanden und Anstalten in der Heimat.

Deutsches Reich

16. Jänner 1917: Die **Gewerkschaftsführer** betonen im Schreiben an Bethmann Hollweg und Kriegsamt ihre Übereinstimmung mit der Regierung (Abwehr der Feinde des Reiches). Von Jänner bis März 1917 mehrere Streiks im Ruhrgebiet und in Berlin für höhere Löhne und bessere Ernährung.

6.–8. April 1917: **Gründung der Unabhängigen Sozialdemokratischen Partei Deutschlands (USPD)**; sie steht offen außerhalb der Burgfriedensfront (»Burgkrieg, nicht Burgfrieden«). Der **Massenstreik am 16. April** 1917 in Leipzig und Berlin, ausgelöst durch die Ankündigung der Regierung, die Brotration herabzusetzen, durch die »**Revolutionären Obleute**« (teils der Spartakusgruppe, teils dem linken Flügel der USPD zugeneigt) organisiert, scheitert an der Gewerkschaftsführung, die, nachdem sie Zugeständnisse der Behörden erreicht hat, am zweiten Tag den Streikabbruch durchsetzt. In Leipzig verlangen die Arbeiter neben besserer Versorgung mit Lebensmitteln und Kohle einen Frieden ohne Annexionen, Aufhebung des Belagerungszustandes und des Hilfsdienstgesetzes, Presse- und Versammlungsfreiheit, allgemeines und gleiches Wahlrecht im ganzen Reichsgebiet. Im Plenum des Reichstages stimmt die SAG am 23. Februar 1917, am 20. Juli 1917 und am 1. Dezember 1917 die USPD gegen die Kriegskredite.

In den Reichstagsdebatten Februar/März 1917 fordern die Liberalen Übergang zum **parlamentarischen Regierungssystem** (die SPD

39. Die innere Lage der Krieg führenden Staaten 1917

am 11. Oktober 1916 für **Kollegialisierung und Parlamentarisierung der Reichsleitung**). April 1917: Verfassungsausschuss des Reichstages »für die Prüfung verfassungsrechtlicher Fragen, insbesondere der Zusammensetzung der Volksvertretung und ihres Verhältnisses zur Regierung«. 15./16. Mai 1917: Debatte im Reichstag über die Parlamentarisierung der Regierungsgewalt und über die parlamentarische Kontrolle der Kommandogewalt. In der Frage des **preußischen Wahlrechts** widerstreben die Konservativen einer Reform aus grundsätzlichen Erwägungen; die Nationalliberalen und das Zentrum suchen die Entscheidung in die Nachkriegszeit zu verschieben; auch in der Fortschrittlichen Volkspartei keine einhellige Meinung. Nur SPD will sofortige Behandlung des Problems. Einen Auftakt der Reform setzt die »**Osterbotschaft**« des Kaisers vom 7. April 1917, sie betrifft den Gesamtbereich der Neuorientierung, nicht nur die preußische Wahlreform. Die Vorbereitung könne noch im Krieg erfolgen, die Inkraftsetzung aber erst nach dem Krieg. Der Kernfrage des preußischen Wahlrechts, einer Entscheidung für die Wahlrechtsgleichheit, wird ausgewichen. Mitte Mai 1917 entscheiden sich die vier großen Fraktionen des preußischen Abgeordnetenhauses (Freikonservative, Konservative, Zentrum, Nationalliberale) für das Pluralwahlrecht, ein differenzierendes Zusatzstimmensystem, und damit gegen die Wahlrechtsgleichheit.

Juni/Juli 1917: Neue **Streikwelle** (Ruhrgebiet, Oberschlesien). Winter 1916/17: **Ernährungskrise,** als nach schlechter Ernte 1916 und Verkehrsschwierigkeiten im Winter die Versorgung der Großstädte zusammenbricht. Fortlaufende Verschlechterung der Qualität der Lebensmittel, große Zahl wertloser Ersatzlebensmittel. Das Militär außerhalb der allgemeinen Bewirtschaftungsorganisation. Höhere Rationen der »Selbstversorger« in der Landwirtschaft. Enorme Ausdehnung des schwarzen Marktes, Schleichhandel zu wahnwitzigen Preisen. Februar 1917: »Reichskommissar für die **Kohlenverteilung**«.

Der revolutionären Bewegung in der **Flotte** vom Sommer 1917 (eines auf die besonderen Marineverhältnisse der Kriegszeit zurückgehenden Einzelvorganges [Vollstreckung des **Todesurteils** an

39. Die innere Lage der Krieg führenden Staaten 1917

Oberheizer **Reichpietsch** und Heizer **Köbis** am 5. September 1917]) können die militärischen Stellen schnell Herr werden. Mangel an Facharbeitern. September 1916: 1,2 Millionen Arbeiter, Juli 1917: 1,9 Millionen Arbeiter vom Militärdienst zurückgestellt. **Stahlproduktion:** Februar 1917 1.187.000 t, das sind 225.000 t weniger als August 1916, Pulverproduktion: 6.400 t (Planziffer 7.500 t). Stahlzuteilung der Engpass der Rüstungsproduktion. Herbst 1917 geplante Produktion von Maschinengewehren und leichter Artillerie erreicht. Kohle und Stahl, die Basis der Industrieproduktion, bleiben knapp; das Verkehrssystem bleibt überlastet.

Kriegszielpolitik: Die Enttäuschung über die Zurückweisung des Friedensangebotes der Mittelmächte und die Hoffnung auf schnelle Erfolge des U-Boot-Krieges geben der Kriegszielagitation der nationalen Verbände neuen Auftrieb. Die Kriegszielfrage am 18./19. Jänner und 15./16. Februar 1917 im preußischen Abgeordnetenhaus erörtert. Im Reichstag ergänzt Bethmann Hollweg am 27. Februar 1917 den bisherigen Anspruch auf Sicherung durch den Anspruch auf Entschädigung für die dem Reich zugefügten Schäden. Das deutsch-österreichisch-ungarische Kriegszielprogramm vom 16. März 1917 verzichtet nicht auf Annexionen und Entschädigungen, zeigt aber, dass man bei ernsthaften Friedensgesprächen von ausgreifenden Gebietserwerbungen Abstand nehmen würde. Das Resümee der Kriegszielbesprechungen Czernins mit Bethmann Hollweg am 26./27. März 1917 sieht als Minimalprogramm den Status quo ante bellum vor; bei günstigem Kriegsausgang sollen »der Osten« (= Polen) für das Deutsche Reich, »vor allem Rumänien« für Österreich-Ungarn infrage kommen. Deutsch-österreichisch-ungarische Kriegszielbesprechungen am 23. April 1917 sehen vor, Kurland und Litauen dem Deutschen Reich zu überantworten; Russisch-Polen soll unter Berliner Vorherrschaft kommen; Lüttich und die flandrische Küste mit Brügge verbleiben dauernd in deutschem Besitz (oder in 99-jähriger Pacht). Luxemburg wird deutscher Bundesstaat. Deutsch-österreichisch-ungarische Kriegszielbesprechungen am 17./18. Mai 1917 regeln die beiderseitigen Einflusssphären im Osten und auf dem Balkan.

39. Die innere Lage der Krieg führenden Staaten 1917

Bethmann Hollweg lehnt am 15. Mai 1917 im Reichstag die von ihm verlangte programmatische Erklärung zur Frage der Kriegsziele ab.

9. August 1917: Besprechung Reichskanzler Dr. Georg Michaelis (14. Juli – 24. Oktober 1917 Reichskanzler; Bethmann Hollweg demissioniert am 13. Juli 1917) – OHL: Kurland und Litauen in enger Form an das Deutsche Reich anzuschließen (Form der Angliederung unbestimmt). Ein »österreichisches Polen ist unmöglich für Deutschland. Der Anschluß Polens an Deutschland ist nur möglich, wenn Österreich sich an Polen desinteressiert, auch auf Lublin verzichtet«. »Wird aus der Angliederung Polens an Deutschland nichts, so fällt die Voraussetzung für das Zugeständnis österreichischer Vorherrschaft in Rumänien.« Belgien muss »als besonderer Staat in unserer Hand bleiben«. »... der Anschluß Luxemburgs an Deutschland so geräuschlos wie möglich vollzieht.«

7. Oktober 1917: Besprechung Michaelis – OHL in Kreuznach. Dr. Richard v. Kühlmann, Staatssekretär im Auswärtigen Amt seit 16. Juli 1917: Austro-polnische Lösung »vielleicht das geringste Übel« (Ludendorff, Hindenburg dagegen). Ludendorff für Personalunion Kurlands und Litauens mit Preußen. **Antiösterreichische Auslassungen Hindenburgs und Ludendorffs**: Hindenburg: »Vorsicht gegen Österreich. Österreich hat viel ausgespielt und gegen uns intrigiert. Es besteht die Gefahr, daß die Hohenzollern zu Vasallen werden der Habsburger. Ein starkes Österreich wird versuchen, seine Herrschaft auszudehnen. Möglichkeit eines Krieges mit Österreich. Das Bündnis mit Österreich muß bleiben. Aber die Auseinandersetzung mit Österreich wird kommen. Das Deutschtum in Österreich ist nichts wert.« Ludendorff: »Wir wollen Österreich nicht stark machen. Polen wird den Krieg mit Österreich bringen.« (Den österreichischen Deutschen ist die Abneigung Hindenburgs gegen Österreich nicht bekannt, im Gegenteil: Hindenburg steht bei ihnen in ungeheurem Ansehen.)

Deutsch-osmanische Militärkonvention, Konstantinopel: 18. Oktober 1917 (ersetzt den »Vertrag betreffend Schaffung einer Deut-

39. Die innere Lage der Krieg führenden Staaten 1917

schen Militär-Mission behufs Reorganisation der Kaiserlich Ottomanischen Armee« vom 27. November 1913).

Friedensbestrebungen: Nach dem Scheitern des Friedensangebotes der Mittelmächte erreicht das Misstrauen der oppositionellen Rechten gegen Bethmann Hollweg den Höhepunkt. In den Parlamenten bilden die deutschkonservativen und der rechte Flügel der Nationalliberalen den Kern der Kanzlerfronde; im außerparlamentarischen Raum ist der »Unabhängige Ausschuß für einen Deutschen Frieden« der organisatorische Rahmen für die Kanzlergegner. Der Widerstand gegen die »Neuorientierung«, das Misstrauen gegen die offizielle Kriegszielpolitik, der Unmut über die Bethmann angelastete Verzögerung des uneingeschränkten Einsatzes der U-Boot-Waffe liefern die Vorwände, um den Sturz Bethmanns mit allen Mitteln zu betreiben. Der Ausbruch der russischen Februarrevolution und der Druck der USPD führen zu einem eindeutigen Umschwanken der Mehrheitssozialisten auf ein antiannexionistisches Friedensprogramm; die sozialdemokratische Friedensresolution vom 19. April 1917 feiert den »Sieg der russischen Revolution« und fordert einen Frieden »ohne Annexionen und Entschädigungen«. Die Ablehnung des Friedensangebotes der Mittelmächte und der Bruch zwischen Berlin und Washington veranlassen Kaiser Karl zu Friedenssondierungen mit Frankreich durch seinen Schwager Prinz Sixtus von Bourbon-Parma. Im März 1917 gibt Czernin Bethmann Kenntnis von der Absicht, in Vorbesprechungen mit einem Vertrauensmann der Westmächte einzutreten. Mit deutscher Zustimmung erhält Graf Mensdorff den Auftrag, vorfühlende Besprechungen in der Schweiz zu führen. Am 23./24. März 1917 trifft Kaiser Karl mit Sixtus in Laxenburg zusammen; Karl überreicht dem Prinzen ein eigenhändiges, höchstwahrscheinlich von Prälat Alois Musil formuliertes, an Sixtus gerichtetes, aber zur Übermittlung an die französische Regierung bestimmtes Schreiben (Czernin kennt den genauen Wortlaut wohl nicht), das Sixtus am 31. März Poincaré weitergibt (»... gerechten Rückforderungsansprüche Frankreichs auf Elsaß-Lothringen«).

Kaiser Karl schlägt bei seinem Besuch im Großen Hauptquar-

39. Die innere Lage der Krieg führenden Staaten 1917

tier (3. April 1917) vor, Berlin solle Frankreich Elsass-Lothringen anbieten; nur so sei es möglich, zu einem Frieden zu kommen. Um Berlin den Wiener Vorstellungen gefügiger zu machen, lässt Kaiser Karl Kaiser Wilhelm II. am 14. April eine vom 12. April 1917 datierte Denkschrift Czernins überreichen, die eine sehr düstere Schilderung der Kriegslage enthält. Die Antwort Bethmanns auf diese Denkschrift ist gelassen (4. Mai 1917); sie beurteilt die Gesamtlage als »günstig«, hält am Ziel, »einen ehrenvollen, den Interessen des Reichs und [seiner] Verbündeten gerecht werdenden Frieden sobald wie möglich herbeizuführen«, fest. Man solle »den Entwicklungs- und Zersetzungsprozess in Rußland aufmerksam verfolgen und begünstigen«. Am 13. Mai erhält Bethmann in Wien Kenntnis von der Sixtus-Aktion (nicht von Karls Briefen vom 24. März und 9. Mai 1917); dem Vermittlungsversuch als solchem stimmt er zu. In den Kreuznacher Abmachungen einigen sich Berlin und Wien über ein gemeinsames Kriegsziel. Die k.u.k. Verhandlungen Revertera – Armand gehen im Einvernehmen mit der Reichsregierung weiter.

Bethmann äußert sich am 6. Juli 1917 zu Payer als Vertreter des Interfraktionellen Ausschusses und zu Vertretern des Zentrums, der Nationalliberalen und der Mehrheitssozialisten in Bezug auf die Friedensfrage, die vorzeitige Festlegung auf die Formel »ohne Annexionen und Entschädigungen« beeinträchtige die Aussichten auf einen Verständigungsfrieden, den er mit aller Kraft anstrebe. Am 7. Juli 1917 verlangt Scheidemann im Hauptausschuss eine Friedenspolitik auf der Grundlage des Annexionsverzichtes.

Der Interfraktionelle Ausschuss kann sich am 7. Juli nicht über den Entwurf einer Friedensresolution einigen. Die Nationalliberalen wollen vorerst die Friedensresolution nicht unterstützen. Ihr Vorschlag: Zunächst Parlamentarisierung der Reichsleitung, dann Regierungserklärung des neuen Kanzlers, dass der Krieg nicht zum Zwecke gewaltsamer Gebietserwerbungen fortgesetzt werden solle; der Reichstag solle die Friedensinitiative der Regierung überlassen und diese durch ein Vertrauensvotum unterstützen. Am 12. Juli stellt der Interfraktionelle Ausschuss den endgültigen Wortlaut der von

39. Die innere Lage der Krieg führenden Staaten 1917

den drei Parteien (Zentrum, Fortschrittliche Volkspartei, Mehrheitssozialisten) getragenen Friedensresolution fest (die Nationalliberalen nehmen nicht teil), für Bethmann ist sie unannehmbar (am 13. Juli demissioniert er).

Die von der Reichstagsmehrheit am 17. Juli eingebrachte Friedensresolution bekennt sich zu einem Verständigungs- und Versöhnungsfrieden unter wechselseitigem Verzicht auf »erzwungene Gebietserwerbungen« (›vereinbarte‹ Gebietserwerbungen lässt sie offen!). Mit ihr beansprucht das Parlament die verbindliche Aufstellung der Richtlinien für die Kernfrage der Außenpolitik. Die für die Reichspolitik maßgebliche Auslegung der Resolution kommt nach Auffassung des neuen Reichskanzlers Michaelis diesem zu. Als überparteiliche Sammelbewegung der Rechten gegen die Friedensresolution wird Ende August/Anfang September 1917 die »Deutsche Vaterlandspartei« ins Leben gerufen. Für das Friedensprogramm setzt sich seit Dezember 1917 der »Volksbund für Freiheit und Vaterland« (linker Flügel des Zentrums, Fortschrittliche Volkspartei, rechter Flügel der Mehrheitssozialisten, die Gewerkschaften, sozialliberale Gruppe des »Deutschen Nationalausschusses«) ein.

Die Kurie lässt die päpstliche Friedensnote vom 1. August 1917 am 15. August den Regierungen der Krieg führenden Staaten überreichen. Die USA lehnen den Vorschlag des Papstes, durch einen Frieden der Versöhnung zum Status quo ante bellum zurückzukehren, am 27. August ab. Interfraktioneller Ausschuss, Hauptausschuss des Reichstages, ein »Freier Ausschuss beim Reichskanzler« befassen sich mit dem päpstlichen Vorschlag. Der Kronrat vom 11. September spricht sich für einen Verzicht auf Belgien aus; dieser Verzicht soll aber als deutsche »Vorleistung« nicht öffentlich bekannt gegeben werden. Die deutsche Antwortnote vom 19. September vermeidet konkrete Vorschläge oder Zugeständnisse zu Einzelfragen. Der Brief Michaelis' an Nuntius Pacelli (24. September) hält die Tür für Verhandlungen jedoch offen.

Die Sondierungen Kühlmanns über den spanischen Gesandten in Brüssel Villalobar scheitern in London. Die britische Regierung entscheidet am 6. Oktober, dass sie deutsche Mitteilungen über die

39. Die innere Lage der Krieg führenden Staaten 1917

Friedensfrage nur offiziell entgegennehme. Auch andere diplomatische Aktionen ergeben, dass es bei den Westmächten an Friedensbereitschaft unter der Vorbedingung der Gleichberechtigung fehlt: die Versuche, ein vorbereitendes Friedensgespräch zwischen dem Leiter der Politischen Abteilung beim deutschen Generalgouverneur in Belgien Oscar Frhr. v. d. Lancken-Wakenitz und Exminister Aristide Briand auf Schweizer Boden zu führen, scheitern. Die britisch-französischen Friedensbemühungen konzentrieren sich darauf, Wien durch verlockende Angebote zum Bündnisabfall zu verleiten. Gleichzeitig hofft man, durch die in Aussicht stehende amerikanische Hilfe den vollständigen deutschen Zusammenbruch herbeizuführen.

Am 18. September (also noch vor der deutschen Antwortnote an die Kurie) gibt Ministerpräsident Painlevé Kriegszielerklärungen ab, die einen Verständigungsfrieden ausschließen. Die Eroberung Elsass-Lothringens wird mit dem Terminus »Desannexion« verhüllt, um ihn der Friedensformel »keine Annexionen« anzupassen. Der frühere britische Premierminister Asquith stellt in einer Rede vom 26. September 1917 die französische Forderung auf ganz Elsass-Lothringen als alliierte Friedensbedingung gleichwertig neben die Forderung auf Freigabe Belgiens. Staatssekretär Kühlmann lehnt am 9. Oktober 1917 alle französischen Ansprüche auf das Reichsland ab. Die deutsche Bereitschaft zu gewissen Zugeständnissen in Elsass-Lothringen (Abtretung von Teilen des Oberelsass gegen einen Gebietsausgleich in Lothringen) neben der Freigabe Belgiens hat zu dem von Teilen der Reichstagsmehrheit erstrebten Ausgleich gehört. Die Abtretung des ganzen Reichslandes ist eine Forderung gewesen, die nicht nur für die Reichsleitung, sondern für alle großen Reichstagsparteien, auch für die mehrheitssozialistischen Anhänger der Formel »keine Annexionen und Entschädigungen«, indiskutabel gewesen ist.

Großbritannien

Mangel an Facharbeitern, Mangel an Kohle und Stahl, Engpässe bei der Lebensmittelversorgung. Wegen der Kriegsverluste Arbeiter eingezogen, auch Facharbeiter; durch Frauen ersetzt. Getreide und

39. Die innere Lage der Krieg führenden Staaten 1917

Fleisch aus den USA und Kanada importiert. Australische Weizenernte aufgekauft, aber aus Mangel an Schiffsraum größtenteils in Australien eingelagert. Zucker 1917 größtenteils aus Kuba. Wichtigste Antwort auf die Importeinschränkung Steigerung der Inlandsproduktion. Getreideanbau kann jetzt mehr Menschen ernähren als Viehwirtschaft. Bis zur Ernte 1918 sollen drei Millionen ha Weideland wieder zu Äckern umgepflügt werden. Im Frühjahr 1917 eine Million ha für Kartoffeln und Hafer umgepflügt. Die Regierung mobilisiert Tausende von Kriegsgefangenen für die Landarbeit, stellt Soldaten dafür frei, wirbt Frauen als Landarbeiterinnen an. »Freiwillige Rationierung« für Lebensmittel (Februar 1917) Misserfolg. September 1917: erste Höchstpreise für wichtige Lebensmittel. Preisfixierung von Anfang an mit staatlicher Kontrolle des Angebotes verbunden, von der Produktion oder Einfuhr bis zum Verbrauch. Rationierung von Brot bis zum Schluss vermieden. Juni 1917: Rationierungsschema für Zucker.

Ende 1917: Ernährungskrise, lange Schlangen vor den Geschäften (Butter, Margarine, Tee, Fleisch).

Ein »Allied Maritime Transport Council« (AMTC) besteht seit November 1917.

Linker Flügel der Arbeiterbewegung: Shop Stewards' Movement (shop stewards = gewerkschaftliche Vertrauensleute in den Betrieben) in Metallindustrie und Bergbau (Glasgow, Sheffield). Langfristige Perspektive; punktuelle Verhandlungen mit der Regierung über Arbeiterkontrolle als unwirksam erkannt und abgelehnt. Als 1917 die Regierung den Arbeitern in den sog. »Whitley Committees« eine stark reduzierte Form von Mitbestimmung anbietet, lehnen die Shop Stewards ab. Ab 1917 regelmäßig Konferenzen auf nationaler Ebene.

Frankreich

17. März 1917: **Rücktritt** des Kabinetts **Briand**. **Neue Regierung** unter **Ribot** kann sich nur bis 9. September halten, wird von den Sozialisten gestürzt. 12. September **Painlevé** bildet ein Übergangskabinett, in welchem Ribot das Außenministerium übernimmt. Einen

Monat später wird dieser durch Barthou ersetzt. 16. November 1917: Kabinett Painlevé gestürzt. 1917 bedeutet für Frankreich schwere Krise und Wende. Als sich die innenpolitischen Spannungen infolge der Kriegseinwirkungen (**Meutereien** von 16 Armeekorps infolge der großen Verluste durch die Großangriffe am Chemin des Dames und in der Champagne) immer mehr zuspitzen, kommt mit Georges **Clemenceau** ein Mann mit rücksichtsloser Entschlossenheit und politischem Geschick an die Spitze des Staates. Er bildet am 16. September ein Kabinett, in dem er selbst gleichzeitig Kriegsminister ist. Pichon wird Außenminister. Clemenceau erstrebt einen Sieg »sans phrase«.

16. Dezember 1917: Poincaré bewilligt Formierung einer **tschechoslowakischen Legion** in Frankreich (als alliierte, autonome Armee, Winter 1917/18: 12.000 Mann).

Weizenernte 1917: Tiefstand von 40% des Vorkriegsniveaus, Zuckerproduktion noch schlechter. Frankreich muss Lebensmittel in großem Umfang importieren. Nach dem von den Alliierten Ende 1917 beschlossenen allgemeinen Importprogramm führt Frankreich monatlich 639.000 t Lebensmittel, davon 275.000 t Weizen, ein. Trotzdem Lebensmittel knapp, Preise stiegen. 1917: Staatliche Monopole für Getreide kontrollieren den Weg vom Produzenten zum Verbraucher.

1917: Kriegsanleihe.

Belgien

Am 4. Februar 1917 treten in Brüssel mit Unterstützung des Generalgouverneurs Frhr. v. Bissing ca. 200 Flamenführer zusammen und bilden den sog. **Rat von Flandern**. Im Manifest vom selben Tag werden als Ziel der Bewegung die Verwaltungstrennung und die kulturelle Autonomie der flämischen und wallonischen Teile des belgischen Staates proklamiert. Vertreten sind drei Gruppen: Jungflandern (29), Freiflamen (katholisch, 13) und Autonomisten (8). Ein Vertreter der deutschen Zivilverwaltung nimmt an den wöchentlichen Sitzungen teil. Zur Vorberatung aller vom Rat ausgehenden Vorschläge wird eine sog. Oberkommission aus Vertretern des »Rats« und Vertretern der Zivilverwaltung und der politischen Abteilung beim Generalgouvernement gebildet. Beim Empfang des Rats bei Kaiser und Reichskanzler am 3. März 1917 verlangen Vertreter von »Jungflandern« die Verleihung von Selbstverwaltung und Selbstregierung an Flandern (Autonomisten für Autonomie für Flandern und Wallonien, Union beider Länder unter einem König). Generalgouverneur v. Bissing hält eine Trennung für verfrüht, führt aber am 21. März 1917 die Verwaltungstrennung zwischen Flandern und Wallonien ein.

24. April 1917: v.d. **Lancken-Wakenitz'** Gesichtspunkte für die deutsche Politik: »Unser Ziel kann kein anderes sein als die schließliche Errichtung der deutschen Vorherrschaft über das belgische Land bis zum Meere, um dessen günstige geografische Lage und natürlichen Reichtum sowie die Betriebsamkeit seiner Bevölkerung für den Ausbau der deutschen Weltmachtstellung auszunutzen. Zur Erreichung dieses Zieles muß eine Lösung gefunden werden, welche den Ententemächten, namentlich England, das angeblich Belgiens wegen in den Krieg zog, den Friedensschluß ermöglicht und dem auf den äußeren Schein der Unabhängigkeit besonderen Wert legenden belgischen Volke selbst erträglich erschient. Was das letztere betrifft, so ist die Anbahnung eines künftigen guten Verhältnisses bereits unter der Okkupation einzuleiten.«

Für vorsichtige und schonende Behandlung, gegen rücksichtslosen Zwang, gegen »harte Bestrafungen, Todesurteile, besonders wenn sie Frauen betreffen«. Statt des zentralistischen belgischen Staatsorganismus sollen ein flämischer Landesteil mit flämischer Landesregierung und Verwaltung in Brüssel und ein wallonischer Landesteil mit wallonischer Landesregierung in Namur geschaffen werden. Je ein deutscher Verwaltungschef für Flandern und Wallonien.

Die aktivistischen Flamen sollen durch ihren von der Reichsleitung anerkannten Vertretungskörper, den Rat von Flandern, wirken (Erklärung der Reichsleitung in Berlin an den Rat von Flandern, 3. März 1917).

39. Die innere Lage der Krieg führenden Staaten 1917

»Korrektes, womöglich gutes Verhältnis zur katholischen Geistlichkeit herzustellen.« Vorsichtige Behandlung der straffälligen Geistlichen (87 belgische Priester im April 1917 verhaftet), Gnadenrecht als ausgleichendes Mittel.

Ludendorff will in einem Brief an Kühlmann (29. November 1917) den Flamen nur einen »**beratenden Anteil**« an den **Landesgeschäften gewähren**. Auch der Chef der politischen Abteilung beim Generalgouvernement v. d. Lancken schließt sich dem Auswärtigen Amt gegenüber am 12. Dezember 1917 der Meinung Ludendorffs an. Trotzdem ruft der **Rat von Flandern** am 22. Dezember die **Selbständigkeit Flanderns** aus. Auf deutschen Wunsch muss »Unabhängigkeit« durch »**Autonomie**« ersetzt werden. Die Flamen proklamieren am 20. Jänner 1918 ihre »Autonomie«; als das Sechspunkteprogramm des neuen Rats neben einer eigenen Legislative, Exekutive und richterlichen Gewalt auch eine eigene diplomatische Vertretung nach außen verlangt, verbieten die Deutschen die Veröffentlichung des Aufrufes. Im Frühjahr 1918 versucht Berlin mit König Albert zu einer Separatverständigung nach deutschen Bedingungen zu kommen. Die deutsche Reichsleitung ist weiter für eine Verwaltungstrennung, will aber Flandern und Wallonien als einheitliches Wirtschaftsgebiet erhalten. Wallonien und Flandern sollen durch Personalunion und durch ein gemeinsames Wirtschaftsministerium verbunden bleiben.

Italien

1917: Getreideernte Einbuße von 30% gegenüber Vorkriegsniveau.
1917: Lebensmittelkarte für Brot, dann für andere Lebensmittel.

Nach der 12. Isonzoschlacht müssen 300.000 italienische Gefangene untergebracht werden. Das **eroberte Gebiet (Provinzen Udine, Belluno, Teile der Provinzen Venetien, Treviso, Vicenza) wird Etappenbereich der k.u.k. Armee**, unterstellt den Heeresgruppenkommandos Borović und Conrad. 15. Dezember 1917 Abkommen Österreich-Ungarn – Deutsches Reich über die Verteilung von Kriegsbeute und Waren (Verteilungsschlüssel 1:1). Bevölkerung der an der neuen Front am Piave und nordwestlich von Bassano gele-

39. Die innere Lage der Krieg führenden Staaten 1917

genen Orte evakuiert und auf andere Ortschaften verteilt. Requisitionen für die Truppe. K.u.k. Besetzung wirkt sich auf Viehzucht, Ackerbau, Obstbau aus. Festsetzung der Mehlquote pro Kopf und Tag mit 150 g, doch dieses Quantum nicht überall ausgegeben, daher Hunger. Hausgeräte aus Kupfer und Zinn müssen abgegeben werden, auch viele Glocken.

Bei einer alliierten Seekriegskonferenz Ende November/Anfang Dezember 1917 weist Ministerpräsident Orlando darauf hin, dass die italienische Rüstungsindustrie mangels Kohle nicht mehr arbeiten könne.

Serbien: Bis Mitte 1917 170.000 Rinder, 190.000 Schafe, 50.000 Schweine, ferner Blei und Schwefelkies nach Österreich-Ungarn.

Montenegro: 1917 Erhebungen gegen die k.u.k. Besatzungsmacht.

Rumänien: Militärverwaltung im weder gänzlich besiegten und gänzlich besetzten Land ausschließlich durch das Deutsche Reich (**Militärgouverneur** General **Tülf von Tschepe**). Ein k.u.k. Generalkommissär für die wirtschaftlichen Angelegenheiten in einem gemeinsam mit dem Deutschen Reich beschickten Wirtschaftsstab. Auch Osmanen und Bulgaren wirken an der Okkupation Rumäniens mit. Dem Okkupationsgebiet, 80% des Staatsgebiets, Kontribution von 250 Millionen Lei auferlegt. Die 18 Abteilungen des Wirtschaftsstabes sorgen für die Normalisierung der rumänischen Wirtschaft und für Ernährung und Betrieb der Kriegswirtschaft im Deutschen Reich und Österreich-Ungarn. Kriegsbeute (in staatlichen Arsenalen und rumänischer Kriegsindustrie), dazu Getreide, Holz, Erdöl. Aufteilung durch eine »Kriegsbeutekommission« der Mittelmächte. Alle anderen Rohprodukte, Waren und Materialien für beschlagnahmt erklärt und dann zu Fixpreisen angekauft.

Griechenland: 12. Juni 1917 **Abdankung König Konstantins I.** (verheiratet mit Sophie v. Preußen, Schwester Kaiser Wilhelms II.) auf

39. Die innere Lage der Krieg führenden Staaten 1917

Druck von Briten und Franzosen. Nachfolger Konstantins zweiter Sohn **Alexander**. 27. Juni: **Griechenland tritt der Entente bei**. 2. Juli: **Kriegserklärung an die Vierbundmächte**. (Am 11. September 1916 ergibt sich das Kavala verteidigende IV. griechische Armeekorps [6.000 Mann] kampflos den Deutschen, wird von diesen als Kriegsgefangene in das Lager von Görlitz verbracht. Die Griechen können dort einer friedlichen Beschäftigung fast frei nachgehen, werden de facto nicht als Gefangene betrachtet.).

Osmanisches Reich
Kriegsmüdigkeit, Elend, Teuerung, Bereicherung weniger, Desertionen, Krankheiten und Erschöpfung bei den Soldaten.

Siam: Einziger unabhängiger Staat Südasiens. 1868–1910: König Maha Tjula-Longkorn Rama V. modernisiert das Reich nach europäischem Muster, aber keine Verfassung, keine Volksvertretung. 1910–1925: König Rama VI. Wajiwarudh.

China: 1911: Revolution der Jungchinesen, geführt von Sun Yat-sen, führt zum Sturz der Mandschudynastie und zur Errichtung der Republik, deren erster Präsident der kaiserliche General Yüan Schi-k'ai wird (15. Februar 1912 – 6. Juni 1916). Japan stellt am 18. Jänner 1915 an China 21 Forderungen, die stark in die chinesische Souveränität eingreifen und Japan den größten politischen, wirtschaftlichen und kulturellen Einfluss in Nordchina einräumen. China muss am 5. Mai 1915 in die Erfüllung der meisten Forderungen einwilligen. Der Versuch des Präsidenten Yüan Schi-k'ai, sich im Dezember 1915 zum Kaiser zu machen, misslingt. Unter starkem Druck der Alliierten und in der Hoffnung, sich dadurch von den ungleichen Verträgen zu befreien, die seine Souveränität stark beschränken, erklärt China am 14. August 1917 an das Deutsche Reich und an Österreich-Ungarn den Krieg.

40. Der Wandel in der Kriegführung

Infanterie: Ist die Hauptwaffe, aber ohne Unterstützung durch **Artillerie** kann sie weder im Angriff noch in der Verteidigung bestehen. In der Verteidigung kommt es neben der Artillerieunterstützung besonders auf den **Stellungsbau** an. Besondere Schwierigkeiten gibt es dort, wo Bodenverhältnisse den Stellungsbau erschweren (Hochgebirge, Karst, Sumpf). Tief in die Erde gegrabene Unterstände mit mehreren Ausgängen und in die Felsen gesprengte Kavernen schützen auch vor dem Feuer der schwersten Artillerie. Der Stellungsbau wird zu einer Hauptaufgabe der **Pioniertruppe**. Aus der Linie des Jahres 1914 ist bis 1917 das aus mehreren Stellungen gebildete Hauptkampffeld geworden, vorne begrenzt durch die Hauptkampflinie, hinten durch die Artillerieschutzstellung; die einzelnen Stellungen durch Verbindungsgräben (Sappen) gedeckt zu erreichen, sodass Ablösung und Versorgung auch im Kampf möglich gewesen sind. Die Abwehrkraft des Stellungssystems beruht vor allem auf den schachbrettartig angeordneten MG-Nestern. Aus diesen kämpfen in vorderer Linie die leichten **Maschinengewehre**, weiter hinten die schweren Maschinengewehre. Für die Artillerie bilden die MG-Nester schwer zu bekämpfende Ziele, da sie einzeln weder aufzuklären noch zu erfassen sind. Die Alliierten versuchen 1916/17 im Flächenfeuer das ganze Stellungssystem umzupflügen und hoffen, dadurch auch die MG auszuschalten.

Der Angriff gegen eine solche Stellungsfront bedarf einer großen personellen und materiellen Überlegenheit und einer gründlichen Vorbereitung. Der erste große Durchbruch gelingt 1915 bei Gorlice-Tarnów nach einem mehrstündigen Trommelfeuer. 1916 und 1917 versuchen die Alliierten, die Abwehr der Mittelmächte durch tagelanges, in Einzelfällen wochenlanges Trommelfeuer zu zermürben. Die Stellungsinfanterie überlebt es in ihren Stollen. Der Wachdienst in den von Granaten umgepflügten Gräben muss aufrechterhalten, Munition und Verpflegung müssen durch Trägertrupps nach vorne, Verwundete zurückgeschafft werden. Fernmeldeverbindungen sind kaum zu hal-

40. Der Wandel in der Kriegführung

ten, oft werden sie durch Meldegänger ersetzt. Kleine Teile der Infanterie bleiben auch nach dem längsten Trommelfeuer kampffähig. Mithilfe ihrer Maschinengewehre können sie auch starke Infanterieangriffe abschlagen und Einbrüche so lange abriegeln, bis ein Gegenangriff die Lage wiederherstellt. Ab 1916 ist das Maschinengewehr der Hauptträger des Feuerkampfes der Infanterie. Die Bataillone erhalten MG-Kompanien, die Schützenkompanien leichte Maschinengewehre (»Handmaschinengewehre« = schwere Maschinengewehre mit leichter Lafette [Zweibein] – und ohne Schutzschild). In der k.u.k. Armee bestehen 1917/18 die vier Kompanien des Infanteriebataillons aus drei Schützen- und einem Hand-MG-Zug mit vier Hand-MG. Im Regiment gibt es vier sMG-Kompanien zu vier, später acht sMG, sodass jedem Bataillon eine MG-Kompanie zugeteilt werden kann (24 MG im Bataillon). Die MG-Kompanien der **deutschen** Infanteriebataillone verfügen über 12 sMG, die vier Schützenkompanien über je vier lMG – zusammen 28 MG. 1918 lösen die Deutschen in jedem Bataillon eine Schützenkompanie auf, erhöhen aber die Zahl der lMG von vier auf sechs; die Gesamtzahl der MG bleibt mit etwa 30 gleich. Das **italienische** Infanteriebataillon von 1918 besitzt in drei Schützen- und einer MG-Kompanie 14 MG. In Schwergewichtsräumen hat das deutsche Heer »MG-Scharfschützenabteilungen« mit drei Kompanien zu je 12 sMG aufgestellt.

Der **Stellungskrieg** fordert eine Änderung der Kampfweise. Im Angriff spielt der Stoßtrupp eine immer größere Rolle. Für Angriffe und Gegenangriffe erhält die Infanteriedivision der k.u.k. Armee je ein Sturmbataillon, das zugleich als Lehrtruppe für die Stoßtrupps der Kompanien dient. Im deutschen Heer stellen die Sturmbataillone – im Ganzen ca. 16 – Sonderverbände hoher Qualität dar. Für den Nahkampf treten als neue Waffen **Handgranaten**, **Flammenwerfer** und **Maschinenpistolen** in Erscheinung.

Hohe Anforderungen stellt auch der Kampf im **Hochgebirge**. Er macht eine besondere Ausbildung und Ausrüstung der Truppe sowie Spezialeinheiten (Hochgebirgskompanien, Bergführerkompanien) erforderlich.

40. Der Wandel in der Kriegführung

Kavallerie:
An den Stellungsfronten gibt es für Reiterverbände keine Einsatzmöglichkeit mehr. Der Kampf zu Pferd ist eine seltene Ausnahme. An der Ostfront finden Kavalleriedivisionen im Bewegungskrieg und als operative Reserve noch eine einigermaßen angemessene Verwendung; den Kampf haben sie zu Fuß zu führen. Je länger der Krieg dauert, desto mehr Reiterregimenter müssen absitzen und sich als »Kavallerieschützen« zu Fuß wie die Infanterie formieren. In **Österreich-Ungarn** machen es der Pferdemangel und die Verstärkung der Artillerie Anfang 1917 erforderlich, der Kavallerie die Pferde zu entziehen. Sie kämpft bis Kriegsende als Infanterie weiter, ihre Besonderheit beschränkt sich auf die Bezeichnung der Regimenter. Im **deutschen** Heer bleiben einzelne Schwadronen als Divisionskavallerie für Aufklärungswecke bestehen, dazu einige Großverbände im Osten. Die **Entente** hält bei jeder großen Offensive Kavallerie bereit, um sie nach dem erwarteten Durchbruch zur Verfolgung einzusetzen. Wo es tatsächlich geschieht (z.B. bei Cambrai 1917), zwingen wenige deutsche MG die Reiter rasch zum Absitzen. **Italienische** Kavallerie opfert sich Ende Oktober 1917 bei Pozzuolo del Friuli (südwestlich Udine), um den Rückzug der Armee an den Tagliamento zu decken. Der **französischen** Kavallerie gelingt es im März 1918, die bei Amiens entstandene Frontlücke so lange zu schließen, bis Infanteriedivisionen auf Lastkraftwagen herangebracht worden sind.

Artillerie:
Während die Artillerie in den Abwehrschlachten 1917/18 die an sie gestellten Anforderungen – abgesehen vom Munitionsmangel bei den Mittelmächten – im Allgemeinen gut erfüllen kann, steht sie bei den großen Offensiven vor großen Problemen. Ein Zerschlagen von Stellungssystemen erfordert nicht nur zahlreiche Artillerieverbände, sondern auch gewaltige Munitionsmengen. Diese Aufgaben haben vor allem die Ententearmeen zu lösen. Die **Briten** trommeln 1916 an der Somme sieben Tage und Nächte auf 40 km Frontbreite, die **Franzosen** 1917 an der Aisne zehn Tage, die **Italiener** 1917 in der 10.

40. Der Wandel in der Kriegführung

Isonzoschlacht zweieinhalb Tage. Ein Durchbruch gelingt in keiner dieser Schlachten. Der **deutsche Artillerieoberst Bruchmüller** arbeitet ein Verfahren aus, das auf Überraschung und auf der Wucht eines nur wenige Stunden dauernden, aber von möglichst vielen Geschützen mit höchster Feuergeschwindigkeit geschossenen Feuerschlages beruht. Das Verfahren wird 1917 an der Ostfront mehrfach erprobt (Sereth, Riga) und in der 12. Isonzoschlacht bei Flitsch-Tolmein erstmals in großem Maßstab angewendet. 1918 bewährt es sich dann in den Schlachten von Amiens, in Flandern und an der Marne. Der **k.u.k.** Artillerie gelingt es bei der Südtiroloffensive 1916 mit vergleichsweise geringen Mitteln eine sehr gute Gesamtwirkung zu erzielen. Für die Angriffe von 1918 reichen die Kräfte der k.u.k. Artillerie nicht aus, es fehlt vor allem entsprechende Munition (Spranggranaten). Das Feuer der Artillerie findet seine Ergänzung durch jenes der **Minen- und Granatwerfer** sowie der **Infanteriegeschütze**. In den **Kampfstoffgranaten** und **Minen** ist ein **neues Kampfmittel (Gas)** entstanden, das sich auch zum Niederhalten der gegnerischen Artillerie eignet.

Panzerwaffe:
Die unbefriedigende Wirkung der Artillerie in der Angriffsschlacht lässt die **Briten** und **Franzosen** nach neuen Kampfmitteln suchen. Sie glauben, im **Kampfwagen** (»Tank«) eine geeignete Waffe zum Niederkämpfen der MG-Nester gefunden zu haben. Bei den ersten Einsätzen zeigt es sich, dass die »Tanks« nur dann den angestrebten Erfolg herbeiführen können, wenn das gesamte Kampfverfahren auf ihre Eigenheiten abgestellt wird. Die **Briten** leiten mit der »**Tankschlacht von Cambrai**« im November **1917** einen neuen Abschnitt der Kriegsgeschichte ein. Hunderte von »Tanks« greifen hinter einer Feuerwalze aus Nebel- und Spranggranaten an. Verbesserte und in großer Zahl eingesetzte Kampfwagen tragen 1918 zur Entscheidung des Krieges bei. Sie bleiben ein taktisches Kampfmittel, für eine operative Verwendung sind sie noch zu wenig ausgereift. Den **Deutschen** fehlen die Mittel zur Herstellung von Panzerkraftwagen.

Die OHL vernachlässigt die Panzerabwehr. Da die ersten »Tankereinsätze« mit geringen Stückzahlen erfolgen, können Infanterie und Artillerie ihrer Herr werden. Dies führt zur Ansicht, dass eine gute Truppe den Panzerangriff mit den vorhandenen Kampfmitteln abwehren könne. Nicht der »Tank« selbst, sondern der Schrecken, den er verbreitet, und die Wehrlosigkeit der deutschen Infanterie gegen das neue Kampfmittel erbringen 1918 die von der Entente gewünschte Wirkung.

Die **Straßenpanzer** sind keine Angriffsfahrzeuge, gegen eine abwehrbereite Truppe haben sie keine Chancen. Im Bewegungskrieg und für Sicherungsaufgaben sind sie brauchbar. Ihre Erfolge holen sie sich an den Nebenfronten.

Luftstreitkräfte:
Den größten technischen Fortschritt erzielen 1914–1918 die **Flugzeuge**. Ihr Einfluss auf die gesamte Kriegführung steigt dementsprechend. Aus dem Einsatz einzelner **Aufklärer** von 1914 hat sich bis 1918 ein mit großem Aufwand geführter Luftkrieg entwickelt. **Jagdflugzeuge** suchen die Luftüberlegenheit zu erkämpfen, **Schlachtflieger** (»**Infanterieflieger**«) greifen in die Erdkämpfe von den vordersten Linien bis zu den Artilleriestellungen ein, **Bombenflieger** suchen den Nachschub und den Verkehr zu stören. »**Artillerieflieger**« leiten das Einschießen der Batterien, Aufklärer decken die Karten der feindlichen Führung auf. Der technische Entwicklungsstand der Flugzeuge reicht noch nicht für eine operative Verwendung aus, in taktischer Hinsicht sind sie schon sehr wirkungsvoll.

41. Der Zusammenbruch Russlands 1917

Februar 1917: Bevölkerung in St. Petersburg (Petrograd) hungert und friert, Unruhen und Streiks an der Tagesordnung. Garnison von ca. 160.00 Mann. Am **23. Februar (8. März) 1917: Frauendemonstrationen** anlässlich des sozialistischen Frauentages, ausgesperrte Arbeiter

41. Der Zusammenbruch Russlands 1917

des Putilovwerkes schließen sich an. Noch keine einheitliche Führung der Demonstrationen. Am Abend des 25. Februar (10. März) 1917 gibt **Nikolaus II. den Befehl,** die Unruhen mit allen verfügbaren Mitteln zu **liquidieren.** Am nächsten Tag gehorcht die Truppe mit wenigen Ausnahmen dem Schließbefehl und fügt den Demonstranten schwere Verluste zu. Die Duma wird vertagt. In der Nacht zum 27. Februar (12. März) vollzieht sich der **Umschwung.** Die **Petrograder Garnison meutert** und macht mit den demonstrierenden Arbeitern gemeinsame Sache.

Am Nachmittag des 27. Februar (12. März) bildet sich ein **Provisorisches Dumakomitee** aus Vertretern aller Parteien des Progressiven Blocks, das am Abend des 27. Februar (12. März) die Wiederherstellung der staatlichen und öffentlichen Ordnung und die Schaffung einer Regierung als seine selbstgewählte Aufgabe bezeichnet. Am 27. Februar (12. März) 1917 bilden die von der Revolution aus dem Gefängnis befreiten Mitglieder der Arbeitergruppe des zentralen Kriegsindustriekomitees zusammen mit den sozialistischen Dumaabgeordneten unter der Führung von **Čcheidze** und **Kerenskij** ein »**Provisorisches Exekutivkomitee des Arbeiterdeputiertenrates**«. Die sofort einberufenen Deputierten der Arbeiter und nun auch der Soldaten bilden einen »**Sowjet der Arbeiter- und Soldatendeputierten**« (Sovet rabočich i soldatskich deputatov) (ca. 3.000 Mitglieder, davon rund 2.000 Soldatendeputierte). **Doppelherrschaft: Dumakomitee und Exekutivkomitee** stehen einander gegenüber, versuchen Einfluss auf die Garnison zu gewinnen. **Provisorische Regierung** unter **Ministerpräsident Fürst G. E. Lvov.** Die Sowjetvertreter erklären, die Provisorische Regierung nur in dem Maße zu unterstützen, in dem diese sich an die eingegangenen Verpflichtungen halten werde (Gewährung aller demokratischen Grundrechte und Grundfreiheiten, Einberufung einer konstituierenden Versammlung von Volksvertretern aufgrund allgemeiner, direkter, gleicher und geheimer Wahlen; Verbot, an der Revolution beteiligte Truppen zu entwaffnen oder aus Petrograd zu entfernen).

Der am 1. (14.) März 1917 vom **Sowjet** erlassene **Befehl Nr. 1** de-

41. Der Zusammenbruch Russlands 1917

kretiert die Bildung von Soldatenkomitees in allen Truppenteilen und deren Verfügungsgewalt über die Waffen; für alle politischen Angelegenheiten sei allein der Sowjet zuständig.
Am 2. (15.) **März**, Tag des Amtsantritts der Provisorischen Regierung, unterzeichnet **Zar Nikolaus II.** in Pskov, dem Hauptquartier der Nordfront, die **Abdankungsurkunde zugunsten seines Bruders Michail.** Am Morgen des 3. (16.) **März 1917** verzichtet auch **Michail;** Russland ist damit zur Republik geworden. Regierung und Armeeführung für Fortsetzung des Krieges an der Seite der Entente. Der **Sowjet** spricht sich am 14. (27.) **März** in einem Aufruf an die »Proletarier und Werktätigen aller Länder« gegen jede Eroberungspolitik und für einen Frieden »ohne Annektionen und Reparationen« aus. Berlin setzt auf friedensbereite Unordnung in Russland, d.h. auf Einschleusung radikal-revolutionärer und pazifistischer Emigranten. »**Plombierte Eisenbahnwagen**« für Lenin und seine Begleiter und danach noch für mehrere Hundert weitere russische Revolutionäre für die Reise aus der Schweiz durch Deutschland nach Schweden. **Lenin** am Abend des 3. (16.) **April 1917** auf dem finnländischen Bahnhof in **Petrograd** eingetroffen. **4. (17.) April 1917 Verkündung der Thesen Lenins** »Über die Aufgaben des Proletariates in der gegenwärtigen Revolution«. (Bekämpfung der Provisorischen Regierung, Übergang der Macht auf eine Regierung der Sowjets [der »Räte«], Bildung einer »Sowjetrepublik«. In dieser Sowjetrepublik keine Polizei, keine Armee, keine Bürokratie, Banken und gesamter Grundbesitz nationalisiert. »Verfügungsgewalt über den Boden ... den örtlichen Sowjets der Landarbeiter- und Bauerndeputierten« zu übertragen, »die Einrichtung von Musterwirtschaften unter Kontrolle der Landarbeiterdeputierten« vorgesehen. Sozialisierung der Industrie könne nur in einem allmählichen »Übergang zum Sozialismus« erfolgen und müsse die Kontrolle von Produktion und Verteilung durch den zentralen Sowjet zum Ziel haben.). Der Provisorischen Regierung gelingt es niemals, die fortschreitende Revolution unter Kontrolle zu bringen und eine funktionierende neue Ordnung aufzubauen. Die Polizei durch Miliz ersetzt. Die Armee im Zustand der Auflösung.

41. Der Zusammenbruch Russlands 1917

Am 5. (18.) Mai treten **sechs Sozialisten (Menschewiken, Sozialrevolutionäre) in die Provisorische Regierung Lvov** ein, als Kriegs- und Marineminister Kerenskij (ab 8. [21.] Juli Kerenskij Ministerpräsident).

Katastrophaler Mangel an Lebensmitteln, vollkommene Desorganisation des Transport- und Nachschubwesens, Munitionsmangel, starkes Absinken der Erzeugung von Rüstungsgütern, Fahnenflucht von mehr als einer Million Soldaten, allgemeine Kriegsmüdigkeit, Streben der Sowjets nach baldigem Friedensschluss. Kerenskij versucht Disziplin und Ordnung im Heer wiederherzustellen, bereitet eine neue Offensive an der Seite der Entente vor, ernennt Anfang Juni 1917 General Brusilov, erfolgreichen Heerführer 1916, zum **neuen Oberbefehlshaber des russischen Heeres**. Am 29. Juni 1917 richtet Kerenskij einen letzten, zündenden **Aufruf an die russischen Soldaten**.

Am 18. (30.) Juni 1917 beginnt die »**Kerenskij**«-**Offensive**. Die russische 11. Armee soll in Richtung Zloczów angreifen und die k.u.k. 2. Armee (Böhm-Ermolli) zum Wanken bringen. Die russische 7. Armee bekommt den Raum Brzezany und die deutsche Südarmee (General d. Inf. Bothmer) als Ziel. Nach einigen Tagen soll auch die russische 8. Armee antreten, gegen die südlich des Dnestr stehende k.u.k. 3. Armee (Generaloberst Tersztyánszky).

Der Angriff der **russischen 7. Armee wird bis 3. Juli** von deutschen, österreichisch-ungarischen und osmanischen Truppen **zurückgeschlagen**.

3. Juli: Krise bei der k.u.k. 2. Armee bei Zborów (die böhmischen Infanterieregimenter Nr. 35 und 75 ergeben sich der im Verband der russischen Armee kämpfenden tschechoslowakischen Schützenbrigade).

6.–16. Juli: Erbitterte Kämpfe bei **Stanislau**, die russische 8. Armee (General Kornilov) dringt bis Kalusz vor. Die **russische 8. Armee scheitert; Ende der Kerenskij-Offensive**.

16.–18. Juli 1917 **Aufstand der Bol'ševiki in Petrograd scheitert**. Lenin lebt auf Parteibeschluss im Verborgenen.

19. Juli: Beginn der Gegenoffensive der Verbündeten an der Ostfront. K.u.k. Truppen nehmen am 24. Juli **Stanislau**, am 26. Juli **Kolomea**, am 29. Juli **Zaleszczyki**, am 2. August 1917 **Czernowitz**, preußische Gardetruppen erobern **Tarnopol**. Bis Mitte August 1917 sind Ostgalizien und die Bukowina wieder in der Hand der Mittelmächte.

22. Juli: Beginn einer russisch-rumänischen Offensive am unteren Sereth und an der **Putna**. **8. August 1917: Beginn des Gegenangriffes der Verbündeten in Rumänien** (bis Mitte August 1917) (Rumänisches Heer hat den Rückschlag von 1916 überwunden).

August 1917 Wahlen zum Petrograder Sowjet: 33% für **Bol'ševiki**, 37% für Sozialrevolutionäre.

„**Staatskonferenz**" (Gosudarstvennoe soveščanie) (2500 Vertreter aller Parteien, staatlichen Institutionen und gesellschaftlichen Korporationen)

1.–5. September 1917: Schlacht um Riga. **Riga von den Deutschen genommen (4. September)**.

9.–14. September 1917: **Putsch des Generals Kornilov** gegen Kerenskij mit der Absicht, die provisorische Regierung vom sozialistischen Einfluss zu lösen und die Doppelherrschaft der Sowjets zu beseitigen, **scheitert**.

Absolute Mehrheit der **Bol'ševiki** in Petrograder und Moskauer Sowjet.

16. September 1917 **Ausrufung der Republik. Kerenskij Diktator**.

An der »**Demokratischen Konferenz**« (Demokratičeskoe soveščanie) nehmen nur mehr die Linken (einschließlich der bürgerlichen Linken) teil, bilden den **Provisorischen Rat der Republik** (Vremennyj sovet respubliki).

12.–20. Oktober 1917: Inseln **Ösel, Dagö, Moon von den Deutschen** erobert.

Unaufhaltsame Agonie der Regierungs- und Staatsmacht.

10. (23.) Oktober 1917: Geheimsitzung des Petrograder Zentralkomitees unter Teilnahme **Lenins**: Gegen die Stimmen Zinov'evs und Kamenevs **Entscheidung für den bewaffneten Aufstand zur Machtergreifung**. Lenin benützt als legalisierten Aufstandsstab das Mi-

litärrevolutionäre Komitee des Sowjets, das am 9. (22.) Oktober auf menschewikischen Antrag zur Abwehr einer möglichen Gegenrevolution und einer Bedrohung Petrograds durch die Deutschen gebildet worden ist. Seele der Vorbereitungen **Trockij**. Als Termin ist der 25. Oktober (7. November) 1917 vorgesehen, an dem der 2. Allrussische Sowjetkongress zusammentreten soll. Als Kerenskij am Morgen des 24. **Oktober (6. November)** mit unzulänglichen Kräften (Junker einiger Offiziersschulen, ein Frauenbataillon) das Gesetz des Handelns an sich reißen will, schlägt Trockij zu: Während des Tages und in der darauf folgenden Nacht besetzen **Bol'ševiki**-Truppen und Rote Garden (bewaffnete Arbeitermilizen) alle wichtigen Punkte der Stadt, ohne auf Widerstand zu stoßen. Nur das Winterpalais, in dem sich die Regierung aufhält und das man stark verteidigt glaubt, wagt man nicht ohne längere Vorbereitung anzugreifen; es fällt erst in der nächsten Nacht (dabei werden sechs Angreifer getötet, die einzigen Opfer der Oktoberrevolution in Petrograd) und Antonov-Ovseenko kann die anwesenden Minister verhaften (Kerenskij kann am Morgen des 25. **Oktober [7. November]** im Auto eines amerikanischen Botschaftsangehörigen die Stadt verlassen). Ein **Aufruf Trockijs** verkündet den »Bürgern Russlands«: »**Die Provisorische Regierung ist abgesetzt.** Als Organ des Petrograder Sowjets der Arbeiter- und Bauerndeputierten hat das Militärrevolutionäre Komitee, das an der Spitze des Proletariats und der Garnison von Petrograd steht, die Staatsgewalt übernommen.« Die rechten Sozialrevolutionäre, Menschewiken und Bundisten verlassen am Abend des 25. Oktober (7. November) den Sowjetkongress. Formal geht die **Macht**, die das Militärrevolutionäre Komitee ergriffen hat, zunächst **an den Sowjetkongress** über, der in der Nacht vom 26. auf den 27. **Oktober (8./9. November)** 1917 drei großen Dekreten seine Zustimmung erteilt: dem **Dekret über den Frieden**, dem Dekret **über das Land**, dem Dekret **über die Bildung einer provisorischen Arbeiter- und Bauernregierung** (verfasst von Lenin). **Frieden: Sofortiger Frieden ohne Annektionen und ohne Kontributionen;** Annektion liegt vor, »wenn eine beliebige Nation mit Gewalt in den Grenzen eines Staates festgehalten wird, wenn ihr entgegen dem von ihrer Seite ausgesprochenen Wunsch nicht das Recht zugestanden wird, in freier Wahl bei völligem Abzug des Heeres der annektierenden oder überhaupt der stärkeren Nation ohne die geringste Nötigung die Frage der Formen ihrer staatlichen Existenz zu entscheiden«, und zwar »unabhängig davon, wann dieser gewaltsame Anschluß vollzogen wurde«, »wie entwickelt oder rückständig« die betroffene Nation ist und ob sie »in Europa oder in fernen Ländern jenseits des Ozeans lebt«. **Land: Entschädigungslose Enteignung des Gutsbesitzerlandes;** Verfügung über das enteignete Land »bis zur Konstituierenden Versammlung« den Kreis-Landkomitees und den Bezirkssowjets der Bauerndeputierten übertragen. »**Zur Verwaltung des Landes bis zur Einberufung der Konstituierenden Versammlung einer Provisorischen Arbeiter- und Bauernregierung«** mit der Bezeichnung »**Rat der Volkskommissare**« eingesetzt (**Vorsitzender: Lenin**). Alle Mitglieder **Bol'ševiki** (Äußeres: Trockij, Inneres: Rykov, Landwirtschaft: Miljutin, Arbeit: Šljapnikov, Nationalitätenangelegenheiten: Stalin). **Wahlen zur Konstituierenden Versammlung in Petrograd 25. November (8. Dezember) 1917**: Bol'ševiki 25%, alle anderen sozialistischen Parteien 62%, für bürgerliche Parteien 13% der Stimmen (von 715 Abgeordneten nur 183 **Bol'ševiki**).

Moskau nach schweren Kämpfen am **2. (15.) November** in der Hand der **Bol'ševiki**, die von Kerenskij herbeigeholten Kosaken des Generals Krasnov aus Carskoe Selo vertrieben. 28. November Trockijs Vorschlag zum Frieden an die Völker der Krieg Führenden (Entente lehnt ab, Mittelmächte erklären sich bereit). 20. November (3. Dezember) Fähnrich Krylenko besetzt das Hauptquartier in Mogilev; General **Duchonin**, der sich als Oberbefehlshaber weigert, mit den Deutschen Waffenstillstandskontakte aufzunehmen, wird vom Mob gelyncht. Krylenko Vorsitzender des nun den Oberbefehl führenden »**Zentralkomitees der operativen Armee und Flotte**«.

15. Dezember 1917: Waffenstillstand von Brest-Litovsk zwischen Russland und den Vierbundmächten. Ab 22. Dezember 1917 Friedensverhandlungen in Brest-Litovsk zwischen Russland und den Vierbundmächten.

42. Der Kriegseintritt der USA 1917

7. Mai 1915: Deutsches U-Boot versenkt den britischen Passagierdampfer **»Lusitania«**, der Kriegsmaterial und Munition an Bord hat und vor Auslaufen in New York vom deutschen Botschafter gewarnt worden ist. Unter den umgekommenen Personen auch amerikanische Staatsbürger. Große Erregung in den USA. Scharfe Note der USA (13. Mai), weiterer Notenwechsel, Rücktritt des Staatssekretärs Bryan, dem Lansing folgt (8. Juni). Einschränkung des U-Boot-Krieges durch den Befehl, neutrale Schiffe und feindliche Passagierdampfer zu schonen. **19. August 1915:** Versenkung des britischen Passagierdampfers **»Arabic«**, wobei wieder Amerikaner ums Leben kommen. Der U-Boot-Krieg wird daraufhin noch strenger gemäß den völkerrechtlichen Regeln des Kreuzerkrieges eingeschränkt.

Jänner–Februar 1916: **Wilsons Friedensfühler** durch Oberst House bei den Krieg Führenden nach ihrer Bereitschaft für einen Frieden ohne Sieg bleiben ergebnislos.

29. Februar 1916: Beginn des verschärften deutschen U-Boot-Krieges gegen bewaffnete Handelsschiffe. Mit Geschützen bestückte Handelsschiffe sollen wie Kriegsschiffe behandelt werden. **6. März 1916: Kaiser Wilhelm II. lehnt** gegen das Votum Falkenhayns und Tirpitz' endgültig **den unbeschränkten U-Boot-Krieg** (auch gegen neutrale Schiffe, ohne vorherige Warnung) **ab.** Am 17. März das **Entlassungsgesuch Tirpitz'** bewilligt. Die Spannung zwischen dem Deutschen Reich und den USA verschärft sich. Falkenhayn drängt auf verschärften U-Boot-Krieg mit Rücksicht auf die »Verdun-Offensive«. Bethmann Hollweg setzt sich dagegen durch.

4. Mai 1916: Deutsche Note an die USA, die Rückkehr zu den völkerrechtlichen Regeln des Kreuzerkrieges zusagt, falls auch Großbritannien sich zur Einhaltung des Völkerrechts verpflichtet, da sich sonst die deutsche Regierung »die volle Freiheit der Entschließungen vorbehalten« müsse.

19. Jänner 1917: Versuch des Deutschen Reiches, durch das **»Zimmermann-Telegramm«** Mexiko gegen die USA zu gewinnen.

42. Der Kriegseintritt der USA 1917

22. Jänner 1917: Rede Wilsons »Friede ohne Sieg«. Aber die Vermittlungsmöglichkeiten werden durch die deutsche Note über den **unbeschränkten U-Boot-Krieg, der am 1. Februar 1917 beginnen soll,** abgeschnitten. **3. Februar: Die USA brechen die Beziehungen zum Deutschen Reich ab.**

2. April 1917: Wilson vor dem Kongress:
»Unser Ziel ist, die Grundsätze des Friedens und der Gerechtigkeit im Leben der Welt gegen selbständige und autokratische Macht zu verteidigen und unter den wirklich freien und sich selbst regierenden Völkern der Welt eine solche Vereinbarung in Plan und Handlung aufzurichten, die hinfort nach Beobachtung dieser Grundsätze strebt. Wir haben keinen Streit mit dem deutschen Volke. Wir haben gegen dieses nur ein Gefühl der Sympathie und der Freundschaft. Seine Regierung hat nicht auf sein Betreiben gehandelt, als sie in den Krieg eintrat. Das geschah nicht mit vorheriger Kenntnis oder Billigung des Volkes. Es war ein Krieg, der beschlossen wurde, so wie in alten unglücklichen Zeiten Kriege hervorgerufen und geführt wurden im Interesse von Dynastien oder von kleinen Gruppen Ehrgeiziger. Die gewohnt waren, ihre Mitbürger als Pfänder und Werkzeuge zu benutzen. Eine feste Vereinigung für den Frieden kann nur aufrecht erhalten werden, wenn die Mitglieder demokratische Nationen sind.«

6. April 1917: Kriegserklärung der USA an das Deutsche Reich. Wilsons Parole: »Um die Welt gegen die ›Kriegsherren‹ (War Lords) für die Demokratie zu sichern.« Die USA bezeichnen sich aber nicht als alliierte, sondern als assoziierte Macht, um ihre Unabhängigkeit in der Schiedsrichterrolle zu wahren. Gewaltige Kriegsanstrengungen der Produktions- und Volkskraft.

1917–1918: Schrittweise Einführung der allgemeinen Wehrpflicht. Bis September 1918 über 23 Mill. Mann gemustert. Seit Sommer 1917 nehmen amerikanische Truppeneinheiten an den Kämpfen auf dem westlichen Kriegsschauplatz teil. Zunächst zur Schulung in fremden Verbänden, später in eigenen Kontingenten unter dem Oberbefehl von General **Pershing** über die ganze Westfront, auch die italienische Front, verteilt.

42. Der Kriegseintritt der USA 1917

Bis zum Kriegseintritt der USA ist **Großbritannien der größte Kreditgeber der Verbündeten**, dann übernehmen **die USA** diese Rolle. Vom April 1917 bis zum Waffenstillstand 1918 importieren die Verbündeten aus den USA Rüstungsgüter und andere Waren für 10,3 Milliarden Dollar; im gleichen Zeitraum erhalten sie von der amerikanischen Regierung 7,1 Milliarden Dollar Kriegskredite.

Zur Koordinierung des Bedarfes des Heeres, der Marine und der Verbündeten sowie zur Lenkung der industriellen Produktion nach kriegswirtschaftlichen Prioritäten wird im Juli 1917 das »**War Industries Board**« (WIB) eingerichtet, ungefähr gleichzeitig mit anderen kriegswirtschaftlichen Behörden wie Hoovers »**Food Administration**«, dem »**National War Labor Board**« und dem »**War Labor Policies Board**« für Arbeiterfragen, dem »**War Trade Board**« für die Außenhandelskontrolle und dem für die Subventionierung kriegswichtiger Betriebe zuständigen »**War Finance Board**«. Das »War Industries Board« zunächst nur beratende Funktion, organisatorisch einem Kabinettsausschuss, dem »**Council of National Defence**«, unterstellt; im März 1918 reorganisiert als oberste Bundesbehörde mit Exekutivgewalt, direkt dem Präsidenten der USA unterstellt.

Das Personal für das WIB mit seinen zahlreichen nachgeordneten Kommissionen rekrutiert sich hauptsächlich aus der Wirtschaft. Vorsitzender wird der Wall-Street-Finanzier Bernard Baruch; es gibt eine Reihe anderer Unternehmer, die gegen ein symbolisches Gehalt für die Kriegsdauer in den Staatsdienst eintreten (»**One-Dollar-men**«). Um die Belange der Streitkräfte als Konsumenten der Kriegsindustrie zu vertreten, werden Offiziere von Heer und Marine in das WIB delegiert. Als Gegenpartner der staatlichen Verwaltung und legitime Lobby der Wirtschaftsinteressen wird eine Anzahl von »**War Service Committees**« gegründet, die die verschiedenen Zweige der Rüstungsindustrie repräsentieren. Die Bedarfsplanung durch das WIB führt zu gewissen Kompetenzstreitigkeiten mit den Beschaffungsstellen von Heer und Marine. Die Militärs entwickeln keine Ambitionen nach einer Kontrolle der Wirtschaft. Das zentrale Lenkungsinstrument der Rüstungspolitik ist die Klassifizierung aller

42. Der Kriegseintritt der USA 1917

Aufträge und auch der einzelnen Betriebe nach Prioritätsstufen, die über die Zuteilung von Rohstoffen und Transportmitteln entscheiden. Jede Zurückstufung bedeutet einen wirtschaftlichen Verlust für den betroffenen Unternehmer. Die offizielle Industrielobby und die inoffizielle Lobby, die aus den Industrieleuten im WIB selbst besteht, versuchen daher, ihre jeweilige Branche so gut wie möglich zu schützen. Die offizielle und inoffizielle Industrielobby zwingt den Staat, die Rüstungsaufträge an möglichst viele Betriebe breit zu streuen, um sie am Leben zu halten. Die Preise der Rüstungslieferungen werden zwischen dem WIB und der Industrie ausgehandelt, nicht nach den Kosten des individuellen Lieferanten, sondern für alle Lieferanten gleich, sie werden so hoch angesetzt, dass auch die »Grenzbetriebe« noch einen lohnenden Profit erzielen, die günstiger produzierenden Betriebe verdienen entsprechend mehr. Die Regierung fixiert im September 1917 verschiedene »Basispreise« (Eisenerz, Kohle, Koks, Roheisen, Kupfer, Frachtraten) und im Oktober 1917 die Preise verschiedener Zwischenprodukte. Die Höchstpreise werden auch für Lieferungen an zivile Verbraucher und an die verbündeten Regierungen verbindlich gemacht.

Großbritannien bezieht aus den USA im Krieg an Rüstungsmaterial 926 Mill. Infanteriepatronen, 31 Mill. Granaten, 1,2 Mill. Gewehre, 569.000 short tons Pulver und Sprengstoff, 42.000 Kraftwagen, 3.400 Flugmotoren, 1.400 Artillerielafetten, 866 Flugzeuge. Die russische Regierung erhält auf dem Umweg über Großbritannien aus amerikanischer Produktion 553 Mill. Schuss Infanteriemunition, 970.000 Gewehre und 24.500 Maschinengewehre. Kein Tank amerikanischer Produktion erscheint auf den europäischen Schlachtfeldern, amerikanische Kanonen und Flugzeuge kommen erst zum Einsatz, als der Krieg schon entschieden ist. Die US-Armee in Europa erhält ihre Flugzeuge aus Frankreich und Großbritannien, leichte und mittlere Artillerie aus Frankreich, schwere Artillerie aus Großbritannien.

43. Die Südwestfront 1917

Die zehnte Isonzoschlacht (12. Mai – 5. Juni 1917)
Die italienische 3. Armee unter dem Generalleutnant **Herzog von Aosta** und die Görzer Armee unter Generalleutnant **Capello**, dem Eroberer von Görz, sollen mit 280.000 Feuergewehren, 2.200 Geschützen und 1.000 Minenwerfern in 50 km Breite den Durchbruch über die Hermada in Richtung Triest erzwingen und die Höhen ostwärts des Isonzo (nördlich von Görz) – Krk, Monte Santo, Monte S. Gabriele und Monte S. Marco – nehmen. Der Kommandant der k.u.k. 5. Armee Generaloberst **Boroević** verfügt über 165.000 Feuergewehre, 1.400 Geschütze und 500 Minenwerfer in gut ausgebauten, stellenweise mehrere Linien tiefen Stellungen, mit schusssicheren Kavernen.

Schwere Kämpfe nördlich von Salcano und ostwärts von Görz. Kritische Lage des k.u.k. XVII. Korps durch Verlust des Kuk. 23. Mai Hauptangriff gegen Südflügel der k.u.k. 5. Armee. Am 24. Mai muss das AOK das Heranführen von Kräften aus Tirol und Kärnten sowie von der Ostfront einleiten, um Zusammenbruch des Südflügels der 5. Armee auf dem Karst zu verhindern. Am 4. Juni kann die Flondarstellung wieder genommen werden.

Im nördlichen Angriffsabschnitt italienischer Geländegewinn von 5 km Breite und 3 km Tiefe; Einbrüche von wenigen Kilometern südlich von Kostanjevica. Verluste der Verteidiger: 7.300 Tote, 45.000 Verwundete, 23.400 Gefangene; Verluste der Italiener: 36.000 Tote, 96.000 Verwundete, 27.000 Gefangene.

Die Junischlacht in den Sieben Gemeinden (Ortigara-Schlacht) (10.–29. Juni 1917)
Kräfte der italienischen 6. Armee (112 Bataillone, 1.500 Geschütze) sollen im Abschnitt gegenüber dem k.u.k. III. Korps (Forni, Grenzkamm südlich von Porta Lepozze) einen Angriff in Richtung Nordteil der Sieben Gemeinden (42 k.u.k. Bataillone, 400 Geschütze) führen. Schwere Kämpfe um den Monte Ortigara. Der Ortigaragip-

fel ist für sechs Tage in der Hand der Italiener. Verluste der Italiener 23.000 Tote und Verwundete.

Die elfte Isonzoschlacht (18. August – 13. September 1917)
General **Cadorna** bietet 51 Infanterie- und zweieinhalb Kavalleriedivisionen mit 1.200 Feld- und Gebirgsgeschützen, 2.400 schweren Geschützen und 1.700 Minenwerfern auf, die Front auf dem Plateau von Comen zu durchbrechen und über die Hochfläche von Bainsizza-Heiligengeist zum Ternovaner Wald vorzudringen. Generaloberst **Boroević** kann nur 20½, später 29 Divisionen mit 1.434 Geschützen und 112 Minenwerfern entgegenstellen.

Am 18. August gelingt den Italienern im Raum Canale das Überschreiten des Isonzo und der Einbruch in die k.u.k. Stellungen. Am 20. August wird hart auf der Karsthochfläche von Comen gekämpft. Der Jelenik wird durch die Italiener erstürmt. Am 23. August nimmt das AOK die Front aus der Hochfläche von Bainsizza-Heiligengeist in die Linie Log, Kai, Ostrand Podlaka, nördlich des Monte S. Gabriele zurück. Die italienische Führung muss den Hauptangriff einstellen, am 4. September im Raum westlich der Hermada Gegenangriff des k.u.k. XXIII. Korps. Mit der Verlegung der k.u.k. Front auf der Hochfläche Bainsizza-Heiligengeist nach Osten Preisgabe des Monte Santo verbunden. Dadurch wird der Monte S. Gabriele zum nördlichen Eckpfeiler der k.u.k. Front am Ostrand des Görzer Beckens. Nach heftigen Kämpfen bleibt dieser »Monte del morte« in der Hand der Verteidiger. Die Abwehrfront am Karst bzw. auf dem Plateau von Bainsizza-Heiligengeist kann nicht durchbrochen werden. Die k.u.k. Front auf dem Bainsizza-Plateau muss allerdings in 15 km Breite und 4–8 km Tiefe zurückgenommen werden. Italienische Verluste 40.000 Tote, 108.000 Verwundete (in den 11 Isonzoschlachten 200.000 italienische Soldaten gefallen). K.u.k. Verluste: 10.000 Tote, 45.000 Verwundete, 30.000 Vermisste, 20.000 Kranke.

Front der Heeresgruppe Boroević nach 11 Isonzoschlachten: Log am Isonzo – Maidoni – Monte San Gabriele – Monte San Marco – Fajti hrib – Kostanjevica – Flondar (Hermada) – Duino (Adria).

43. Die Südwestfront 1917

Die zwölfte Isonzoschlacht (die Durchbruchsschlacht zwischen Tolmein und Flitsch; die Verfolgung bis an den Piave) (24. Oktober – 2. Dezember 1917).

Der Krieg gegen Italien seit 1915 ist der in Österreich-Ungarn populärste, mit großen Emotionen besetzte Krieg. Die Offensive im Oktober 1917 soll einen Durchbruch der Italiener nach Triest oder ins Laibacher Becken verhindern.

An der zwölften Isonzoschlacht ist die Deutsche Oberste Heeresleitung maßgeblich beteiligt.

Von den Österreich-Ungarn zur Verfügung stehenden 105.000 gedeckten Güterwagen werden für den Aufmarsch zur Offensive gegen Italien 60–70% für Militärtransporte verwendet, von den 170.000 offenen Güterwagen 40%. Allein die Versorgung der deutschen 14. Armee erfordert 2.400 Waggonladungen. Durch diesen erhöhten Bedarf an Militärtransporten kommt es zu einer drastischen Reduktion des zivilen Bedarfs an rollendem Material (z.B. für Kohle, Erdäpfel). Das trägt zur katastrophalen Lage der Ernährung im Hinterland bei.

Die Italiener wissen durch Aufklärung und Nachrichtendienst von den Vorbereitungen zur Offensive. Am Vorabend der Offensive desertieren ein rumänischer und zwei tschechische Offiziere zu den Italienern und informieren diese über den bevorstehenden Angriff und die ihnen bekannten Details der Planung.

Die DOHL schickt sechs Divisionen, die mit fünf k.u.k. Divisionen die **deutsche 14. Armee** bilden (Oberbefehl: Preuß. General d. Inf. Otto von Below, Generalstabschef: Bayer. Generalleutnant Konrad Krafft von Dellmensingen):

Gruppe Krauß (k.u.k. I. Korps) (Kommandant: General d. Inf. Alfred Krauß)
k.u.k. 3. Infanteriedivision (Edelweißdivision)
k.u.k. 22. Schützendivision
k.u.k. 55. Infanteriedivision
deutsche Jägerdivision (7. deutsche Infanteriedivision)
Gruppe Stein (bayerisches III. Armeekorps) (Kommandant: Bayer. Generalleutnant Frhr. v. Stein)

k.u.k. 50. Infanteriedivision
deutsche 12. Infanteriedivision
deutsches Alpenkorps (divisionsstark)
deutsche 117. Infanteriedivision

Gruppe Berrer (Generalkommando LI) (Kommandant: Württemberg. Generalleutnant v. Berrer)
deutsche 26. Infanteriedivision
deutsche 200. Infanteriedivision

Gruppe Scotti (k.u.k. XV. Korps) (Kommandant: Feldmarschallleutnant Scotti)
k.u.k. 1. Infanteriedivision
deutsche 5. Infanteriedivision

1.845 Geschütze, davon fast 500 schwere und schwerste Kaliber, 44 Minenwerferbatterien, darunter die deutschen 24-cm-Minenwerfer, ein deutsches Gaswerferbataillon. Starke deutsche Fliegerkräfte (sechs Jagdstaffeln, sechs Fliegerabteilungen, eine Armeefliegerabteilung, ein Reihenbildnerzug).
Die deutsche 14. Armee marschiert zwischen dem linken Flügel der k.u.k. 10. Armee und dem Nordflügel der k.u.k. 2. Isonzoarmee im Raum Flitsch-Tolmein auf.

Heeresgruppe Boroević
Heeresgruppe Conrad von Hötzendorf
Die **deutsche 14. Armee** hat die Front bei Flitsch und Tolmein zu durchbrechen, um dann zunächst die Linie Gemona, Gegend Cividale, zu gewinnen (erstes Ziel Canin, Pta. di Monte Maggiore, Mt. Mia, Mt. Matajur, Mt. S. Martino, Mt. Hum, Tribil de sp., Höhen von Kostanjevica).
Die Schlacht beginnt am 24. Oktober mit einem **Gasschießen** (Phosgengranaten, dazu »Gelbkreuz«, »Blaukreuz«, »Grünkreuz«, sog. »Buntschießen«); die Italiener haben keine Gasmasken. Dann

43. Die Südwestfront 1917

beginnt der Infanterieangriff. In der Talschlucht, der Enge von Saga, durchbricht das k.u.k. I. Korps das Grabennetz der Italiener. Südlich davon stürmen die drei deutschen Korps der 14. Armee durch die Talengen und über die Begleithöhen des Kolovrat, Monte Matajur und Monte Mia. Die über die Berge angreifenden Truppen dürfen den Anschluss an die in den Tälern vorgehenden Divisionen nicht verlieren. Die italienische 2. Armee (Generalleutnant Capello) weicht zurück. Hauptstoß und Begleitstöße haben Erfolg. Der Durchbruch im Tal macht den Vormarsch über die Höhen möglich. Nach 72 Stunden steht die italienische 2. Armee vor der Vernichtung.

Am 25. Oktober 1917 schließen sich auch die zwei Armeen der **Heeresgruppe Boroević** (2. und 1. Isonzo-Armee) der Offensive an und dringen in Anlehnung an die adriatische Küste vor.

Am 27. Oktober befiehlt die italienische Heeresleitung den Rückzug der italienischen 2. und 3. Armee hinter den Tagliamento. **Am 28. Oktober fallen Udine und Görz in die Hand der Verbündeten.**

Am 2. November 1917 kann die k.u.k. 55. Infanteriedivision den **Tagliamento** bei Cornino überschreiten. Am 5. November überschreiten auch die 1. und 2. Isonzo-Armee den Tagliamento. Den Wettlauf zum Piave gewinnen die Italiener. Sie überschreiten den **Piave** und sprengen am 9. November alle Brücken.

Sechs Infanteriedivisionen der **Heeresgruppe Conrad** schließen sich am 10. November 1917 aus dem Raum Südtirol (Asiago) der Offensive an, werden aber an der Linie Valstagna, Assatal zum Stehen gebracht.

Das Grappa-Massiv wird zum Eckpfeiler der italienischen Front. Am 2. Dezember erlässt das AOK den Befehl zum Einstellen der Offensive an der Südwestfront.

Verluste der Italiener bis 10. November: 10.000 Tote, 30.000 Verwundete, 294.000 Gefangene, 3.150 Geschütze, 1.732 Minenwerfer, 3.000 Maschinengewehre, 300.000 Gewehre. Verluste der Verbündeten bis zur Einstellung der Offensive: 70.000 Mann.

Die Kämpfe im Gebirge gehen weiter. Am 4. Dezember 1917 erstürmen k.u.k. Einheiten den Mt. Meletta. Im **Grappamassiv** wird

im Dezember gekämpft: Am 11. Dezember erstürmt eine deutsche Einheit den Mt. Spinnuccia, eine k.u.k. Einheit am 18. Dezember den Mt. Asolone. Der Mt. Tomba wird am 30. Dezember 1917 von einer französischen Einheit erstürmt.
(Zum Giftgaseinsatz: Das k.u.k. Sappeurbataillon Nr. 62, angegliedert dem deutschen Gaspionierregiment Nr. 36, führt am 13. und 17. Februar 1917 Gasblaseangriffe an der russischen Front durch, die Italiener am 4. Mai 1917 bei St. Peter. – Eine Ächtung des Gaskrieges oder chemischen Krieges erfolgt erst durch das Genfer Gaskriegsprotokoll vom 17. Juni 1925.)

44. Die Westfront 1917

22. Februar – 17. März 1917: Planmäßige Rücknahme der deutschen Front zwischen Arras und Soissons in die vorbereitete **»Siegfriedstellung«** (**»Hindenburglinie«**). Anfang April 1917 beginnt die nach den Intentionen des neuen **Oberbefehlshabers der französischen Armee** (seit 12. Dezember 1916) General **Nivelle** geplante **französisch-britische Großoffensive zur Durchbrechung der deutschen Front**.

2. April – 20. Mai 1917 Frühjahrsschlacht bei Arras: Am 9. April 1917 bricht die britische Infanterie am Abschnitt Arras gegen die Stellungen der deutschen 6. Armee vor. Nach tagelangem Artilleriefeuer gelingt den Briten mit Unterstützung von Kampfwagen ein 20 km breiter und bis zu 6 km tiefer Einbruch in die deutsche Front. Dabei gehen die Vimyhöhen verloren. Die entstandene kritische Lage kann nur durch die Rücknahme der deutschen Front um mehrere Kilometer gemeistert werden. Den Briten gelingt eine Einbuchtung der deutschen Front ostwärts von Arras. Der **Durchbruchsversuch der Briten scheitert** (Verluste: 196.000 Mann).

6. April – 27. Mai 1917 Doppelschlacht an der Aisne (ostwärts von Soissons) und in der Champagne (beiderseits von Reims): Mit zwei französischen Armeen in vorderer Linie, einer Armee und zwei Kavalleriekorps im zweiten Treffen und eine Armee in der Reserve

44. Die Westfront 1917

haben die französische Heeresgruppe Micheler an der Aisne und eine französische Armee in der Champagne den Angriff zu führen. Gegenüber der Front der deutschen 7. und 3. Armee stehen auf französischer Seite eineinhalb Millionen Mann, unterstützt von 3.500 Geschützen und 200 Kampfwagen. Nach zehn Tagen Granathagel auf die deutschen Stellungen greift die französische Infanterie am 16. April an der Aisne und am 17. April im Raum Reims aus ihren Gräben zum Angriff an. Der **Durchbruchsversuch der Franzosen scheitert** (34.000 Tote, 100.000 Verwundete). Am 15. Mai wird **Nivelle durch General Pétain ersetzt.**

Die französische Armee gerät an den Rand des Zusammenbruches. Ausgelöst durch die Enttäuschung über das Scheitern der Nivelle-Offensive, durch die hohen Verluste und nicht zuletzt als Folge der russischen Revolution kommt es bei zahlreichen französischen Truppenteilen zu **Ausschreitungen und Meutereien.** Pétain entschließt sich zur Defensive und stellt die Ordnung im Heer wieder her (Standgerichte, Todesurteile); durch Aufklärung, Beseitigung von Missständen, Verbessern der Verpflegung kann er das Vertrauen in die Führung wiederherstellen. Die Regierung geht gegen Sozialisten und Pazifisten vor. Auf deutscher Seite ist die Krise im französischen Heer nicht im ganzen Umfang erkannt worden. Allerdings hätte die DOHL angesichts der Lage an den anderen Fronten kaum ausreichend Truppen aufbringen können, um dem französischen Heer eine kriegsentscheidende Niederlage zuzufügen.

28. April – 20. Mai 1917: erfolglose britische Durchbruchsangriffe im Artois.

27. Mai – 3. Dezember 1917: Flandernschlacht (Ziel: Zeebrugge [Seebrügge], Stützpunkt des deutschen U-Boot-Krieges): **Beispiellose Materialschlacht der Briten** (Wytschaete, Messines, Ypern). 2.300 britische Geschütze verschießen vom 22.–31. Juli 65.000 t Munition auf die deutschen Stellungen. Zwei britische Angriffsarmeen versuchen beiderseits Ypern, eine **französische** Armee bei Bixschote und die **belgische Armee** bei Dixmuiden gegen die deutschen U-Boot-Stützpunkte an der flandrischen Küste durchzustoßen. Trotz

44. Die Westfront 1917

pausenlosem Trommelfeuer und oft gleichzeitigem Einsatz von 1.000 Flugzeugen kann die ab 31. Juli angreifende alliierte Infanterie den Durchbruch durch die deutsche Front nicht erzwingen. Ergebnis ist **ein 20 km breiter und 7 km tiefer Einbruch in die deutsche Front bei Ypern.** Die Abwehr der Offensive der deutschen 4. Armee zwischen 21. Juli und Dezember 1917 kostet 217.000 Mann, darunter 35.000 Gefallene und 48.000 Vermisste.

Die Briten erreichen trotz der großen Verluste (324.000 Mann) **nicht die Inbesitznahme der deutschen U-Boot-Basen an der flandrischen Küste.** Das deutsche Heer leistet eine äußerste Kraftanstrengung; dadurch bleiben die Erfolge der Mittelmächte an der Ost- und Südwestfront enger begrenzt.

Die Offensiven des wiedererstarkten französischen Heeres:

General **Pétain** versucht das Vertrauen der französischen Soldaten durch Angriffe mit begrenztem Ziel zu festigen. Zwei französische Korps können nach achttägigem Artilleriefeuer am **20. August 1917** im Raum von **Verdun** bis zu 4 km tief in Stellungen der deutschen 5. Armee eindringen. Die Franzosen können am **25. Oktober 1917** in die deutsche Front ostwärts von **Laffaux** (nordostwärts von Soissons) eindringen und am **1. November 1917** die Deutschen zur Räumung ihrer Stellungen auf der Höhenlinie entlang des **Chemin des Dames** zwingen. Die französische Armee hat nach der Krise des Frühjahrs 1917 ihre volle Kampfkraft wiedererlangt.

20. November – 7. Dezember 1917 Tankschlacht bei Cambrai:

Am Morgen des 20. November 1917 tauchen aus dem Nebel und Rauch vor den deutschen Stellungen im Abschnitt Cambrai hunderte von **britischen Kampfwagen** auf. Die deutsche Infanterie verfügt über keine Panzerabwehrwaffen. Die britischen Panzer reißen Gassen in die Drahthindernisse, nehmen mit ihren Geschützen und Maschinengewehren die deutschen Grabenbesatzungen unter Feuer, überqueren mithilfe von Faschinenbündeln die Gräben und stoßen bis zu den deutschen Artilleriestellungen durch. Den Angriff begleitet das Feuer von 1.000 britischen Geschützen, die Brand- und Nebelgeschosse gegen die hinteren deutschen Stellungen schießen.

Knapp hinter den Kampfwagen folgt die britische Infanterie. Die britischen Tanks stehen bald vor den deutschen Geschützstellungen. Bis zum Abend des 20. November sind die Briten auf einer Frontbreite von 20 km bis zu 7 km tief in das deutsche Stellungssystem eingedrungen; 5.000 deutsche Gefangene und 100 Geschütze sind in ihre Hände gefallen. Das Operationsziel, die Stadt Cambrai, erreichen die Briten nicht. Am 30. November können 18 deutsche Infanteriedivisionen, darunter nur zehn voll kampffähige, den Briten das verlorene Gebiet nahezu zur Gänze wieder entreißen.

Die deutsche Westfront hält 1917 stand. Ohne diesen Abwehrkampf wäre es nicht möglich gewesen, starke deutsche Kräfte gegenüber Russland zu belassen, deutsche Divisionen für die Durchbruchsschlacht von Flitsch-Tolmein freizumachen und den Bulgaren an der Front in Makedonien Rückhalt zu geben. Deshalb hoffen die Mittelmächte, nach dem Ausscheiden Russlands und vor dem Eingreifen amerikanischer Streitkräfte an der Westfront, im Frühjahr 1918 in einer Großoffensive den Gegner im Westen zu besiegen.

45. Der Balkan 1917

Alle Versuche der alliierten Orientarmee, die bulgarisch-deutsche Front in **Makedonien** zu durchbrechen, scheitern. Die makedonische Front bleibt trotz Angriffen der Alliierten im März und Mai 1917 stabil. Nach Kriegseintritt Griechenlands an der Seite der Entente unterstellen sich die griechischen Truppen General Sarrail (Einsatz an der makedonischen Front seit Mai 1918).

46. Der osmanische Kriegsschauplatz 1917

Ostfront: 18. Dezember 1917 Vertrag von Erzincan beendet die russisch-osmanischen Kampfhandlungen.

Irakische Front: Mosul kann erfolgreich verteidigt werden; 11. **März 1917: Die Briten erobern Bagdad.**
Palästina-Front: 26.–27. März 1917 »1. **Schlacht von Gaza«,** 19. April 1917 »2. **Schlacht von Gaza«:** Die Briten müssen sich zurückziehen.
Die Briten greifen am 31. Oktober 1917 an, sie durchbrechen am 7. November 1917 die osmanischen Linien, die osmanischen Verteidiger ziehen sich Mitte November zur Linie Jerusalem–Jaffa zurück. **Jerusalem fällt am 8. Dezember 1917.**

47. Der Krieg in den deutschen Kolonien 1917

Deutsch-Ostafrika
Im Sommer 1917 droht den Verbänden Generalmajor v. Lettow-Vorbecks die Einkreisung im Raum südlich des Rufiji, als die konzentrisch angesetzten Angriffe aus dem Westen (Iringa, Ubena, Songea), vom Norden her und aus dem Landekopf von Kilwa die deutschen Truppen in eine bedrohliche Lage bringen. Lettow-Vorbeck kann sich der Einkreisung entziehen. In der **Schlacht bei Mahiwa** (15.–18. Oktober 1917) besiegt Lettow-Vorbeck mit 18 Kompanien und sechs Geschützen etwa eineinhalb britische Divisionen. Mit nur noch 267 Weißen, 1.700 Askaris, 4.000 Trägern, 470 Boys, 30 schweren MGs, sieben leichten MGs und zwei Gebirgsgeschützen, gegliedert in 14 Kompanien, überschreitet Lettow-Vorbeck Ende November 1917 den **Rowuma**, den Grenzfluss zwischen Deutsch- und Portugiesisch-Ostafrika. Damit ist die Inbesitznahme Deutsch-Ostafrikas durch britische und belgische Truppen abgeschlossen.

48. Der Seekrieg 1917

Oktober 1917: Große Teile der deutschen Hochseeflotte zur Besetzung der **Baltischen Inseln** in die Ostsee entsandt. Das russische Li-

48. Der Seekrieg 1917

nienschiff »Slava« versenkt. Auch deutsche Großkampfschiffe durch Minen schwer beschädigt, können aber in ihre Heimathäfen gebracht werden.

31. Oktober 1917: Der britische Flottenchef Admiral Beatty schickt einen Verband von kleinen Kreuzern und Torpedobooten ins **Kattegat**, die dort deutsche Sicherungseinheiten versenken, aber die Eroberung der Baltischen Inseln nicht verhindern können.

Mitte November 1917 unternehmen starke britische Verbände einen Vorstoß in die **Deutsche Bucht** und treffen dort auf die deutsche 2. Aufklärungstruppe unter Konteradmiral v. Reuter. Als deutsche Linienschiffe am Kampfplatz eintreffen, brechen die Briten das Gefecht ab.

Mitte Oktober 1917 unternehmen die schnellen deutschen Minenkreuzer »Brummer« und »Bremse« einen Vorstoß nach Norden zur Störung des Handelsverkehrs **zwischen Schottland und Norwegen**. Den von ihnen gelegten Sperren fällt ein britischer Geleitzug, bestehend aus zwei Zerstörern sowie zehn Fischdampfern und Transportern, zum Opfer.

Der Entschluss zum **unbeschränkten U-Boot-Krieg mit 1. Februar 1917**, der unter dem Druck der immer schwieriger werdenden Versorgungslage der Mittelmächte zustande kommt, beruht auf einer **Denkschrift** des deutschen Admiralstabschefs **Holtzendorff vom Dezember 1916**. Die britische Regierung werde binnen fünf Monaten bei einem monatlichen Verlust von 600.000 BRT zum Frieden gezwungen werden. Wirksame Abwehrmöglichkeiten gegen die U-Boote gebe es nicht. Das Konvoi-System, bei dem Handelsschiffe durch Zerstörer oder andere Kriegsschiffe eskortiert werden, sei aus marinetechnischen und wirtschaftlichen Gründen nicht durchführbar. Bei einem Kriegseintritt der USA werde der Mangel an Frachtraum eine Erhöhung der amerikanischen Lieferungen an Kriegsmaterial ausschließen und auch die Entsendung eines amerikanischen Heeres verhindern. Bei Beginn des uneingeschränkten U-Boot-Krieges besitzt das Deutsche Reich 110 einsatzbereite U-Boote, eine Reihe von Booten ist in Erprobung oder bei den U-Boot-Schulen, ca.

48. Der Seekrieg 1917

120 U-Boote sind im Bau. Die erwarteten Versenkungsziffern werden erreicht und sogar übertroffen. Von Februar bis Juni 1917 betragen sie durchschnittlich 647.000 t monatlich. Im April 1917 verlieren die Alliierten und Neutralen 866.000 BRT, davon Großbritannien mit Empire 526.000 BRT. Eines von je vier Schiffen, die Großbritannien in diesem Monat verlassen, kehrt nicht zurück. Nicht wenige in Großbritannien erwarten eine Niederlage in wenigen Monaten. Nach einem Gutachten vom April 1917 werde der U-Boot-Krieg bei anhaltenden Versenkungsziffern die britische Handelsflotte bis Jahresende von rund 8,4 Mill. BRT auf 4,8 Mill. BRT reduzieren. Die Transportkapazität dieser verbleibenden Restflotte wird auf 1,6–2 Mill. t monatlich geschätzt, davon werden allein 1,4 Mill. t für die Lebensmittelversorgung benötigt.

Zur Abwehr der U-Boot-Gefahr tragen mehrere Maßnahmen bei: das Konvoisystem, um die Verluste zu reduzieren, die verstärkte Schiffsbauaktivität, um die Lücken zu schließen; wirtschaftliche Gegenmaßnahmen, von der zentralen Bewirtschaftung der verfügbaren alliierten und neutralen Handelsschifffahrt über die Bewirtschaftung der Importe bis zur Umstrukturierung von Produktion und Verbrauch im Inland. Unterstützung dieser Maßnahmen durch den neuen Verbündeten USA.

Ab Februar 1917 Kohletransporte nach Frankreich eskortiert in »controlled sailings«. Von rund 4.000 Schiffen, die März–Mai 1917 über den Kanal eskortiert werden, nur neun verloren. April 1917: Die Admiralität beginnt mit dem Konvoisystem. Mai 1917: Die ersten überseeischen Geleitzüge von Gibraltar mit 16 Schiffen und von Hampton Roads (USA) mit 12 Schiffen. Ab August fahren auch die auslaufenden Schiffe regelmäßig im Konvoi. Bei Beginn des U-Boot-Krieges geht eines von zehn Schiffen, die nach oder von Großbritannien unterwegs sind, verloren, im April 1917 eines von vier Schiffen; nach Einführung des Konvoi-Systems Verluste unter 1 %. Die absoluten Verluste der alliierten und neutralen Handelsschifffahrt sinken von durchschnittlich 630.000 BRT monatlich in den ersten sechs Monaten des unbeschränkten U-Boot-Krieges auf durchschnittlich 296.000 BRT monatlich in den 15 Monaten August 1917 – Oktober 1918. Schifffahrt also keineswegs sicher, aber die Verluste auf ein wirtschaftlich tragbares Maß reduziert.

Zunahme der alliierten und neutralen Schiffsneubauten. Größten Beitrag leisten die USA, die Schiffe aus standardisierten Fertigteilen produzieren. 1917 verlieren die alliierten und neutralen Handelsflotten durch Kriegseinwirkung 6,1 Mill. BRT, 2,9 Mill. BRT werden neu gebaut.

Britische Handelsflotte 1917: 100 Schiffe als Hilfsschiffe und weitere 300 Schiffe als Transportschiffe für die Kriegsmarine (17%); 70 Schiffe für den Truppentransport und weitere 335 für den Nachschub der Landstreitkräfte (17%); 350 Schiffe für die Rohstoffimporte der Rüstungsindustrie (15%); 750 Schiffe für lebenswichtige zivile Importe (31%), 500 Schiffe für die Verbündeten (21%). Ende 1917: Wirksame interalliierte Bewirtschaftung der Handelsschifffahrt und der Einfuhren.

Die USA werden der Hauptlieferant, ihr Anteil an der britischen Einfuhr steigt von 25% 1914 auf 43% 1917 und 49% 1918.

Weitreichende Umstrukturierung der britischen Volkswirtschaft.

Die Verbesserung der Abwehrwaffen lässt die Verluste der deutschen U-Boote immer stärker ansteigen. Mehr als 50% der U-Boot-Besatzungen erliegen der alliierten Abwehr.

K.u.k. U-Boote versenken im April 1917 23.037 BRT, im Mai 1917 10.000 BRT, im Juni 1917 6.000 BRT, im Oktober 1917 12.000 BRT, im November 4.000.

Mitte Mai 1917: Ein Verband, bestehend aus drei kleinen **Kreuzern** der »Novara«-Klasse und zwei modernen **Zerstörern**, »Csepel« und »Balaton«, zum **Angriff auf die Schiffe der Otrantosperre** eingesetzt. Am 14. Mai 1917 um 18.20 Uhr laufen die beiden Zerstörer (unter Fregattenkapitän Prinz Johannes **Liechtenstein**), um 19.45 Uhr die Kreuzerflotille (Linienschiffskapitän Nikolaus v. **Horthy**) aus dem Golf von Cattaro aus, um getrennt die alliierten Sperrfahrzeuge anzugreifen, sich dann westlich von Valona zu vereinigen und gemeinsam den Rückmarsch anzutreten. Auch mehrere Seeflugzeuge und drei U-Boote werden zur Unterstützung eingesetzt. Die beiden Zerstörer versenken zwei Sperrfahrzeuge und den italienischen Zerstörer »Borea«. Auf dem Rückmarsch werden sie am Morgen des 15. Mai von einem überlegenen alliierten Verband angegriffen, der aus den britischen Kreuzern »Dartmouth«, »Bristol«, dem italienischen Aufklärer »Aquila« und vier italienischen Zerstörern besteht. Das k.u.k. Seeflugzeug K 153 leitet das Feuer der beiden Zerstörer so gut, dass es gelingt, einen so schweren Treffer in der Kesselanlage der »Aquila« zu erzielen, dass der Aufklärer bewegungsunfähig liegen bleibt. Die k.u.k. Zerstörer erreichen unbeschädigt den Bereich der Küstenbatterien von Durazzo und von dort längs der Küste die Bucht von Cattaro.

Die Kreuzer versenken unterdessen mindestens 14 Sperrfahrzeuge. Am Morgen des 15. Mai um 7 Uhr kommt es zu einem kurzen Feuergefecht zwischen ihnen und vier aus Nordosten kommenden alliierten Einheiten, dem italienischen Aufklärer »Carlo Mirabello« und drei französischen Zerstörern. Um 7.20 Uhr wird die Kreuzerflottille vom Seeflugzeug L88 und vom Zerstörer »Csepel« über Funk benachrichtigt, dass alliierte Einheiten im Nordwesten in Sicht kommen. Die Alliierten nähern sich auf 4.500 m, sodass auch die k.u.k. 10-cm-Geschütze zum Tragen kommen. Im anschließenden Gefecht wirkt sich die Feuerüberlegenheit der alliierten 15-cm-Geschütze aus. Die k.u.k. Schiffe erhalten mehrere Treffer, Horthy wird verwundet, die »Novara« durch Treffer im Maschinenraum bewegungsunfähig. Die k.u.k. Seeflugzeuge greifen mit Bomben und Maschinengewehren die alliierten Schiffe immer an. Die »Saida« nimmt ihr Schwesterschiff »Novara« in Schlepp.

Unterdessen nähern sich weitere alliierte Einheiten, die sich mit der »Dartmouth«-Gruppe vereinigen. Im Norden kommen der k.u.k. Panzerkreuzer »Sankt Georg«, zwei Zerstörer und vier Torpedoboote heran. Die alliierten Schiffe brechen das Gefecht ab und steuern gegen Süden. Die k.u.k. Kreuzer vereinigen sich um 12.25 Uhr mit der **»Sankt-Georg«-Gruppe**. Das deutsche U-Boot U89 (UC 25) greift nach einem Mineneinsatz vor Brindisi die zurückkehrende »Dartmouth« so erfolgreich an, dass diese nach Brindisi geschleppt werden muss. Bei den Bergungsmaßnahmen gerät der französische Zerstörer »Boutefeu« auf eine von U89 gelegte Mine und sinkt. Das **Seegefecht in der Otrantostraße** wird zum bedeutendsten k.u.k. Seesieg des Ersten Weltkrieges.

Daraufhin Kleinkrieg in der Adria. K.u.k. U-Boote führen mit deutschen U-Booten Handelskrieg im Mittelmeer. In der nördlichen Adria greifen k.u.k. und italienische Seestreitkräfte in die Landkämpfe ein, auf italienischer Seite Monitore, auf k.u.k. Seite die Küstenpanzerschiffe »Wien« und »Budapest«. Im Rahmen der österreichisch-ungarisch-deutschen Offensive Oktober 1917 wirken der kleine Kreuzer »Admiral Spaun« und mehrere Torpedoboote bei der Inbesitznahme von Grado mit.

Am 16. Dezember 1917 gelingt es italienischen Motortorpedobooten, in den Hafen von Triest einzudringen und das Küstenpanzerschiff »Wien« zu versenken.

49. Die innere Lage der Krieg führenden Staaten 1918

Österreich-Ungarn

2. Jänner 1918: Czernin an den k.u.k. Botschafter in Berlin: »Kühlmann und ich [sind uns] einig, daß Polen, Kurland, Livland, eventuell auch Estland und Lithauen an die Mittelmächte gebracht werden sollen.«

3. – Ende Jänner 1918: **Jännerstreik**, von Ungarn und Galizien ausgehend; über 700.000 Arbeiter kriegswichtiger Betriebe von Triest bis Krakau, von Linz bis Temesvar im Ausstand (Ende Jänner Munitionsarbeiterstreik im Deutschen Reich). In Österreich streiken die Arbeiter vor allem in Wien, Niederösterreich, Oberösterreich, Steiermark, Küstenland, Böhmen, Mähren, Schlesien (Rüstungs-, Waggonfabriks-, Werft- und Bergarbeiter). Im mährisch-schlesischen Kohlenrevier streikt man bis 9. Februar 1918. Hintergrund: Materiell

sehr bedrängte Situation, Friedenserwartungen (Brest-Litovsk!), sozialistische Tendenzen (für Demokratisierung des Gemeindewahlrechts, gegen Militarisierung der Betriebe etc.), auch nationale Parolen. Kein revolutionärer Widerstand der Sozialdemokraten.

Senkung der österreichischen **Mehlquote**:
Nichtselbstversorger: 200 g pro Tag → 165 g
Nichtselbstversorger (Schwerarbeiter): 300 g → 264 g
Selbstversorger: 300 g → 225 g
Selbstversorger (Schwerarbeiter): 366 g → 300 g

		Österreich	Ungarn	Kroatien	Bosnien
(Nichtselbstversorger	April 1918	165	220	251	200
Nichtselbstversorger	August 1918	165	240	240	200

In Wien wird in der letzten Jännerwoche die halbe Mehlration durch Teigwaren und Haferreis ersetzt.

In Wien beträgt im Februar 1918 die Quote pro Kopf und Woche 200 g (einschließlich 1/5 Zuwaage). Fleisch ist also wenig vorhanden, Gemüse, Milch, Fett, Eier fehlen fast ganz; Brot, Mehl und Erdäpfel bekommt man nicht einmal in den geringen rationierten Mengen. Bei Fett beträgt im April 1918, zu welcher Zeit die Verbraucher in Wien nur mehr 40 g pro Kopf und Woche erhalten, der Monatsbedarf 900 t; zur Deckung steht eine Monatsproduktion von kaum 50 t Kriegsmargarine zur Verfügung.

4.–6., 10., 13., 15.–17., 19. Jänner, 2., 7. Februar 1918: **Friedensverhandlungen der Mittelmächte mit den Ukrainern.** (20. Dezember 1917: Die Ukraine wird als »Ukrainische Volksrepublik« [Ukraïns'ka Narodna Respublika] innerhalb einer russischen Föderation proklamiert. Die Zentralrada [Central'na Rada], das ukrainische Parlament, ruft am 25. Jänner 1918 in ihrem auf den 22. Jänner 1918 datierten IV. Universal die Ukrainische Volksrepublik zum selbständigen, von niemandem abhängigen Freien, Souveränen Staat des Ukrainischen Volkes aus.)

5. Jänner 1918: Ansprache Lloyd Georges: »Die Aufteilung Österreich-Ungarns ist nicht unser Kriegsziel.«

6. Jänner 1918: **Generallandtag der tschechischen Reichsrats- und Landtagsabgeordneten** erklärt in Prag: »... bekräftigen als gewählte Vertreter des czechischen Volkes und dessen geknechteten und politisch mundtot gemachten slowakischen Zweiges in Ungarn unseren Standpunkt zur neuen Regelung der internationalen Verhältnisse. Wir protestieren feierlich gegen die Zurückweisung des Selbstbestimmungsrechtes der Völker bei den Friedensverhandlungen und fordern, dass im Sinne dieses Rechts allen Völkern, damit auch dem unseren, die Teilnahme und volle Freiheit seiner Rechte auf dem Friedenkongress zu verfechten, gesichert werde« (»Dreikönigsdeklaration«).

8. Jänner 1918: **Botschaft Wilsons an den amerikanischen Kongress** (»Das Programm des Weltfriedens«) (»14 Punkte«):
1. Öffentliche Friedensverträge. Die Diplomatie soll stets frei sein und sich vor aller Öffentlichkeit abspielen.
2. Absolute Freiheit der Schifffahrt auf der See außerhalb der territorialen Gewässer sowohl im Kriege wie im Frieden.
3. Aufhebung sämtlicher wirtschaftlicher Schranken. Festsetzung gleichmäßiger Handelsbedingungen zwischen den Nationen.
4. Angemessene Garantien, dass die nationalen Rüstungen auf den niedrigsten Grad herabgesetzt werden.
5. Unparteiische Ordnung aller kolonialen Ansprüche.
6. **Räumung des gesamten russischen Gebietes** und Erledigung aller Russland berührenden Fragen, um die beste und freieste Zusammenarbeit der übrigen Nationen der Welt zu sichern zur Erlangung einer ungehemmten und ungeschmälerten Möglichkeit zur unabhängigen Bestimmung ihrer eigenen politischen Entwicklung und nationalen Politik.
7. Wiederherstellung der ungeschmälerten **Souveränität Belgiens**.
8. Befreiung des **französischen Gebietes**, Wiederherstellung der verwüsteten Teile. »Ebenso müsste das Frankreich durch Preußen 1871 in Sachen **Elsaß-Lothringen** angetane Unrecht, das den

Weltfrieden nahezu fünfzig Jahre bedroht hat, berichtigt werden, um dem Frieden im Interesse aller wieder Sicherheit zu verleihen.«

9. Berichtigung der **Grenzen Italiens**, entsprechend den **Nationalitätenlinien**.
10. Den **Völkern Österreich-Ungarns die freieste Möglichkeit autonomer Entwicklung** zu gewähren.
11. **Räumung Rumäniens, Serbiens, Montenegros**. Wiederherstellung ehemaliger besetzter Gebiete. Freier und gesicherter Zugang für Serbien zum Meer. Ordnung der Verhältnisse auf dem Balkan.
12. Dem **türkischen** Teil des Ottomanischen Reiches soll eine gesicherte **Souveränität** gewährleistet werden, den **anderen Nationalitäten** soll eine absolute und ungestörte Möglichkeit ihrer **autonomen Entwicklung** verbürgt und die Dardanellen sollten dauernd als freier Durchgang für die Schiffe und den Handel aller Nationen unter internationalen Garantien geöffnet werden.
13. Errichtung eines **unabhängigen polnischen Staates** mit freiem Zugang zum Meer; die politische und ökonomische Unabhängigkeit des polnischen Staates sowie dessen territoriale Integrität sollen durch internationalen Vertrag garantiert werden.
14. Installierung eines **Völkerbundes** zum Zweck der Gewährung gegenseitiger Garantien für politische Unabhängigkeit und territoriale Integrität in gleicher Weise für große und kleine Staaten.

(Wilson informiert Secretary of State Lansing am 7. Jänner 1918 darüber; Lansing stimmt zu, notiert in sein Tagebuch: »Der Präsident hat nach einer Möglichkeit gesucht, die Doppelmonarchie intakt zu erhalten. Ich halte eine solche Vorgangsweise für nicht gescheit und denke, der Präsident sollte diesen Gedanken fallen lassen und die Errichtung neuer Staaten auf dem Territorium des Kaiserreiches ins Auge fassen und die Aufteilung Österreich-Ungarns fordern. Das ist das einzig sichere Mittel, um die deutsche Vorherrschaft in Europa zu beenden.«) Wilson über Czernin am 12. Februar: »Graf Czernin scheint die Grundlagen des Friedens mit klaren Augen anzusehen Er wäre wahrscheinlich noch weiter gegangen, hätte er keine Rück-

49. Die innere Lage der Krieg führenden Staaten 1918

sicht auf Österreich-Ungarns Bündnis und seine Abhängigkeit von Deutschland zu nehmen gebraucht.«

17. Jänner 1918: **Kaiser Karl an Czernin:** »Ich muß nochmals eindringlich versichern, daß das ganze Schicksal der Monarchie und der Dynastie von dem **möglichst baldigen Friedensschluß in Brest-Litovsk** abhängt. Kommt der Friede in Brest nicht zustande, so ist hier Revolution, wenn auch noch so viel zu essen ist.«

19. Jänner 1918: **Widersetzlichkeiten bei Marschformationen des Infanterieregiments 26 in Maria-Theresiopel** (Parolen von Frieden und sozialistischer Revolution).

22. Jänner 1918: **Kronrat unter Vorsitz Kaiser Karls.** Czernin vom Kaiser ermächtigt, 1. im Notfall ein Separatabkommen mit Russland zu schließen, 2. »wenn die Versorgungsverhältnisse in der Monarchie eine Fortführung des Krieges unmöglich erscheinen lassen sollten und eine reale Unterlage vorhanden wäre, mit der Ukraine auf der Basis einer Zweiteilung Galiziens in Verhandlungen einzutreten«, 3. die austropolnische Lösung zurückzustellen und dafür den Anschluss Rumäniens ins Auge zu fassen. Seidler für Czernin; Bedenken Wekerles, Arz' und Buriáns.

24. Jänner 1918: Rede Czernins vor dem Außenpolitischen Ausschuss der österreichischen Delegation: Antwort auf Wilsons 14 Punkte; die polnische Frage dürfe den Frieden nicht gefährden.

24. Jänner – 24. Juni 1918: **Demonstrationen, Streiks und Plünderungen im Zivilbereich in Böhmen, Mähren, Galizien, Ungarn, in der Steiermark, im Raum Wien und in Laibach** (vor allem Berg-, Eisenbahn- und Bäckereiarbeiter). Gründe: vor allem Lebensmittelmangel; Lohnforderungen, dazu nationale Schlagworte.

1.–3. Februar 1918: **Matrosenrevolte im k.u.k. Kriegshafen Cattaro** (Kreuzerdivision, Zerstörer- und Torpedobootflottille). Hintergrund: Auswüchse langer Liegezeit; die Mannschaft fühlt sich gegenüber den Offizieren benachteiligt; Haftstrafen wegen geringster Delikte etc. Forderungen: Sofortiger Frieden aufgrund der russischen Vorschläge, Abrüstung, Selbstbestimmungsrecht der Völker, loyale Antworten auf die 14 Punkte Wilsons, Demokratisierung der Regierung,

49. Die innere Lage der Krieg führenden Staaten 1918

mehr Urlaub, bessere Verpflegung, Aufhebung der Briefzensur. 7. Februar: Vier Flottenangehörige, ein Tscheche und drei Südslawen, von einem Standgericht zum Tod verurteilt und exekutiert. Anklage gegen 392 Mann (davon 167 Südslawen, 81 Italiener, 50 Tschechen, 45 Deutsche, 32 Magyaren, Rest Polen, Ruthenen, Rumänen).

Nationale Zusammensetzung der Marinemannschaft

	Südslaw.	Magy.	Dt.	Ital.	Tsch., Slow.	Poln., Rum., Ruth.
insgesamt	34,1	20,4	16,3	14,4	11,0	3,8
Angeklagte	42,6	8,1	11,4	20,6	12,7	4,6

Flottenkommandant Njegovan durch Linienschiffskapitän Miklos v. Horthy abgelöst (jetzt Vizeadmiral).

3. Februar 1918: Übereinkommen über die Lieferung von 500.000 t Lebens- und Futtermittel für Österreich-Ungarn und das Deutsche Reich.

5. Februar 1918: Deutsches Mehldarlehen von 30.000 t an die k.u.k. Armee.

8. Februar 1918: **Geheimes Protokoll zur Schaffung eines eigenen Kronlandes aus den ruthenischen Teilen Ostgaliziens und der Bukowina** bis 20. Juli 1918 (Seidler, Czernin) (integrierender Bestandteil des Friedensvertrages vom 9. Februar 1918, aus Rücksicht auf die Polen nicht realisiert).

9. Februar 1918: **Friedensvertrag der Vierbundmächte mit der Ukrainischen Volksrepublik in Brest-Litovsk.** Art. II.2: Cholmer (Chełmer) Land an die Ukraine (ohne Volksabstimmung) abzutreten. Art. VII. 1: Bis 31. Juli gegenseitiger Austausch der Überschüsse landwirtschaftlicher und industrieller Produkte (laut Protokoll, unterzeichnet von Friedrich Ritter v. Wiesner und dem ukrainischen Delegierten bei den Brester Verhandlungen Ljubynśkyj, ukrainische Lieferungsverpflichtung 1 Mill. t Brotgetreide). Von Wien nicht ratifiziert (polnische Rücksichten; offiziell wegen Nichterfüllung der Lieferungsverpflichtungen durch die Ukraine) (Bulgarien ratifiziert am 15. Juli, das Deutsche Reich am 24. Juli, das Osmanische Reich

49. Die innere Lage der Krieg führenden Staaten 1918

am 22. August 1918). Bis November 1918 120.000 t Getreide, Hülsenfrüchte, Futtermittel und Sämereien an die Vierbundmächte.

Nach dem 9. Februar 1918 Erregung im Königreich Polen und in Galizien wegen Zuteilung Cholms (Chełms) an die Ukraine. Rücktritt der Regierung Kucharzewski; Enthebung Szeptyckis vom Posten des Militärgeneralgouverneurs am 18. Februar (Nachfolger: General d. Inf. Lipošćak); Aufruhr im Polnischen Hilfskorps (Gefecht mit den Legionären: elf k.u.k. Gefallene, 38 Verwundete; 160 Offiziere, 4.700 Mann gefangen). 18. Februar: »Nationaler Trauertag« in Galizien.

(**Ukraine:** 20. Dezember 1917 Ukraine als »Ukrainische Volksrepublik« [Ukraïns'ka Narodna Respublika] innerhalb einer russischen Föderation proklamiert. Am 26. Dezember 1917 bilden die ukrainischen Bol'ševiki in Charkiv/Char'kov eine Gegenregierung. In einem britisch-französischen Geheimvertrag vom 23. Dezember 1917 werden die Ukraine, die Krim und Bessarabien zum französischen, das Don- und das Kuban'-Gebiet, Armenien, Georgien, Kurdistan zum britischen Interessengebiet erklärt. Mit 22. Jänner 1918 ist die Ukrainische Volksrepublik »selbständiger, von niemandem abhängiger, freier, souveräner Staat des Ukrainischen Volkes«. Am 29. April 1918 wird Pavlo Skoropads'kj mit deutscher Hilfe Het'man der Ukraine; der Staat heißt jetzt »Ukraïns'ka Deržava«).

9.–20. Februar 1918: **Subordinationsverletzungen in Mostar, Čapljina, Konjica, Sinj** (Gründe: Hunger, Urlaubsfrage, dazu antiösterreichische Parolen).

11. Februar 1918: Die tschechischen Parteien fordern in Prag die Gründung einer **tschechischen staatsrechtlichen Demokratie in den historischen Grenzen,** also einschließlich der deutschbesiedelten Randgebiete.

22. Februar 1918: Kaiser Wilhelm II. schlägt Wien vor, beide Monarchen sollten den König von Polen (als Kandidaten kämen Erzherzog Karl Stephan oder Mitglieder des sächsischen oder württembergischen Hauses in Betracht) präsentieren; Westgalizien soll diesem Königreich Polen nicht angehören, sondern – vergrößert um das

49. Die innere Lage der Krieg führenden Staaten 1918

Kohlengebiet von Dąbrowa – ein autonomes Gebiet unter der habsburgischen Krone außerhalb des österreichischen Reichsrats werden.
28. Februar 1918: **K.u.k. Truppen** beteiligen sich entgegen Kaiser Karls ursprünglicher Absicht am **Einmarsch in die Ukraine** (deutsche Truppen bereits am 18. Februar; Hilferuf der ukrainischen Regierung an die Mittelmächte am 16. Februar). – Leiter der »k.u.k. Kommission Kiew« (später: »k.u.k. Vertretung Österreich-Ungarns für die Ukraina«) ab Ende Februar 1918 Graf Forgách (wirtschaftliche Agenden, de facto diplomatische Vertretung). Odessa (13. März 1918 von Truppen der Mittelmächte besetzt) seit 16. Mai 1918 Sitz der »k.u.k. Ostarmee« (General d. Inf. Alfred Krauß; vorher k.u.k. 2. Armee unter Feldmarschall v. Böhm-Ermolli). Seit Juni 1918 im k.u.k. AOK eine Ukraine-Abteilung (Oberst d. Generalstabskorps Kreneis). Der k.u.k. Konsul und Leiter des Generalkonsulats Odessa Heinrich Zitkovszky v. Szemeszova u. Szohorad Vertreter des Ministeriums des Äußern beim Kommando der Ostarmee. Ab März 1918 Major d. G. Moritz Fleischmann v. Theißruck »Bevollmächtigter des k.u.k. AOK. bei der ukrainischen Rada«, seit 9. Juni 1918 Generalmajor Lelio Graf Spannocchi »Bevollmächtigter General des k.u.k. AOK. in der Ukraine«. Am 28. Mai 1918 Feldmarschallleutnant v. Böltz »k.u.k. Gouverneur von Odessa«.

Ende Februar 1918: Neue **Friedensbemühungen Kaiser Karls** (**über König Alfons von Spanien Brief an Wilson**, worin er sich mit einigen Einschränkungen zu den »14 Punkten« bekennt, Wilsons Antwort vom 8. März 1918 löst in Wien Verstimmung aus).

3. März 1918: **Unterzeichnung des Friedensvertrages von Brest-Litovsk zwischen den Vierbundmächten und Russland:**
Art. I: Aufhebung des Kriegsstandes.
Art. II: Die Vertragspartner enthalten sich gegenseitig der Agitation und Propaganda, Russland enthält sich auch der Agitation in den von den Mittelmächten besetzten Gebieten.
Art. III: Polen, Litauen, Kurland, Süd-Livland aus der russischen Staatshoheit gelöst. Das Deutsche Reich und Österreich-Ungarn werden das Schicksal dieser Gebiete im Einvernehmen mit der ansässigen Bevölkerung regeln.

Art. IV: Russland räumt die ostanatolischen Provinzen Ardahan, Kars und Batum und überlässt es der Bevölkerung dieser Gebiete, die Neuordnung im Einvernehmen mit den Nachbarstaaten, besonders der Türkei, durchzuführen.
Art. V: Demobilisierung des russischen Heeres und der russischen Flotte.
Art. VI: Russland schließt mit der Ukrainischen Volksrepublik Frieden, erkennt den Brester Frieden vom 9. Februar 1918 an und räumt das ukrainische Gebiet von den russischen Truppen und von der Roten Garde. Estland und Nord-Livland werden von einer deutschen Polizeimacht besetzt, bis Ordnung und Sicherheit durch eigene Landeseinrichtungen gewährleistet sind (de jure noch unter russischer Staatshoheit). Finnland und Aalandsinseln werden von Russland geräumt.
Art. VII: Die Vertragspartner anerkennen die Unabhängigkeit Persiens und Afghanistans.
Art. VIII: Entlassung der Kriegsgefangenen.
Art. IX: Gegenseitiger Verzicht auf den Ersatz der Kriegskosten.
Art. X: Wiederaufnahme der diplomatischen und konsularischen Beziehungen.
Art. XI: Wirtschaftliche Beziehungen.
Art. XII: Abschluss rechtspolitischer Einzelverträge.
(Ratifikation durch Russland und das Deutsche Reich am 29. März, durch Österreich-Ungarn am 4. Juli, durch Bulgarien am 9. Juli, durch das Osmanische Reich am 12. Juli 1918.)

Russland verliert 26% seines Territoriums, 27% des anbaufähigen Landes, 26% des Eisenbahnnetzes, 33% der Textilindustrie, 73% der Eisenindustrie, 75% der Kohlenbergwerke.

Österreich-Ungarn hat rund 900.000 russische Kriegsgefangene (davon 660.000 im Hinterland, davon 438.000 in der Landwirtschaft eingesetzt). Über 2,1 Mill. k.u.k. Offiziere und Soldaten als Kriegsgefangene in Russland; bis Sommer 1918 ca. eine halbe Million Mann repatriiert. Die Repatriierten werden bürokratisch erfasst, auf Kaiser

49. Die innere Lage der Krieg führenden Staaten 1918

Karl wiedervereidigt; dreiwöchige Quarantäne; dann Zuführung zu den Ersatztruppenkörpern; Untersuchung über die Umstände der Gefangennahme.

3. März 1918: **Vorfriede von Buftea zwischen den Vierbundmächten und Rumänien.**

4. März 1918: **Zusatzprotokoll zum Friedensvertrag mit der Ukraine vom 9. Februar**: Polnisch-ukrainische Grenze auch östlich der im Vertrag genannten Linie (d.h. Entgegenkommen den polnischen Wünschen gegenüber).

4. März 1918: Memorandum der europäischen Sektion des französischen Außenministeriums: ein unabhängiges Polen und ein tschechischer Staat sind anzustreben.

12. März 1918: Unterzeichnung der österreichisch-ungarisch-osmanischen Rechtsverträge (von Wien aber nicht ratifiziert).

20.–21. März 1918: **Eisenbahnerstreik in Pilsen** (daraufhin Militarisierung des Betriebes).

28. März 1918: **Übereinkommen zwischen der deutschen und k.u.k. Obersten Heeresleitung zur Festlegung der Einflusssphären in der Ukraine**: Südwestlicher Teil des Gouvernements Wolhynien, Gouvernements Podolien, Cherson und Ekaterinoslav (Katerynoslav) fallen Österreich-Ungarn, der Rest des Gouvernement Wolhynien, die Gouvernements Taurien (einschließlich der Krim), Kiev (Kyïv), Poltava, Černigov (Černihiv) und Char'kov (Charkiv) fallen dem Deutschen Reich zu. Nikolaev (Mykolaïv), Mariupol' (Marijupil') und Rostov unter gemeinsamer Besatzung, wobei für Nikolaev und Rostov deutscher, für Mariupol' k.u.k. Oberbefehl festgelegt wird. Taganrog (Tahanrih) und Novorossijsk sollen deutsches Einflussgebiet sein. Formeller k.u.k. Oberbefehl über die Operationen in Taurien und auf der Krim.

(In der Ukraine 500.000 deutsche, 250.000 k.u.k. Soldaten. 1. April 1918: Erste internationale Luftpostlinie der Welt auf Strecke Wien – Olmütz – Krakau – Lemberg – Proskurov – Kiev eröffnet.)

Ende März 1918: **Erzherzog Wilhelm**, Sohn des 1917/18 als Regenten des Königreiches Polen in Aussicht genommenen Erzherzogs

49. Die innere Lage der Krieg führenden Staaten 1918

Karl Stephan, Kommandant eines aus der k.k. Ukrainischen Legion (österreichische Staatsangehörige ukrainischer Nationalität), einem Bataillon des Infanterieregiments 115 und einer Batterie zu bildenden Detachements. Einsätze bei Nikopol' und Aleksandrovsk. Ukrainophile Einstellung (Pläne für eine Thronkandidatur in der Ukraine?). Ende September aus der Ukraine abgezogen.

Nach den Ost-Friedensverträgen bleiben mehr als eine Million deutscher und österreichisch-ungarischer Soldaten im Osten. Dreimal so viel werden frei. Die Deutschen werden ab Dezember 1917 an die Westfront gebracht. Die k.u.k. Truppen, deren Gesamtstand sich im Jänner 1918 auf 4,41 Mill. Mann beläuft, kommen, sofern sie im Osten frei werden, nur zum Teil nach Italien. Sie kommen in verstärktem Ausmaß zum Assistenzeinsatz im Inneren Österreich-Ungarns. Von den fast viereinhalb Millionen Mann sind fast drei Millionen in den Reihen der Armee im Felde. Tatsächlich an der Front eingesetzt nur mehr 915.000 Mann (an der Ostgrenze der Ukraine, bei Galatz an der Donaumündung, im Süden Makedoniens, an den Grenzen Venetiens, in Palästina). Eineinhalb Millionen sind im Inneren der Monarchie eingesetzt.

2. April 1918: **Rede** des Ministers des Äußern Graf **Czernin** in seinen Amtsräumen vor Mitgliedern des Wiener Gemeinderats, die ihm für den »Brotfrieden« mit der Ukraine danken wollen, **löst die sog. »Sixtus-Affäre« aus.** Czernin wirft dem französischen Ministerpräsidenten Clemenceau vor, an ihn (Czernin) wegen Gesprächen über den Frieden herangetreten zu sein (Czernin meint aber eindeutig die Gespräche Armand-Revertera). Clemenceau habe aber Czernins Aufforderung zurückgewiesen, auf das Friedenshindernis der Forderung nach Elsass-Lothringen zu verzichten. Pressekrieg Clemenceau–Czernin. Clemenceau veröffentlicht am 12. April den ersten Sixtus-Brief vom 24. März 1917 (»gerechten Rückforderungsansprüche Frankreichs auf Elsaß-Lothringen«). Czernin hat den genauen Wortlaut dieses Briefes möglicherweise nicht gekannt. Er deckt den Kaiser nicht. Er verlangt eine Verleugnung der entscheidenden Passage des Briefes über Elsass-Lothringen und eine Art

49. Die innere Lage der Krieg führenden Staaten 1918

Treuebekenntnis gegenüber Kaiser Wilhlem II. (»Die Anschuldigungen des Herrn Clemenceau gegen mich sind so niedrig, daß ich nicht gesonnen bin, mit Frankreich über die Sache ferner zu diskutieren. Unsere weitere Antwort sind meine Kanonen im Westen. In treuer Freundschaft Karl.«) Im Verlauf der Auseinandersetzung droht Czernin mit Selbstmord, außerdem malt er den Einmarsch des deutschen Heeres an die Wand; sollte die Ableugnung nicht erfolgen, sei das Leben der Bourbonen-Prinzen Sixtus und Xavier bedroht. Das Odium des »Verrates« bleibt, besonders in deutschnationalen Kreisen, Vertrauen beim deutschen Bundesgenossen zerstört. – **Rücktritt Czernins am 14. April (Nachfolger: Burián).**

6. April 1918: Kaiser Karl bezeichnet in einem Brief an Kaiser Wilhelm die austropolnische Lösung als »beste und vielleicht einzige Lösung«.

8.–11. April 1918: »**Kongreß der unterdrückten Völker** [Österreich-Ungarns]**« in Rom**: Tschechen und Slowaken, Südslawen, Italiener, Polen, Rumänen sowie Beobachter Italiens, Großbritanniens und Frankreichs nehmen folgende Resolution an: »1. Jedes dieser Völker proklamiert sein Recht, seine eigene und einheitliche Nation zu bilden oder diese Einheit zu vervollkommnen sowie die völlige politische und wirtschaftliche Unabhängigkeit zu erreichen. 2. In der Österreichisch-Ungarischen Monarchie erblicken all diese Völker ein Werkzeug der deutschen Herrschaft, das größte Hindernis zur Verwirklichung der eigenen Ansprüche und Rechte. 3. Der Kongreß erkennt als Folge all dieser Umstände die Notwendigkeit des gemeinsamen Kampfes gegen den gemeinsamen Feind, damit jedes Volk seine eigene völlige Befreiung und völlige nationale Einheit in der freien Einheit des Staates erringe.«

21. April 1918: **Abkommen der italienischen Regierung mit dem Tschechoslowakischen Nationalrat** über die Gründung einer tschechoslowakischen Armee in Italien (Orlando – Štefánik): Aufstellung als »6. Division« (am 15. Juni 489 Offiziere [davon 165 Italiener], 13.655 Mann [davon 1.270 Italiener]). Am 23. Oktober Aufstellung einer »7. Division« → Armeekorps von 24.370 Mann und 1.012 Offizieren.

49. Die innere Lage der Krieg führenden Staaten 1918

16.–31. Dezember: Heimtransport der beiden Divisionen (ca. 25.000 Mann).

25. April – 5. Juli 1918: **Heimkehrermeutereien** (noch relativ kleinen Ausmaßes) in **Böhmen und Mähren** (Tschechen, Magyaren, Ruthenen), **Galizien** (Ruthenen, Polen; eine Hinrichtung), im Militärgeneralgouvernement **Lublin** (Ruthenen, Polen; zwei Hinrichtungen) und in **Oberungarn** (Ruthenen, Slowaken; zwei Hinrichtungen [ohne Sajóecseg]). In Sajóecseg einzige Meuterei einer Feldeinheit bis Oktober 1918 (eine Hinrichtung). Ursachen: materielle Not, dazu Antikriegs- und bolschewistische Parolen.

30. April 1918: »**Nationalkomitee der Rumänen Siebenbürgens und der Bukowina**« in Paris gegründet.

1. Mai 1918: **Slowakische Arbeiter** fordern in Liptószentmiklós (Liptovský Svätý Mikuláš) das **Selbstbestimmungsrecht für die Slowaken**.

4.–5. Mai 1918: Parteitag der DAP (Deutschen Arbeiterpartei), gegründet am 14. November 1903 in Aussig, in Wien. Umbenennung in »Deutsche Nationalsozialistische Arbeiterpartei« (DNSAP). Vom ehemaligen sozialdemokratischen Rechtsanwaltsanwärter Dr. Walter Riehl stammen das Hakenkreuzsymbol und der Parteinahme.

7. Mai 1918: **Friede von Bukarest zwischen den Vierbundmächten und Rumänien**: Freie Hand für Rumänien in Bessarabien; Süd-Dobrudscha an Bulgarien, Nord-Dobrudscha an Kondominium der Vierbundmächte. Gebietsabtretungen an die ungarische und österreichische Reichshälfte. Werft von Turnu Severin von Österreich-Ungarn gepachtet. Eisenbahn, Telegraph und Post von Deutschen, Österreichern und Ungarn verwaltet. Als Kompensation für die Zustimmung zur Angliederung der Nord-Dobrudscha an Bulgarien erhofft sich Wien die bulgarische Zustimmung zur Überlassung des Negotiner Kreises im Nordosten Serbiens, der das Eiserne Tor unter die Kontrolle der Donaumonarchie gebracht hätte. – Rumänien liefert im Wirtschaftsjahr 1917/18 300.000 t Getreide an Österreich-Ungarn.

49. Die innere Lage der Krieg führenden Staaten 1918

11. Mai 1918: Ein Tscheche und ein Dalmatiner wegen versuchter Meuterei auf Torpedoboot 80 hingerichtet.

12. Mai 1918: **Kaiser Karl in Spa**: Vereinbarung mit Kaiser Wilhelm betreffend langfristiges, enges politisches **Bündnis, Waffenbund** und **Zoll- und Wirtschaftsbündnis beider Staaten**. Militärkonvention erst wirksam, wenn polnische Frage gelöst ist.

12.–13. Mai 1918: **Meuterei in Judenburg** (Heimkehrer des Ersatzbataillons des Infanterieregiments 17; Slowenen; schlechte Ernährung auslösend, dazu nationalslowenische Parolen, sechs Todesurteile). – 14.–15. Mai: Meuterei in **Murau** (Heimkehrer der Ersatzkompanie des 7. Feldjägerbataillons, slowenische Parolen; 6 Todesurteile). – 20. Mai: Meuterei in **Fünfkirchen** (Ersatzbataillon des Infanterieregiments 6; Serben, Deutsche, Magyaren; Antikriegsparolen, Arbeiter als Verbündete; 19 Todesurteile). – 21. Mai: Meuterei in **Rumburg** (Tschechen; zehn Todesurteile vollstreckt). – 23.–24. Mai: Meuterei in **Radkersburg** (Ersatzbataillon des Infanterieregiments 97; überwiegend Slowenen; anti-österreichische, prosüdslawische Parolen; acht Todesurteile).

24. Mai 1918: Beratungen in der Slowakischen Volkspartei: Durchbruch zu protschechoslowakischem Kurs.

29. Mai: Sympathieerklärung der amerikanischen Regierung für nationale Bestrebungen der Tschechoslowaken und Südslawen. – 30. Mai: Staatssekretär Lansing an Wilson: Unabhängigkeit an slawische Völker Österreich-Ungarn, wenn »dieses Versprechen sie zum Widerstandskampf gegen das von Deutschland beherrschte Österreich Ungarn bewegen könnte«. – 30. Mai: Vertrag von Pittsburgh zwischen Masaryk und amerikanischen Slowakenführern: Zusage voller Autonomie an die Slowaken im Rahmen des zu bildenden tschechoslowakischen Staates.

30. Mai 1918: Unterzeichnung des österreichisch-ungarisch-osmanischen Geheimvertrages zur Abschaffung der Kapitulationen (von Wien aber nicht ratifiziert).

Mai/Juni 1918: Aufstellung der 1. ukrain. Schützen-Kosakendivision aus russischen Kriegsgefangenen ukrainischer Nationalität in

49. Die innere Lage der Krieg führenden Staaten 1918

Volodymyr Volynśkyj durch das k.u.k. AOK. (Ende August in einer Stärke von 140 Offizieren und 3.300 Mann an Ukraine übergeben; Eid auf ukrainischen Staat und auf Het'man Skoropadśkyj.)

2. Juni 1918: **Meuterei in Kragujevac** (Heimkehrer des Infanterieregiments 71; Slowaken; Kleidung, Urlaub, Ernährung, dazu prorussisch-probolschewistische, antisemitische Parolen; 44 Todesurteile vollstreckt).

3. Juni 1918: Proklamation Frankreichs, Großbritanniens und Italiens in Versailles: Unabhängiger polnischer Staat mit Zugang zum Meer eine der Friedensbedingungen; Anerkennung der tschechischen und südslawischen nationalen Aspirationen.

7. Juni 1918: Eisenbahnerstreik in Prag, Laun, Tabor und Böhmisch Trübau.

9. Juni 1918: Die französische Regierung bestätigt das Recht der Tschechoslowaken auf Unabhängigkeit und den Nationalrat in Paris als »erste Grundlage einer künftigen Regierung«. – Die Alliierten gehen von 60.000 **tschechoslowakischen** Legionssoldaten in den **asiatischen Teilen Russlands** aus. 200–300 Tschechoslowaken dienen in der **britischen Armee, 12.000 bei den Italienern**.

11.–12. Juni 1918: **Verhandlungen Buriáns** mit dem deutschen Reichskanzler **Graf Hertling**: Grundlinien eines neuen Bündnisvertrages ausgearbeitet. Berlin verlangt einen bedeutenden Grenzstreifen, falls Polen nicht in seine direkte Abhängigkeit geraten sollte.

15. Juni – 20. September 1918: **Streiks und Plünderungen in den Alpen- und Donauländern**. Auslösendes Moment die katastrophalen Ernährungsverhältnisse. 15. Juni: **Knittelfeld**; 18.–24. Juni: Raum **Wien** (17. Juni: Kürzung der Mehlration; am 20. Juni 48.000 Arbeiter im Ausstand); **Trifail** 18.–19. Juni; 8.–12. Juli: **Idria**; 4. September: **Villach**; 19.–20. September: **Salzburg**.

16. Juni – 20. September 1918: **Meutereien bei Marschformationen**: **Krakau** (16. Juni; Schützenregiment 16; überwiegend Polen), **Wörgl** (2. Juli; Schützenregiment 16), **Zamość** (5. Juli; Infanterieregiment 30; Ruthenen, Polen), **Prag** (6. August; Infanterieregiment 68; Magyaren), **Dombóvár-Kaposvár** (24. August; Honvédinfanteriere-

49. Die innere Lage der Krieg führenden Staaten 1918

giment 15; Slowaken), **Nowy Sącz** (20. September; Infanterieregiment 10; überwiegend Slowaken).

17. Juni – Ende Juli 1918: **Streikbewegung in Ungarn** (Ernährung, Lohnforderungen): Eisen- und Metallarbeiter, Bergleute, Straßenbahner usw. – 20. Juni – Ende September 1918: **Streiks in Böhmen und Mähren** (Lebensmittelnot, Lohnforderungen): Rüstungs-, Stahlarbeiter, Bergleute.

28. Juni 1918: Die **amerikanische Regierung** erklärt, für die Befreiung aller slawischen Völker von der deutschen und österreichisch-ungarischen Herrschaft eintreten zu wollen. – 29. Juni 1918: Die **französische Regierung** erklärt in einem Schreiben an den Generalsekretär des Tschechoslowakischen Nationalrates in Paris, Dr. Edvard Beneš, dass sie den **Tschechoslowakischen Nationalrat** als höchste Interessenvertretung der Nation und als erste Stufe der künftigen tschechoslowakischen Selbständigkeit anerkenne (ausdrücklich »innerhalb der historischen Grenzen Ihrer Länder«). **Masaryk**, seit Dezember 1914 in der Emigration, hat Mitte November 1915 in einer Deklaration die Absetzung der »zu Dienern der Hohenzollern herabgesunkenen Habsburger« sowie die Gründung eines »unabhängigen, alle seine Söhne um sich versammelnden Böhmens« verkündet. Masaryk wird 1916 Präsident und Beneš Generalsekretär des Tschechoslowakischen Nationalrates in Paris. Beide unermüdlich tätig, um die Alliierten von der Notwendigkeit der Gründung eines tschechoslowakischen Staates zu überzeugen. Masaryk versucht, die in Russland stehende (antibolschewikische) tschechoslowakische Legion über Vladivostok nach Frankreich zu befördern.

Juni 1918: Die seit Juni 1918 im Verband der alliierten Saloniki-Armee kämpfende »**Jugoslawische Division**« setzt sich aus Serben, Kroaten und Slowenen zusammen. Slowenen auch unter jenen ehemaligen k.u.k. Kriegsgefangenen, die nicht aus Russland nach Hause zurückgekehrt sind, sondern den Weg zu den westlichen Alliierten und zur serbischen Armee gesucht haben.

Österreich-Ungarn beginnt mit der Reorganisation des ukrainischen Militärjustizdienstes (durch k.u.k. Militärjuristen).

49. Die innere Lage der Krieg führenden Staaten 1918

K.u.k. Waffenproduktion erste Hälfte 1918: 130.000 Gewehre, 6.000 MG, 1.296 Geschütze, 750.000 Schuss Artilleriemunition. August–Oktober 107.000 Gewehre, 6.200 MG, 742 Geschütze, 400.000 Schuss Artilleriemunition/Monat.

13. Juli 1918: **Nationalausschuss (»Národní výbor«) der tschechischen Parteien** in Prag ins Leben gerufen. (An der Spitze Karel Kramář, 1915 wegen Hochverrats angeklagt und verurteilt, 1917 begnadigt.)

19. Juli 1918: Wahlrechtsänderung in Ungarn (Gesetzesartikel XVII): 13% der Gesamtbevölkerung wahlberechtigt (1913: nur 7,7%).

Ernte Juli 1918: Österreich: 32 Mill. q Weizen, Roggen, Gerste, Hafer, Mais (1917: 28,1 Mill.); Ungarn: 77 Mill. q (1917: 84,2); Kroatien-Slawonien: 12,3 Mill. q (1917: 13.8 Mill.). Im Juli 1918 mehr als 260.000 Mann von Heer und Landwehr zu »landwirtschaftlichen Zwecken« beurlaubt. Die Armee erhält vom 1. August 1917 – 31. Juli 1918 5,084.200 q Mehl aus Ungarn, 546.700 q Hartfutter aus Österreich, 1,727.200 q Hartfutter aus Ungarn. Verpflegungsbedarf der Armee Juli 1917 – Juli/August 1918 7 Mill. q Mehl (= Ausfall von 1,915.800 q), Hartfutterbedarf 14 Mill. q (= Ausfall von 11,726.100 q).

Desertionen: Ende Sommer 1918: in Galizien ca. 40.000, in Kroatien-Slawonien, Bosnien-Hercegovina und Dalmatien ca. 70.000, in Ungarn ca. 60.000, in den böhmischen Ländern ca. 20.000, in den Alpen- und Voralpengebieten ca. 40.000 Mann (zusammen: 230.000 Mann). (Wegen des Hungers desertieren mehr Soldaten als aus nationalistischen Gründen.) Im Stand der Wehrmacht 4,6 Mill. Offiziere und Mannschaften. Kampfstand des Feldheeres am 1. August 1918: 34.000 Offiziere, 813.000 Feuergewehre der Infanterie und Kavallerie inkl. der im Armeebereiche befindlichen Marschbataillone. Kampfstand an der Südwestfront bis 1. Oktober 1918 auf 238.000 Mann und 146.650 Mann Marschformationen gesunken. – Soldaten unterernährt; Selbstmorde; Krankheiten (Malaria); nationale Spannungen.

25. Juli – 27. Oktober 1918: Dr. Max Frhr. **Hussarek** von Heinlein k.k. **Ministerpräsident:** Ziele: polnisch-ruthenischer Ausgleich, Mo-

49. Die innere Lage der Krieg führenden Staaten 1918

dus vivendi mit den Südslawen (Slowenen werden aber ignoriert), Herauslösung des deutschen Siedlungsgebietes aus dem Verband des Königreiches Böhmen.

21. Juli 1918: **Memorandum Arz'** an Burián über die **Kriegsziele** (Ergebnisse der Besprechung der Militärgeneralgouverneure für Serbien und Montenegro, Rhemen und Clam-Martinic, mit dem Landesbefehlshaber von Bosnien-Hercegovina und Dalmatien, Generaloberst Frhr. v. Sarkotić, vom 13. und 14. Mai 1918. Alle drei für Angliederung Serbiens und Montenegros an Österreich-Ungarn, eventuell unter Zusammenfassung mit Bosnien, Hercegovina und Dalmatien in Form eines »Reichslandes«). Arz: »... völliger Angliederung Serbiens an die Monarchie, völliger Angliederung Montenegros an die Monarchie ..., Schaffung eines selbständigen Albaniens und in der Folge ... Schaffung eines Balkanstaatenbundes unter unserer Führung.«

Nach dem 8. August **zwei k.u.k. Infanteriedivisionen an die deutsche Westfront verlegt (k.u.k. 1. und 35. Infanteriedivision)**, im September 1918 folgen k.u.k. 106. **Infanteriedivision und 37. Honvéd-Infanteriedivision** (eingesetzt bei St. Mihiel, Verdun, Dompièrre; Heeresgruppe Gallwitz). Die k.u.k. 35. Infanteriedivision verliert in Schlacht von St. Mihiel (12. September) 99 Offiziere und 3.268 Mann an Toten, Verwundeten, Gefangenen. Die k.u.k. 1. Infanteriedivision büßt im Oktober Hälfte ihres Standes ein.

9. August 1918: **Anerkennung der Tschechoslowaken als Krieg führende Nation und des Nationalrates als Repräsentativorgan durch Großbritannien; Legionen in Russland, Frankreich und Italien verbündete Heere**, die sich in regelrechtem Krieg gegen Österreich-Ungarn und das Deutsche Reich befinden. Geheimes Zusatzabkommen Beneš – Lord Robert Cecil am 3. September: Tschechoslowaken als »**assoziierte Macht** gleich Serbien und Griechenland« anerkannt.

9. August 1918: Sieben italienische Flugzeuge unter der Führung des Dichters Gabriele **d'Annunzio** überfliegen in 2.000 m Höhe Wien und werfen Flugblätter ab. August 1918: Starke anti-dynastische, revolutionäre Tendenzen in Prag, seit Mai 1918 explosive Lage.

49. Die innere Lage der Krieg führenden Staaten 1918

14. August 1918: Besuch Kaiser Karls und Arz' bei Kaiser Wilhelm, Hindenburg und Ludendorff im deutschen Hauptquartier in Spa. Kaiser Wilhelm meint, der Zeitpunkt für ein Verhandlungsangebot sei sehr schlecht, man solle zuwarten, bis der deutsche Rückzug zum Stehen komme und man den Ententemächten zeigen könne, die Deutschen würden ihnen noch immer schwere Verluste zufügen können. Kaiser Karl schließt eine Offensive in Italien aus, lehnt ein neuerliches militärisches Vorgehen gegen Rumänien ab. Als Arz meint, ein Siegfriede sei nicht mehr möglich, widersprechen die Deutschen nicht mehr. Die OHL meint, sie müsse einige Frontverkürzungen vornehmen, um gesichert Stellungen beziehen und dann über den Frieden verhandeln zu können. Frieden auf Grundlage des Status quo könne Verhandlungsgrundlage sein. Die Deutschen wollen einen Friedensschritt über einen Neutralen, nämlich Holland, beginnen, Burián plädiert für einen direkten Vorstoß dazu.

3. September 1918: Die USA erkennen den Tschechoslowakischen Nationalrat in Paris als **De-facto-Regierung an** (Japan am 9. September 1918).

5. September 1918: Verhandlungen Staatssekretär Admiral v. **Hintze-Burián** in Wien. Kriegsziele: Deutsches Reich: keine Annexionen und Kriegsentschädigungen; Integrität des Territoriums; Wiederherstellung Belgiens. Österreich-Ungarn: Integrität der Monarchie; keine Annexionen (eventuell einige Stützpunkte zur Grenzsicherung).

14. September 1918: Friedensnote Kaiser Karls »An Alle!« an 22 Krieg führende und 21 neutrale Staaten (ohne Verständigung des deutschen Verbündeten). Kaiser Wilhelm: Dieses eigenmächtige Vorgehen Wiens würde »eine ernsthafte Gefährdung des Bündnisses zur Folge haben«. Von den Alliierten abgelehnt.

15. September 1918: Beginn der Offensive der alliierten Orientarmee gegen Bulgarien.

24.–28. September 1918: Deutsch-österreichisch-ungarische Besprechungen über die polnische Frage: Kompromissformel: Russisch-Polen soll eine freie Königswahl zugestanden werden, dafür

49. Die innere Lage der Krieg führenden Staaten 1918

soll es fest in der deutsch-österreichisch-ungarischen Bündnisgruppe verankert bleiben; Lösung der Cholmer Frage zugunsten der Polen; Österreich-Ungarn und das Deutsche Reich sollen sich ihre polnischen Landesteile gegenseitig garantieren.

24. September, 12. Oktober 1918: **Die Rumänische Nationalpartei fordert das Selbstbestimmungsrecht**, d.h. die Vereinigung der von Rumänen bewohnten Gebiete Österreich-Ungarns mit Altrumänien. Ebenso die Rumänische Sozialdemokratische Partei am 29. September 1918.

26. September 1918: Der Tschechoslowakische Nationalrat in Paris unter Führung Masaryks proklamiert unter Berufung auf die »**14 Punkte**« Wilsons die Errichtung eines selbständigen tschechoslowakischen Staates.

26. September 1918: **Bulgarisches Waffenstillstands- und Friedensangebot an die Entente.**

29. September 1918: **Waffenstillstand von Prilep zwischen Bulgarien und den Alliierten.**

27. September 1918: **Gemeinsamer Ministerrat in Wien**: Umgestaltung Österreichs, Festhalten an austropolnischer Lösung, Druck auf Berlin in der Friedensfrage.

28. September 1918: **Frankreich erkennt die Tschechoslowaken als alliierte Krieg führende Nation, deren Nationalrat als De-facto-Regierung an.** – Abkommen Frankreichs mit dem polnischen Nationalkomitee in Paris: Anerkennung der gegen die Mittelmächte kämpfenden polnischen Truppen als alliierte Armee; Regierungsautorität an das Nationalkomitee.

29. September 1918: **Kundgebung des »Národní výbor« und der tschechischen Parteien in Prag unter dem Vorsitz Kramář' für die Errichtung eines selbständigen Staates.**

September 1918: **Tiszas** Entwurf, betreffend Bosnien-Hercegovina (Angliederung an Ungarn). **Sarkotić** schlägt ein selbständiges kroatisches Königreich aus Kroatien, Dalmatien und Bosnien-Hercegovina im Rahmen Ungarns vor.

1. Oktober 1918: **Burián** an beide Ministerpräsidenten: Die **austro-**

49. Die innere Lage der Krieg führenden Staaten 1918

polnische Lösung ist in der Form, dass Kaiser Karl zum König eines mit Galizien vereinigten Polen proklamiert und die Pragmatische Sanktion auf Polen ausgedehnt werde, anzustreben.

2. Oktober 1918: Dr. Antun **Korošec**, Führer der **Slowenischen Volkspartei**, fordert die **Anerkennung des Selbstbestimmungsrechtes der Völker**. Die Südslawen streben die Gründung eines unabhängigen Staates an.

3. Oktober 1918: Die **Sozialdemokratische Partei anerkennt das Selbstbestimmungsrecht der slawischen und romanischen Nationen** und erklärt ihre Bereitschaft, über die Umwandlung Österreichs in eine **Föderation** freier nationaler Gemeinwesen zu verhandeln (fast gleichlautende Erklärung der **Christlichsozialen** am 9. Oktober).

3. Oktober 1918: **Italien anerkennt den Tschechoslowakischen Nationalrat als De-facto-Regierung.**

4. Oktober 1918: **Friedensnoten der Mittelmächte an Wilson**, in denen sie erklären, dessen »14 Punkte«, dessen vier Punkte vom 11. Februar sowie dessen Ausführungen vom 27. September 1918 anzunehmen.

6. Oktober 1918: 73 **Reichsrats-, Reichstags- und Landtagsabgeordnete**, die **Kroatien-Slawonien, Bosnien-Hercegovina, Dalmatien, Fiume, Istrien, Triest, Görz, Krain, Kärnten, Steiermark** und **Medjumurje** (= Gebiet zwischen Drau und Mur) vertreten, konstituieren in **Agram** das »Narodno vijeće Slovenaca, Hrvata i Srba«, den **Nationalrat der Slowenen, Kroaten und Serben** (Präsidium: Dr. Antun Korošec, Svetozar Pribićević, Dr. Ante Pavelić). Statut vom 8. Oktober: Anzustreben sei die »Vereinigung aller Slowenen, Kroaten und Serben in einem freien und unabhängigen Staat der Slowenen, Kroaten und Serben, der nach demokratischen Prinzipien eingerichtet wird«.

6. Oktober 1918: **Nationalversammlung in Jassy**: In Rumänien ansässige Siebenbürgen-, Banat- und Bukowina-Rumänen beschließen Vereinigung ihrer Gebiete mit Altrumänien.

7. Oktober 1918: Der **Warschauer Regentschaftsrat** fordert den Anschluss aller polnischen Gebiete an einen souveränen polnischen Staat.

11. Oktober 1918: **Andrássy** in die Schweiz gesandt, um in eine vertrauliche Fühlungnahme mit den alliierten Diplomaten zu treten; diese lehnen ab, weil er nicht amtlich bevollmächtigt sei, ein Abkommen zu schließen. – Instruktion an Prinz Hohenlohe in Berlin: solidarisches Vorgehen bei Friedensverhandlungen (territoriale Integrität).

14. Oktober 1918: **Beneš** konstituiert in **Paris** die **interimistische tschechoslowakische Regierung** in der Zusammensetzung Masaryk-Beneš-Štefánik. – Fehlgeschlagener Versuch, in Prag eine **sozialistische Tschechoslowakische Republik auszurufen**.

16. Oktober 1918: **Manifest Kaiser Karls:** »An Meine getreuen österreichischen Völker! Seitdem Ich den Thron bestiegen habe, ist es Mein unentwegtes Bestreben, allen Meinen Völkern den ersehnten Frieden zu erringen sowie den Völkern Österreichs die Bahnen zu weisen, auf denen sie die Kraft ihres Volkstums, unbehindert durch Hemnisse und Reibungen zur segensreichen Entfaltung bringen und für ihre geistige und wirtschaftliche Wohlfahrt erfolgreich verwenden können. Das furchtbare Ringen hat das Friedenswerk bisher gehemmt Nun muß ohne Säumnis der Neuaufbau des Vaterlandes in Angriff genommen werden Österreich soll dem Willen seiner Völker gemäß zu einem Bundesstaate werden, in dem jeder Volksstamm auf seinem Siedlungsgebiete sein eigenes staatliches Gemeinwesen bildet. Die Vereinigung der polnischen Gebiete Österreichs mit dem unabhängigen polnischen Staate wird hiedurch in keiner Weise vorgegriffen. Die Stadt Triest samt ihrem Siedlungsgebiet erhält den Wünschen ihrer Bevölkerung entsprechend eine Sonderstellung. Diese Neugestaltung, durch die die Integrität der Länder der Heiligen ungarischen Krone in keiner Weise berührt wird, soll jedem nationalen Einzelstaate seine Selbständigkeit gewährleisten« (Anteil am Manifest haben Arz, Reichsratsabgeordneter Teufel, Hussarek, Baron Eichhoff u.a.). Vergeblicher, viel zu später Versuch zur Rettung der Donaumonarchie; keine Regelung der Nationalitätenfrage in Ungarn.

18. Oktober 1918: Wilson lehnt die k.u.k. Friedensnote vom 4. Oktober mit dem Hinweis ab, dass er nicht mehr in der Lage sei, die

49. Die innere Lage der Krieg führenden Staaten 1918

bloße Autonomie der Tschechoslowaken und Südslawen als Grundlage für den Frieden anzuerkennen.

18. Oktober 1918: Der siebenbürgisch-rumänische Abgeordnete **Vaida-Voievod** geht im ungarischen Reichstag auf Trennungskurs.

18. Oktober 1918: Konstituierung des **Ukrainischen Nationalrates in Lemberg** (Reichsratsabgeordneter Dr. Petruševyč). Resolution vom 19. Oktober: Ansprüche auf Ostgalizien bis zum San, auf die Nordwestbukowina mit Czernowitz sowie auf die ungarischen karpato-ukrainischen Gebiete.

19. Oktober 1918: Dr. Ferdiš **Juriga, slowakischer** Abgeordneter im ungarischen Reichstag: »Wir fordern unser Selbstbestimmungsrecht auf Leben und Tod. Damit leben und sterben wir ...«

Ab 20. Oktober **Meutereien von Feldeinheiten**: Serben, Polen, Ruthenen, Rumänen, Italiener im Bereich des **Heeresgruppenkommandos Belgrad**; **Rebellion in Fiume** (Kroaten, Serben); **Meutereien** im Bereich der **Heeresgruppe Boroević** (Magyaren, Rumänen, Tschechen, Südslawen), im Bereich der **Heeresgruppe Tirol** (Magyaren, Rumänen).

21. Oktober 1918: **Konstituierende Sitzung der deutschsprachigen Mitglieder des cisleithanischen Abgeordnetenhauses im niederösterreichischen Landhaus zu Wien** als »Provisorische Nationalversammlung Deutschösterreichs«. Von den aus der Wahl des Jahres 1911 hervorgegangenen 232 Mandataren gehörten 102 dem Verband der deutschnationalen Parteien, 72 den Christlichsozialen und 42 den Sozialdemokraten an. Dr. Dinghofer (Deutschnationaler) erster Präsident, Jodok Fink (Christlichsozialer) zweiter, Karl Seitz (Sozialdemokrat) dritter Präsident. Die Provisorische Nationalversammlung erlässt eine Proklamation an das deutschösterreichische Volk, in der die Errichtung eines deutschösterreichischen Staates, der alle deutschen Siedlungsgebiete der alten Monarchie umfassen und einen Zugang zum Meer haben soll, angekündigt wird. Die Parteien geben ihrer Bereitschaft Ausdruck, mit den übrigen in Bildung begriffenen Nationalstaaten eine Föderation einzugehen.

23.–26. Oktober 1918: Besuch **Kaiser Karls** und der Kaiserin **Zita**

49. Die innere Lage der Krieg führenden Staaten 1918

in **Ungarn** anlässlich der Einweihung der neuen Universität in Debreczin. Treuekundgebungen der Bevölkerung, im Reichstag der Abfall von Österreich beschlossene Sache (**Michael Graf Károlyi**).

24. Oktober 1918: **Rücktritt Buriáns. Nachfolger** als (letzter) k.u.k. Minister des Äußern Julius **Graf Andrássy d.J.**; dieser geht daran, den Zweibund, das Werk seines Vaters, zu lösen und sofortigen Frieden zu schließen.

24.–29. Oktober 1918: **Massendesertionen und Plünderungsexzesse** in **Otočac, Ogulin, Požega, Brod na Savi, Orahovica, Našice, Esseg** und **Nova Kapela**.

26. Oktober 1918: **Kaiser Karl löst durch ein Telegramm an Kaiser Wilhelm das Bündnis mit dem Deutschen Reich**; Ankündigung von Sonderfriedensverhandlungen.

27. Oktober 1918: **Sonderfriedensangebot Österreich-Ungarns an Wilson** (am selben Tag auch das Osmanische Reich).

27. Oktober 1918: Bildung der **letzten kaiserlichen Regierung** durch Univ.-Prof. Dr. Heinrich **Lammasch**; der Regierung gehört als Sozialminister Univ. Prof. Dr. Ignaz Seipel, der spätere Bundeskanzler, an.

28. Oktober 1918: **Massenaufmarsch auf dem Wenzelsplatz in Prag**. Dr. Isidor Zahradník (Agrarier): »Für immer brechen wir die Fesseln, in denen uns die treubrüchigen, fremden, unmoralischen Habsburger gemartert haben. Frei sind wir.« Die Plenarversammlung des Nationalausschusses beschließt ein Gesetz, dessen Art. 1 lautet: »Der **selbständige tschechoslowakische Staat ist ins Leben getreten**« (Unterschriften der Tschechen Dr. Rašín [Staatsrechtler], Švehla [Agrarier], Dr. Soukup [Sozialdemokrat], Stříbrný [Nationalsozialist] und des Slowaken Dr. Šrobár). – **Umsturz in Brünn** am 29. Oktober, in **Mährisch Ostrau** am 29. Oktober/1. November. – Zusammentreten der Nationalversammlung am 14. November; ihr erster Beschluss die **Absetzung der habsburgischen Dynastie**.

Die **polnischen Abgeordneten** zum Wiener Reichsrat beschließen den **Anschluss der polnischen Gebiete Österreich-Ungarns an den polnischen Staat**; für die Überleitung der Verwaltung dieser

49. Die innere Lage der Krieg führenden Staaten 1918

Gebiete ist eine Liquidationskommission einzusetzen; in diese Kommission sollen dem Parteienschlüssel gemäß Abgeordnete gewählt werden. Das Präsidium der Versammlung wird als Exekutivkomitee der Liquidationskommission zur Durchführung der dringendsten Angelegenheiten ermächtigt.

29. Oktober 1918: **Festakt im kroatischen Sabor in Agram** (im Beisein des Banus Mihalovich und des Generals d. Inf. Snjarić). Antrag Pribićević und Genossen: **Die staatsrechtlichen Bande Kroatien-Slawoniens und Dalmatiens mit dem Königreich Ungarn und dem Kaisertum Österreich sind zu lösen** und der ungarisch-kroatische Ausgleich für nichtig zu erklären; »**Dalmatien, Kroatien, Slawonien mit Rijeka ... treten in den gemeinsamen souveränen Nationalstaat der Slowenen, Kroaten und Serben ein ...**« Antrag Pavelić und Genossen: Der Sabor erkennt den Nationalrat der Slowenen, Kroaten und Serben als oberste Gewalt an. – **Narodni svet in Laibach ernennt am 31. Oktober die Nationalregierung für den slowenischen Teil des südslawischen Staates** (Josip Pogačnik). – **Am 1. Dezember in Belgrad feierliche Vereinigung der bisher habsburgischen südslawischen Länder mit Serbien und Montenegro zum Königreich der Serben, Kroaten und Slowenen unter der Dynastie Karadjordjević.**

29. Oktober 1918: Die k.u.k. Truppen räumen Vittorio Veneto. – **Abberufung der ungarischen Truppen.**

30. Oktober 1918: **Letzte Sitzung des Herrenhauses des Reichsrats.**

30. Oktober 1918: **Gründung des Staates »Deutschösterreich« als eines neuen Staates auf dem Boden des ehemaligen Österreich** (wie etwa die Tschechoslowakei). Er – Renner denkt an die Bezeichnung »Südostdeutschland« für diesen Staat – fasst sich nicht als räumlich reduzierte und verfassungsrechtlich modifizierte österreichisch-ungarische Monarchie oder als ebenso verwandeltes Cisleithanien auf, übernimmt aber weitestgehend die Rechtsordnung des untergegangenen Staates, dessen Gerichts- und Verwaltungsorganisation, schafft im Wesentlichen neues Verfassungsrecht auf der Basis der Volkssouveränität (oberste Gewalt des Staates Deutschösterreich

49. Die innere Lage der Krieg führenden Staaten 1918

durch die im Volke gewählte »Provisorische Nationalversammlung«). Die Provisorische Nationalversammlung wählt aus ihrer Mitte einen Staatsrat unter dem Vorsitz der drei Präsidenten Dr. Dinghofer (Deutschnat.), Prälat Hauser (Christlichsoz.) und Karl Seitz (Sozialdem.). Erste deutschösterreichische Regierung unter dem Staatskanzler Dr. Karl Renner. Staatssekretariate für Äußeres und soziale Fürsorge an Sozialdemokraten; Staatssekretariate für Inneres, Landwirtschaft, öffentliche Arbeiten, Verkehrswesen an Christlichsoziale; Staatssekretariate für Heerwesen, Unterricht, Justiz, Finanzen, Handel und Gewerbe an Deutschnationale; Staatssekretariate für Volksgesundheit und Ernährungswesen an Beamte.

30. Oktober 1918: **Kaiserlicher Befehl zur Übergabe der k.u.k. Flotte an den südslawischen Nationalrat.** – 31. Oktober Übergabeakt auf dem Flaggschiff »Viribus unitis« in Pola (dieses Schlachtschiff am 1. November durch italienische Offiziere versenkt); später Aufteilung der k.u.k. Flotteneinheiten unter die Alliierten.

30. Oktober 1918: Aus Repräsentanten aller slowakischen Parteien wird in Turóczszentmárton (Turčiansky Svätý Martin) der **Slowakische Nationalrat** gebildet. Erlassung der »**Martiner Deklaration**«.

31. Oktober 1918: Der letzte kaiserliche Ministerpräsident **Lammasch übergibt der deutschösterreichischen Regierung die Regierungsgewalt** (förmlicher Rücktritt am 11. November). Die deutschösterreichische Regierung erklärt über Antrag des Christlichsozialen Dr. Wilhelm Miklas die Farben Rot-Weiß-Rot als Staatsfarben.

31. Oktober 1918: Der Vertreter König Karls in Ungarn, Erzherzog Joseph, betraut nach dem Rücktritt Wekerles **Michael Graf Károlyi** mit der **Ministerpräsidentschaft**. Am selben Tag wird Tisza ermordet. – Am Allerheiligentag **entbindet König Karl die ungarische Regierung ihres Treueides**.

31. Oktober 1918: **Polnische Truppen übernehmen die Macht in Krakau** (am 3. November in Lublin). – 31. Oktober/1. November: Der »**Ukrainische Nationalrat**« übernimmt die Macht in Lemberg.

31. Oktober 1918: **Zentraler Rumänischer Nationalrat** aus sechs

49. Die innere Lage der Krieg führenden Staaten 1918

Vertretern der Rumänischen Nationalpartei und sechs Mitgliedern der Rumänischen Sozialdemokratischen Partei gebildet. – Große Nationalversammlung in Karlsburg beschließt am 1. Dezember die **Vereinigung der habsburgisch-rumänischen Gebiete mit Altrumänien.**

31. Oktober/1. November 1918: **Aufruhr in Eperjes** (Ersatzbataillon des Infanterieregiments 67; überwiegend Slowaken; 34 Hinrichtungen).

Ende Oktober 1918: **Desertionen** in der k.u.k. Wehrmacht: Nach Schätzungen Oberst Ratzenhofers, Stellvertreters des Chefs des Militär-Eisenbahnwesens: 250.000 Mann (= 5% des Verpflegsstandes der Wehrmacht).

1. November 1918: Rücktritt Generaloberst **Sarkotić' als Landeschef von Bosnien-Hercegovina**, nicht als Kommandierender General von Bosnien-Hercegovina und Dalmatien (Abreise von Sarajevo am 6. November). – 2. November: **Rücktritt** des **letzten k.u.k. Ministers des Äußern Andrássy** (Leiter der Agenden bis 11. November Ludwig Frhr. v. Flotow).

2. November 1918: **Serbische Truppen besetzen Laibach und dringen bis in die südliche Steiermark vor.** – 3. November: **Italienische Truppen besetzen Triest und Trient.**

2. November 1918: Konstituierung des »Vorläufigen Deutsch-Sächsischen Vollzugsausschusses des Ungarischen Nationalrates« in Siebenbürgen.

3. November 1918, 3 Uhr morgens: Kaiser Karl händigt Arz ein Blatt mit den Worten aus: »Lieber Generaloberst Baron Arz. Ich ernenne Sie zu meinem **Armeeoberkommandanten**. Karl.« Arz weigert sich; er könne als »Chef eines preußischen Regiments und getreu seiner bisher bekundeten Gesinnung« nicht die Verantwortung für einen Waffenstillstand übernehmen, der den Bündnispartner so eminent bedrohe. Darauf bestimmt der Kaiser den Kommandanten der Heeresgruppe in Tirol, den noch auf dem Balkan weilenden Feldmarschall Baron **Kövess von Kövessháza**, nach 3 Uhr morgens zum **Armeeoberkommandanten**. Arz hat mitzuteilen: »S[eine]

49. Die innere Lage der Krieg führenden Staaten 1918

M[ajestät] hat gestern am 2. November den F.M. Baron Kövess zum Armeeoberkommandanten ernannt. Bis zum Eintreffen desselben hat GO Arz ihn zu vertreten.« (Mit der Nennung des 2. November soll die Fiktion geschaffen werden, nicht der Kaiser, sondern Kövess habe den Waffenstillstand abgeschlossen. Kövess erfährt erst am 4./5. November von seiner Ernennung.)

3. November 1918: **Abschluss des Waffenstillstandes zwischen Österreich-Ungarn** und der **Entente in der Villa des Senators Giusti bei Padua** (k.u.k. Delegation unter Leitung des Generals d. Inf. Victor Weber Edler v. Webenau, italienische unter Generalleutnant Pietro Badoglio). Bedingungen: 1. Räumung Tirols bis zum Brenner, des Pustertals bis Toblach, des Tarviser Beckens, des Isonzogebietes, Istriens samt Triest, Westkrains und Dalmatiens mit den adriatischen Inseln. 2. Freie Bewegung der alliierten Streitkräfte auf österreichischem Boden. 3. Abzug der deutschen Truppen. 4. Heimsendung der alliierten Kriegsgefangenen. 5. Abrüstung der Armee bis auf 20 Divisionen, Auslieferung der Hälfte der Artillerie. 6. Einstellung der Feindseligkeiten. Weber meldet als offizielle Zeit der Unterzeichnung den 3. November 1918 15 Uhr. Badoglio teilt mit, das italienische Oberkommando benötige 24 Stunden, um die italienischen Truppen über den Waffenstillstand zu informieren, eine diesbezügliche Klausel sei dem Vertrag angefügt worden. Weber hat von dieser Klausel gewusst und die Bestimmung nach Baden melden lassen, hat darauf noch keine Antwort bekommen (Weber kann das AOK nicht mehr erreichen). Badoglio: Die k.u.k. Delegation habe die Bedingungen sofort anzunehmen, sonst würden die Verhandlungen als abgebrochen gelten. Durch Verschulden des AOK Einstellung der Feindseligkeiten bereits für den 3. November befohlen; nach italienischer Auffassung Waffenstillstand erst 24 Stunden nach Unterzeichnung in Kraft (so sachlich richtig!), dadurch 360.000 k.u.k. Soldaten kampflos in alliierte Kriegsgefangenschaft (davon 108.000 Deutschösterreicher, 83.000 Tschechen und Slowaken, 61.000 Südslawen, 40.000 Polen, 32.000 Ruthenen, 25.000 Rumänen, 7.000 Italiener).

49. Die innere Lage der Krieg führenden Staaten 1918

3. November 1918: Gründung der Kommunistischen Partei Deutschösterreichs.

6. November 1918: Die k.u.k. Donauflottille läuft nach Ausschiffung der slawischen Mannschaften in Budapest ein (nach Friedensschluss zwischen Rumänien und dem SHS-Staat aufgeteilt).

6. November 1918: **Besetzung von Teilen Tirols und Salzburgs durch deutsche Truppen,** »um den Abfluss aufgelöster Teile des österreichischen Heeres nach Osten zu ordnen und das Land vor Zuchtlosigkeit zu schützen« (Rückzug bis 10. November).

6. November 1918: Die Regierungsgewalt in **Czernowitz** geht an die **Ukrainer** und **Rumänen** über.

8. November 1918: Herausgabe der »Richtlinien für die Aufstellung der Volkswehr«. General Boog: »Oberster Befehlshaber der deutschösterreichischen bewaffneten Wehrmacht«.

11. November 1918: **Manifest Kaiser Karls an das deutschösterreichische Volk:** »Nach wie vor von unwandelbarer Liebe für alle Meine Völker erfüllt, will Ich ihrer freien Entfaltung Meine Person nicht als Hindernis entgegenstellen. Im voraus erkenne Ich die Entscheidung an, die Deutsch-Österreich über seine künftige Staatsform trifft. Das Volk hat durch seine Vertreter die Regierung übernommen. Ich verzichte auf jeden Anteil an den Staatsgeschäften. Gleichzeitig enthebe Ich die österreichische Regierung ihres Amtes.« (Kein formeller Thronverzicht!)

12. November 1918: **Letzte Sitzung des Abgeordnetenhauses des Reichsrates.** – Ausrufung der »**Republik Deutschösterreich**« in einer Sitzung der Provisorischen Nationalversammlung« (**16. November Ausrufung der Republik in Ungarn**).

Deutsches Reich

Jännerstreik und revolutionäre Bewegung 1918: Beim Streik in der Rüstungsindustrie im Jänner 1918 kommt das revolutionäre Kampfmittel des Massenstreiks auf deutschem Boden erstmals zur Anwendung (Vorspiel: April 1917). Träger des Streiks, der kein Lohnstreik, sondern ein gegen die Regierung gerichteter politischer Streik ist,

49. Die innere Lage der Krieg führenden Staaten 1918

sind nicht die Gewerkschaften, sondern die radikalen politischen Geheimorganisationen (Revolutionäre Obleute, Spartakus-Bund, Teile der USPD). Die Streikvorbereitungen gehen in die Zeit der russischen Oktoberrevolution zurück. Die für die Ausrufung des Streiks geeignete Situation entsteht, als der Verlauf der Friedensverhandlungen in Brest-Litovsk die Hoffnung der breiten Massen auf einen schnellen Frieden im Osten enttäuscht. Die Umbildung der aus den enttäuschten Friedenserwartungen hervorgehenden Streikbereitschaft in Revolutionsbereitschaft ist das strategische Konzept der radikalen Linken. Der Eintritt von drei Mehrheitssozialisten in die Streikleitung erfolgt wohl in der Absicht, die Führung der streikenden Massen nicht den Radikalen zu überlassen, sondern den Weg für eine Vermittlung zwischen Regierung und Arbeiterschaft offenzuhalten, um den Streik zu beenden. Die Freien Gewerkschaften beschließen die Neutralität, die Hirsch-Duncker'schen Gewerbevereine und die Christlichen Gewerkschaften nehmen eindeutig gegen den Streik Stellung. Der Abbruch des Streiks, ohne dass die Regierung sich auf Verhandlungen mit den Streikenden eingelassen oder irgendeine der Streikforderungen bewilligt hat, zeigt die Schwäche des revolutionären Flügels der sozialistischen Bewegung.

Die Handhabung des Kriegszustandsrechts zwingt die den politischen Umsturz betreibenden Gruppen bis in den Sommer 1918 zur Tätigkeit im Untergrund. Die auch unter Kriegszustand unantastbare Immunität und Redefreiheit der Abgeordneten bzw. Freiheit der Parlamentsberichterstattung geben den revolutionären Gruppen, soweit sie im Parlament vertreten sind, einen gewissen Spielraum für rechtlich gedeckte Agitationsfreiheit. Die illegale revolutionäre Agitation ist bis zum Sommer 1918 zwar spürbar, doch behält die Staatsautorität bis zum Ende des vierten Kriegsjahres die Kontrolle über diese Kräfte. Erst mit der seit dem Beginn des fünften Kriegsjahres sichtbar werdenden militärischen Niederlage gewinnen die revolutionären Gruppen schnell an Umfang und Wirksamkeit. Die Mittel des Kriegszustandsrechts reichen nicht mehr aus, um die revolutionäre Bewegung einzudämmen.

49. Die innere Lage der Krieg führenden Staaten 1918

Zu den revolutionären Gruppen gehören 1918 von den Parteien nur die USPD, ursprünglich nur der linke Flügel (Ledebour); mehr und mehr werden die Unabhängigen insgesamt zur revolutionären Partei. Zuletzt gerät auch der linke Flügel der Mehrheitssozialisten in ihren Sog. Der bisherige Unterschied zwischen USPD und Spartakus-Bund verwischt sich immer mehr. Die Stärke der revolutionären Bewegung beruht Ende 1918 auf der Resonanz, die die revolutionären Parolen zunehmend in der organisierten Industriearbeiterschaft finden. In den »Revolutionären Obleuten« besitzt die revolutionäre Arbeiterbewegung eine Führungsschicht, die in schwer kontrollierbarem Kontakt mit den Massen steht.

Erst die innere Revolutionierung von Heer und Flotte kann den Sieg der Umsturzbewegung herbeiführen. Bis zur großen Frühjahrsoffensive 1918 sind Heer und Flotte im Ganzen intakt. Die revolutionäre Agitation seit den schweren Rückschlägen des Sommers 1918 trägt nicht nur zu einer wachsenden Zahl von Disziplinwidrigkeiten, sondern auch zu fortschreitenden Auflösungserscheinungen in der Armee erheblich bei. Die eigentlichen Ursachen dieser Erscheinungen sind nicht politischer Natur; aber die revolutionäre Agitation gibt diesen militärischen Auflösungstendenzen ein politisches Ziel. Besonders die Besatzung der untätig in den Heimathäfen liegenden Schlachtflotte erweist sich als ein Reservoir, aus dem sich eine für den revolutionären Einsatz in der Heimat verfügbare Truppe aufstellen lässt. Es kommt nur darauf an, dass sich in einem kritischen Augenblick ein plausibler Beweggrund für eine militärische Gehorsamsverweigerung bietet.

Auch die Organisationen der bürgerlichen Friedensbewegung entfalten, meist unter Führung von Wissenschaftlern, Publizisten, Diplomaten und ehemaligen Offizieren, eine kriegsgegnerische Agitation in Anlehnung an die äußerste Linke. Die Kritik der bürgerlichen Radikalen richtet sich gegen »Feudalismus«, Militarismus und Autokratie der bisherigen Führungsschicht. Wegen ihrer intellektuellen Fähigkeiten, ihrer vielfältigen Beziehungen zum Ausland und ihres Zugangs zu höfischen, aristokratischen, bürokratischen und mi-

49. Die innere Lage der Krieg führenden Staaten 1918

litärischen Kreisen stellen sie ein wichtiges Potenzial innerhalb der revolutionären Bewegung dar.

Verfassungsprobleme bei Kriegsende: Unter den Verfassungsfragen des Kabinetts Hertling (25. Oktober 1917 – 3. Oktober 1918) nimmt das Parlamentarisierungsproblem die erste Stelle ein. Dem vollen Übergang zum parlamentarischen Regierungssystem steht nach wie vor die Inkompatibilitätsnorm des Art. 9 Abs. 2 entgegen, die die gleichzeitige Zugehörigkeit zum Bundesrat und zum Reichstag ausschließt. Hertling weigert sich, diesen Artikel zu streichen (selbst unter Prinz Max von Baden [4. Oktober – 9. November 1918] kommt es nicht zu dessen Aufhebung). Die Aufhebung des § 153 der Reichsgewerbeordnung (22. Mai 1918) bekundet die Bereitschaft des Staates, den Gewerkschaften das Vertrauen demonstrativ zu zeigen. Ein Arbeitskammergesetz kommt über das Entwurfsstadium nicht hinaus. Die Gesetzentwürfe zur Umgestaltung der beiden Häuser der preußischen Volksvertretung sowie zur Änderung des preußischen Staatshaushalts (25. November 1917) werden bis September 1918 ohne endgültige Lösung beraten.

Der von Auswärtigem Amt und OHL als Grundbedingung des Waffenstillstands- und Friedensersuchens betrachtete Übergang zum parlamentarischen Regierungssystem findet seinen Ausdruck im Parlamentarisierungserlass des Kaisers vom 30. September 1918. Mit dem konstitutionellen Regierungssystem ist das Kernstück der Bismarck'schen Reichsverfassung preisgegeben worden. Max von Baden führt die Parlamentarisierung fort: Im engeren »politischen Kabinett« (»Kriegskabinett«) fungieren führende Parlamentarier als Staatssekretäre »ohne Geschäftsbereich«. Der Kanzler hat hier die Stellung eines Primus inter Pares. Eine weitere Stärkung des parlamentarischen Elements ergibt sich durch die am 15. Oktober 1918 vollzogene Ernennung von Parteiführern zu politischen Unterstaatssekretären. Unter dem Druck der Wilson'schen Noten und der Mehrheitsparteien des Reichstages muss der Reichskanzler zwei Reformgesetzen zustimmen, die das Ende des deutschen Reichskonstitutionalismus besiegeln (28. Oktober 1918).

49. Die innere Lage der Krieg führenden Staaten 1918

Die Annahme des gleichen Wahlrechts findet zwar noch die Zustimmung des preußischen Herrenhauses in erster Lesung (24. Oktober 1918). Zu einer zweiten Lesung im Herrenhaus sowie zur Beratung eines entsprechenden Initiativantrages des Reichstages vom 8. November 1918 kommt es nicht mehr. Die Bemühungen um eine Autonomie Elsass-Lothringens scheitern ebenso im Oktober 1918. Durch Kabinettsordres vom 28. Oktober 1918 hebt der Kaiser die Immediatstellung der beiden militärischen Kabinette auf und unterstellt das Militärkabinett dem Kriegsminister, das Marinekabinett dem Staatssekretär des Reichsmarineamts. Die parlamentarische Verantwortlichkeit der Ressortchefs erstreckt sich nunmehr auch auf den Dienstbereich der beiden militärischen Kabinette. Die Oberzensurstelle geht aus der Zuständigkeit der OHL in die des Obermilitärbefehlshabers, die beiden anderen Abteilungen des Kriegspresseamts in die des Kriegsministers über. Die Oberleitung der Reichspressepolitik, besonders die Leitung der im Februar 1918 für die politische Aufklärungsarbeit der Reichsregierung neu geschaffenen »Zentrale für Heimatdienst« übernimmt Staatssekretär Erzberger.

Der Abbau des Kriegszustandes erfolgt in Etappen: kaiserlicher Amnestie-Erlass vom 12. Oktober 1918 (für alle politischen Verbrechen und Vergehen, die von Reichsgericht, ordentlichen Strafgerichten und außerordentlichen Kriegsgerichten geahndet worden sind); kaiserliche Verordnung über die erweiterte Weisungsgewalt des Obermilitärbefehlshabers vom 15. Oktober 1918 (den Militärbefehlshabern übergeordnete Zentralinstanz; alle Anordnungen und Entscheidungen im Einverständnis mit Reichskanzler oder Stellvertreter); kaiserlicher Erlass vom 15. Oktober über das Zusammenwirken von Militär- und Zivilgewalt im Kriegszustandsrecht. Erweiterung der Versammlungs- und Pressefreiheit durch Erlass des Obermilitärbefehlshabers und Kriegsministers Scheüch an alle Militärbefehlshaber vom 2. November 1918 (auch das Verbot, die Abdankung des Kaisers zu fordern, fällt).

Für die revolutionäre Bewegung ist das Kaisertum das Hauptsymbol der zu bekämpfenden Gesellschaftsordnung. Zugleich aber ist

49. Die innere Lage der Krieg führenden Staaten 1918

die Monarchie der schwächste Punkt im gesellschaftlichen System. Denn auch im Bereich des Bürgertums ist es schon vor 1914 zu vielfältiger Kritik und dann während des Krieges zum fortschreitenden Verfall des monarchischen Gedankens gekommen. Die Wandlungen der gesellschaftlichen und geistigen Struktur des industriellen Zeitalters haben die irrationalen Kräfte des monarchischen Gedankens weitgehend zum Schwinden gebracht. Die persönlichen Schwachpunkte des Kaisers und Königs haben Autorität und Institution des Kaisertums in Misskredit gebracht. Das Vertrauen der Bevölkerung wendet sich mehrheitlich vom Träger der Krone ab und dem Hindenburg-Mythos zu. Auch nach der verlorenen Westoffensive 1918 bleibt das Vertrauen in Hindenburg ungebrochen, die Schuld schiebt man dem Kaiser zu. In der revolutionären Propaganda werden nicht nur der Kaiser, sondern auch die Institution des Kaisertums zunehmend zum »Friedenshindernis«.

Im Kriegskabinett am 7. Oktober 1918 ist man einmütig in der Abwehr der Zumutung eines Thronwechsels. Die Wilson'schen Noten vom 14. und 23. Oktober 1918 legen den Rücktritt des Kaisers bzw. generell die Abschaffung der Monarchie nahe. Wilhelm II. bekennt sich in einer Rede vor den Staatssekretären ausdrücklich zu der in Entwicklung begriffenen neuen Ordnung (diese Reformrede wird erst am 4. November veröffentlicht, als sie keine Wirkung mehr erzielen kann). Im Reichstag am 23. Oktober gibt Hugo Haase (USPD) die Parole »Sturz des Kaisers und der Monarchie« aus; Gustav Noske (SPD) fordert am 14. Oktober die Abdankung, im Übrigen sind die Mehrheitssozialisten noch bereit, die Monarchie als »äußere Staatsform« beizubehalten. Der Reichskanzler sucht nun die Monarchie durch einen Thronverzicht Kaiser Wilhelms II. und des Kronprinzen Wilhelm und die Einsetzung einer Regentschaft zu retten. Allerdings will Max v. Baden dies dem Kaiser nicht persönlich, sondern durch Mittelsmänner begreiflich machen. Der Kaiser reist (ohne den Kanzler zu informieren) am 29. Oktober in das Große Hauptquartier nach Spa, wo er Rückhalt zu finden hofft. Staatssekretär Philipp Scheidemann (SPD) bezeichnet in einem Schreiben

49. Die innere Lage der Krieg führenden Staaten 1918

an den Reichskanzler am 29. Oktober den Kaiser als »Friedensverschlechterer« und empfiehlt dem Kaiser den freiwilligen Rücktritt. Im Kriegskabinett am 31. Oktober erklärt der Kanzler, dass eine Abdankung nur eine freiwillige sein könne.

Die erste offene Umsturzaktion gegen die konstitutionelle Staatsordnung ist der Matrosenaufstand gegen das Auslaufen der Hochseeflotte am 29. Oktober. Der vom Chef der Seekriegsleitung, Admiral Scheer, erteilte Einsatzbefehl ist kein spontaner Verzweiflungsakt in letzter Stunde, sondern ein von langer Hand planmäßig vorbereitetes seestrategisches Unternehmen (Kaiser und Kanzler haben ihr Einverständnis mit der Operationsfreiheit der Hochseeflotte erklärt). Militär- und Zivilgewalt können des Kieler Marineaufstandes (1.–7. November) nicht Herr werden. Durch Verhandlungen der Vertreter der Reichsleitung (Staatssekretär ohne Geschäftsbereich Haußmann, Noske) mit den Aufständischen am 4. November wird die Revolution de facto anerkannt. Noske lässt sich zum Vorsitzenden des Soldatenrats wählen; am 7. November wird er auf Beschluss des Soldatenrats Gouverneur von Kiel und Chef der Marinestation der Ostsee. Die Mehrheitssozialisten legalisieren und kanalisieren somit die Revolution (die förmliche Ernennung Noskes zum Gouverneur fertigt der Staatssekretär des Reichsmarineamts v. Mann nach dem 9. November aus).

Dem preußischen Innenminister Drews gegenüber lehnt Wilhelm II. Abdankung und Regentschaft ab (1. November); Hindenburg und Groener, seit 26. Oktober 1918 Erster Generalquartiermeister, unterstützen ihn dabei. Im letzten Augenblick scheitert eine Intervention des Schwagers Wilhelms II., des Prinzen Friedrich Karl v. Hessen, der im Auftrag des Reichskanzlers dem Kaiser einen Plan des Geheimrats Simons (Einsetzung einer Reichsverweserschaft für das Reich, einer Regentschaft für Preußen) vorlegen sollte. Diese beiden Aktionen des 1. November besiegeln das Schicksal der deutschen Monarchie: Noch hätten Verweserschaft und Regentschaft eine gewisse Aussicht auf Erfolg gehabt. Groener lehnt am 5. November vor dem Gesamtkabinett einen Thronverzicht ab (»Wenn nicht schleuniger Wandel geschieht, richtet die Heimat das Heer zugrunde«; schon am 1. November: »Das Gift käme aus der Heimat« – Ursprung der »Dolchstoßlegende«!). Durch die Erklärung der OHL ist die Willensbildung des Reichskabinetts in der Abdankungsfrage blockiert worden. In einer Besprechung Groeners mit mehrheitssozialistischen Abgeordneten und Freien Gewerkschaften am 6. November in der Reichskanzlei erklärt sich Friedrich Ebert bereit, sich mit einer Monarchie mit sozialem Einschlag und parlamentarischem System abzufinden; ein kaiserlicher Prinz solle mit der Regentschaft betraut werden. Groener lehnt ab; dieses Nein provoziert die Mehrheitssozialisten zur Preisgabe ihrer Stillhalte-Politik. Am 7. November verlangt die mehrheitssozialistische Führung vom Reichskanzler den Thronverzicht des Kaisers und des Kronprinzen bis 8. November Mittag. Auf die Bekanntgabe eines Abschiedsgesuches des Reichskanzlers hin verlängern die Sozialdemokraten ihr Ultimatum bis 9. November. Der letzte Appell des Reichskanzlers an den Kaiser ist ein von Simons am 7. November entworfenes Schreiben, das Max v. Baden um seine eigentliche Wirkung bringt, indem er es in zwei Teile zerlegt: ein noch am Abend des 7. November nach Spa abgehendes Telegramm schildert die kritische Lage, ein am 8. November morgens nachgesandtes Fernschreiben fordert die Abdankung. Der Kaiser lehnt ab. Die Mehrheitssozialisten verlängern ihr Ultimatum bis zum Abschluss des Waffenstillstandes. Der Reichskanzler appelliert am 8. November noch viermal an den Kaiser. Der Kaiser entscheidet am 8. November im Großen Hauptquartier, »an der Spitze des Heeres die Ordnung in der Heimat wiederherzustellen«. Eine Reihe alarmierender Nachrichten (Eisner in München; Zusammenbruch der Abwehrmaßnahmen in Berlin; Umbildungsversuch des preußischen Kabinetts unter Ausschaltung des Königs usw.) führt zur Preisgabe des Kampfentschlusses. Am Abend des 8. November kommen Groener und Hindenburg zur Überzeugung, ein militärisches Vorgehen gegen die Heimat sei aussichtslos, setzen aber den Kaiser davon nicht in Kenntnis. Sie schieben die erforderlichen Entscheidungen vielmehr bis zum 9. November 1918 auf.

49. Die innere Lage der Krieg führenden Staaten 1918

Die Frage, ob die Monarchie durch einen rechtzeitigen Thronverzicht des Kaisers und des Kronprinzen hätte gerettet werden können, ist nicht mit Sicherheit zu beantworten. Die Verantwortung für das Versäumnis des rechtzeitigen Thronverzichts trägt in erster Linie die OHL, in zweiter Linie der Reichskanzler.
   7. November: **Revolution in München, Flucht des Königs**; 8. November: **Ausrufung des »Freistaats« Bayern. Absetzung der Dynastie Wittelsbach.**
   9. November 1918: Revolution in Berlin. Thronentsagung Kaiser Wilhelms II. und des Kronprinzen. Philipp Scheidemann (SPD) ruft die Deutsche Republik aus. Prinz Max von Baden tritt zurück. Übertragung der Geschäfte an den Vorsitzenden der SPD Friedrich Ebert. **In allen deutschen Ländern ähnliche revolutionäre Vorgänge.**
   10. November: **Kaiser Wilhelm II. begibt sich in die Niederlande.** In Berlin Bildung der neuen Regierung als »**Rat der Volksbeauftragten**« mit drei mehrheitssozialistischen und drei unabhängigen sozialdemokratischen Mitgliedern. Daneben der »Vollzugsrat der Arbeiter- und Soldatenräte«.

Friedensbestrebungen: 10. März 1918: **Finnland** schließt mit dem Deutschen Reich einen Sonderfrieden, am 3. Juni mit Österreich-Ungarn. (21. März 1917: Die russische provisorische Regierung erkennt Finnlands Autonomie innerhalb einer russischen Föderation an. 20. Juli 1917: Die Finnen erklären ihre staatliche Unabhängigkeit. 28. Jänner 1918: Die finnischen Kommunisten, unterstützt durch russische Bol'ševiki, nehmen Helsinki und breiten sich über Südfinnland aus. April 1918: Finnische Truppen unter General von Mannerheim und deutsche Truppen unter General von der Goltz befreien Finnland. 8. Oktober 1918: Der finnische Landtag wählt Prinz Friedrich Karl von Hessen zum König; dieser verzichtet nach dem deutschen Zusammenbruch auf die Krone.)
   27. August 1918: **deutsch-russische Ergänzungsverträge**: Ergänzungsvertrag zum Frieden von Brest-Litovsk vom 3. März 1918 (ohne Wissen der Bündnispartner), Finanzabkommen, Privatrechts-

abkommen. Im politischen Vertrag erkennt Russland in Art. 7 die Unabhängigkeit Livlands und Estlands an. In Art. 13 gibt Russland seine Zustimmung, dass das Deutsche Reich Georgien als unabhängigen Staat anerkennt. In Art. 14 garantiert Russland die Lieferung von einem Viertel des in Baku geförderten Erdöls an das Deutsche Reich. Berlin verpflichtet sich, die über die Ukraine hinausgehenden Gebiete nach Abschluss des allgemeinen Friedens oder nach der Ratifikation des zwischen Russland und der Ukraine abzuschließenden Friedensvertrages zu räumen. Gebiete in Weißrussland östlich der Berezina sollen nach Maßgabe der im Finanzabkommen festgelegten Geldlieferungen geräumt werden. Das Finanzabkommen sieht als Abgeltung der deutschen Ansprüche für alle vor dem 1. Juli 1918 entstandenen Zivilschäden, für die russische Staatsschuld, die russischen Enteignungsmaßnahmen gegenüber Deutschen und die Aufwendungen für die russischen Kriegsgefangenen die Lieferung von sechs Milliarden Mark vor. In zwei geheimen Zusatznoten verpflichtet sich Russland zur Vertreibung der Briten aus Murmansk und Baku in Kooperation mit deutschen Truppen (15. September 1918 Wiedereröffnung der Universität Dorpat [estnisch Tartu] als deutsche Universität).

Am 14. August 1918 kommt der **Kronrat** zum Entschluss, »im geeigneten« Moment eine neutrale Friedensvermittlung, etwa über Königin Wilhelmina der Niederlande, zu erwirken. Bei einer Parteiführerkonferenz am 21. August erklärt Staatssekretär **Hintze**, es sei notwendig, »Fäden für den Frieden anzuspinnen«; von einem offiziellen Friedensangebot, das einem Eingeständnis der deutschen Niederlage gleichkomme, werde die Reichsleitung absehen. Im Interfraktionellen Ausschuss am 12. September 1918 meint **Ebert**, eine neue Friedensaktion sei erst nach der Stabilisierung der Frontlage sinnvoll. **Burián** richtet am 14. September an alle Krieg führenden Mächte eine **Note**, in der er vorschlägt, in unmittelbare mündliche Erörterungen zur Herbeiführung eines Verständigungsfriedens einzutreten und zu diesem Zweck Delegierte der Regierungen zu einem Gedankenaustausch über die Grundprinzipien eines Friedensschlus-

49. Die innere Lage der Krieg führenden Staaten 1918

ses an einen neutralen Ort zu entsenden. In einer **halbamtlichen Verlautbarung** begrüßt die **Reichsregierung** die Note als neuen Beweis der oft bekundeten Friedensbereitschaft der Mittelmächte, zugleich gibt sie dem Zweifel am Erfolg des Wiener Vorgehens Ausdruck. In der deutschen **Antwortnote an Wien** (20. September) heißt es, Berlin sei bereit, an dem vorgeschlagenen Gedankenaustausch teilzunehmen. Die Alliierten weisen den Wiener Konferenzvorschlag zurück. Wilson hält in einer Rede am 27. September einen Verständigungsfrieden mit den Mittelmächten für unmöglich.

Am 28. September entsteht der **Entschluss zum sofortigen Waffenstillstandsansuchen** gleichzeitig in der **OHL** und (unabhängig davon) im **Auswärtigen Amt**; an beiden Stellen ist man sich über das Junktim von Parlamentarisierung und Waffenstillstandsansuchen einig. Der **Kronrat** sanktioniert am 29. September diese Vorgangsweise. Ohne den designierten Reichskanzler Max v. Baden zu unterrichten, tut die **OHL** einen Schnitt, der den Entschluss zum Waffenstillstandsersuchen unwiderruflich macht: Sie lässt den Parteiführern durch Major Erich Frhr. v. d. **Bussche-Ippenburg** am 2. Oktober über die mit dem Abfall Bulgariens eingetretene militärische Lage reinen Wein einschenken; der Gedanke an eine Fortsetzung des Kriegs sei als aussichtslos aufzugeben. Ein deutsches Friedensangebot müsse die Grundlage der Konzentration der Heimat auf eine »geschlossene Front« bilden, damit, falls der Feind keinen Frieden wolle, Heer und Heimat zum Abwehrkampf vereinigt seien. Der **Kronrat** spricht sich noch am 2. Oktober für die **Waffenstillstandsnote an Wilson** aus. Gegen die Bedenken Max v. Badens geht die deutsche Note in der Nacht vom 3. zum 4. Oktober an die Schweizer Regierung ab. Der Schweizer Gesandte in Washington übergibt die Note am 7. Oktober Staatssekretär **Lansing**.

5. Oktober: **Rede Max v. Badens** (Verlautbarungen Wilsons als Grundlage der Friedensverhandlungen); 8. Oktober: **amerikanische Note**; 7./8. Oktober: **Rathenaus Gedanke einer »levée en masse«** (**von Ludendorff** am 9. Oktober **abgelehnt**); 12. Oktober: **deutsche Note** (Unterwerfung unter die Forderungen Wilsons. Kabinett als

49. Die innere Lage der Krieg führenden Staaten 1918

Exponent der Parlamentsmehrheit); 11.–15. Oktober: **Kanzlerkrise**; 14. Oktober: **zweite US-Note**; 17. Oktober: **Kabinettsberatungen über die Antwort an Wilson**; 19. Oktober: **Entwurf der deutschen Antwortnote und deutscher Verzicht auf U-Boot-Krieg**; Nacht 20./21. Oktober: **Deutsche Note zur zweiten Wilson-Note abgegangen**; 23. Oktober: **dritte Wilson-Note** (zerstört Illusion eines »Rechtsfriedens«); 26. Oktober: **Entlassung Ludendorffs**; 27. Oktober: **deutsche Antwort auf dritte Wilson-Note**; 5. November: **vierte Wilson-Note** (am 6. November in Berlin eingetroffen); 6. November: **Abreise der deutschen Waffenstillstandsdelegation nach Compiègne**.

8.–11. November: Waffenstillstandsverhandlungen **Fochs** mit der deutschen Waffenstillstandskommission unter Führung von **Erzberger**. Die deutschen Unterhändler können nur unwichtige Änderungen an den harten Bedingungen erreichen.

11. November 1918: **Abschluss des Waffenstillstandes zwischen der Entente und dem Deutschen Reich im Wald von Compiègne**. Hauptbedingungen: Räumung der besetzten Gebiete Frankreichs, Belgiens, Luxemburgs sowie Elsass-Lothringens innerhalb von 15 Tagen. Abgabe großer Mengen von Kriegsmaterial und von Verkehrsmitteln; Räumung des linken Rheinufers, das von den Alliierten besetzt werden soll, einschließlich dreier Brückenköpfe von Mainz, Koblenz, Köln; Bildung einer neutralen Zone von 10 km Breite rechts des Rheins; unverzügliche Rückbeförderung der Kriegsgefangenen ohne Recht auf Gegenseitigkeit; Verzicht auf die Friedensverträge von Brest-Litovsk und Bukarest; Zurückführung aller deutschen Truppen im Osten und Südosten hinter die Grenzen von 1914. Doch sollen die deutschen Truppen auf ehemals russischem Staatsgebiet noch stehen bleiben, bis die Abberufung günstig erscheine (Bol'ševiki!); Ablieferung aller U-Boote, Abrüstung und Kontrolle der deutschen Hochseeflotte; Ablieferung von 2.000 Jagd- und Bombenflugzeugen.

49. Die innere Lage der Krieg führenden Staaten 1918

Großbritannien

Unter dem Eindruck der deutschen Frühjahrsoffensive 1918 ermöglichen die Gewerkschaften die Konzentration aller Kräfte auf die große Abwehrschlacht. Von März bis September 1918 mobilisiert Großbritannien zusätzliche 900.000 Soldaten für die Front.

Rüstungsproduktion 1914–1918 (Stückzahlen):

	1914	1915	1916	1917	1918
Geschütze	91	3390	4314	5137	8039
Tanks	–	–	150	1110	1359
MG (Tsd.)	0,3	6,1	33,5	79,7	120,9
Flugzeuge (Tsd.)	0,2	1,9	6,1	14,7	32,0
Flugmotoren (Tsd.)	0,1	1,7	5,4	11,8	22,1
Gewehre (Mill.)	0,1	0,6	1,0	1,2	1,1
Granaten (Mill.)	0,5	6,0	45,7	76,2	67,3
Pulver u. Sprengstoff (Tsd. t)	5	24	76	186	118

Die Ackerbaufläche für die Ernte 1918 steigt gegenüber 1916 um 3 Mill. ha auf 15,7 Mill. ha, damit ist die Umwandlung von Ackerland in Weideland zu drei Vierteln rückgängig gemacht worden. Die Produktion von Getreide und Kartoffeln liegt 1918 um 40% über dem durchschnittlichen Vorkriegsstand (1904–1913).

Jänner 1918: Beschluss, das Registrierungsschema durch Lebensmittelkarten zu ergänzen. Lebensmittelkarten werden ab Februar 1918 für Fleisch, ab Juli 1918 allgemein als »ration book« für verschiedene knappe Lebensmittel ausgegeben. Ab Sommer 1918 gibt es Sonderzuteilungen für Schwerarbeiter aus den amerikanischen Schinken- und Specklieferungen.

Frankreich

Ab Juli 1918 wird die eigene Roheisenproduktion zentral erfasst und nach kriegswirtschaftlichen Prioritäten verteilt. (Ab 1916 kontrolliert das »Comité des Forges«, der Interessenverband der Eisen- und Stahlindustrie, im Auftrag des Staates die Roheiseneinfuhr, später auch die Stahleinfuhr.) Ab Juni 1918 Lebensmittelkarten für ganz

49. Die innere Lage der Krieg führenden Staaten 1918

Frankreich obligatorisch. Brotrationen 1918: 300 g täglich für Normalverbraucher, 500 g für Schwerarbeiter und Landarbeiter.

Belgien: Alliierte Lieferungen für die belgische Zivilbevölkerung (durchbrechen aufgrund besonderer Abmachungen die alliierte Blockade der Mittelmächte).

Italien: Das inter-alliierte Einfuhrprogramm vom Juli 1918 sichert Italien als absolutes Minimum rund 4 Mill. t Lebensmittelimporte zu, davon rund 3 Mill. t Getreide. Die Lebensmitteleinfuhr 1918 liegt um rund 40% über dem Vorkriegsstand. Das Hauptproblem ist die Versorgung der Industriezentren. In Mailand werden die täglichen Brotrationen auf 200 g für Normalverbraucher, 400 g für Arbeiter festgelegt.

Bulgarien: 17. Juni 1918: Rücktritt des Ministerpräsidenten **Radoslavov**. Sein Nachfolger **Malinov** arbeitet auf eine Verständigung mit der Entente hin. Missstimmung wegen territorialer Differenzen mit Rumänien und dem Osmanischen Reich.

15. September: Beginn der alliierten Offensive an der Makedonienfront. Auflösung der bulgarischen Armee. Am 27. September rufen Stambulijski und Daskalov die Republik aus.

29. September 1918: **Waffenstillstand von Prilep** zwischen Bulgarien und den Alliierten: Bulgarien muss alle ehemals serbischen und griechischen Gebiete räumen.

4. Oktober 1918: **Zar Ferdinand I.** dankt zugunsten des Kronprinzen **Boris** ab.

Die Fragenkomplexe Dobrudscha und West-Thrakien sind bis September 1918 strittig: Die Nord-Dobrudscha kommt 1878 an Rumänien, die Süd-Dobrudscha wird 1878 bulgarisch, 1913 rumänisch (d.h., 1913 ist die ganze Dobrudscha rumänisch). 1915 will Bulgarien die Wiederabtretung eines Teiles des thrakischen Gebietes, das die Osmanen im Londoner Frieden verloren, während des Zweiten Balkankrieges den Bulgaren wieder abgenommen haben. Im Vor-

49. Die innere Lage der Krieg führenden Staaten 1918

frieden mit Rumänien (3. März 1918) und im Bukarester Frieden (7. Mai 1918) wird die Abtretung der Süd-Dobrudscha an Bulgarien und die Einrichtung eines Kondominiums des Vierbundes in der Nord-Dobrudscha vereinbart. Der Kompromissvorschlag der »**Hakki-Rosenberg-Linie**« sieht die Rückgabe der Hälfte des 1915 abgetretenen thrakischen Gebiets an das Osmanische Reich vor. Bis September 1918 ist die Grenzführung in Thrakien (Marica-Ostufer, Fluß-Talweg, mit oder ohne Karagač [Levski]) strittig. Das von **Bernstorff**, dem Gesandten v. **Rosenberg**, Markgraf **Pallavicini**, dem bulgarischen Gesandten in Konstantinopel **Kolušev** und dem osmanischen Botschafter in Berlin **Rifaat Pascha** am **24. September 1918** in Berlin unterzeichnete **Protokoll** sieht vor: Das Deutsche Reich, Österreich-Ungarn und das Osmanische Reich verzichten ohne Kompensationen auf ihre Rechte auf Art. 10 des Bukarester Friedensvertrages; die **Nord-Dobrudscha geht an Bulgarien** über (aber erst nach Ratifikation des Bukarester Friedens kann Bulgarien endgültig in den Besitz der Nord-Dobrudscha kommen). Dafür führt Bulgarien zugunsten des Osmanischen Reiches eine Grenzberichtigung durch (Marica-Ostufer, Talweg). Die Übergabe des Marica-Ostufers geschieht 15 Tage nach Übergabe der Nord-Dobrudscha. Die deutschen Etappentruppen ziehen am 25. September aus der Süd-Dobrudscha ab. Dadurch kommt die Süd-Dobrudscha schon vor Ratifikation des Bukarester Friedensvertrages (das Osmanische Reich ratifiziert diesen nicht mehr) unter bulgarische Verwaltung. Die Nord-Dobrudscha wird durch das Protokoll vom 24. September de facto bulgarisch. Somit ist – kurz vor dem Ausscheiden der Bulgaren aus dem Weltkrieg – die ganze Dobrudscha in bulgarischer Hand. In der thrakischen Frage geben die Bulgaren (zum Teil) den Osmanen nach.

Griechenland: Einsatz griechischer Truppen an der makedonischen Front seit Mai 1918.

Osmanisches Reich: 3. Juli 1918: **Mehmed VI. neuer Sultan**. Oktober 1918: Entlassung Großvezir Talaat Paschas und Kriegsminister Enver

49. Die innere Lage der Krieg führenden Staaten 1918

Paschas. 14. Oktober 1918: **Großvezir und Kriegsminister Ahmed Izzet Pascha.** 14.–15. Oktober: Waffenstillstandsnote an Wilson. 30. Oktober: Abschluss des Waffenstillstandes zu Mudros. Verelendung der Massen. Hunger bei Zivilbevölkerung und Soldaten. Seuchen. Bereicherung, Korruption. Chauvinismus. Animosität gegen die Deutschen; diese zeigen aber vielfach kein psychologisches Verständnis für die Türken. Desertionen. Großmachtträume der osmanischen Führung. Mangelnde hygienische Versorgung. Feindliche Stimmung gegen Armenier und Griechen. Verhältnis zu den Arabern kritisch.

Japan: Im Krieg beträchtliche Expansion in der Eisen- und Stahlindustrie, im Maschinenbau, im Schiffbau und in der chemischen Industrie. Gegen Ende des Krieges baut Japan sogar Handelsschiffe für die USA. Durch die von der Kriegskonjunktur ausgehenden Impulse ist die japanische Industrie auf dem Weg zu einer differenzierten Produktion, anstelle der älteren Fixierung auf Baumwolle und Seide, ein gutes Stück weitergekommen. Im Lauf des Krieges (1914–1919) steigt die Zahl der Fabriken von 32.000 auf 44.000, die Zahl der Fabrikarbeiter von 1,2 Mill. auf 2 Mill., der Bruttoproduktionswert der Industrie von 1,4 Mill. Yen auf 6,7 Mill. Yen. Dabei behält Japan, obwohl die Durchschnittsgröße der Betriebe zunimmt, eine »duale« Industriestruktur: Es gibt einerseits einige große Konzerne und Staatsfabriken, andererseits eine Vielzahl von Kleinbetrieben, die durch weitgehende Spezialisierung eine beträchtliche Überlebensfähigkeit beweisen. Industrie- und Schifffahrtsunternehmen verzeichnen enorme Gewinne, die Kapitalgesellschaften können bis zu 80% des Grundkapitals als jährliche Dividende ausschütten. Durch das Bevölkerungswachstum und die Überbeschäftigung in der Landwirtschaft verfügt die Industrie über eine permanente industrielle Reservearmee.

50. Die Westfront 1918

Das Schwergewicht der Kriegführung der Mittelmächte liegt Anfang 1918 bei den Landheeren. Nach dem Waffenstillstand im Osten und nach der 12. Isonzoschlacht sind 42 Infanteriedivisionen der deutschen Westfront zugeführt worden. Eine deutsche Offensive gegen das französisch-britische Heer soll den Krieg entscheiden. Die DOHL sieht die letzte Möglichkeit, die alliierten Truppen in Frankreich zu schlagen, ehe die amerikanischen Streitkräfte in Europa eingreifen können. Die DOHL strebt nach einer schnellen militärischen Entscheidung, denn der bedrohliche Mangel an Soldaten und an Arbeitskräften für die Kriegsindustrie, die steigende Rohstoffknappheit, die innenpolitischen Entwicklungen im Deutschen Reich und besonders in Österreich-Ungarn, die zunehmende propagandistische Beeinflussung der nichtdeutschen und nichtmagyarischen Nationalitäten Österreich-Ungarns durch die im Ausland lebenden Emigranten, die Verknappung der Lebensmittel (auch verursacht durch die Blockade der Küsten Europas) tragen zur kritischen Gesamtlage der Mittelmächte bei. Großbritannien und Frankreich sollen durch das Niederringen ihrer Armeen an der Westfront friedensbereit gemacht werden. Unter Bedachtnahme auf eine Stützung der Front in Makedonien und des osmanischen Verbündeten sowie einer Sicherung der Verbindungen zum rumänischen Erdöl und zur landwirtschaftlich reichen Ukraine setzt die OHL alle verfügbaren Kräfte an der Westfront ein. 46 k.u.k. schwere Batterien verstärken die deutsche Angriffsartillerie (k.u.k. Divisionen kommen erst nach dem 8. August). Die »**Oberste Kriegsleitung**« funktioniert nur in Ansätzen. Im alliierten Lager kommt es unter dem Eindruck der Misserfolge an der Westfront und in Oberitalien Anfang November 1917 in Rapallo (Italien) zur Schaffung eines »**Interalliierten Obersten Kriegsrates**« mit Sitz in Versailles. Diese Institution besitzt keineswegs die Vollmachten zur Koordinierung der militärischen Anstrengungen der Alliierten. Ebenso ist der Anfang Februar 1918 entstandene **Versailler Vollzugsausschuss** ohne wirkliche Autorität,

50. Die Westfront 1918

denn dieses Organ versagt bereits bei der Formierung einer etwa 30 Divisionen starken französisch-britischen Reservearmee. Erst unter dem Eindruck der Erfolge der deutschen Offensive im März 1918 setzen die britischen und französischen Politiker am 14. April 1918 den französischen General **Foch** zum »**Général en chef**« aller alliierten Truppen in Frankreich und Belgien ein.

Vor Beginn des deutschen Angriffs einigen sich die alliierten Politiker und Befehlshaber auf die Defensive an der Front im Westen. Der Oberbefehlshaber des **britischen** Expeditionsheeres, Feldmarschall **Haig**, ist in erster Linie darauf bedacht, mit seinem Heer die Kanalhäfen zu schützen, weshalb die Masse der britischen Truppen mit Schwergewicht auf dem linken Flügel bzw. in der Mitte der britischen Front steht. Der Oberbefehlshaber des französischen Heeres, General **Pétain**, trachtet vor allem Paris zu decken. Insgesamt stehen im März 1918 182 alliierte Infanteriedivisionen und zehn Kavalleriedivisionen an der Front in Frankreich und Belgien. Davon sind 60 Infanteriedivisionen und drei Kavalleriedivisionen **britisch**, 104 Infanteriedivisionen und sechs Kavalleriedivisionen **französisch**, 12 Infanteriedivisionen und eine Kavalleriedivision **belgisch**, zwei Infanteriedivisionen **portugiesisch** und vier Infanteriedivisionen **amerikanisch**. Ferner befinden sich britische und französische Streitkräfte in Oberitalien und an der Front in Makedonien. Überdies stehen britische Truppen in Palästina und in Mesopotamien. Die DOHL kann im Westen 192 ½ Infanteriedivisionen und zwei Kavalleriedivisionen (unberitten) versammeln. Die deutschen Infanteriedivisionen sind im Durchschnitt personell und materiell schwächer als die alliierten Divisionen.

Das deutsche Westheer hat eine tief gegliederte Stellungsfront zu durchbrechen und zu trachten, noch vor dem Eingreifen der operativen Reserven des Gegners zum Bewegungskrieg überzugehen. Das dichte und gut ausgebaute Verkehrsnetz hinter der alliierten Front ermöglicht das rasche Verschieben der Reserven, weshalb der Durchbruch durch die Stellungsfront in möglichst kurzer Zeit gelingen muss. Nach dem jahrelangen Abwehrkampf in stark ausgebauten

50. Die Westfront 1918

Stellungen muss das deutsche Westheer auf eine derartig groß angelegte Angriffsoperation gründlich vorbereitet werden. Führung und Truppe erhalten im rückwärtigen Frontgebiet eine sorgfältige taktische Schulung. Die Angriffsdivisionen werden mit Mannschaften und Material auf den vollen Stand gebracht und ihnen auch die notwendige Beweglichkeit für einen Bewegungskrieg gegeben. Das geht auf Kosten der anderen Divisionen, die als sogenannte »Stellungsdivisionen« nur noch zum Halten der Stellungen verwendet werden können, wodurch dem Heer als Ganzes die notwendige operative Beweglichkeit stark beschränkt wird. Der Pferdemangel und die knappen Bestände an Lastkraftwagen zwingen zu dieser Zweiteilung des Westheeres. Auch eine den Erfordernissen eines Bewegungskrieges angepasste Nachschuborganisation muss erst geschaffen werden.

Bei den Überlegungen zum Erstellen eines Angriffsplanes dominiert die taktische Forderung, in möglichst kurzer Zeit das feindliche Stellungssystem zu durchbrechen, erst in zweiter Linie können die operativen Gegebenheiten eine Berücksichtigung finden. Die DOHL entscheidet sich, den Angriff an der Front zwischen Arras und La Fère zu führen. Dort ist das Gelände zur Fortbewegung günstig und seine Gangbarkeit weniger vom Wetter und der Jahreszeit abhängig. Voraussetzung für das Gelingen des Angriffs ist die Überraschung: Sie soll helfen, dem Gegner möglichst lange die Angriffsrichtung zu verbergen. Täuschungsmaßnahmen an den übrigen Frontabschnitten ergänzen das Bestreben, den Gegner zu überraschen. Der deutsche Angriffsbefehl vom 10. März 1918 bestimmt die deutsche 2. und 17. Armee der Heeresgruppe Kronprinz Rupprecht und die 18. Armee der Heeresgruppe Deutscher Kronprinz zur Führung des Angriffs. Erstes Angriffsziel der Heeresgruppe Kronprinz Rupprecht, deren beide Armeen nördlich bzw. südlich des Cambrai-Bogens anzugreifen haben, ist die Linie Croisilles, Bapaume, Péronne und Ormignon-Mündung. Dabei sind die britischen Kräfte im Cambrai-Bogen durch beiderseitige Umfassung abzuschnüren. Im weiteren Verlauf sollen die 2. und 17. Armee in Richtung Arras, Albert vorgehen und mit Schwergewicht rechts, nach Nordwesten

50. Die Westfront 1918

einschwenkend, die britische Front auch vor der 6. Armee ins Wanken bringen. Die 18. Armee der Heeresgruppe Deutscher Kronprinz hat bei raschem Vorwärtskommen die Übergänge über die Somme und die Crozat-Kanal-Übergänge zu erkämpfen. Grundgedanke für den auf den 21. März 1918 angesetzten »Michael-Angriff« ist die Zertrümmerung des rechten Flügels der Briten durch die deutsche 2. und 17. Armee, während die deutsche 18. Armee die südliche Flanke dieses Stoßes zu decken hat. Die Hauptteile des britischen Heeres sollen von dem französischen getrennt und dann gegen die Küste gedrängt werden. Alle deutschen Anstrengungen konzentrieren sich vorerst auf den »Michael-Angriff«. Für den Fall, dass dem Angriff kein durchschlagender Erfolg beschieden ist, sind Angriffe an anderen Frontabschnitten vorzubereiten.

21. März – 9. April 1918: **Erste deutsche Offensive in der Picardie zwischen Arras und La Fère.**

21. März 1918: Seit 4 Uhr schießen mehr als 6.600 Geschütze mit Brisanz- und Gasgranaten gegen die Infanterie- und Artilleriestellungen, Gefechtsstände, Lager der Reserven, Verkehrsknotenpunkte und Verkehrswege im Bereich der britischen 3. und 5. Armee. Im Durchschnitt stehen auf jedem Kilometer der 75 km breiten Angriffsfront 88 deutsche Geschütze. Gegen 5.30 Uhr eröffnen 3.500 Minenwerfer das Feuer auf die britischen Infanteriestellungen. Die starken Schlachtfliegerverbände können den um 9.45 Uhr losbrechenden Angriff der deutschen Infanterie wegen des Nebels vorerst nicht unterstützen. Dennoch gelingt es den deutschen Infanteriestoßtrupps, die schwächer besetzte britische erste Stellung zu durchstoßen. Härter der Widerstand vor der überall dichter besetzten zweiten britischen Stellung. Bis zum Abend des 21. März dringt die deutsche Infanterie bis zu 4,5 km tief in das britische Stellungssystem ein und liegt mit der Masse vor der zweiten Stellung der Briten. In harten Kämpfen kann die deutsche 17. Armee (28 Infanteriedivisionen unter General d. Inf. Otto von Below), die deutsche 2. Armee (22 Infanteriedivisionen unter General d. Kav. von der Marwitz) und die deutsche 18. Armee (27 Infanteriedivisionen unter Gen. d. Inf. von

50. Die Westfront 1918

Hutier) bis zum 23. März den Durchbruch durch die britische Stellungsfront erzwingen. Die im Angriffsraum verfügbaren 32 1/3 britischen Infanteriedivisionen und 3 Kavalleriedivision der 3. Armee (General Sir J. Byng) und 5. Armee (General Sir H. Gough) büßen rund 40.000 Gefangene und 400 Geschütze (von 2.700 Geschützen) ein. Bis 20 km tiefer Einbruch der deutschen 2. und 18. Armee, aber Zerschlagung der beiden britischen Armeen nicht geglückt.

Die geringeren Erfolge der deutschen 17. Armee im Raum südostwärts von Arras veranlassen die DOHL, der deutschen 18. Armee den Weg freizugeben in Richtung Chaulnes, Noyon. Gleichzeitig soll die deutsche 17. Armee im Verein mit der deutschen 6. Armee den Angriff auf den Raum Arras bzw. nördlich davon ausdehnen. Dies muss zu einem Auseinanderstreben der einzelnen Armeen führen. Feldmarschall Haig und General Pétain einigen sich über zu ergreifende Abwehrmaßnahmen. Ziel ist, die Trennung des französischen Heeres vom britischen zu verhindern; unverzüglich werden französische Infanterie- und Kavalleriedivisionen in den gefährdeten Raum geführt. In den Tagen nach dem 24. März zeigt sich trotz stellenweise erheblicher Raumgewinne der deutschen Truppen eine zunehmende Verstärkung der britischen und französischen Truppen im Kampfraum. Die Angriffskraft der deutschen Armeen ist rasch verbraucht. Nachschubschwierigkeiten und der Einsatz stark überlegener alliierter Luftstreitkräfte zwingen die DOHL zum Einstellen der deutschen Großoffensive am 9. April, nachdem das letzte operative Ziel, der Verkehrsknoten Amiens, nicht mehr genommen werden kann. Trotz des taktischen Erfolges – 90.000 Gefangene, über 1.300 Geschütze erbeutet – ist das strategische Ziel nicht erreicht worden. 45 französische Infanteriedivisionen und sechs Kavalleriedivisionen haben die an der Nahtstelle brüchig gewordene britische Front wieder gefestigt.

9.–29. April 1918: **Zweite deutsche Offensive im Lys-Abschnitt südlich von Ypern.** Ein Angriff gegen die von Reserven entblößte britische Front im Raum Armentières soll womöglich bis zur Kanalküste durchdringen. Dieser Angriff unter dem Decknamen

50. Die Westfront 1918

»Georgette« von der deutschen 6. und später auch von der 4. Armee geführt, wird mit insgesamt 14 Infanteriedivisionen im ersten, fünf Infanteriedivisionen im zweiten und sieben Infanteriedivisionen im dritten Treffen unternommen. Er trifft Teile der Front der britischen 1. und 2. Armee, die neun Infanteriedivisionen in der Front und drei Infanteriedivisionen in der Reserve verfügbar hat. Nach anfänglichen Erfolgen (Einnahme von Armentières, Erstürmung des Kemmelberges am 25. April) muss die Offensive eingestellt werden, nachdem neun französische Infanteriedivisionen und drei Kavalleriedivisionen herangezogen worden sind, um den deutschen Stoß Richtung Kanalhäfen aufzufangen. Die operative Ausnutzung der günstigen Situation gelingt aus Mangel an Reserven nicht. Die deutsche Führung hält am Gedanken der Offensive fest. Ehe ein weiterer Schlag in Flandern mit Fernziel Kanalhäfen geführt werden kann, müssen die französischen Verbände von der Somme- und Flandernfront abgelenkt werden. Deshalb soll nach einer Operationspause (die auch den Briten zugutekommt) eine Offensive im Raum südlich von Laon in Richtung auf die Marne das französische Heer empfindlich treffen.

27. Mai – 3. Juni 1918: **Dritte deutsche Offensive zwischen Soissons und Reims.**

Die Offensive im Raum von Laon, beiderseits der Aisne und nördlich von Reims überrascht die Alliierten insofern, als ihre Reserven tatsächlich an der Somme und an der Lys (Flandern) stehen. Geführt wird der Angriff von der deutschen 7. und 1. Armee, die mit 38 Infanteriedivisionen, 5.263 Geschützen, 1.233 Minenwerfern, 3.080 Gaswerfern und rund 500 Flugzeugen auf 21 alliierte Infanteriedivisionen und zwei Kavalleriedivisionen mit 1.400 Geschützen stoßen. Der Chemin des Dames fällt schon am 27. Mai in deutsche Hand. Am 30. Mai stehen die deutschen Truppen wieder an der Marne, nur rund 75 km von Paris entfernt. Die Angriffserfolge treiben einen weiteren Keil in die alliierte Front, führen aber nicht zu deren Zusammenbruch, sondern verändern die eigene Front in ungünstigem Sinn. Den Franzosen gelingt die Stabilisierung der Front.

30. Mai – 13. Juni 1918: **Angriffskämpfe westlich und südwestlich**

50. Die Westfront 1918

Soissons in Richtung auf Compiègne, das jedoch nicht erreicht wird.

9.–14. Juni 1918: Vierte deutsche Offensive zwischen Montdidier und Noyon.

Trotz Geländegewinns und großer Geschützbeute gelingt es nicht, den Weg nach Compiègne freizukämpfen. Die taktisch ungünstigen Ausbuchtungen der deutschen Front sind dadurch nur vermehrt worden.

Seit dem 21. März 1918 verlieren die Alliierten rund 500.000 Mann an Toten, Verwundeten und Gefangenen sowie 2.800 Geschütze und über 8.000 Maschinengewehre. Auch die deutschen Verluste liegen bei 500.000 Mann; sie wiegen schwerer als die alliierten Verluste, denn die schlechte Ersatzlage des deutschen Heeres lässt den raschen Ausgleich der Verluste nicht mehr zu. Nicht mehr stark genug, den entscheidenden Angriff in Flandern zu führen, entschließt sich die DOHL, einen weiteren Angriff gegen eine vermutlich schwache Stelle der alliierten Front zu führen, in der Hoffnung, dass diese Operation den Gegner zu einer Schwächung der Flandern-Front durch Verschiebung seiner Reserven an die Marne veranlassen werde. Der sogenannte »Marneschutz-Reims-Angriff« bezweckt auch die Einnahme von Reims durch beiderseitige Umfassung, um dadurch die schwierige Nachschublage der an der Marne stehenden 7. Armee zu verbessern. Noch immer hält die DOHL am Gedanken der entscheidenden deutschen Offensive fest, obwohl zu diesem Zeitpunkt die immer stärker werdenden alliierten Streitkräfte (Eingliederung von amerikanischen Verbänden!) die Handlungsfreiheit der DOHL weitgehend eingeengt hat.

15.–17. Juli 1918: Fünfte deutsche Offensive an der Marne und in der Champagne.

Am 15. Juli treten die deutsche 7., 1. und 3. Armee mit 48 Infanteriedivisionen, 6.353 Geschützen, 2.200 Minenwerfern und rund 900 Flugzeugen beiderseits von Reims zum letzen Großangriff an. Die Alliierten – im Angriffsraum 36 Infanteriedivisionen und 3.080 Geschütze – haben in Erwartung des Angriffes die erste Stellung nahezu vollständig geräumt und sich in der Tiefe des Stellungssystems stärker massiert. Deshalb verursacht der erste taktische Schlag der Deutschen nicht jene schweren Verluste wie bei den vorangegangenen Offensiven. Die vorerst außerhalb des Wirkungsbereiches der deutschen Artillerie liegende zweite Stellung kann von der deutschen Infanterie nicht genommen werden; diese bleibt im Feuer der nahezu intakten alliierten Artillerie mit schweren Verlusten liegen. Nach der taktischen Niederlage muss der deutsche Angriff am 17. Juli eingestellt werden. Als Folge dieses Rückschlages unterbleibt die beabsichtigte Offensive in Flandern.

18. Juli – 3. August 1918: **Gegenoffensive des Generalissimus Foch zwischen Reims und Soissons.** Beginnt mit heftigem alliiertem Angriff, unterstützt von zahlreichen Panzern, gegen die deutsche Front im Marnebogen. Bis zum Abend des 18. Juli 12.000 deutsche Gefangene in alliierter Hand. Die DOHL entschließt sich am 24. Juli, den zur Marne vorspringenden Frontteil zu räumen. Vor allem die starken französischen Panzerverbände (375 Tanks) und amerikanische Divisionen leiten in der Schlacht von Soissons und Reims den Umschwung an der Westfront ein. Rückzug der Deutschen hinter die Vesle; Soissons am 2. August von den Franzosen genommen. 7. August 1918: Foch »Marschall von Frankreich«.

Mit dem erzwungenen Übergang zur Abwehr verliert das deutsche Heer die letzte Hoffnung auf eine siegreiche Beendigung des Kampfes an der Westfront. Erschöpfung des deutschen Heeres.

8.–11. August 1918: **Schlacht bei Amiens.** Am 8. August 1918, dem »schwarzen Tag des deutschen Heeres in der Geschichte dieses Krieges« (so Ludendorff), greifen starke französische, kanadische und australische Verbände mit kräftiger Panzerunterstützung (450 britische Panzer) beiderseits der Straße von Amiens, Ham, in einer Breite von etwa 30 km und später südlich davon, bei Montdidier, an. Mehrere deutsche Divisionen erleiden schwerste Verluste. Wirkungsvolle Panzerabwehrwaffen bei der Infanterie fehlen. Bis zum 10. August verlieren die angegriffene 2. und 18. Armee 30.000 Mann als Gefangene.

Am 13. August 1918 ergeht die Aufforderung der DOHL an den Reichskanzler, Friedensverhandlungen einzuleiten.

50. Die Westfront 1918

Im Laufe des Augusts verstärken sich die alliierten Angriffe gegen die Flanken des gegen **Amiens** vorspringenden deutschen Frontbogens. Dem Ansturm der Alliierten bei **Noyon** und **Soissons** sowie bei **Bapaume** und **Albert** und Anfang September bei **Arras** folgt Anfang September 1918 der deutsche Rückzug in die **Siegfriedstellung**. Vermisste der Deutschen: Juni 1918 – 17.700, Juli – 52.500, August – 110.000, September 1918 – 119.000 Mann. Verluste des deutschen Westheeres: März–September 1918 – 1.344.300 Mann an Toten, Verwundeten, Vermissten.

Von den 60 Infanteriedivisionen der »British Expeditionary Force« (August–November 1918) kommt eine aus Neuseeland, vier aus Kanada, fünf aus Australien; Südafrika stellt eine Brigade.

Von Anfang September bis zum Waffenstillstand am 11. November 1918 Abwehrschlachten auf der ganzen Front zwischen der **flandrischen Küste** und dem **St. Mihielbogen** gegen die mit immer größerer Übermacht angreifenden alliierten Truppen. Am 12. September beginnt ein Angriff mehrerer amerikanischer Divisionen gegen den Frontbogen bei **St. Mihiel**. Mitte September setzt eine Welle verstärkter alliierter Angriffe ein. Am 28. September ist die **flandrische Küste** das Ziel eines belgisch-britisch-französischen Vorstoßes. Zwischen **Arras** und **La Fère** stürmen ab 18. September starke britisch-französische Kräfte gegen die Siegfriedstellung. Im Raum von **Soissons** erzwingen französische und amerikanische Verbände gegen Monatsende die Räumung des **Chemin des Dames**. Westlich der **Argonnen** scheitert Ende September ein Durchbruchsversuch amerikanisch-französischer Kräfte auf **Mézières**. Mitte Oktober muss das deutsche Westheer gegenüber den pausenlosen Angriffen der Alliierten die **Siegfriedstellung räumen**. Den Alliierten gelingt nirgends der Durchbruch durch die deutsche Verteidigungsfront, die zurückgenommen, verkürzt und gehalten wird.

Die Revolution im Deutschen Reich, ausgelöst durch die Meuterei von Teilen der deutschen Hochseeflotte in Kiel am 4. November 1918, macht jeden weiteren erfolgreichen Widerstand des deutschen Westheeres unmöglich.

50. Die Westfront 1918

Vor dem Waffenstillstand verläuft die Front von der unveränderten Frontlinie in Elsass-Lothringen hart südlich der französisch-belgischen Grenze, Sedan und Maubeuge noch in deutscher Hand lassend, und zieht sich von Maubeuge in Richtung Gent zur niederländischen Grenze. Das flandrische Küstengebiet mit Ostende, Seebrügge und Brügge fällt 17.–19. Oktober in die Hände der Briten.

Der Rückmarsch des deutschen Heeres nach dem Waffenstillstand vollzieht sich geordnet und ohne Anzeichen einer Auflösung. Unter Waffen überschreiten die Truppen den Rhein.

51. Die Italienfront 1918

Juni-Schlacht in Venetien

Im Zusammenhang mit der deutschen Frühjahrsoffensive 1918 meint der k.u.k. Generalstabschef Generaloberst Frhr. v. Arz, die k.u.k. Streitkräfte an der Südwestfront hätten die Aufgabe, »den verstärkten Feind auf dem italienischen Kriegsschauplatz zu binden und das Abziehen von Kräften nach dem Westen zu verhindern«. In Anbetracht des veränderten Kräfteverhältnisses an der Südwestfront glaubt er nur einen Angriff mit begrenztem Ziel durchführen zu können (»Den Gegner im Raume Grappa und am Piave zu schlagen und das Gebiet bis an die Brenta in Besitz zu nehmen«). Die DOHL begrüßt die Initiative zu einem möglichst früh einsetzenden Angriff zur Entlastung der deutschen Armeen an der Westfront.

Ausgangslage bei den k.u.k. Truppen: Katastrophale Ernährungssituation der Zivilbevölkerung, Unterernährung, ja Hunger bei den Soldaten (führt auch zu Disziplinlosigkeit und Apathie). Neben der physischen Ermattung zeigen nationalistische Parolen (Tschechen, Südslawen), das Wirken der Auslandsvertretungen, auch der eigenen Vertreter in Reichsrat und Reichstag ihre Folgen. In Italien stehen tschechische k.u.k. Truppen tschechischen Legionären gegenüber. Heimkehrer aus der russischen Kriegsgefangenschaft verstärken die Kriegsmüdigkeit. In den Nächten vor Beginn der Offensive desertieren wahrscheinlich hunderte Soldaten und informieren die Italiener. Kurz vor dem Angriff am Tonale-Pass laufen tschechische Soldaten des 4. Kaiserjägerregiments zu den Italienern über. Ausreichende Futtermengen für die Zugpferde der Feldartillerie fehlen; zum Teil Mangel an Pferden. Zunehmender Mangel an Kriegsmaterial und an Munition.

Die Österreicher können aus zwei zueinander abgewinkelten Fronten die italienischen Stellungen am Piave bzw. im Gebirge, beiderseits der Brenta, angreifen und durchbrechen. **Rivalität Conrad –Boroević.** Feldmarschall Conrad (will einen Vormarsch auf Venedig) beansprucht für den Angriff seiner Heeresgruppe an der Gebirgsfront die Bildung eines Schwergewichts zwischen Piave und Astico, denn dort bietet sich die Möglichkeit, im raschen Durchstoß der an jener Stelle wenig tiefen italienischen Gebirgsfront die Ebene zu erreichen und in der operativ wirksamsten Richtung auf Vicenza Rücken und Flanke der am Piave stehenden italienischen Kräfte ernstlich zu bedrohen. Vorerst ist der taktische Durchbruch durch die stark befestigte Waldzone zwischen Astico und Brenta sowie der Durchbruch des gut ausgebauten italienischen Stellungssystems im Grappamassiv zu erzwingen. Conrad will den Hauptstoß an der Gebirgsfront durch einen Nebenstoß der Isonzoarmee über den Piave, in der allgemeinen Richtung Oderzo, Treviso, unterstützen lassen. Feldmarschall Boroević (will über Treviso nach Padua) beansprucht für diesen »Nebenstoß« die Masse der Angriffskräfte, denn seiner Meinung nach sei der Angriff über den Piave der wirkungsvollere. Dieser Angriff bedürfe überaus starker, tief gestaffelter Kräfte, denn nach der Überwindung des Flusshindernisses müsse die italienische Befestigungszone westlich des Piave durchstoßen und die italienische Reservearmee geworfen werden. Erst dann könne der Vorstoß nach Westen bzw. Südwesten fortgesetzt werden.

Das AOK akzeptiert die Anträge der beiden Heeresgruppenkommandanten nur teilweise. Es entschließt sich zu einem Zangenangriff, ohne ein ausgeprägtes Schwergewicht an einer der beiden Angriffsfronten. Beide Angriffsgruppen sind ungefähr gleich stark,

51. Die Italienfront 1918

keine derselben besitzt eine ins Gewicht fallende Überlegenheit über den gegenüberstehenden Feind. Am Tonale-Pass, an der Westfront Tirols, soll mit zwei Infanteriedivisionen ein Entlastungsangriff in Richtung Edolo geführt werden, wodurch die Gefahr eines italienischen Einbruchs über den Tonale, der die Eisenbahn Bozen, Trient bedroht, beseitigt werden kann. Der ursprünglich für den 20. Mai 1918 vorgesehene Angriff muss mehrmals verschoben werden. Der Verpflegungsvorrat reicht nur für wenige Tage. Dann sollen die Angriffsverbände aus der im Zuge der Offensive gemachten Beute verpflegt werden. Die vorgesehe Artilleriemunition ist nur zum Teil bei den Batterien eingetroffen. Der Hauptangriff wird auf den 15. Juni festgelegt. Die beiden k.u.k. Infanteriedivisionen, die am 13. Juni 1918 am Tonale-Pass angreifen, müssen gegenüber starker italienischer Gegenwehr den Angriff noch am gleichen Tag einstellen und zur Abwehr übergehen.

Der Infanterie der k.u.k. 11. Armee (Heeresgruppe FM Conrad) gelingt am Morgen des 15. Juni auf der Hochfläche von Asiago an einigen Stellen der Einbruch in die vordersten Stellungen. Die in der Tiefe der Waldzone gelegenen alliierten Stellungen kann die k.u.k. Artillerie nicht zerstören. Außerdem tritt bald Munitionsmangel ein, sodass die weiter vordringende k.u.k. Infanterie vor den britischen, französischen und italienischen Verteidigern liegenbleibt und nach schweren Verlusten zurückgenommen werden muss. Verbesserte Gasabwehrmaßnahmen verhindern einen durchschlagenden Erfolg des Gasbeschusses (wie bei der 12. Isonzoschlacht). Der k.u.k. Angriff ostwärts der Brenta, in dem wenig bewaldeten und schwer gangbaren Grappamassiv, bringt die vorübergehende Inbesitznahme des Col Moschin. Heftige italienische Gegenangriffe zwingen auch hier die Masse der Angreifer, nach schweren Verlusten in die alten Stellungen zurückzukehren. Der außerordentlich verlustreiche Rückschlag – die 52. Infanteriebrigade verliert zwei Drittel ihrer Soldaten, das Feldjägerbataillon 22 zählt zuletzt nur noch acht Soldaten – und der empfindliche Mangel an Munition zwingen die k.u.k. 11. Armee in der Nacht auf den 16. Juni zu befehlen: »hartnäckigen Widerstand

51. Die Italienfront 1918

einzurichten, um die alten Stellungen und den noch innegehabten Erfolg zu behaupten.«

Am Morgen des 15. Juni greift die Isonzoarmee Boroević' über den Piave hinweg an. Die Artillerie hat nicht genug Munition zugeschoben bekommen, um über längere Zeit ein wirkungsvolles Feuer zu unterhalten. Die Munition ist teilweise schlecht, es gibt mehrere schwere Zwischenfälle mit fehlerhafter Munition. Italiener, Briten und Franzosen verwickeln die k.u.k. Jagdflugzeuge, Aufklärer und Bomber in zahllose Luftkämpfe. Trotz des heftigen feindlichen Abwehrfeuers können vier k.u.k. Korps auf dem westlichen Piaveufer Fuß fassen und die feindlichen Uferstellungen an einigen Stellen durchbrechen. Diese ersten Erfolge werden stellenweise mit sehr schweren Verlusten erkauft. Beim Angriff auf dem westlichen Piaveufer ist das Zusammenwirken zwischen Infanterie und Artillerie unzureichend. Während das k.u.k. XVI. Korps das Westufer des Piave wieder räumen muss, können sich das IV. und VII. Korps trotz italienischer Gegenangriffe auf dem rechten Piaveufer behaupten. Das linke Flügelkorps (XXIII.), das lediglich einen Nebenangriff zu führen hat, stößt bereits am 15. Juni bei San Donà di Piave bis zu 4 km tief in das italienische Stellungssystem am Westufer des Piave hinein.

Den Angriff der Isonzoarmee begleitet das XXIV. Korps (Feldmarschallleutnant Goiginger) der 6. Armee (Generaloberst Erzherzog Joseph). Der Angriff richtet sich gegen den Höhenzug des Montello, dessen Ostteil in harten Kämpfen (Generaloberst Erzherzog Joseph schreibt: »Der Montello ein Leichenfeld«) einige Tage gehalten wird. Der Montello ist der einzige Abschnitt, in dem sich ein Erfolg abzeichnet. Der stark steigende Piave verschärft die Lage an den Übersetzstellen und an den Kriegsbrücken. Das AOK befiehlt am 16. Juni die Fortführung des Angriffes an der Piavefront in Richtung auf Treviso. Dazu sollen die AOK-Reserven der Heeresgruppe Boroević unterstellt werden. Dem am Unterlauf des Piave auf dem Westufer kämpfenden k.u.k. IV., VII. und XXII. Korps gelingt es, bis zum 18. Juni eine zusammenhängende Front mit einer Tiefe von 4–5 km aufzubauen.

51. Die Italienfront 1918

Am 18. Juni bzw. in der vorangegangen Nacht zerstört das Hochwasser des Piave mehrere Brücken und Übergänge. Gleich hemmend wirkt das unaufhörlich auf den Brückenstellen liegende italienische Artilleriefeuer. Die Verstärkung und Versorgung der westlich des Piave gegen die ständig an Stärke zunehmenden italienischen Kräfte im Kampf stehendene k.u.k. Truppen ist dadurch außerordentlich erschwert. Die Italiener fassen die Masse ihrer Straßenpanzer im Raum Treviso zusammen und sichern mit diesen alle Straßenkreuzungen im Hintergelände der Front. Das italienische Oberkommando stellt fünf bis sechs Infanteriedivisionen für den Wiedergewinn des Montello bereit. Die am 19.–20. Juni gegen den Ostteil des Montello geführten italienischen Angriffe können nach erbitterten Kämpfen abgeschlagen werden. Auch der Einsatz italienischer Bomben- und Schlachtflieger, denen k.u.k. Jagdflieger entgegentreten, erschüttert die k.u.k. Verteidiger nicht. Allerdings reißen die Italiener mit diesem Gegenangriff endgültig die Initiative an sich. An der Front am Unterlauf des Piave reiben sich die stark geschwächten Divisionen der Isonzoarmee in Kämpfen gegen die Italiener im Stellungssystem ostwärts von Treviso auf. Allmählich gehen die Italiener auch an dieser Front zu systematischen Gegenangriffen über, die mit frischen Kräften und mit Unterstützung der Straßenpanzer geführt, nach und nach die k.u.k. Divisionen in die Abwehr drängen.

Die katastrophale Versorgungslage, vor allem der drückende Mangel an Verpflegung und Munition, das Fehlen kampfkräftiger Verbände zum Fortführen des Angriffes bewegen den Kaiser am 20. Juni 1918 um 19 Uhr, den Befehl zur Rücknahme der Truppen der Heeresgruppe Boroević auf das linke Piaveufer zu erteilen. Die k.u.k. 6. Armee und die Isonzoarmee setzen sich auf das ostwärtige Piaveufer ab.

Noch einmal kommt es zu heftigen Kämpfen an der Gebirgsfront und auf der Mündungsinsel des Piave, als die Italiener nach dem 24. Juni versuchen, einerseits gegenüber der k.u.k. 11. Armee zu beiden Seiten der Brenta einige Höhen in Gegenangriff zu nehmen und andererseits die k.u.k. Truppen von der Mündungsinsel des Piave zu vertreiben. Die italienischen Angriffe gegen die Gebirgsstellungen

51. Die Italienfront 1918

können bis Anfang Juli nach teils erbitterten Kämpfen abgewiesen werden. Dagegen dringt der mit überlegenen Kräften gegen die Mündungsinsel des Piave geführte italienische Angriff durch. Bis zum 6. Juli 1918 werden die k.u.k. Verbände auf das Nordufer des Hauptarmes zurückgedrängt.

K.u.k. Verluste: 11.643 Gefallene, 80.582 Verwundete, 24.508 Erkrankte, 25.527 Vermisste. Knapp 70.000 k.u.k. gefallenen oder kriegsgefangenen Soldaten stehen 84.000 Italiener und Alliierte gegenüber. Allein im Bereich der Heeresgruppe Conrad haben sich zehntausende Italiener gefangennehmen lassen. Die Niederlage des k.u.k. Heeres in der Junischlacht in Venetien ist eine klare militärische Entscheidung wie die deutsche Niederlage an der Westfront. Dem letzten intakten Machtinstrument der Donaumonarchie ist der Todesstoß versetzt worden. Die Offensive offenbart ein Führungschaos. Die Soldaten, die ihr Bestes gegeben haben, verlieren das Vertrauen in die mittlere Führung, diese wiederum jenes in die höhere Führung. Das AOK sowie die Kommanden der Isonzofront und der Tiroler Front haben gegeneinander geplant. Die letzten strategischen Reserven sind verbraucht worden.

Das innere Gefüge des k.u.k. Heeres ist erschüttert worden, verstärkt durch die zunehmende Verschärfung der Nationalitätenfrage.

Die Westmächte sehen Österreich-Ungarn für so geschwächt, dass die Notwendigkeit entfällt, amerikanische Truppen nach Italien zu bringen. Alle Kontingente der US-Expeditionary Force werden nach Frankreich geschickt.

Kaiser Karl enthebt am 11. Juli **Conrad des Kommandos** der nach ihm benannten Heeresgruppe und verleiht ihm den Grafentitel und den Ehrenposten eines Obersten sämtlicher Garden.

Generaloberst Fürst Schönburg-Hartenstein, Kommandant des IV. Korps der Isonzoarmee, verfasst ein Manuskript, das Kaiser Karl die katastrophale Situation von Staat und Heer sowie die Notwendigkeit eines sofortigen Friedens vor Augen führen soll.

51. Die Italienfront 1918

Der letzte alliierte Angriff in Italien Oktober 1918
Zwischen 10. und 16. **September** kommt es zu schweren Kämpfen um den **Monte Asolone**. Am 24. **Oktober 1918**, dem Jahrestag der Offensive von Flitsch-Tolmein, **beginnt der Großangriff der Alliierten**. Mit der Masse des **italienischen Heeres** – der 10., 8., 12. und 4. Armee, insgesamt 22 Infanteriedivisionen (darunter **zwei britische** und **eine französischen Infanteriedivision**) im ersten Treffen, dahinter als bewegliche Reserve die 9. Armee mit sechs Infanteriedivisionen, weitere neun Infanteriedivisionen, ein **amerikanisches Regiment** und dem Kavalleriekorps mit vier Kavalleriedivisionen – will das italienische Oberkommando sowohl an der Piavefront als auch im Raum des Monte Grappa angreifen. Ziel ist der Durchbruch in Richtung Feltre und Vittorio. Dadurch sollen sowohl die beiden k.u.k. **Heeresgruppen** (Generaloberst **Erzherzog Joseph** bzw. Feldmarschall **Krobatin**, Feldmarschall **Boroević**) voneinander getrennt werden als auch zwischen der k.u.k. 6. und der Isonzoarmee ein Keil getrieben werden. Die örtliche Überlegenheit der Alliierten im Angriffsraum wird noch durch 2.600 Feld- und 600 schwere Geschütze mit mehreren Millionen Geschossen gegenüber nur 1.350 k.u.k. Geschützen aller Kaliber erheblich verstärkt. Auf k.u.k. Seite stehen den Angriffsarmeen der Alliierten nur 20 Divisionen in erster Linie und elf Divisionen als Reserve gegenüber. Auf die Zahl der Bataillone umgerechnet, sind die Alliierten um rund 200 Bataillone stärker.

Unterstützt durch einen Ablenkungsangriff im Raum der Sieben Gemeinden greifen am 24. Oktober die italienische 4. und 12. Armee die k.u.k. Stellungen im Abschnitt zwischen Brenta und Piave, im Raum des Monte Grappa, an. Die angegriffenen Truppen verteidigen sich so, als ob es keine zusammenbrechende Front und keine sich auflösende Heimat gebe. Es gibt Regimenter mit Ausfällen von 30–70 % Auch Polen, Ruthenen, Tschechen und Magyaren kämpfen noch eine kurze Zeit. Am **24. Oktober** langt eine neuerliche **Weisung der ungarischen Regierung** an die Honvéds und ungarischen Angehörigen des gemeinsamen Heeres ein, unverzüglich nach Hause zurückzukehren. (In Budapest hofft man, mithilfe der aus der Süd-

51. Die Italienfront 1918

westfront gezogenen ungarischen Soldaten die Balkanfront festigen und die Gefahr für Ungarn im Süden abwenden zu können.) Am 25. Oktober beginnen die k.u.k. Truppen Gelände aufzugeben. Ihre Kampfkraft und der Wille, noch weiter standzuhalten, nehmen fast stündlich ab. Bataillone sinken auf die Stärke von Kompanien ab. Jetzt sollen die letzen Reserven in die Abwehr geworfen werden, doch Truppenkörper weigern sich fortlaufend. Am 24. Oktober meutert das Gebirgschützenregiment Nr. 2 in Laibach. Neben fast allen ungarischen Truppen weigern sich schließlich auch die bis zuletzt loyalen tschechischen Truppen anzugreifen. Die Mannschaften der 13., 26. und 43. Landesschützendivision sowie der 29. Infanteriedivision, der mährischen 5. Infanteriedivision verlangen abzurücken. Zwei kroatische Divisionen, die 42. und die 57., meutern ebenfalls.

Am 26. Oktober dehnen die Italiener ihre Offensive auf die Armeegruppe Belluno aus. Die k.u.k. Front hält noch, es wird sogar eine Gegenangriff begonnen. Als die Munition zu Ende geht, ist die Armeegruppe reif zur Waffenstreckung. Die Italiener bleiben, wo sie gewesen sind. Als die Eliteformationen, Kaiserjäger, Kaiserschützen, Kärntner, Salzburger und Oberösterreicher, erfahren, dass sie dazu verwendet werden sollen, abziehende ungarische Kräfte zu ersetzen, rebellieren auch sie. Das Heeresgruppenkommando Tirol meldet am 28. Oktober: »Kaum zum Marsch auf die Hochfläche der sieben Gemeinden befohlen, verweigert indessen die Mehrzahl auch dieser Truppen – zweifellos angesteckt durch das rasch bekannt gewordene Versagen der ungarischen Regimenter und bestärkt durch ihre Straflosigkeit – den Gehorsam.«

Dann greift die alliierte Offensive auf die Piavefront über. Briten und Franzosen nehmen die italienische 8. Armee in die Mitte und attackieren die k.u.k. Front. In der Nacht zum 27. Oktober bilden sie beiderseits des Montello, bei Pederobba, südostwärts von Moriago sowie bei Falzé und gegenüber der Insel Papadopoli Brückenköpfe auf dem linken Piaveufer.

Feldmarschall Borović meldet am 28. Oktober dem AOK: »Die Widerstandskraft unserer Truppen erlahmt auffallend, um so mehr, als die Zahl der mit Berufung auf Manifest, Unabhängigkeit Polens, Ungarns, des tschechischen, slowakischen und südslawischen Staates den Gehorsam verweigernden Verbände in bedenklichem Maße zunimmt und die Mittel fehlen, dieselben zum Gehorsam zu zwingen.« Generaloberst v. Arz telegrafiert am 28. Oktober an Generalfeldmarschall von Hindenburg: »Erschüttert melde ich Euer Exzellenz die eingetretenen Verhältnisse: Truppen ohne Unterschied der Nationalität von über 30 Divisionen weigern sich, weiter zu kämpfen! Teile einzelner Regimenter verlassen eigenmächtig Stellung, ein Rgt. der Reserve ist abmarschiert. Marschformationen sind nicht zur Einreihung zu bewegen. Ungarische Truppen erklären, unter keinen Umständen weiter zu kämpfen, verlangen ihre Heimbeförderung, weil Heimat in Gefahr und Feind vor den Grenzen ihres Vaterlandes. Kommandanten sind machtlos. Bewunderungswürdig kämpfen die in Stellung befindlichen Truppen, weil sie infolge von Kampfhandlung politisch noch nicht verseucht sind. Ihre Kampfkraft erlahmt. Zuführen von Reserven oder Ablösung ausgeschlossen, da Truppen nicht an Front heranzubringen. Marinemannschaft erklärt, am 1. November Schiffe zu verlassen, alles zu teilen und hat Soldatenräte gebildet. Einstimmig verlangen höhere Führer sofortigen Waffenstillstand, weil ansonsten Anarchie unausbleiblich und Bolschewismus unaufhaltbar. Lebensmittelzufuhr versagt, Bahnbetrieb in manchen Landstrichen kaum noch aufrechtzuerhalten, Lage im Hinterland verworren und trostlos. Unter diesen Umständen muss gerettet werden, was noch möglich. Da es auf Stunden ankommt, muss rasch gehandelt werden. Der Weg Wilsons ist zu lang. Kommission versucht Verbindung mit ital. Heeresleitung, um über Waffenstillstand zu verhandeln. Schweren Herzens mache ich diese Mitteilung.«

In mehrere Gruppen aufgesplittert, teilweise umfasst, ohne Reserven und Nachschub und bedrängt von den unausgesetzt angreifenden alliierten Verbänden, muss die Heeresgruppe Boroević den Rückzug gegen die Livenza und später gegen den Tagliamento antreten. Während an einigen Stellen Nachhuten weiterkämpfen, rücken andere Truppenteile plündernd in Richtung Heimat ab. Am

30. Oktober erreichen italienische Kavallerie und Bersaglieri zu Rad Vittorio. Die k.u.k. Südwestfront ist damit durchbrochen. Die beiden k.u.k. Heeresgruppen gehen verfolgt von italienische Kavallerie, Radfahrtruppen und Straßenpanzern unaufhaltsam zurück. Der Rückzug der Heeresgruppe Feldmarschall Krobatin und der Armeegruppe Belluno führt nach Norden, während die 6. und die Isonzoarmee in der allgemeinen Richtung Ost zurückgehen. Die k.u.k. Front in Venetien ist dadurch in zwei Teile auseinandergefallen.

(Zur Erennung des Feldmarschalls Hermann Kövess von Kövessháza zum letzen Armeeoberkommandanten und zum Waffenstillstand in der Villa Giusti bei Padua vom 3. November 1918 siehe Abschnitt »Die innere Lage der Krieg führenden Staaten / Österreich-Ungarn«.)

52. Die Balkanfront 1918

Für die Frühjahrsoffensive 1918 wird die Masse der deutschen Verbände von der **Makedonienfront** nach Frankreich verlegt. Zurück bleiben nur wenige deutsche Infanterie- und Jägerbataillone, 17 Gebirgs-Maschinengewehrkompanien, 50 Batterien, Fernmelde- und Versorgungseinheiten, insgesamt ca. 33.000 Mann, die das rund eine halbe Million starke, materiell schlecht gerüstete bulgarische Heer stützen sollen. Seit Beginn der deutschen Westoffensive sind die Blicke der Bulgaren auf die Westfront gerichtet, denn dort werde auch entschieden, ob der Traum vom großbulgarischen Reich (inklusive Makedoniens) in Erfüllung gehen werde. An der k.u.k. Front in **Albanien**, dem westlichen Flankenschutz der Makedonienfront, stoßen von April bis Juni 1918 französische und italienische Kräfte gegen den Abschnitt südwestlich des Ochridsees (Oberlauf des Devoli) vor. Die zahlenmäßig schwachen, durch Malaria dezimierten und mit Nachschubschwierigkeiten kämpfenden k.u.k. Truppen sind nicht in der Lage, die Geländeverluste wieder auszugleichen. Ihre Verbündeten, albanische Freischaren, erweisen sich als wenig standfest.

52. Die Balkanfront 1918

Im Juli 1918 erneuern Franzosen und Italiener ihre Offensive mit dem Ziel, bis an den Fluss Skumbi vorzudringen, Elbsasan zu nehmen und die rechte Flanke der bulgarisch-deutschen Front in Makedonien zu bedrohen. Der wirksamste Stoß trifft das k.u.k. XIX. Korps im Küstenabschnitt, wo italienische Infanterie und Kavallerie an der Vojusamündung mit Unterstützung alliierter Flotteneinheiten die k.u.k. Front umgehen und später auch durchbrechen. Die infolge der schwachen Gefechtsstärken nur stützpunktartig besetzte k.u.k. Front muss bis Mitte Juli in eine ca. 15–25 km südlich des Skumbi verlaufende Linie zurückgenommen werden. Am 10. Juli 1918 übernimmt Generaloberst Carl Frhr. v. **Pflanzer-Baltin** den Befehl über die k.u.k. Truppen (ab August »Armeegruppe Albanien«.) Am 24. Juli tritt er zum Gegenangriff an. Dieser wirft Italiener und Franzosen bis Ende August über Berat und Fjeri hinaus nach Süden und Osten. Die hohen Ausfälle durch die Malaria (im August 18.000 Erkrankungen gegenüber 2.600 im Juli) zwingen zum Einstellen des k.u.k. Gegenangriffes.

In der Zwischenzeit bereitet der neue Oberbefehlshaber der alliierten Orientarmee, der französische General Louis-Felix **Franchet d'Espérey**, an der Front in **Makedonien** eine neue Offensive vor. Er beabsichtigt, Mitte September 1918 mit zwei französischen und drei serbischen Infanteriedivisionen, unterstützt von 580 Geschützen, im Raum der Höhe Dobroj polje in Richtung auf Kavadar und Negotin durchzustoßen. Der Nachteil des stark gebirgigen Angriffsgeländes wird durch den weniger starken Ausbau der bulgarischen Stellungen ausgeglichen. Die zunehmende Zahl der bulgarischen Überläufer zeigt die Lockerung im Gefüge des bulgarischen Heeres. Die Bulgaren sind enttäuscht darüber, dass die deutsche Westoffensive ohne greifbaren Erfolg hat eingestellt werden müssen. Seit nahezu sechs Jahren steht der bulgarische Soldat nun ohne ausreichende Versorgung im Krieg. Die Tatsache, dass die Hoffnung, das Kriegsziel zu erreichen, weggefallen ist, führt Schritt für Schritt zum Zusammenbruch. Die Alliierten – 46 serbische und französische Bataillone – greifen am 14./15. September nach einer Feuervorbereitung

52. Die Balkanfront 1918

durch 580 Geschütze auf einer 9 km breiten Front die aus deutschen, österreichisch-ungarischen und bulgarischen Truppen bestehende Heeresgruppe des preußischen Generals d. Artillerie Friedrich v. Scholtz an. Am 17. und 18. September zeigen sich bei der bulgarischen 2. Armee Auflösungserscheinungen, die bereits 25 km breite Frontlücke im Einbruchsraum kann mangels Reserven nicht mehr geschlossen werden. Die bulgarische Armee will nicht mehr kämpfen, daher liegt das Schwergewicht der Abwehr bei den deutschen und k.u.k. Verbänden. Auch die deutsche 11. Armee muss rasch aus der Gegend des Ochridsees und von Prilep Richtung Skopje (Üsküb) zurückgenommen werden, während die Bulgaren noch am Vardar zu verteidigen suchen. Am Morgen des 25. September überschreitet britische Kavallerie die bulgarische Grenze. Eine **demokratische Revolution** beginnt, und der König hat kaum mehr verlässliche Truppen zur Verfügung. Bulgarien ersucht um sofortige Entsendung deutscher und österreichisch-ungarischer Verstärkungen. Das k.u.k. AOK sagt die Entsendung von zwei Divisionen zu, lässt aber das Ministerium des Äußern wissen, dass dazu 1.000 Züge notwendig seien; angesichts der Eisenbahnsituation würde der Transport drei bis vier Wochen dauern. Die bulgarische Regierung sendet am 26. September eine Waffenstillstandsdelegation in das Hauptquartier Franchet d'Espéreys, versucht noch zu taktieren und deutet sogar einen Frontwechsel Bulgariens an. Franchet d'Espérey zeigt sich desinteressiert. Am **29. September** wird ein formeller **Waffenstillstand** geschlossen. Die rasche Kapitulation der Bulgaren ist unter anderem durch den Vorstoß einer französischen Kavalleriebrigade quer durch das Gebirge auf Skopje beschleunigt worden. Denn mit der Einnahme des Knotenpunktes Skopje am 29. September durch die marokkanischen Reiter ist der Hauptrückzugsweg der Bulgaren durch das Vardartal unterbrochen worden. König Ferdinand teilt den Verbündeten den Abschluss des Waffenstillstandes mit.

52. Die Balkanfront 1918

Der Zusammenbruch des bulgarischen Heeres schafft auf dem Balkan eine neue strategische Lage. Den Alliierten steht der Weg an die Donau offen. Ihr Vormarsch bedroht nicht nur die Grenzen Österreich-Ungarns an Donau, Save und Drina, sondern auch die Verbindungswege in das Osmanische Reich und zum kriegswichtigen rumänischen Erdöl.

Generaloberst v. Arz schlägt Kaiser Karl vor, alle verfügbaren k.u.k. Kräfte, fünf Infanteriedivisionen und eine Kavalleriedivision, mit drei bis fünf deutschen Divisionen die kürzeste Linie von der Adria zur Donau besetzen und eine Front aufbauen zu lassen, die von Skutari über Ipek, Mitrovica und Niš nach Vidin führen soll. So wäre das Generalgouvernement Serbien abzuschirmen gewesen. Diese Streitmacht solle als Heeresgruppe unter das Kommando von Feldmarschall v. **Kövess** kommen.

Sollte auch diese Linie nicht zu halten sein, müssten die Truppen auf die Vorkriegsgrenzen von Drina, Save und Donau zurückgehen. K.u.k. AOK und DOHL bemühen sich, eine abwehrfähige Front auf dem Balkan aufzubauen. Vorerst stehen im Operationsraum fünf k.u.k. Infanteriedivisionen und eine Kavalleriedivision sowie mehrere deutsche Infanteriedivisionen, darunter das Alpenkorps, zur Verfügung. Weitere k.u.k. Truppen sind im Anrollen. Als Kövess am 4. Oktober in seinem neuen Hauptquartier in Belgrad eintrifft, ist die alliierte Hauptmacht auf 28 Divisionen angewachsen, zu denen noch zwei italienische Divisionen in Albanien kommen. Jetzt ist Ungarn unmittelbar bedroht, die Masse der ungarischen Truppen liegt in Italien. Unter dem Kommando des Feldmarschalls Kövess haben die k.u.k. Truppen den beiden serbischen Armeen den Vorstoß nach Norden, gegen die Donau, zu verwehren. Nachschubschwierigkeiten bremsen bei den Alliierten ein rasches Vorgehen mit der Masse der Orientarmee gegen das nördliche Serbien. Lediglich die beiden serbischen Armeen werden nach Norden dirigiert. Am **12. Oktober** nehmen diese den Bahnknotenpunkt **Niš** und am **19. Oktober Priština** auf dem Amselfeld. Der Aufbau einer k.u.k. Abwehrfront in der Linie Ipek, Mitrovica, Niš ist damit gescheitert. Ende Oktober 1918 überschreiten Einheiten der

Heeresgruppe Kövess die Donau und Save. Zur gleichen Zeit erreicht die **Armeegruppe Albanien** im geordneten Rückzug und unangefochten die **Reichsgrenze** im Raum von Cattaro.

53. Der osmanische Kriegsschauplatz 1918

Europäische Fronten: Galizien: 20. osmanische Division (Rückkehr September 1918). Rumänien: 15. osmanische Division (Heimkehr Juni 1918). Makedonien: Osmanisches 177. Infanterieregiment (unter dem Kommando der deutschen 11. Armee) (Heimkehr Juni 1918).

Irakische Front: osmanische Armee verteidigt erfolgreich Mosul; die Briten besetzen es am 3. November 1918.

Palästina-Front: Heeresgruppe »Yıldırım« (F) bis 25. Februar 1918 unter General d. Inf. **Falkenhayn**, dann General d. Kav. und osman. Marschall Otto **Liman von Sanders**. Zu Jahresbeginn 1918 muss Yıldırım (zehn Infanteriedivisionen, eine Kavalleriedivision; 28.000 Mann) eine Linie von 100 km verteidigen. Sie bezieht Stellung entlang einer Linie zwischen Jaffa und dem Toten Meer. Infolge Hunger, Durst und Krankheiten fällt die Zahl auf 23.000 Mann.

Die Briten greifen am 19. September 1918 an (»**Schlacht von Nablus**«), am 20. September besetzen sie das Yıldırım-Hauptquartier in Nasira (Nazareth). Am 21. September ziehen sich die Osmanen nach Dera zurück.

Mustafa Kemal Pascha, Kommandeur der 7. Armee, kann die alliierte Kavallerie bei Sisan aufhalten; dadurch können osmanische Streitkräfte sicher zum Ostufer des Sheria-(Jordan-)Flusses gelangen. Der Rückzug der osmanischen Streitkräfte wird bis 10. Oktober festgesetzt. **Damaskus und Beirut fallen am 1. Oktober.** Liman v. Sanders verlegt hierauf sein Hauptquartier nach Adana und überlässt das Kommando über die Operationen **Mustafa Kemal Pascha**. Mit fünf Infanteriedivisionen versucht Mustafa Kemal die britischen Angriffe an der Linie Iskenderun–Jerablus zu stoppen. Am **25. Oktober 1918** nehmen die Briten **Aleppo** ein.

53. Der osmanische Kriegsschauplatz

Im September 1918 sind an **k.u.k. Einheiten in Palästina** eingesetzt: k.u.k. Kanonenbatterie Nr. 20, Batterie 1 und 2 der k.u.k. Feldhaubitzabteilung, Batterie 1 der k.u.k. Gebirgskanonenabteilung, k.u.k. 24-cm-Mörserbatterie Nr. 9, Batterie 1 der k.u.k. Feldkanonenabteilung.

Ostfront/Kaukasus: Der **Vertrag von Erzincan** (18. Dezember 1917) beendet die russisch-osmanischen Kampfhandlungen. Die Russen beginnen, Ostanatolien zu evakuieren, aber die Armenier versuchen, die von den Russen geräumten Gebiete zu besetzen. Deshalb unternimmt die 3. osmanische Armee Operationen gegen die Armenier im Februar 1918 und erreicht die osmanische Ostgrenze von 1914. Die Städte Kars, Ardahan und Batum werden durch den Brest-Litovsker Vertrag vom 3. März 1918 der russischen Staatshoheit entzogen. Die osmanische Armee besetzt **Ardahan** am 3. **April 1918**, **Batum** am 14. **April, Kars** am 25. **April 1918**.

22. April 1918: Transkaukasien erklärt sich zur **föderativen Republik** (innerhalb des russischen Staatsverbandes).

26. Mai 1918 Georgien proklamiert seine **Unabhängigkeit**, 28. Mai **Aserbaidschan** und **Armenien** proklamieren ihre Selbständigkeit. **28. Mai 1918:** Der deutsche Militärbevollmächtigte in Konstantinopel Generalmajor v. **Lossow** schließt mit dem **georgischen Außenminister Čchenkeli** in **Poti** eine Reihe von provisorischen **Abkommen** (faktische militärische und wirtschaftliche Kontrolle Georgiens durch das Deutsche Reich). Im Mai Bildung eines nordkaukasischen Staates.

April/Mai 1918: Die Osmanen besetzen über die Brest-Litovsker Grenze hinaus **Achalcich, Achalkalaki, Aleksandropol', Nachičevan**, strategisch wichtig vor allem die **Bahnlinie Aleksandropol' – Džul'fa**.

4. Juni 1918: Das **Osmanische Reich** – als einzige der Vierbundmächte – schließt in **Batum Friedensverträge** mit **allen Kaukasusstaaten**, Georgien, Armenien, Aserbaidschan und Nord-Kaukasien (Gouvernement de l'Union des Montagnards du Caucase). Das Osmanische Reich gewinnt über den Brester Vertrag hinaus einen Streifen transkaukasischen Landes von Achalcich bis Nachičevan

53. Der osmanische Kriegsschauplatz

mit 12.421 km² und 655.000 Einwohnern. Georgien und Armenien müssen sich verpflichten, ihre Armee zu demobilisieren bzw. bis zum Abschluss eines allgemeinen Frieden nur nach Konsultation mit den osmanischen Behörden einzusetzen. Aserbaidschan wird zu einem osmanischen Protektorat. Das ganze transkaukasische Bahnnetz wird der Kontrolle durch die osmanische 3. Armee unterstellt. Durch die Batumer Verträge werden alle Kaukasusstaaten, auch die als mehr oder wenig ephemär angesehene nordkaukasische Republik, völkerrechtlich anerkannt. So weit ist keine der anderen Vierbundmächte, auch nicht das Deutsche Reich in Bezug auf Georgien, gegangen.

14. Juli 1918: Volksabstimmung in den drei Sandschaks Ardahan, Kars und Batum (durch Art. 19 des Vorfriedens von San Stefano und Art. 58 des Berliner Vertrages von 1878 an Russland verloren; gemäß Art. IV des Friedens von Brest-Litovsk Recht erhalten, über ihr Schicksal im Einvernehmen mit den Nachbarstaaten, insbesondere mit der Türkei, zu entscheiden): Ohne Beteiligung der damals bereits existierenden Nachbarstaaten Georgien, Armenien und Aserbaidschan nach Verhängung des Belagerungszustandes in Anwesenheit nur osmanischer (nicht auch deutscher) Truppen stimmen von 87.048 männlichen Einwohnern 85.124 für den Anschluss an das Osmanische Reich. Sultan Mehmed VI. ordnet mit Erlass vom 15. August 1918 »die Wiedervereinigung der drei seit Sultan Selim und Süleyman osmanischen Sandschaks mit dem Mutterland« an.

27. August 1918: Deutsch-russische Ergänzungsverträge zum Frieden von Brest-Litovsk vom 3. März 1918. In Art. 13 des politischen Ergänzungsvertrages gibt Russland seine Zustimmung, dass das Deutsche Reich Georgien als unabhängigen Staat anerkennt. In Art. 14 übernimmt das Deutsche Reich die Verpflichtung, dafür einzutreten, dass Streitkräfte einer dritten Macht (da kommt nur das Osmanische Reich infrage!) eine um Baku gezogene Linie nicht überschreiten. Die russische Regierung garantiert dem Deutschen Reich die Lieferung einer festgesetzten Erdölmenge. Baku soll in russischer Hand bleiben (Situation in Baku: Bol'ševiki am 31. Juli durch sog. »**Zentrokaspische Diktatur**«, Sozialrevolutionäre und

Meńševiki, gestürzt; am 4. August Vorausabteilungen des **britischen Generalmajors Dunsterville** in **Baku** eingetroffen, am 17. August Hauptteil der sog. »Dunsterforce« [1.000 Mann mit zwei Panzerwagen und leichter Artillerie).

9./10.–14./15. September 1918: Deutsch-osmanischer Wettlauf auf Baku. Die Osmanen erobern am 14./15. September 1918 Baku.

23. September 1918: Unterzeichnung des deutsch-osmanischen Geheimprotokolls durch Großvezir Talaat Pascha und Staatssekretär im Auswärtigen Amt Paul v. Hintze: In Art. 1 anerkennt das Osmanische Reich Aserbaidschan, Georgien und Armenien als unabhängige Staaten. Das Deutsche Reich erklärt, nur Georgien anzuerkennen. Das Osmanische Reich verpflichtet sich, unverzüglich seine Truppen aus Aserbaidschan und Armenien zurückzuziehen. Berlin bietet seine guten Dienste bei Russland zur Anerkennung von Aserbaidschan und Armenien an. In Art. 2 erklärt die Pforte ihre Absicht, auf die Bildung unabhängiger Staaten im Nordkaukasus und in Turkestan hinzuwirken, eine Allianz mit diesen Staaten anzustreben und deren Kräfte im Interesse ihrer Verbündeten auszunützen. Art. 3 sieht eine gemeinsame deutsch-osmanische Ausbeutung der kaukasischen Ressourcen vor. Die Verwaltung von Ölindustrie, Bahn Tiflis–Baku und Ölleitung Baku–Batum obliege auf Kriegsdauer Berlin. Dieses werde an die drei Bundesgenossen die Baku-Produkte verteilen. In Art. 4 anerkennt Berlin, dass die Lage der Muslime auf der Krim und in Russland allgemein, was die Aufrechterhaltung des nationalen Charakters, der Religion und Kultur anbelange, von besonderer Wichtigkeit für die osmanische Regierung sei. In Art. 5 anerkennt Berlin, dass die Frage der russischen Schwarzmeerflotte von großer Wichtigkeit für das Osmanische Reich sei. Durch Art. 6 hat das Osmanische Reich bei der aserbaidschanischen Regierung die deutschen Kolonisten sicherzustellen. In Art. 7 anerkennen Berlin und Konstantinopel die Integrität Persiens. Die Osmanen sollen ihre Truppen aus Persien nach Beendigung der Operationen gegen die Briten zurückziehen.

30. Oktober 1918: Waffenstillstand von Mudros (auf Lemnos) zwischen dem Osmanischen Reich und den Alliierten: Öffnung der

Meerengen, alliierte Okkupation der Sperrforts, Demobilisierung der osmanischen Armee, Auslieferung aller Kriegsschiffe, Räumung aller militärisch noch besetzten Gebiete, Freigabe des osmanischen Staatsgebietes für alliierte Operationen, alliierte Kontrolle der osmanischen Eisenbahnen. Die deutschen und k.u.k. Truppen dürfen in Monatsfrist das Land verlassen. Lösung des Osmanischen Reiches von den Mittelmächten.

54. Der Krieg in den deutschen Kolonien 1918

Deutsch-Ostafrika: Lettow-Vorbecks Taktik der fortgesetzten Verlegung des Kriegsschauplatzes. Erfolg über die Portugiesen, am 3. Juli 1918 Eroberung der im südlichen Mozambique gelegenen Hauptverpflegungsbasis Nhamakurra, am 28. September wieder in Deutsch-Ostafrika, Anfang November Verlegung des Kriegsschauplatzes nach Nord-Rhodesien. Am 25. November 1918 wird die Schutztruppe bei Abercorn dem britischen General Edwards übergeben (30 Offiziere, 125 Unteroffiziere und Mannschaften, 1.168 Askaris, 1.522 Träger).

55. Der Seekrieg 1918

Italiener und Österreicher versuchen sich durch kleine Überfälle, durch Landungsoperationen und durch das Eindringen in die Kriegshäfen zu schaden. Die Deutschen verlieren im Jänner 1918 mehr U-Boote als im Jahr 1917. Am 22. April 1918 unternehmen 5 k.u.k. Zerstörer einen erfolgreichen **Angriff gegen die Otrantosperre**.
Im Mai nehmen die deutschen U-Boot-Verluste im Mittelmeer sprunghaft zu. Der k.u.k. Flottenkommandant Konteradmiral **Horthy** versucht mit zwei Schlachtschiffgruppen einen entscheidenden **Schlag gegen die Otrantosperre**. Am Abend des **8. Juni 1918** verlässt die erste Schlachtschiffgruppe mit zwei Schiffen der »Tegetthoff-Klasse« Pola. Horthy selbst fährt auf dem Flottenflaggschiff »Viribus

55. Der Seekrieg 1918

unitis«. Die zweite Schlachtschiffgruppe mit den Schlachtschiffen »Szent István« und »Tegetthoff« verlässt Pola am Abend des 9. Juni. Die Alliierten sind durch Funkverkehr und Fliegertätigkeit gewarnt. Noch vor Morgengrauen des 10. Juni feuern zwei italienische Torpedoboote (MAS) unter dem Kommando des Korvettenkapitäns Rizzo (der auch die »Wien« versenkt hat) zwei Torpedos auf die **Szent István** ab; das Schlachtschiff nach weniger als drei Stunden gesunken. Horthy bricht die Aktion ab. Auch die Amerikaner entsenden einen U-Boot-Jagdverband in das Mittelmeer, um sich an der Sperre der Otrantostraße zu beteiligen.

Nach dem Scheitern der Piaveoffensive verschlechtert sich die Situation für die k.u.k. Kriegsmarine. Eine Steigerung der Zahl der deutschen U-Boote im Mittelmeer auf 28 (darunter UB 128 unter Kapitänleutnant Canaris) bleibt ohne Auswirkungen, da immer weniger Boote einsatzbereit sind.

Am **2. Oktober 1918** wehren k.u.k. Zerstörer und Torpedoboote einen **alliierten Angriff auf Durazzo** ab. Dabei setzt ein Torpedotreffer des k.u.k. U-Bootes »U 31« unter Linienschiffsleutnant Hermann Rigele den britischen Kreuzer »Weymouth« außer Gefecht.

Bis in die letzten Oktoberwochen kann die k.u.k. Kriegsmarine die Küsten der Habsburgermonarchie vor jedem Angriff bewahren und die Nachschubtransporte für die Armeegruppe Albanien schützen.

Im Jahr 1918 verlieren die alliierten und neutralen Handelsflotten durch Kriegseinwirkung 2,5 Mill. BRT, 5,4 Mill. BRT werden neu gebaut.

Am **17. Oktober 1918** befiehlt das k.u.k. AOK den k.u.k. U-Booten die **Beendigung des Handelskriegs** und weist sie an, sich nur mehr für die Verteidigung der dalmatinischen Häfen bereitzuhalten.

Am 30. Oktober übergibt **Kaiser Karl** die **Flotte dem südslawischen Nationalrat**. Am 31. Oktober 1918 um 16.45 Uhr wird **in Pola die rotweißrote Kriegsflagge eingeholt**, die Schiffe der k.u.k. Kriegsmarine werden den Südslawen übergeben. **In der Nacht zum 1. November fällt das bisherige Flaggschiff »Viribus unitis« einem**

Sprengstoffanschlag zweier italienischer Offiziere zum Opfer und sinkt im Hafenbecken.

Im April 1918 läuft die Donauflottille ins Schwarze Meer aus, besetzt den Hafen **Odessa** und stößt auf den Flüssen Dnepr und Bug ins Innere der Ukraine vor. Bis Kriegsende sichert sie die Zufuhren aus Rumänien und der Ukraine.

Im **Schwarzen Meer** und **vor den Dardanellen** unternehmen deutsche und osmanische Einheiten erfolgreiche Aktionen. Bei ihrem letzten großen Vorstoß am 20. Jänner 1918 werden zwei in der Kusubucht liegende **britische Monitore versenkt**, doch geht dabei auch der **osmanische Kreuzer »Midilli«** (frühere deutsche »Breslau«) durch fünf Minentreffer **verloren**. Ebenso wird der Schlachtkreuzer »**Yavuz Sultan Selim**« (ex »Goeben«) durch drei Minentreffer schwer beschädigt, kann aber nach Konstantinopel geschleppt werden.

Am 30. Oktober beendet der Waffenstillstand die Kämpfe in den osmanischen Gewässern.

Aufgrund der Waffenstillstandsbedingungen vom 11. November 1918 sind alle kampffähigen Schiffe der **deutschen Flotte in britische Häfen zu bringen.** Dort muss am 21. November die deutsche Kriegsflagge eingeholt werden. Am 21. Juni 1919 werden die meisten dieser Schiffe in Scapa Flow von den eigenen Besatzungen versenkt.

56. Der Luftkrieg 1917–1918

Heeresluftstreitkräfte: Die **deutschen** Luftstreitkräfte werden, soweit es Rohstofflage und Leistungsfähigkeit der Kriegsindustrie gestatten, zu einem Kriegsinstrument von großer Schlagkraft ausgebaut (April 1917) (144 Fliegerabteilungen, 37 Jagdstaffeln, drei Bombergeschwader, zwei »Riesen«-Fliegerabteilungen, zusammen 1.683 Frontflugzeuge).

Die Anstrengungen **Frankreichs** und **Großbritanniens** zum verstärkten Ausbau ihrer Luftstreitkräfte, vor allem der Kriegseintritt

56. Der Luftkrieg 1917–1918

der USA zwingen im Frühjahr 1917 die deutsche Luftkriegführung zur Anspannung aller Kräfte. Daher als Gegenmaßnahme Juni 1917 Aufstellung des sog. **Amerika-Programms** der deutschen Luftkriegführung, das die Erweiterung aller Betriebe der Luftfahrindustrie, Verdoppelung der bisherigen Jagdkräfte und Erhöhung der Zahl der Fliegerverbände sowie vor allem Steigerung der Flugzeugfertigung von 1.000 auf 2.000 Flugzeuge und der Flugmotoren von 1.250 auf 2.500 im Monat vorsieht (annähernd verwirklicht). Trotzdem bleibt auf deutscher Seite die zahlenmäßige Unterlegenheit zur Luft bestehen.

Nachdem eindeutig erkennbar, dass der Schwerpunkt des Luftkrieges auf der Fliegerwaffe liegt und die Luftschiffe trotz technischer Verbesserungen und ausgezeichneter Einzelleistungen infolge verstärkter feindlicher Abwehr nur noch nachts und unter ausnahmsweise günstigen Bedingungen über Land ihre Angriffsfahrten durchführen können, erfolgen **Juli 1917 Einstellung der Heeresluftschifffahrt** und Überweisung der leistungsfähigsten Schiffe an die Marine. Anstelle der Heeresluftschiffe seit Mai 1917 Angriffe der Bombergeschwader auf militärische Anlagen Londons und Südenglands.

Seit Sommer 1917 verstärkter Ausbau der **britischen** und **französischen** Luftstreitkräfte. Churchill zum Luftfahrt- und Munitionsminister ernannt, dem auch die Beschaffung des Flugmaterials untersteht. November 1917 Errichtung eines selbständigen britischen Luftamtes.

Flugzeug- und Motorenproduktion 1917: Österreich-Ungarn 1.740 Flugzeuge, 1.230 Motoren, **Italien** 4.000 Flugzeuge, 6.300 Motoren, **Großbritannien** 14.421 Flugzeuge, 11.536 Motoren, **Frankreich** 14.915 Flugzeuge, 23.092 Motoren. April 1917 46 k.u.k. Fliegerkompanien, ein Großkampfgeschwader, 25 Ballonkompanien (Juni 1917 27 Ballonkompanien).

Italienfront 1917: Italienische, französische Heeres- und Seeflieger, Fesselballons, ab November 1917 auch **britische** Heeresflieger und Fesselballons. **Italien** verwendet immer noch bei Heer und Marine Luftschiffe. In **Albanien** italienische Heeres- und Seeflieger,

56. Der Luftkrieg 1917–1918

Ballons. In **Rumänien** russische, französische und rumänische Heeresflieger.

1. Isonzoschlacht: 64 k.u.k. Flugzeuge unternehmen 711 Feindflüge, bestehen 210 Luftkämpfe mit Abschuss von 22 alliierten Maschinen. **12. Isonzoschlacht**: Höhepunkt des k.u.k. Fliegereinsatzes: 1.600 Feindflüge der k.u.k. Flieger der Isonzoarmeen.

Jahreswende 1917/18: 66 k.u.k. Fliegerkompanien, ein Großkampfgeschwader. Keine Fliegerkompanie besitzt mehr als 60% ihres Sollstandes an Piloten und Flugzeugen. Durchschnittliche Lebensdauer eines Flugzeuges vier Monate. Die Produktion kann gerade noch den vorhandenen Stand von 450-500 Flugzeugen aufrechterhalten.

Ende 1917 Bildung des Generalinspektorats der k.u.k. Luftstreitkräfte.

Die große Offensive in der **Picardie**, in der die DOHL die Kriegsentscheidung erstrebt (März 1918), stellt auch den Höhepunkt der Kraftanspannung der **deutschen** Luftstreitkräfte dar: 1.338 Flugzeuge, etwa ein Drittel sämtlicher Fliegerverbände und die Hälfte der Jagd- und Bomberkräfte der deutschen Luftstreitkräfte, sind für den Angriff zusammengezogen.

Seit August 1918 werden die **deutschen** Luftstreitkräfte durch den Zuwachs an alliierten, namentlich an **amerikanischen** Verbänden sowie durch die Gleichzeitigkeit der alliierten Angriffe auf allen Kriegsschauplätzen in die **Unterlegenheit** gedrängt. Trotzdem greifen sie immer wieder an.

Immer schwieriger gestaltet sich die industriell-wirtschaftliche Lage des Deutschen Reiches, besonders die Brennstoffversorgung der Fliegertruppe, deren Bestände nach dem **Zusammenbruch Bulgariens** und dem **Ausfall der rumänischen Petroleumlieferung** völlig unzureichend geworden sind (Herbst 1918). Größte Materialschwierigkeiten. Andererseits verstärkte Bombenangriffe der Alliierten auf Front- und Grenzgebiete Westdeutschlands.

Materialverluste der **deutschen Heeresluftwaffe** 1914–1918 (an der Front): 3.128 Flugzeuge und 40 Schiffe.

Österreich-Ungarn produziert 1918 2.378 Flugzeuge, **Italien** 6.500

56. Der Luftkrieg 1917–1918

Flugzeuge und 15.000 Motoren, **Frankreich** 23.699 Flugzeuge und 44.563 Motoren, **Großbritannien** 22.106 Flugzeuge und 22.102 Motoren.

1. Juni 1918: Österreich-Ungarn hat 77 Fliegerkompanien, 22 Ballonkompanien. Für die **Juni-Offensive** in Italien sollen alle verfügbaren Fliegerkräfte zum Einsatz gebracht werden, theoretisch 395 Jagd-, 198 Aufklärungs- bzw. Schlachtflugzeuge und 30 Bomber (bei der Ostarmee sechs Fliegerkompanien, am Balkan zwei Fliegerkompanien). Die Alliierten haben weniger Jagdmaschinen, aber mehr Aufklärer und Bomber; sie haben die besseren Maschinen. Die Flugzeuge der k.u.k. Luftfahrtruppe sind teilwiese veraltet und leiden wegen der für den Motorenbau verwendeten Ersatzstoffe sehr stark unter technischen Defekten. Piloten und Beobachter klagen über die Langsamkeit der Maschinen. Dazu kommen Probleme mit den Maschinengewehren, deren geringe Schussfolge zu schaffen macht, schlechte Munition und nicht explodierende Bomben. Die Phosphorgeschosse der alliierten Fliegerabwehrkanonen setzen die Leinenbespannungen der Flugzeuge in Brand, sodass viele Maschinen verloren gehen. Die wassergekühlten Maschinengewehre der Jagdflieger frieren in größerer Höhe, es gibt kaum funktionierende Nachrichtenverbindungen.

1914–1918: An allen Fronten werden von den k.u.k. Heeres- und Marinefliegern mehr als 700 alliierte Luftfahrzeuge (Flugzeuge, Fesselballons, Luftschiffe) bestätigt zum Absturz gebracht oder zur Notlandung gezwungen.

Bei Kriegsende 54 k.u.k. Flieger-, 20 Jagdfliegerkompanien, fünf Großkampfgeschwader mit 620 Einsatzflugzeugen, 27 Ballonkompanien vorhanden.

Verluste der k.u.k. Fliegertruppe 1914–1918: 807 Offiziere, darunter 289 tot, 758 Unteroffiziere und Mannschaften, darunter 338 tot. Dazu 50 tote Offiziere der Ballonkompanien, 518 Offiziere, 420 Unteroffiziere verwundet.

56. Der Luftkrieg 1917–1918

Einsatzstärke der Flugzeuge bei Kriegsende:

Deutsches Reich	2.730
Österreich-Ungarn	620
Großbritannien	1.760
Frankreich	3.320
Italien	820
USA	740

Gesamterzeugung an Flugzeugen 1914–1918:

Österreich-Ungarn	5.431
Deutsches Reich	43.000
Frankreich	40.000
Großbritannien	40.000
Italien	12.000
USA	18.000

Marineluftstreitkräfte: Im Gegensatz zum Einsatz der Luftschiffe bei Operationen des Heeres finden die Marineluftschiffe bei ihren weiten Fahrten über See günstige Voraussetzungen für Aufklärung und Bombenwurf. Die deutsche Seekriegsleitung verfügt 1914–1918 über 73 Marineluftschiffe, darunter 60 Zeppeline, neun Schütte-Lanz-Luftschiffe, zu denen die der Marine überlassenen Heeresluftschiffe hinzutreten, sodass 84 Schiffe im Dienst der Seekriegführung stehen. Sie führen 200 Angriffs- und 1.148 Aufklärungsfahrten durch. Verluste: 53 Schiffe. Die Bedeutung der Marineluftschiffe liegt in ihrer Befähigung zu weitreichender Aufklärung über See; ihre Angriffsfahrten führen auch zu einer Entlastung der deutschen Kampffronten durch Bindung starker Luftkampfmittel des Gegners.

Der Einsatz der Marineluftwaffe erfolgt im Rahmen der Operationen zur See von 32 Seeflugstationen und 17 Landflugplätzen aus. Bei Kriegsende sind rund 1.100 Seeflugzeuge vorhanden.

K.u.k. Marineflieger: Anstelle der Seeflugleitung am 18. April 1917 Kommando des Seefliegerkorps (Kommandant: Linienschiffsleutnant Bořivoj Radon) (in Pola). Mai 1917 Seeflugstationen: Triest, Parenzo, Pola, Sebenico, Kumbor, Cosada (Schule).

September 1917 **Alliierte Seeflugstationen**: Korfu (französisch), Otranto (britisch, italienisch), Valona (italienisch), Sta. Maria di Leuca (italienisch), Brindisi (italienisch), Varano (italienisch), Grottaglie (italienisch), S. Vito (italienisch)
September 1918: K.u.k. Seeflugwesen: 266 Flugzeuge; Seeflugstationen: Triest, Pola, Sebenico, Kumbor
K.u.k. Marine: 10. Oktober 1918 268 Flugzeuge und Flugboote

57. Die Friedensverträge

28. Juni 1919: Friedensvertrag von Versailles. Abgeschlossen im Spiegelsaal zu Versailles an der Stelle der deutschen Kaiserproklamation (18. Jänner 1871) zwischen den Alliierten und Assoziierten Mächten (27 Staaten) und dem Deutschen Reich. Für das Deutsche Reich unterzeichnet von Hermann Müller und Dr. Bell.

15 Teile mit 440 Paragraphen.

Teil I, Art. 1–26: Völkerbundssatzung: Mitglieder sind die Ententestaaten und die Neutralen, soweit sie ihren Beitritt erklären. Andere Staaten können aufgenommen werden, wenn ihr Antrag auf Zulassung von zwei Dritteln der Bundesversammlung genehmigt wird. Bundessitz Genf.

Teil II, Art. 27–30 setzen die neuen Grenzen des Deutschen Reiches fest.

Teil III, Art. 31–117 behandeln die politischen Bestimmungen über Europa. Landabtretungen: Elsass-Lothringen (Art. 51–79) ohne Volksabstimmung an Frankreich. Moresnet und Eupen-Malmédy (Art. 31–39): (20. September 1920 – Abtretung von Eupen-Malmédy an Belgien durch den Völkerbund entschieden, nachdem anstelle einer Volksabstimmung die öffentliche Eintragung in Listen keine Mehrheit für das Deutsche Reich ergeben hat [trotz 82,5% deutscher Einwohnerschaft].) Luxemburg (Art. 40–41) scheidet aus dem deutschen Zollverein aus, die Neutralisierung wird aufgehoben, das Reich verzichtet auf die Geltendmachung aller Bestimmungen, die

57. Die Friedensverträge

sich aus verschiedenen Verträgen ergeben. Teile von Ostpreußen (Kreise Memel, Heydekrug, Teile der Kreise Tilsit und Ragnit) kommen als »Memelland« an die Alliierten (Art. 94–99). Fast ganz Westpreußen und Teile von Pommern an Polen. Trennung Ostpreußens vom Reich durch diesen »Korridor«. Danzig (»Freie Stadt Danzig«) an den Völkerbund (Art. 100–108). Provinz Posen, Oberschlesien an Polen (Art. 87–93). (Für letzteres Volksabstimmung zugelassen, 20. März 1921: 60% der Stimmen, 55% der Gemeinden stimmen für das Deutsche Reich; dennoch wird Oberschlesien durch Beschluss des Obersten Rates der Alliierten zerstückelt, dadurch 91% des Gesamtvorrates der im oberschlesischen Steinkohlenbecken vorhandenen Kohlenmengen an Polen.) Hultschiner Ländchen an die Tschechoslowakei (Art. 81–86). Alle Kolonien an den Völkerbund (Teil IV, Art. 119–125). Volksabstimmungen sollen entscheiden über den Verbleib des Saargebiets (Abstimmung nach 15 Jahren, solange Verwaltung des Völkerbundes, d.h. Frankreichs; Abtretung aller Kohlengruben des Saargebiets und der Westpfalz an Frankreich, die das Deutsche Reich bei einer ihm günstigen Volksabstimmung zurückkaufen muss (Art. 45–50) (Saarabstimmung: 13. Jänner 1935 90,5% für das Deutsche Reich), Nordschleswigs (Art. 109–114) (Abstimmung: 10. Februar 1920 Nordzone: 74,2% für Dänemark, 24,9% für das Deutsche Reich; Südzone: 14. März 1920 80% für das Deutsche Reich, 20% für Dänemark), von Teilen Ost- und Westpreußens (Art. 94) (Abstimmung 11. Juli 1920 Westpreußen: für das Deutsche Reich 92,8%, für Polen 7,2%; Ostpreußen: für das Deutsche Reich 97,5%, für Polen 2,5%) und (nach späterem Zugeständnis) Oberschlesiens (Art. 88 §2).

Umfang des Reiches 1914 540.787 km^2, 1921 467.302 km^2. Bevölkerung 1914 67.892.000 Einwohner, 1921 59.360.000 Einwohner.

Das Reich verliert von seiner jährlichen Förderung: 75% Zinkerz, 74,8% Eisenerz, 28,3% Steinkohle, 7,7% Bleierz, 4% Kali; von seiner jährlichen Ernte: 19,7% Erdäpfel, 18,2% Roggen, 17,2% Gerste, 12,6% Weizen, 9,6% Hafer.

Gebietsbesetzungen (Teil XIV, Art. 428–433): Besetzung des Saargebiets und des linken Rheinufers mit den Brückenköpfen Köln, Koblenz, Mainz auf vorläufig 15 Jahre. Räumung des Saargebiets hängt vom Ergebnis der nach 15 Jahren stattfindenden Abstimmung ab, die des Rheingebietes ist in bestimmten Etappen (5, 10, 15 Jahre) und unter Bedingungen vorgesehen, die die Räumung ganz in das Belieben der Sieger stellen (30. Juni 1930 letzte Etappe geräumt). Die Besatzungskosten trägt das deutsche Volk (sie betragen allein in der Zeit vom 11. November 1918 bis 30. April 1921: USA 278.067.610 Dollar; Frankreich 2304 850 470 Franken; Großbritannien 52.881.298 Pfund Sterling; Belgien 378.731.390 belg. Franken; Italien 15.207.717 franz. Franken. Diese Summen waren vom Reich in Goldmark zu zahlen: 3.640 Millionen Goldmark).

Verbot des Anschlusses von Deutsch-Österreich an das Deutsche Reich (Art. 80).

Entmilitarisierte Zone: Das Reich darf auf dem linken Rheinufer und in der 50 km breiten neutralen Zone auf dem rechten Rheinufer keine Befestigungen und keine militärischen Streitkräfte unterhalten (Art. 42–44).

Teil V, Art. 160–213: Bestimmungen über das Landheer (Art. 160–180): Beschränkung auf 100.000 Mann (sieben Infanterie-, drei Kavalleriedivisionen) ab 31. März 1920 (Erhaltung der Ordnung innerhalb des deutschen Gebietes; Grenzpolizei). Abschaffung der allgemeinen Wehrpflicht, 12-jährige Dienstzeit der Unteroffiziere und Mannschaften, 25-jährige der Offiziere, Auflösung des Generalstabes, der Kriegsakademie, der Militärschulen usw. Unterrichtsanstalten, Universitäten, Kriegervereine, Schützengilden, Sportvereine usw. dürfen sich nicht mit militärischen Dingen befassen. Verbot der Verwendung von schwerer Artillerie, Flugzeugen, Luftschiffen, Kampfwagen, Panzerzügen. Anfertigung von Waffen, Munition und Kriegsgerät nur unter Aufsicht der Entente: Auslieferung fast des ganzen deutschen Kriegsmaterials, Verbot aller Vorkehrungen zur Mobilmachung oder zur Vorbereitung einer Mobilmachung.

Die Marine (Art. 181–197): Beschränkung auf sechs Linienschiffe, sechs Kleine Kreuzer, zwölf Zerstörer, zwölf Torpedoboote. Auslieferung aller anderen Schiffe. Keine U-Boote. Neubauten der dem

57. Die Friedensverträge

Reich verbleibenden Schiffe nur bis zur Höchstgrenze von 10.000 t für Linienschiffe (später sog. Deutschland-Klasse mit den Schiffen Deutschland, Lützow, Graf Spee, Admiral Scheer) und 6.000 t für Kleine Kreuzer (Köln, Emden, Leipzig, Königsberg, Karlsruhe, Nürnberg). Ersatzbauten erst nach 20-jähriger bzw. 15-jähriger Lebensdauer zulässig. Personal: 1.500 Offiziere, 15.000 Mannschaften. Küstenbefestigungen nur in beschränktem Umfang. Kiel wird offener Hafen. Öffnung des Nord-Ostsee-Kanals für die Kriegs- und Handelsschiffe aller Nationen (Art. 380). Zerstörung der Befestigungen und Häfen von Helgoland (Art. 115).

Die Luftstreitkräfte (Art. 198–202): Keine Luft- noch See-Luftstreitkräfte, vorhandenes Material ist auszuliefern.

Interalliierte Überwachungsausschüsse (Art. 203ff.): Für die Durchführung der Bestimmungen über Abrüstung zu Lande, zu Wasser und in der Luft. Die Kosten der Überwachung trägt das deutsche Volk (sie belaufen sich Anfang 1920 auf jährlich 500 Mill. Mark).

Teil VI, Art. 214–226: Kriegsgefangene und Grabstätten: Die deutschen Kriegsgefangenen werden nach Inkrafttreten des Vertrages freigelassen. Solche, die Strafen verbüßen, bleiben in Haft.

Teil VII, Art. 217–230: Strafbestimmungen: öffentliche Anklage gegen Kaiser Wilhelm II. »wegen schwerster Verletzung des internationalen Sittengesetzes und der Heiligkeit der Verträge«. Auslieferungsersuchen an die Niederlande. Bildung eines Gerichtshofes. Die deutsche Regierung hat auszuliefern alle jene Personen, »die angeklagt sind, eine Handlung gegen die Gesetze und Gebräuche des Krieges begangen zu haben«.

Teil VIII, Art. 231–247: Wiedergutmachungen:

Art. 231 (Kriegsschuldartikel): »Die alliierten und assoziierten Regierungen erklären und Deutschland erkennt an, daß Deutschland und seine Verbündeten als Urheber für alle Verluste und Schäden verantwortlich sind, die die alliierten und assoziierten Regierungen und ihre Staatsangehörigen infolge des Krieges, der ihnen durch den Angriff Deutschlands und seiner Verbündeten aufgezwungen wurde, erlitten haben« (damit alle Reparationen begründet).

57. Die Friedensverträge

Wiedergutmachung: Ersatz aller Schäden, die der Zivilbevölkerung der Ententemächte durch den deutschen Angriff zugefügt worden sind. Erstattung der Pensionen und Vergütungen für die Kriegsbeschädigten und Hinterbliebenen der Gefallenen usw. Erstattung aller Summen nebst 5% Zinsen, die Belgien während des Krieges geliehen hat (5 Milliarden Franken).

Festsetzung aller Schäden durch einen Wiedergutmachungsausschuss bis zum 1. Mai 1921: Tilgung innerhalb 30 Jahren, sofortige Auszahlung von 20 Milliarden Goldmark, später noch 80 Milliarden. Sitz des Ausschusses Paris, er besteht aus fünf Mitgliedern (je ein Vertreter Frankreichs, Großbritanniens, Italiens, der USA und einen, den abwechselnd Japan, Belgien oder Serbien stellen). Seine Aufgabe ist die Festsetzung der gesamten Schadenrechnung des Deutschen Reiches sowie die Regelung des Schuldzahlungsverfahrens, wozu er mit ausgedehnten Vollmachten ausgestattet ist: Recht zur Forderung von Steuererhöhungen, der Erschließung neuer Einnahmequellen sowie von Abstrichen im Haushalt des Reiches und der Einzelstaaten usw. Das Wirtschaftsleben des Reiches hat in erster Linie für die Kriegsentschädigung zu arbeiten.

Alle Handelsschiffe über 1.600 Bruttotonnen und die Hälfte aller Handelsschiffe von 1.000–1.600 Bruttotonnen sowie Teile der Fischereifahrzeuge und der Flussschifffahrtsflotte sollen abgeliefert werden.

Auslieferung der deutschen Unterseekabel.

Kohlenlieferungen: an Frankreich, Belgien, Italien und Luxemburg auf zehn Jahre jährlich ungefähr 40 Mill. t.

Lieferungen von Maschinen, Fabrikeinrichtungen, Werkzeugen, Materialien für den Wiederaufbau der zerstörten Gebiete, von Benzol, Steinkohlenteer, schwefelsaurem Ammoniak drei Jahre lang, Ablieferung von Farbstoffen, von Lokomotiven, Eisenbahnwagen, Lastkraftwagen, landwirtschaftlichen Maschinen aller Art. An Frankreich und Belgien 140.000 Milchkühe, 4.000 Stiere, 40.000 Färsen, 700 Zuchthengste, 40.000 Stuten und Stutenfüllen, 1.200 Schafböcke, 30.000 Schafe, 10.000 Ziegen, 15.000 Mutterschweine.

57. Die Friedensverträge

Teil IX: Konfiskation des deutschen Eigentums, auch des privaten, sowie der deutschen Rechte im Ausland (Art. 297).

Teil X: Volle Meistbegünstigung der Signatarstaaten im Handelsverkehr auf fünf Jahre (ohne Gegenseitigkeit). Die Zollordnung der besetzten Gebiete wird von den Alliierten bestimmt. Aufhebung alter Handelsverträge. Das Reich muss eine Reihe von Verträgen anerkennen, die von den Alliierten in Zukunft ohne Mitwirkung des Deutschen Reiches geschlossen werden, außerdem auch die Kriegsentschädigung (Wiederherstellung, Wiedergutmachung), die die Alliierten später Russland zusprechen werden.

Teil XI: Luftschiffe der Alliierten haben volle Freiheit des Überfliegens und der Landung auf deutschem Hoheitsgebiet.

Teil XII über Häfen, Wasserstraßen und Eisenbahnen erklärt Elbe, Memel, Oder, Donau, Rhein und Mosel für international, bestimmt freie Durchfahrt für alle Nationen durch den Nord-Ostsee-Kanal, Freihäfen für die Tschechoslowakei in Hamburg und Stettin.

Teil XIII: Organisation der Arbeitsbedingungen im Sinne des Völkerbundes.

Teil XIV: Sicherheiten für die Ausführung des Vertrages. Bestimmungen über die Räumungsfristen des besetzten Gebiets bis zu 15 Jahren.

Teil XV: Verschiedenes: Das Deutsche Reich verpflichtet sich, mit allen Bestimmungen einverstanden zu sein, die bezüglich der Gebiete der ehemaligen österreichisch-ungarischen Monarchie, Bulgariens und des Osmanischen Reiches getroffen werden. Auslieferung der 1870–71 erbeuteten französischen Fahnen. Ersatz für die verbrannten Handelsschriften und Bücher der Löwener Universität. Auslieferung von 16 altniederländischen Gemälden aus den Museen in Berlin und München (darunter das Flügelgemälde des Genter Altars), des Original-Korans des Kalifen Osman sowie des Schädels des Sultans Makana aus Deutsch-Ostafrika.

Die deutschen Schutzgebiete: Völkerbundsmandate:
Deutsch-Südwestafrika an Südafrikanische Union, Deutsch-Ostafrika an Großbritannien und Belgien (Ruanda-Urundi), Togo und

57. Die Friedensverträge

Kamerun an Großbritannien und Frankreich, die nordpazifischen Inseln an Japan, die südpazifischen Inseln an Australien und Neuseeland. Pachtgebiet Kiautschou: im Versailler Vertrag (1919) an Japan; seit 1922 wieder bei China.

10. September 1919: Staatskanzler Dr. Renner unterzeichnet den **Staatsvertrag von St.-Germain-en-Laye** zwischen der Republik Österreich und den »alliierten und assoziierten Mächten« (Bezeichnung »Staatsvertrag« drückt die Ansicht Deutschösterreichs aus, kein Rechtsnachfolger Österreich-Ungarns oder Cisleithaniens zu sein; Alliierte sehen in Deutschösterreich und Ungarn die Nachfolgestaaten der cis- und transleithanischen Reichshälfte; die Alliierten bestehen auf dem Namen »Republik Österreich«) (Am 2. September der deutschösterreichischen Delegation – bestehend aus Vertretern der drei führenden politischen Lager – übergeben, am 6. September Zustimmung der Nationalversammlung mit 97 gegen 23 [deutschnationale] Stimmen bei Stimmenthaltung der Tiroler Abgeordneten, »unter feierlichem Protest vor aller Welt«; Deutschösterreich bei den Verhandlungen nicht als gleichberechtigter Partner betrachtet, muss den größten Teil der vorgelegten Bedingungen unverändert annehmen.) Endgültige Annahme durch die Nationalversammlung am 17. Oktober 1919, Austausch der Ratifikationsurkunden am 16. Juli 1920. Vertrag besteht aus 381 Artikeln und 1 Karte (14 Teile).

Teil I enthält die Völkerbundsatzung.

Teil II Grenzen der »Republik Österreich«: Niederösterreich: Grenzstreifen bei Gmünd, Stadt und Umgebung von Feldsberg an die Tschechoslowakei; Steiermark: Süden an SHS-Staat (Radkersburg bleibt bei Österreich); Kärnten: Ursprünglich vorgesehene Grenzziehung sieht Wörther See, Klagenfurt beim SHS-Staat (dieser will auch Villach, St. Veit a. d. Glan) (10. Oktober 1920: Volksabstimmung in Kärnten: die Zone »A« entscheidet sich mit 22.025 Stimmen [darunter ca. 12.000 slowenischsprachige Kärntner] gegen 15.279 Stimmen für den Verbleib bei Österreich; die Abstimmung in der Zone »B« unterbleibt). Ohne Abstimmung Unterdrauburg an

SHS-Staat; Krain an SHS-Staat; Kanaltal mit Tarvis an Italien; Tirol: Brennergrenze; Küstenland mit Triest, Istrien, Dalmatien, dalmatinische Inseln an Italien; deutsche Gebiete der böhmischen Länder an die Tschechoslowakei (Böhmen, Mähren, Österr.-Schlesien ohne Teschen, nördlicher Teil Ungarns mit Pressburg, Schemnitz, Kremnitz, Kaschau und Munkács bis zum Quellgebiet der Theiß werden zu einer neuen Republik, der Tschechoslowakei); Deutsch-Westungarn soll mit Österreich vereinigt werden. Galizien mit Polen vereinigt. Bukowina an Rumänien.

Teil III: Politische Bestimmungen über Europa: Trennung Österreichs von Ungarn, Verpflichtung Österreichs zum Schutz der Minderheiten; Art. 88: »Die Unabhängigkeit Österreichs ist unabänderlich, es sei denn, daß der Rat des Völkerbundes einer Änderung zustimmt.«

Teil IV: Außereuropäische Interessen Österreichs.

Teil V: Bestimmungen über Land-, See- und Luftstreitkräfte: Festsetzung der Truppenstärke mit 30.000 Mann inkl. Offizierkorps (ausschließlich Polizei und Gendarmerie); Verbot aller schweren Waffen und der Haltung von Luftstreitkräften; interalliierter Überwachungsausschuss in Wien (bis 31. Jänner 1928).

Teil VI: Frage der Kriegsgefangenen und der Grabstätten von Gefallenen.

Teil VII: Strafbestimmungen: »Die österreichische Regierung räumt den alliierten und assoziierten Mächten die Befugnis ein, die wegen eines Verstoßes gegen die Gesetze und Gebräuche des Krieges angeklagten Personen vor ihre Militärgerichte zu ziehen.«

Teil VIII: Art. 177: »Die alliierten und assoziierten Mächte erklären und Österreich erkennt an, daß Österreich und seine Verbündeten als Urheber für die Schäden und Verluste verantwortlich sind, die die alliierten und assoziierten Regierungen und ihre Staatsangehörigen infolge des ihnen durch den Angriff Österreich-Ungarns und seiner Verbündeten aufgezwungenen Krieges erlitten haben.« Art. 178 anerkennt jedoch, »daß die Hilfsmittel Österreichs nicht ausreichen, um die volle Wiedergutmachung dieser Verluste und Schäden sicherzustellen, immerhin verlangen die alliierten und assoziierten Regierungen, daß bestimmte Schäden wieder gutzumachen sind«. Art. 179: Einsetzung eines Wiedergutmachungsausschusses, Verpflichtung zur Rücklieferung von beschlagnahmten Werten aus alliiertem Besitz.

Teil IX: Finanzielle Bestimmungen: Art. 197: »... es haften der gesamte Besitz und alle Einnahmequellen Österreichs an erster Stelle für die Bezahlung der Kosten für die Wiedergutmachung und aller anderen Lasten.« (»Generalpfandrecht« [bis 20. Jänner 1930]; Österreich hat allein für alle von der ehemaligen österreichischen Regierung vor dem 28. Juli 1914 übernommenen Verpflichtungen aufzukommen, sofern sie nicht ausdrücklich ausgenommen sind.)

Teil X: Wirtschaftliche Bestimmungen: Ausdehnung der »Meistbegünstigung« auf alle Staaten. Art. 249: »Die alliierten und assoziierten Mächte behalten sich das Recht vor, alle Güter, Rechte und Interessen österreichischer Staatsbürger innerhalb ihrer Gebiete zurückzubehalten und zwecks Schadensgutmachung zu liquidieren.«

Teil XI: Luftschifffahrt: volle Flug- und Landungsfreiheit für alliierte Luftfahrzeuge.

Teil XII: Häfen, Wasserstraßen und Eisenbahnen: Österreich verpflichtet sich, freien Durchgangsverkehr für alle zu gewähren.

Teil XIII: Arbeit: Österreich verpflichtet sich zur Aufrechterhaltung der Freiheit des gewerkschaftlichen Zusammenschlusses und zur Einführung weitgehender sozialer Maßnahmen.

Teil XIV: Verschiedene Bestimmungen.

27. November 1919: Friedensvertrag von Neuilly-sur-Seine zwischen Bulgarien (Ministerpräsident Stambulijski, Kriegsminister Danev, Sakazov, Sarasov) und den Alliierten.

Drei Dokumente:

1. Friedensvertrag (13 Teile mit 295 Artikeln).
2. Vertrag über die Durchführung.
3. Vertrag, der den Rumänen und den Serben einen Zeitraum von acht Tagen zur Unterzeichnung des Friedensvertrages gewährt.

57. Die Friedensverträge

Der Friedensvertrag nach demselben Plan wie der mit Österreich angelegt. Die Bestimmungen über den Völkerbund, die Sanktionen, die Luftschifffahrt und die Arbeit sind dieselben.

Teil II und III, Art. 27–48: Grenzen und politische Bestimmungen: Im Westen bleibt die Grenze gegen den SHS-Staat im Allgemeinen die alte; nur einige kleinere Grenzbezirke und der Strumicabogen fallen an den SHS-Staat, ebenso Nordmakedonien mit Üsküb, Prilep, Monastir und Dojran. Griechenland erhält Südmakedonien mit Florina, Edessa, Seres, Drama und Kawalla. Der bisher zu Bulgarien gehörende Teil von SW-Thrakien mit Xanthi, Gümüljina und Dedeagatsch bleibt den Alliierten vorbehalten, deren Verfügungen anzuerkennen Bulgarien sich verpflichtet. Erstere verbürgen sich dafür, dass Bulgarien ein Handelsweg nach der Ägäis sichergestellt wird. Die Südgrenze Bulgariens wird auf die Rhodopenlinie festgesetzt. Im Übrigen bleibt die Grenze in Thrakien unverändert.

Gegen Rumänien wird die Grenze von 1. August 1914 (bis zur Linie Cobadina–Tuzla) wiederhergestellt, Silistra verbleibt Rumänien.

Bulgarien bezahlt bis 1. Juli 1958 2¼ Milliarden Franken als Kriegsentschädigung. Es liefert an Serbien fünf Jahre lang 50.000 t Kohlen. Das bulgarische Heer darf höchstens 20.000 Mann stark sein.

Art. 121 enthält den Kriegsschuldparagraphen wie im Vertrag von Versailles (Art. 231), St.-Germain (Art. 177), Sèvres (Art. 231), Trianon (Art. 161).

4. Juni 1920 Friedensvertrag von Trianon zwischen Ungarn (Dr. August Benard, Alfréd v. Drasche-Lázár) und den Alliierten. Von den Ländern der Stephanskrone bleibt nur rund ein Drittel bei Ungarn. Slowakei, Karpatoruthenien an die Tschechoslowakei, Westungarn (Burgenland) an Österreich, Kroatien-Slawonien und Komitate Bacs-Bodrog und Torontal mit Maria-Theresiopel und Zenta (Grenze verläuft südlich von Fünfkirchen und Szegedin und westlich von Arad und Großwardein) an den SHS-Staat (an diesen auch Bosnien-Hercegovina). Banat an SHS-Staat und Rumänien. Siebenbürgen an Rumänien.

Heeresbeschränkung auf 35.000 Mann.
Art. 161 enthält den Kriegsschuldparagraphen wie im Vertrag von Versailles (Art. 231), St.-Germain (Art. 177), Neuilly (Art. 121), Sèvres (Art. 231).

10. August 1920: Friedensvertrag von Sèvres zwischen dem Osmanischen Reich und den Alliierten durch Sultansregierung in Istanbul unterzeichnet.
Das Osmanische Reich wird von ca. 3 Mill. km² mit 25 Mill. Einwohnern (vor dem Italienisch-Türkischen Krieg; ohne Ägypten) auf 300.000 km² mit rund 5 Mill. Einwohnern beschränkt.
13 Teile (Zusammenfassung):
1. Die britische Regierung und ihre Verbündeten besetzen Konstantinopel und die Meerengen. Ein internationaler Rat übernimmt die Kontrolle und Verwaltung.
2. Die Kapitulationen werden zur Rechtssicherheit für die Ausländer im Osmanischen Reich wiederhergestellt.
3. Das Osmanische Reich kommt unter militärische Kontrolle und Finanzaufsicht, gibt die Wehrpflicht auf, darf 50.000 Mann Truppen halten, aber keine Kriegs- und Luftschiffe. Es unterstellt Häfen, Flussschifffahrt und Eisenbahnen einer internationalen Kontrolle, die nationalen und religiösen Minderheiten dem Schutz des Völkerbundes, leistet Wiedergutmachung, liefert das Staatseigentum seiner Verbündeten aus.
4. Die Dardanellen werden unter die Kontrolle der Meerengenkommission gestellt.
5. Abtretungen: An Griechenland: Thrakien mit Gallipoli bis zur Çatalcalinie, alle Ägäischen Inseln außer Rhodos (für Italien bestimmt) und Smyrna (nach fünf Jahren Plebiszit);
an Frankreich: Syrien und Kilikien (Vilajet Adana);
an Großbritannien: Mesopotamien (Irak), Palästina, dazu die Schutzherrschaft über Arabien (Königreich Hedschas);
an Italien: Dodekanes, Rhodos, als Interessengebiet die Küste von Adramyti bis Adalia (Rhodos gegenüber);

57. Die Friedensverträge

6. Türkisch-Armenien wird selbständiger Staat; Kurdistan erhält Autonomie. Cypern, Ägypten bleiben unter britischer, Tripolitanien unter italienischer Herrschaft.

Beschränkung auf Konstantinopel mit dem Gebiet bis zur Çatalcalinie und auf Anatolien.

Art. 231 enthält den Kriegsschuldparagraphen wie im Vertrag von Versailles (Art. 231), St.-Germain (Art. 177), Trianon (Art. 161), Neuilly (Art. 121).

(Dieser Friedensschluss vom Parlament in Konstantinopel nicht ratifiziert, von den Nationalisten unter Mustafa Kemal Pascha nicht anerkannt.)

24. Juli 1923: **Friede von Lausanne**: Die Unabhängigkeit der Türkei wird anerkannt. Europäischer Besitz: Ostthrakien bis zur Marica mit Adrianopel und seinem Vorort Karagač. Asiatischer Besitz: Inseln Imbros und Tenedos, Anatolien mit Smyrna und Westarmenien. Bezüglich des Besitzes von Mosul bleiben einstweilen die bisherigen Grenzen, Verhandlungen zwischen der Türkei und den Briten sollen alsbald beginnen (1926 Mosul an den Irak). Die Meerengen bleiben unter türkischer Oberhoheit, werden jedoch entfestigt. Alle Handelsschiffe haben jederzeit freie Durchfahrt, für fremde Kriegsschiffe sind die Meerengen auch im Frieden geschlossen. Die Kapitulationen werden grundsätzlich aufgehoben. Die Regelung der alten osmanischen Schuld und die Verleihung von Eisenbahnbaukonzessionen usw. sollen später erfolgen.

Palästina/Transjordanien, Irak werden unter britisches Mandat gestellt, Syrien und Libanon unter französisches Mandat.

58. Die Verluste

Weltweit 60 Millionen Soldaten mobilisiert.
Nach Dupuy/Salewski:

Frankreich:	1,357.800 Gefallene
	4,266.000 Verwundete
Britisches Empire:	908.371 Tote
	2,090.212 Verwundete
Russland:	1,700.000 Gefallene
	4,950.000 Verwundete
Italien:	462.391 Gefallene
	953.886 Verwundete
Deutsches Reich:	1,808.546 Gefallene
	4,247.143 Verwundete Ca. 760.000 tote Zivilisten, nahezu alle Opfer der alliierten Blockade
Österreich-Ungarn:	922.500 Gefallene
	3,620.000 Verwundete
	300.000 Blockadeopfer

Kriegstote nach Ferguson/Stevenson:

United Kingdom	723.000
British Empire (excluding United Kingdom)	198.000
Frankreich	1,398.000
Russland	1,811.000
Italien	578.000
USA	114.000
andere Alliierte	599.000
Zusammen	5,421.000
Deutsches Reich	2,037.000
Österreich-Ungarn	1,100.000
Bulgarien, Osmanisches Reich	892.000
Vierbundmächte	4,029.000
Zusammen	9,450.000

58. Die Verluste

Gesamtverluste nach Der Große Ploetz, 35. Auflage:

	Gefallene	Verwundete	Gefangene
Deutschland	1,808.000	4,247.000	618.000
Frankreich	1,385.000	3,044.000	446.000
		(1,1 Mill. anerkannte Kriegsinvalide)	
Großbritannien	947.000	2,122.000	192.000
Italien	460.000	947.000	530.000
Österreich-Ungarn	1,200.000	3,620.000	2,200.000
Russland	1,700.000	4,950.000	2,500.000
Türkei	325.000	400.000	
USA	115.000	206.000	4.500

Österreich-Ungarn: Von 8 Mill. k.u.k. Soldaten 1,016.200 tot; 518.000 auf dem Schlachtfeld gestorben; 1,943.000 verwundet; 1,691.000 in Kriegsgefangenschaft, davon 480.000 gestorben. 13,5% des Offizierskorps, 9,8% der Unteroffiziere und Mannschaften gefallen. In Österreich-Ungarn ein Kriegstoter auf 46 Einwohner, in Serbien auf elf, in Frankreich auf 28, im Deutschen Reich auf 35, in Großbritannien auf 66, in Italien auf 79, in Russland auf 107, in den USA auf 2.000 Einwohner.

Vor allem an der Westfront sterben die Soldaten mehr an den in der Schlacht erhaltenen Wunden als an Krankheiten. Osmanische Soldaten sterben siebenmal mehr an Krankheiten als an Wunden, in Ostafrika sind Krankheiten die Hauptverursacher des Todes, die Alliierten in Makedonien verlieren mehr Männer durch die Malaria als durch die Bulgaren. Typhus sucht ein Viertel der serbischen Armee 1915 heim und ist ein Hauptgrund für deren Kollaps. An der Ostfront werden fünf Millionen russische Soldaten wegen Krankheiten hospitalisiert (Skorbut, Typhus, Cholera, Ruhr); viele überleben, insgesamt sterben fünfmal mehr Soldaten an Wunden als an Krankheiten. An der Westfront sind Krankheiten bis zur Grippeepidemie 1918 kein Massenkiller. In der französischen Armee wüten 1870 die Pocken, 1914–1918 treten sie kaum auf. In der British Expeditionary Force

58. Die Verluste

ziehen sich 1914 32% der Verwundeten Tetanus zu, bei Kriegsende ist die Infektionsrate 0,1%. Einer von fünf amerikanischen Soldaten zieht sich im Spanischen Krieg 1898 Typhus zu, sehr wenige werden 1917/18 davon befallen, 90% der British Expeditionary Force werden 1915 dagegen geimpft. Große Leistungen der Medizin der Krieg führenden Staaten, vor allem der Chirurgie (Gasbrand; Verbesserung der Röntgendiagnose; Team-Chirurgie; auf alliierter Seite Bluttransfusion). Mortalität der Verwundeten 8% (im amerikanischen Bürgerkrieg 13,3%, 20% im Krimkrieg). In der französischen Armee werden 54% der Verwundeten als geheilt oder wiederhergestellt bezeichnet, 82% der britischen Verwundeten werden wieder dem Dienst zugeführt; drei Viertel der 4,3 Mill. deutschen Verwundeten kehren in den Dienst zurück. Mindestens eine Mill. russische Soldaten kehren nach ihrer Verwundung an die Front zurück. Zu kurz kommt die Psychiatrie, die Kriegsneurosen werden kaum ausreichend behandelt, oft mit barbarischen Methoden (Elektroschocks).

Desertionen vor allem im k.u.k. und im osmanischen Heer.

Kriegsgefangene: Die Russen verlieren eine Mill. Gefangene während des Rückzuges 1915, 2,1 Millionen bis Dezember 1916. Die Russen machen zwei Millionen k.u.k. Soldaten zu Kriegsgefangenen (167.000 deutsche Soldaten). An der Westfront machen Gefangene 11,6% der französischen Verluste aus, 9% der deutschen Verluste, 6,7% der britischen Verluste.

Todesurteile in der italienischen Armee 4.028 (Exekutionen 750), in der britischen Armee 3.080 (Exekutionen 346), in der französischen Armee ca. 2.000 (700 Exekutionen), in der deutschen Armee 150 (Exekutionen 48). Keine genauen Zahlen für die k.u.k. und osmanische Armee.

Millionen von Witwen, Waisen, Kriegsinvaliden (»Krüppeln«).

Kosten: Schätzungen: mindestens 180 Milliarden US-Dollar direkte, 150 Milliarden US-Dollar indirekte Kosten.

59. Ergebnisse des Ersten Weltkrieges

Traumatisierung von Millionen Menschen. Verelendung in vielen Teilen Europas. Solidarisierung der sozialen Schichten, breite politische Mobilisierung. Die zentrifugalen Kräfte im Habsburgerreich und im Osmanischen Reich nehmen im Verlauf des Krieges zu, in Österreich-Ungarn vor allem nach dem Tod Kaiser Franz Josephs I. (21. November 1916). Die Grenzen zwischen Front und Hinterland verwischen sich. Frauen werden zunehmend in der Kriegswirtschaft eingesetzt. Politischer, wirtschaftlicher und kultureller Zusammenbruch des bisherigen Europa. Die geistige Gemeinsamkeit Europas geht zu Ende, die Zivilisation des 19. Jahrhunderts, die Kultur des Fortschritts werden zerstört, so werden die späteren totalitären Bewegungen erst ermöglicht. Krieg und Kriegspropaganda steigern die nationalen Egoismen. Zusammenbruch herkömmlicher Sinnangebote. Die angestammten Führungsschichten werden zum Teil entwurzelt. In großem Ausmaß seelisch-geistige Verrohung. Zeitalter des mechanisierten Massentodes (Ypern, Verdun, Somme, Gallipoli, Isonzo usw.). Kriegswirtschaft und die Erfahrungen des von Entbehrungen und Krankheiten gekennzeichneten Kriegsalltags erschüttern die europäischen Gesellschaften. Kriegspropaganda, Literatur und Kunst versuchen, dem Krieg einen Sinn abzugewinnen oder dazu beizutragen, seine Sinnlosigkeit zu akzeptieren. Der ökonomische Zusammenbruch bedeutet das Ende der Weltwirtschaft des 19. Jahrhunderts, das Zerreißen der bis 1914 bestehenden Verbindungen; Suspendierung der Goldwährung; enorme Steigerung der Staatsausgaben der Krieg führenden Staaten; ungeheurer Verarmungsprozess.

Große Kräfte werden im naturwissenschaftlich-technischen Bereich freigesetzt (Chemie, Kriegsmittel, technischer Fortschritt), manches davon wird später auch für friedliche Zwecke eingesetzt. Auch viele Erkenntnisse der Kriegsmedizin werden später für zivile Zwecke verwendet.

Der politische Zusammenbruch zeigt sich am Scheitern der Funktionsfähigkeit des Systems der großen Mächte. Auf deren au-

59. Ergebnisse des Ersten Weltkrieges

ßenpolitischem Zusammenspiel hat ein wesentlicher Teil ihrer Weltgeltung beruht.

Ende der Vielvölkerreiche Österreich-Ungarn und Osmanisches Reich. Von der österreichischen Reichshälfte bleibt die Republik (Deutsch-)Österreich, von der ungarischen Reichshälfte das stark verkleinerte Königreich (ohne König) Ungarn.

Das russische Reich wird zur Sowjetunion; diese wird eine der Weltmächte des 20. Jahrhunderts.

Die Substanz des wilhelminischen Deutschen Reiches überlebt, beträchtlich amputiert, in der Weimarer demokratischen Republik.

Tschechoslowakei, Polen, Finnland, Litauen, Lettland, Estland. Das bulgarische Königreich, amputiert, besteht weiter. Alle südslawischen Gebiete (mit Ausnahme der Bulgaren) werden im »Königreich der Serben, Kroaten und Slowenen« (SHS) vereinigt. Großrumänisches Königreich. Der Grenzverlauf zwischen dem Königreich Italien und dem SHS-Staat ist umstritten. Der albanische Staat wird definitiv begründet. Der Grenzverlauf zwischen dem Königreich Griechenland und der Türkei wird erst im Griechisch-Türkischen Krieg 1920/22 geklärt. Aus dem Osmanischen Reich geht die Türkische Republik hervor, die arabischen Teile des Reiches werden Völkerbundmandate der Alliierten. Der Aufstieg Japans setzt sich fort, China gerät zunehmend in den Sog der japanischen Großmachtbestrebungen.

Die Vereinigten Staaten von Amerika werden Weltmacht.

Die Beteiligung der Kolonialvölker am Krieg der Alliierten verstärkt nationalistische Strömungen (Inder, Marokkaner, Algeriern, Tunesier, Schwarzafrikaner, Indochinesen usw.). Auch die »weißen« Dominions wollen mehr Rechte im Empire.

Zukunftsweisend bleiben (trotz aller Mängel und der einseitigen Auslegung zugunsten der alliierten Sieger) die Wilson'schen Ideen von Völkerbund, Selbstbestimmungsrecht, Demokratie, Friedenssicherung, Freihandel und Abrüstung.

60. Einige Bereiche des Kulturlebens

Die Philosophen und Psychologen, Schriftsteller, Komponisten, Maler, Bildhauer und Architekten im Ersten Weltkrieg

Alle Formen der Wissenschaften und Künste entwickeln sich in reichem Maße auch im Ersten Weltkrieg. Beispielhaft herausgegriffen werden Philosophen und Psychologen, Schriftsteller, Komponisten, Maler, Bildhauer und Architekten der Krieg führenden Staaten. Große Teile von ihnen tragen zur psychologischen Kriegführung ihrer Heimatstaaten bei.

Österreich-Ungarn:
Philosophen und Psychologen: Philosoph der Naturwissenschaften Ernst Mach (1838-1916). Philosophen des »Wiener Kreises« Otto Neurath (1882-1945), Viktor Kraft (1880-1975). Sprachphilosophen Fritz Mauthner (1849-1923), Adolf Stöhr (1855-1921), Richard Wahle (1857-1935), Ludwig Wittgenstein (1889-1951). Phänomenologe Edmund Husserl (1859-1938). Philosophen des Dialogs Martin Buber (1878-1965), Ferdinand Ebner (1882-1931). Grazer Philosophen- und Psychologenschule: Alexius v. Meinong (1853-1920). Vater der polnischen Philosophie Kazimierz Twardowski (1866-1938). Schwer in System einzuordnen: Christian Frhr. v. Ehrenfels (1859-1932), Robert Reininger (1869-1955). Begründer der Anthroposophie Rudolf Steiner (1861-1925). Psychoanalyse und Individualpsychologie: Sigmund Freud (1856-1939), Alfred Adler (1870-1937), Otto Rank (1884-1939).

Schriftsteller: in **deutscher** Sprache: Peter Rosegger (1843-1918), Ottokar Kernstock (1848-1928), Richard v. Kralik (1852-1934), Peter Altenberg (1859-1919), Arthur Schnitzler (1862-1931), Hermann Bahr (1863-1934), Richard Beer-Hofmann (1866-1945), Karl Schönherr (1867-1943), Gustav Meyrink (1868-1932), Felix Salten (1869-1947), Enrica Freiin v. Handel-Mazzetti (1871-1955), Franz Karl Ginzkey (1871-1963), Alexander Roda Roda (1872-1945), Hugo v. Hofmannsthal (1874-1929), Richard v. Schaukal (1874-1942), Karl Kraus

(1874-1936), Rainer Maria Rilke (1875-1926), Alfred Polgar (1875-1956), Fritz Ritter v. Herzmanovsky-Orlando (1877-1954), Erwin Guido Kolbenheyer (1878-1962), Robert Edler v. Musil (1880-1942), Anton Wildgans (1881-1932), Stefan Zweig (1881-1942), Hugo Zuckermann (1881 – Herbst 1914 an Kriegsverwundungen gestorben; »Reiterlied«), Alfons Petzold (1882-1923), Max Mell (1882-1971), Franz Kafka (1883-1924), Max Brod (1884-1968), Franz Theodor Csokor (1885-1969), Felix Braun (1885-1973), Robert Hohlbaum (1886-1955), Georg Trakl (1887 – Selbstmord 4. 11. 1914), Franz Werfel (1890-1945). In **ungarischer** Sprache: Zoltán Ambrus (1861–1932), Endre Ady (1877-1919), Ferenc Molnár (1878-1952), Zsigmond Móricz (1879-1942), Mihály Babits (1883-1941), Gyula Juhász (1883-1937), Dezső Kosztolányi (1885-1936), Árpád Tóth (1886-1928). In **tschechischer** Sprache: František Svoboda (1860-1943), Jaroslav Hašek (1883-1923), Karel Čapek (1890-1938). In **slowakischer** Sprache: Svetozár Hurban-Vajanský (1874-1916), Pavol Országh-Hviezdoslav (1849-1920). In **serbokroatischer** Sprache: Ivo Andrić (1892-1975), Miroslav Krleža (1893-1981); Westungarnkroate Mate Miloradić (1850-1928). In **slowenischer** Sprache: Ivan Cankar (1876-1918). In **polnischer** Sprache: Franciszek Henryk Nowicki (1864-1935), Kazimierz Przerwa Tetmajer (1865-1940), Tadeusz Rittner (1873-1921), Młodnicka Maryla Wolska (1873-1930). In **ukrainischer** Sprache: Osyp Makovej (1867-1925), Marko Ceremšyna (1874-1927). In **rumänischer** Sprache: Octavian Goga (1881-1938). In **italienischer** Sprache: Italo Svevo (1861-1928), Scipio Slataper (1888-1915).

Komponisten: Carl Goldmark (1830-1915), Leoš Janáček (1858-1928), Wilhelm Kienzl (1857-1941), Franz Lehár (1870-1948), Oscar Straus (1870-1954), Franz Schmidt (1874-1939), Julius Bittner (1874-1939), Robert Stolz (1880-1975), Edmund Eysler (1874-1949), Arnold Schönberg (1874-1951), Anton v. Webern (1883-1945), Josef Matthias Hauer (1883-1959), Béla Bartók (1881-1945), Joseph Marx (1882-1964), Emmerich Kálmán (1882-1953), Zoltán Kodály (1882-1967), Alban Berg (1885-1935), Egon Wellesz (1885-1974).

Maler und Graphiker: Tina Blau (1845-1916), Gustav Klimt (1862-

1918), Kolo Moser (1868-1918), Albin Egger-Lienz (1868-1926), Emil Orlik (1870-1932), Oskar Laske (1874-1951), Alfred Kubin (1877-1959), Anton Kolig (1886-1950), Oskar Kokoschka (1886-1980), Anton Faistauer (1887-1930), Wilhelm Thöny (1888-1949), Egon Schiele (1890-1918), Herbert Boeckl (1894-1966).

Bildhauer: Carl Kundmann (1838-1919), Edmund Hellmer (1850-1935), Michael Blümelhuber (1865-1936), Hans Barwig (1868-1931), Anton Hanak (1875-1934).

Architekten: Otto Wagner (1841-1918), Adolf Loos (1870-1933), Oskar Strnad (1879-1935).

Deutsches Reich:
Philosophen und Psychologen: Psychologe und Philosoph Wilhelm Wundt (1832-1920), Philosoph Ernst Haeckel (1834-1919) (Materialismus, Monismus).
Philosoph (Neukantianismus) und Sozialpädagoge Paul Natorp (1854-1924). Begründer des Neuidealismus Rudolf Eucken (1846-1926). Theologe, Philosoph und Historiker Ernst Troeltsch (1865-1923). Geschichtsphilosoph Oswald Spengler (1880-1936).

Schriftsteller: Ludwig Ganghofer (1855-1920), Fedor v. Zobeltitz (1857-1934), Hermann Sudermann (1857-1928), Ludwig Fulda (1862-1939), Gerhart Hauptmann (1862-1946), Arno Holz (1863-1929), Richard Dehmel (1863-1920), Cäsar Flaischlen (1864-1920), Frank Wedekind (1864-1918), Ricarda Huch (1864-1947), Hermann Löns (1866 – als Kriegsfreiwilliger am 26. 9. 1914 bei Loivre vor Reims gefallen), Paul Ernst (1866-1933), Alfred Kerr (1867-1948), Walter Bloem (1868-1951), Stefan George (1868-1933), Karl Wolfskehl (1869-1948), Gustav Landauer (1870-1919), Heinrich Mann (1871-1950), Annette Kolb (1875-1967), Thomas Mann (1875-1955), Else Lasker-Schüler (1876-1945), Hermann Hesse (1877-1962), Rudolf Alexander Schröder (1878-1962), Carl Sternheim (1878-1942), Alfred Döblin (1878-1957), Walter Heymel (1878-1914), Georg Kaiser (1878-1945), Erich Mühsam (1878-1934), Paul Fechter (1880-1958), Waldemar Bonsels (1880-1952), Emil Ludwig (1881-1948), Alexander

Moritz Frey (1881-1957), Leonhard Frank (1882-1961), Ernst Lissauer (1882-1937), Walther Flex (1882 – gefallen als Kriegsfreiwilliger 1914 und Kompanieführer 15. 10. 1917 bei der Erstürmung der Insel Oesel), Ernst Stadler (1883 – gefallen 30. 10. 1914 bei Zandvoorde bei Ypern), René Schickele (1883-1940), Fritz v. Unruh (1885-1986), Walter Hasenclever (1890-1940), Johannes Robert Becher (1891-1958), Carl Zuckmayer (1896-1977), Bertolt Brecht (1898-1956).

Komponisten: Engelbert Humperdinck (1854-1921), Richard Strauss (1864-1949), Siegfried Wagner (1869-1930), Hans Pfitzner (1869 Moskau als Sohn deutscher Eltern – 1949), Paul Graener (1872–1944).

Maler und Graphiker: Max Liebermann (1847-1935) (Impressionismus), Christian Rohlfs (1849-1938), Maler und Bildhauer Max Klinger (1857-1920), Lovis Corinth (1858-1925), Franz v. Stuck (1863-1928), Graphikerin und Bildhauerin Käthe Kollwitz (1867-1945), Emil Nolde (1867-1956) (Expressionismus), Max Slevogt (1868-1932) (Impressionismus), Karl Hofer (1878-1955), Ernst Ludwig Kirchner (1880-1938), Franz Marc (1880-1916) (1911 mit Kandinskij Vereinigung expressionistischer, später auch abstrakter Maler »Blauer Reiter«), Erich Heckel (1883-1970), Karl Schmidt-Rottluff (1884-1976) (Expressionismus), Max Beckmann (1884-1950) (Expressionismus), Maler und Schriftsteller Ludwig Meidner (1884-1966), Maler, Graphiker, Bildhauer und Schriftsteller Hans (Jean) Arp (1887-1966) (1916 Mitbegründer der Dada-Bewegung), August Macke (1887-1914), Otto Dix (1891-1969), Conrad Felixmüller (1897-1977).

Bildhauer: Bildhauer und Maler Wilhelm Lehmbruck (1881-1919), Bildhauer und Graphiker Fritz Behn (1878-1970).

Architekten: Peter Behrens (1868-1940), Architekt, Maler und Designer Richard Riemerschmid (1868-1957), Adolf Meyer (1881-1929), Walter Gropius (1883-1969), Ludwig Mies van der Rohe (1886-1969).

Belgien:
Schriftsteller: Emile Verhaeren (1855-1916), Maurice Maeterlinck (1862-1949).
Komponisten: Joseph Jongen (1873-1953).
Maler: James Ensor (1860-1949), Eugène Laermans (1864-1940), Edgard Tytgat (1879-1957), Maler und Bildhauer Ris Wouters (1882-1916), Constant Permeke (1886-1952).
Bildhauer: Bildhauer und Graphiker George Minne (1866-1941).
Architekten: Victor Horta (1861-1947), Henry van der Velde (1863-1957).

Frankreich:
Philosophen: Henri Bergson (1859-1941) (Philosophie des Lebens).
Schriftsteller: Anatole France (1844-1924), Maurice Barrès (1862-1923), Romain Rolland (1866-1944), André Gide (1869-1951), Charles Péguy (1873 – gefallen 5. 9. 1914 Plessis-l'Evêque bei Villeroy [Marne-Schlacht]), Guillaume Apollinaire (1880-1918), Ernest Psichari (1883 – gefallen 22. 8. 1914 Saint-Vincent-Rossignol bei Virton).
Komponisten: Camille Saint-Saëns (1835-1921), Erik Satie (1860-1925), Claude Debussy (1862-1918).
Maler: Maler, Graphiker, Bildhauer Edgar Degas (1834-1917), Claude Monet (1840-1926) (Impressionismus), Auguste Renoir (1841-1919) (Impressionismus), Pierre Bonard (1867-1947), Henri Matisse (1869-1954) (Fauvismus), Fernand Léger (1881-1955), Georges Braque (1882-1963) (Mitbegründer des Kubismus), Maurice Utrillo (1883-1955), Robert Delaunay (1885-1941) (Orphismus), Marcel Duchamp (1887-1968) (Kubismus, Futurismus, Dadaismus).
Bildhauer: Auguste Rodin (1840-1917) (Impressionismus), Aristide Maillol (1861-1944), Bildhauer und Graphiker Raymond Duchamp-Villon (1876-1918) (Kubismus).
Architekten: Hector Guimard (1867-1942), Tony Garniet (1869-1948), Auguste Perret (1874-1954), Frédéric Henri Sauvage (1873-1932), Robert Mallet-Stevens (1886-1945).

Italien:
Philosophen: Benedetto Croce (1866-1952) (Neuidealismus), Giovanni Marchesini (1868-1931) (Fiktionalismus), Federigo Enriques (1871-1946) (Mathematik), Giuseppe Rensi (1871-1941) (Skeptizismus), Piero Martinetti (1872-1943) (an Transzendentalphilosophie orientiert), Giovanni Gentile (1875-1944) (Neuidealismus), Antonio Banfi (1886-1957) (Neurationalismus), Francesco Olgiati (1886-1962) (Neuscholastik).

Schriftsteller: Luigi Capuana (1839-1915), Giovanni Verga (1840-1922), Matilde Serao (1856-1927), Gabriele d'Annunzio (1863-1938), Luigi Pirandello (1867-1936), Grazia Deledda (1875-1936), Filippo Tommaso Marinetti (1876-1944) (»Futuristisches Manifest« 1909/1910), Giovanni Papini (1881-1956), Giuseppe Prezzolini (1882-1982), Guido Gozzano (1883-1916), Giuseppe Ungaretti (1888-1970).

Komponisten: Ruggiero Leoncavallo (1857-1919), Giacomo Puccini (1858-1924), Pietro Mascagni (1863-1945), Ferruccio Busoni (1866-1924), Ermanno Wolf-Ferrari (1876 Venedig als Sohn eines deutschen Malers und einer Italienerin – 1948 Venedig), Ottorino Respighi (1879-1936), Francesco Balilla Pratella (1880-1955), Ildebrando Pizzetti (1880-1968), Gian Francesco Malipiero (1882-1973), Alfredo Casella (1883-1947), Komponist und Maler Luigi Russolo (1885-1947) (Futurismus).

Maler: Maler, Bildhauer und Schriftsteller Umberto Boccioni (1882-1916), Maler und Innenarchitekt Giacomo Balla (1871-1958), Carlo Carra (1881-1966), Gino Severini (1883-1966) (und Komponist und Maler Luigi Russolo) unterschreiben Marinettis »Futuristisches Manifest« in Mailand.

Architekten: Raimondo d'Aronco (1857-1932), Ernesto Basile (1857-1932), Giuseppe Sommaruga (1867-1917), Annibale Rigotti (1870-1968), Antonio Sant'Elia (1888 – gefallen bei Monfalcone 10. 10. 1916).

Großbritannien und Irland:
Philosophen: Francis Herbert Bradley (1846-1924), Bernard Bosanquet (1848-1923), John McTaggart (1866-1925), Bertrand Russell (1872-1970), George Edward Moore (1873-1958).

Schriftsteller: Thomas Hardy (1840-1928), Sir Edmund William Gosse (1849-1928), Sir Henry Rider Haggard (1856-1925), George Bernard Shaw (1856-1950), Joseph Conrad (1857-1924), Arthur Conan Doyle (1859-1930), Joseph Rudyard Kipling (1865-1936), Herbert George Wells (1866-1946), John Galsworthy (1867-1933), May Sinclair (1870-1946), Gilbert Keith Chesterton (1874-1936), John Buchan (1875-1940), Edward Morgan Forster (1879-1970), James Joyce (1882-1941), Virginia Woolf (1882-1941), Wyndham Lewis (1884-1957), David Herbert Lawrence (1885-1930), Rupert Chawner Brooke (1887-1915; nimmt 1914 an der Verteidigung Antwerpens teil, von da an die Dardanellen geschickt, stirbt dort [Skyros] am 23. 4. 1915 an Blutvergiftung), John Boynton Priestley (1894-1984).

Komponisten: Sir Alexander Campbell Mackenzie (1847-1935), Sir Charles Herbert Parry (1848-1918), Sir Charles Villiers Stanford (1852-1924), Ethel Smyth (1858-1944).

Maler: David Bomberg (1890-1957), Stanley Spencer (1891-1959).

Bildhauer: Alfred Gilbert (1854-1934).

Architekten: Edwin Lutyens (1869-1944).

Vereinigte Staaten von Amerika:
Philosophen und Psychologen: James Mark Baldwin (1861-1934) (positivistische Erkenntnistheorie, Entwicklungspsychologie), Ralph Barton Perry (1876-1957) (Neurealismus).

Schriftsteller: Edith Wharton (1862-1937), Theodore Dreiser (1871-1945), Upton Sinclair (1878-1968), Henry Sinclair Lewis (1885-1951), Ezra Loomis Pound (1885-1972), Ernest Hemingway (1899-1961).

Komponisten: Charles Edward Ives (1874-1954).

Maler und Graphiker: Mary Cassatt (1845-1926) (Impressionismus), Frank Duveneck (1848-1919) (Naturalismus der Münchner

Schule), John Sloan (1871-1951), George Wesley Bellows (1882-1925), Charles Demuth (1883-1935).
Bildhauer: Alexander Calder (1898-1976).
Architekten: Louis Henry Sullivan (1856-1924), Frank Lloyd Wright (1869-1959).

Portugal:
Schriftsteller: Raúl Germano Brandão (1867-1930), Eugénio Castro e Almeida (1869-1944), Aquilino Ribeiro (1885-1963), Fernando António Nogueira de Seabra Pessoa (1888-1935), José Maria Ferreira de Castro (1898-1974).
Komponisten: José Vianna da Motta (1868-1948), Ruy Coelho (1891-1986).
Maler: José Malhõa (1855-1933), Columbano Bordalo Pinheiro (1857-1929).
Bildhauer: António Teixeira Lopes (1866-1942), Francisco Franco (1885-1955), Diogo de Macedo (1889-1959).
Architekten: Raul Lino (1879-1974).

Russland:
Philosophen: Georgij Plechanov (1856-1918), Ivan Lapšin (1870-1952), Sergej Bulgakov (1871-1944), Nikolaj Berdjaev (1874-1948).
Schriftsteller: Fedor Sologub (1863-1927), Dmitrij Merežkovskij (1865-1941), Vjačeslav Ivanov (1866-1949), Zinaida Gippius (1867-1945), Maksim Gorkij (1868-1936), Ivan Bunin (1870-1953), Valerij Brjusov (1873-1924), Aleksandr Blok (1880-1921), Andrej Belyj (1880-1934), Nikolaj Gumilev (1886-1921), Boris Pasternak (1890-1960), Vladimir Majakovskij (1893-1930), Sergej Esenin (1895-1925).
Komponisten: Sergej Rachmaninov (1873-1943), Aleksandr Skrjabin (1871-1915), Igor Stravinskij (1882-1971), Sergej Prokofiev (1891-1953).
Maler: Vasilij Kandinskij (1866-1944) (mit Franz Marc [»Blauer Reiter«] Begründer der ungegenständlichen Malerei), Kasimir Malevič (1878-1935) (Kubofuturismus, Suprematismus), Natalija

Gončarova (1881-1926) (rayonistischer Stil mit Gatten Michail Larionov), Maler und Bildhauer Vladimir Tatlin (1885-1953) (Theoretiker des Konstruktivismus), Marc Chagall (1887/9-1985), Maler, Photograph, Bildhauer und Graphiker Aleksandr Rodčenko (1891-1956).

Bildhauer: Anna Golubkina (1864-1927), Sergej Konenkov (1874-1971), Naum Gabo (1890-1971) (Konstruktivismus), Osip Zadkin (1890-1967).

Architekten: Fedor Šechtel' (1859-1926), Aleksej Ščusev (1873-1949).

Bulgarien:
Schriftsteller: Anton Strašimirov (1872-1937), Petko Todorov (1879-1916), Teodor Trajanov (1882-1945), Nikolai Liliev (1885-1961), Dimčo Debeljanov (1887-1916).

Komponisten: Dobri Christov (1875-1941), Georgi Atanasov (1881-1931), Petko Stajnov (1896-1974).

Maler: Nikola Oprasopisov (1828-1915), Jaroslav Vešin (1860-1915), Anton Mitov (1862-1930), Ivan Angelov (1864-1924), Elena Karamichajlova (1876-1961), Nikola Michailov (1876-1960), Nikola Petrov (1881-1916).

Bildhauer: Boris Schaz (1866-1932), Šeko Spiridonov (1867-1945).

Architekten: Konstantin Jovanovič (1849-1923), Alexander Pomerancev (1848-1918).

Serbien und Montenegro:
Schriftsteller: Jovan Dučić (1874-1943), Milan Rakić (1876-1938), Vladislav Petković-Dis (1880-1917), Ljubomir Micić (1882-1942), Sima Pandurović (1883-1960), Todor Manojlović (1883-1968), Milutin Bojić (1892-1917).

Komponisten: Josif Marinković (1851-1939), Stanislav Binički (1872-1942).

Maler: Djordje Milovanović (1850-1919).

Bildhauer: Petar Dobrović (1890-1942).

Architekten: Jovan Ilkić (1857-1917), Momir Korunović (1883- 1969).

Rumänien:
Philosophen: Alexandru D. Xenopol (1874-1920) (Geschichtsphilosophie), Dimitrie Gusti (1880-1955) (Soziologismus), Nae Ionescu (1890-1940).

Schriftsteller: Ion Minulescu (1881-1944), Gheorge Bacovia (1881-1957), Eugen Lovinescu (1881-1943), Nichifor Crainic (1889-1972), Camil Petrescu (1894-1957), Tristan Tzara (1896-1963) (Mitbegründer des Dadaismus in Zürich 1916).

Komponisten: Demetri Kiriao (1866-1928), George Enescu (1881-1955).

Maler: Theodor Pallady (1871-1956), Gheorghe Petrașcu (1872-1949), Francisc Șirato (1877-1953), Ștefan Dimitrescu (1886-1933).

Bildhauer: Constantin Brâncusi (1867-1957), Oscar Han (1891-1976).

Architekten: Grigore Cerchez (1851–1927), Ion I. Socolescu (1859–1924), Ion D. Berindey (1871–1928), Petre Antonescu (1873–1965).

Griechenland:
Schriftsteller: Andreas Karkavitsas (1865–1922), Ioannis Gryparis (1870–1942), Nikos Kazantzakis (1882–1957), Kostas Varnalis (1884–1974).

Komponisten: Dionysios Lavrangas (1864–1941), G. Lambelet (1875–1945), Manolis Kalomiris (1883–1962), Mario Varvoglis (1885–1967), Emil Riadis (1885–1935).

Maler: Konstantinos Parthenis (1878–1967), Konstantinos Maleas (1879–1928), Giorgos Bouzianis (1888–1959).

Architekten: Dimitris A. Pikonis (1887–1968).

Osmanisches Reich:
Publizist, Soziologe Ziya Gökalp (1876–1924).

Romanschriftsteller: Hüseyin Rahmi Gürpinar (1864–1944), Abdülhak Şinasi Hisar (1883–1963), Ömer Seyfeddin (1884–1920), Halide Edib Adıvar (1884–1964), Refik Halit Karay (1888–1965), Reşat Nuri Güntekin (1889–1956), Yakup Kadri Karaosmanoğlu (1889–1974).

60. Einige Bereiche des Kulturlebens

Lyriker: Abdülhak Hamid Tarhan (1852–1937), Tevfik Fikret (1867–1915), Mehmet Emin Yurdakul (1869–1944), Riza Tevfik Bölükbaşı (1869–1949), Cenap Şahabettin (1870–1934), Celal Sahir Erozan (1883–1935), Yahya Kemal Beyatlı (1884–1958), Ahmed Haşim (1885–1933), Orhan Seyfi Orhon (1890–1972), Enis Behiç Koryürek (1891–1949), Halit Fahri Ozansoy (1891–1971).

Japan:
Schriftsteller: Shôyô Tsubouchi (1859–1935), Katai Tayama (1871–1930), Ryûnosuke Akutagawa (1892–1927).
Maler: Takeuchi Seihō (1864–1942), Kuroda Seiki (1866–1924), Kawai Gyokudō (1873–1957), Shimomura Kanzan (1873–1930), Uemura Shōen (1875–1949), Kiyokata Kaburagi (1878–1972).
Bildhauer: Murayama Tomoyoshi (1893–1990), Koga Harue (1895–1933).

Bibliographie

Gedruckte Quellen:
Imanuel **Geiss** (Hrsg.), Julikrise und Kriegsausbruch 1914. 2 Bde., Hannover 1964
Rudolf **Neck** (Hrsg.), Österreich im Jahre 1918. Berichte und Dokumente, Wien 1968
Erwin **Hölzle** (Hrsg.), Quellen zur Entstehung des Ersten Weltkrieges. Internationale Dokumente, Darmstadt 1978
Ulrich **Cartarius** (Hrsg.), Deutschland im Ersten Weltkrieg. Texte und Dokumente 1914–1918, München 1982
Winfried **Baumgart** (Hrsg.), Die Julikrise und der Ausbruch des Ersten Weltkrieges 1914, Darmstadt 1983
Alfred **Opitz** – Franz **Adlgasser** (Hrsg.), »Der Zerfall der europäischen Mitte«. Staatenrevolution im Donauraum. Berichte der Sächsischen Gesandtschaft in Wien 1917–1919, Graz 1990
Wolfdieter **Bihl** (Hrsg.), Deutsche Quellen zur Geschichte des Ersten Weltkrieges, Darmstadt 1991
Josef **Freihammer** (Hrsg.), Franz Eberls Kriegstagebuch 1914–1918, Amstetten 1993
Rüdiger vom **Bruch** – Björn **Hofmeister** (Hrsg.), Deutsche Geschichte in Quellen und Darstellung. Bd. 8: Kaiserreich und Erster Weltkrieg 1871–1918, Stuttgart 2000
Elisabeth **Kovács** (Hrsg.), Untergang oder Rettung der Donaumonarchie? Politische Dokumente zu Kaiser und König Karl I. (IV.) aus internationalen Archiven. Bd. 2, Wien – Köln – Weimar 2004.

Gesamtdarstellungen auf archivalischer Basis:
Der Weltkrieg, herausgegeben vom Reichsarchiv, Berlin 1925–1944
Österreich-Ungarns letzter Krieg 1914–1918, herausgegeben vom österreichischen Bundesministerium für Heerwesen und vom Kriegsarchiv Wien, Wien 1930–1938

Bibliographie

Literatur:
Klaus **Amann** – Hubert **Lengauer** (Hrsg.), Österreich und der Große Krieg 1914–1918. Die andere Seite der Geschichte, Wien 1989

Walther L. **Bernecker**, Europa zwischen den Weltkriegen 1914–1945 (= Handbuch der Geschichte Europas 9), Stuttgart 2002

Wolfdieter **Bihl**, Österreich-Ungarn und der »Bund zur Befreiung der Ukraina«. In: Österreich und Europa, Festgabe für Hugo Hantsch zum 70. Geburtstag, Graz – Wien – Köln 1965, S. 505–526

Ders., Beiträge zur Ukraine-Politik Österreich-Ungarns 1918. In: Jahrbücher für Geschichte Osteuropas N.F. 14 (1966), S. 51–62

Ders., Das im Herbst 1914 geplante Schwarzmeer-Unternehmen der Mittelmächte. In: Jahrbücher für Geschichte Osteuropas N.F. 14 (1966), S. 362–366

Ders., Österreich-Ungarn und die Krim 1918. In: Archiv für österreichische Geschichte 125 (1966), S. 291–303

Ders., Die österreichisch-ungarischen Dienststellen in der Ukraine 1918. In: Mitteilungen des Österreichischen Staatsarchivs 20 (1967) [1968], S. 379–388

Ders., Zu den österreichisch-ungarischen Kriegszielen 1914. In: Jahrbücher für Geschichte Osteuropas N.F. 16 (1968), S. 505–530

Ders., Österreich-Ungarn und die Friedensschlüsse von Brest-Litovsk, Wien – Köln – Graz 1970

Ders., Die österreichisch-ungarischen Kriegsziele 1918. In: Richard G. **Plaschka** – Karlheinz **Mack** (Hrsg.), Die Auflösung des Habsburgerreiches. Zusammenbruch und Neuorientierung im Donauraum, Wien 1970, S. 119–123

Ders., Die Kaukasus-Politik der Mittelmächte. Teil I: Ihre Basis in der Orient-Politik und ihre Aktionen 1914–1917, Wien – Köln – Graz 1975

Ders., Die Beziehungen zwischen Österreich-Ungarn und dem Osmanischen Reich im Ersten Weltkrieg. In: Österr. Osthefte 24 (1982), S. 33–52

Ders., Der Weg zum Zusammenbruch. Österreich-Ungarn unter Karl I. (IV.). In: Erika **Weinzierl** – Kurt **Skalnik** (Hrsg.), Österreich 1918–1938. Geschichte der Ersten Republik, Graz – Wien – Köln 1983, S. 27–54

Ders., Andrij Šeptyćkyj und die österreichische Regierung. In: Österr. Osthefte 26 (1984), S. 563–578

Ders. (mit Peter **Jung**, Walter **Lukan**, Bertram **Regius**), Czernowitz im Ersten Weltkrieg. Aus dem Tagebuch des k.k. Landesgerichtsrates Dr. Alfons Regius. In: Österr. Osthefte 27 (1985), S. 115–213

Ders., Die Haltung der österreichischen Regierung zu den Vorgängen in Galizien im Herbst 1918. In: Österr. Osthefte 31 (1989), S. 257–266

Ders., Von der Donaumonarchie zur Zweiten Republik. Daten zur österreichischen Geschichte seit 1867, Wien – Köln 1989

Ders., Austrian Publications Since 1945 on World War I and Austria-Hungary During the War. In: Austrian History Yearbook 19–20. Part 2 (1983–1984) (1989), S. 181–242

Ders., Zur Indien-Politik des Osmanischen Reiches im Ersten Weltkrieg. In: Wiener Zeitschrift für die Kunde des Morgenlandes 82 (1992), S. 51–66

Ders., Die Kaukasus-Politik der Mittelmächte. Teil II: Die Zeit der versuchten kaukasischen Staatlichkeit (1917–1918), Wien – Köln – Weimar 1992

Ders., La mission de médiation des princes Sixte et Xavier de Bourbon-Parme en faveur de la paix. In: Louis-Edouard **Roulet** (Hrsg.), Les pourparlers de paix de 1917 avec l'Autriche-Hongrie. Actes du Colloque universitaire international de Neuchâtel (= Guerres mondiales et conflicts contemporains no. 170 [Avril 1993]), S. 31–75

Ders., Der Zusammenbruch der österreichisch-ungarischen Monarchie 1917/18. In: Die Achter-Jahre in der österreichischen Geschichte des 20. Jahrhunderts, hrsg. v. Karl **Gutkas**, Wien 1994, S. 28–53

Ders., Das Osmanische Reich aus der Sicht eines deutschen Offiziers im Ersten Weltkrieg. In: Österr. Osthefte 37 (1995), S. 25–41

Ders., Zur Dobrudža-Frage im Ersten Weltkrieg. In: Bulgarisch-österreichische Beziehungen 1878–1996, hrsg. v. Christo **Choliolčev** – Karlheinz **Mack** – Arnold **Suppan**, Wien 1998, S. 39–54

Ders., Zur deutschen Turkestan-Politik im Ersten Weltkrieg. In: Brennpunkt Mitteleuropa. Festschrift für Helmut Rumpler zum 65. Geburtstag, hrsg. v. Ulfried **Burz** – Michael **Derndarsky** – Werner **Drobesch**, Klagenfurt 2000, S. 439–459

Ders., Persia's Role in the Foreign Policy of the Austro-Hungarian Empire during the First World War. In: La Perse et la Grande Guerre, hrsg. v. Oliver **Bast**, Teheran 2002, S. 141–145

Ders., Kaiser Karl und seine Bedeutung für die Ukrainer. In: Jan **Mikrut** (Hrsg.), Kaiser Karl I. (V.) als Christ, Staatsmann, Ehemann und Familienvater, Wien 2004, S. 15–34

Ders., Die Ukraine-Politik Österreich-Ungarns im Ersten Weltkrieg. In: Wolfram **Dornik** – Stefan **Karner**, Die Besetzung der Ukraine 1918. Historischer Kontext – Forschungsstand – wirtschaftliche und soziale Folgen, Graz – Wien – Klagenfurt 2008, S. 53–71

Francis Roy **Bridge**, The Habsburg Monarchy among the Great Powers 1815–1918, Oxford 1990

Peter **Broucek** – Fritz **Baer** (Hrsg.), Weltkrieg 1914–1918. Betrachtungen siebzig Jahre danach. Materialien zum Vortragzyklus 1988 der Österreichischen Gesellschaft für Heereskunde, Wien 1988

Peter **Broucek**, Karl I. (IV.). Der politische Weg des letzten Herrschers der Donaumonarchie, Wien – Köln – Weimar 1997

Johannes **Burckhardt** – Josef **Becker** – Stig **Förster** – Günther **Kronenbitter**, Lange und kurze Wege in den Ersten Weltkrieg. Vier Augsburger Beiträge zur Kriegsursachenforschung, München 1996

Mark **Cornwall** (Hrsg.), Die letzten Jahre der Donaumonarchie. Der erste Vielvölkerstaat im Europa des frühen 20. Jahrhunderts, Wegberg 2004

Wolfram **Dornik** – Stefan **Karner** (Hrsg.), Die Besetzung der Ukraine 1918. Historischer Kontext – Forschungsstand – wirtschaftliche und soziale Folgen, Graz – Wien – Klagenfurt 2008

Irmgard **Farah**, Die deutsche Pressepolitik und Propagandatätigkeit im Osmanischen Reich von 1908–1918 unter besonderer Berücksichtigung des »Osmanischen Lloyd«, Beirut 1993

Fritz **Fischer**, Griff nach der Weltmacht. Die Kriegszielpolitik des kaiserlichen Deutschland 1914/18, Düsseldorf ²1962

Wolfgang-Uwe **Friedrich**, Bulgarien und die Mächte 1913–1915, Wiesbaden – Stuttgart 1985

József **Galántai**, Die Österreichisch-Ungarische Monarchie und der Weltkrieg, Budapest 1979

Margarete **Grandner**, Kooperative Gewerkschaftspolitik in der Kriegswirtschaft. Die freien Gewerkschaften Österreichs im ersten Weltkrieg, Wien – Köln – Weimar 1992

Karlheinz **Graudenz** – Hanns Michael **Schindler**, Die deutschen Kolonien. Geschichte der deutschen Schutzgebiete in Wort, Bild und Karte, München 1982

Brigitte **Hamann**, Der Erste Weltkrieg. Wahrheit und Lüge in Bildern und Texten, München – Zürich 2004

Gerd **Hardach**, Der Erste Weltkrieg (Geschichte der Weltwirtschaft im 20. Jahrhundert 2), München 1973

Martin **Hekele**, Die Kriegszielpolitik der österreichisch-ungarischen Monarchie im Ersten Weltkrieg. Mit einer Gegenüberstellung der Kriegsziele der wichtigsten kriegführenden Staaten, Geisteswiss. Diss. Wien 1996

Erwin **Hölzle**, Die Selbstentmachtung Europas. Das Experiment des Friedens vor und im Ersten Weltkrieg, Göttingen – Frankfurt/M. – Zürich 1975

Anton **Holzer**, Das Lächeln der Henker. Der unbekannte Krieg gegen die Zivilbevölkerung 1914–1918, Darmstadt 2008

Rudolf **Jeřábek**, Potirek. General im Schatten von Sarajevo, Graz – Wien – Köln 1991

James **Joll**, The Origins of the First World War, London – New York ²1984

Peter **Jung**, Der k.u.k. Wüstenkrieg. Österreich-Ungarn im Vorderen Orient 1915–1918, Graz – Wien – Köln 1992

Ders., The Austro-Hungarian Forces in World War (1) 1914–16, Oxford 2003, (2) 1916–18, Oxford 2003

Robert A. **Kann** – Béla K. **Király** – Paula S. **Fichtner** (Hrsg.), The Habsburg Empire in World War I. Essays on the Intellectual, Military, Political and Economic Aspects of the Habsburg War Effort, New York 1977

Alfred **Kasamas**, Österreichische Chronik, Wien ²1949

Elisabeth **Kovács**, Untergang oder Rettung der Donaumonarchie? Die österreichische Frage. Kaiser und König Karl I. (IV.) und die Neuordnung Mitteleuropas (1916–1922). Bd. 1., Wien – Köln – Weimar 2004

Horst Günther **Linke**, Das zarische Rußland und der Erste Weltkrieg. Diplomatie und Kriegsziele 1914–1917, München 1982

Hans **Magenschab**, Der Krieg der Großväter 1914–1918. Die Vergessenen einer großen Armee, Wien ⁴1993

Alberto **Monticone**, Deutschland und die Neutralität Italiens 1914–1915, Wiesbaden 1982

Gertraud Maria **Mühlbach**, Das Kaiserhaus zu Baden. Franz I. und Karl I. von Österreich, Baden 2000

Hans Werner **Neulen**, Feldgrau in Jerusalem: Das Levantekorps des kaiserlichen Deutschland, München 1991

Ernst **Peter**, Die k.u.k. Luftschiffer- und Fliegertruppe Österreich-Ungarns 1794–1919, Stuttgart 1981

Albert **Pethö**, Agenten für den Doppeladler. Österreich-Ungarns Geheimer Dienst im Weltkrieg, Graz – Stuttgart 1998

Janusz **Piekalkiewicz**, Der Erste Weltkrieg, Düsseldorf – Wien – New York 1988

Richard Georg **Plaschka**, Cattaro–Prag. Revolte und Revolution. Kriegsmarine und Heer Österreich-Ungarns im Feuer der Aufstandsbewegungen vom 1. Februar und 28. Oktober 1918, Graz 1963

Richard Georg **Plaschka** – Karlheinz **Mack** (Hrsg.), Die Auflösung des Habsburgerreiches. Zusammenbruch und Neuorientierung im Donauraum, Wien 1970

Richard Georg **Plaschka** – Horst **Haselsteiner** – Arnold **Suppan**, Innere Front. Militärassistenz, Widerstand und Umsturz in der Donaumonarchie 1918, 2 Bde., München 1974

Karl **Ploetz**, Auszug aus der Geschichte 24. Auflage Bielefeld 1951, 25. Auflage Würzburg 1956. Der Große Ploetz. Die Enzyklopädie der Weltgeschichte, 35., völlig neu bearbeitete Auflage, Freiburg im Breisgau 2008. – Konferenzen und Verträge. **Vertrags-Ploetz**, ein Handbuch geschichtlich bedeutsamer Zusammenkünfte, Vereinbarungen, Manifeste und Memoranden, Teil II: 1493–1952, bearbeitet von Helmuth **Rönnefarth**, Bielefeld 1953

Manfried **Rauchensteiner**, Der Tod des Doppeladlers. Österreich-Ungarn und der Erste Weltkrieg, Graz – Wien – Köln ²1994

Gerhard **Ritter**, Staatskunst und Kriegshandwerk. Das Problem des »Militarismus« in Deutschland. 3. Bd.: Die Tragödie der Staatskunst. Bethmann Hollweg als Kriegskanzler (1914–1917), München 1964

Louis-Edouard **Roulet** (Hrsg.), Les pourparlers de paix de 1917 avec l'Autriche-Hongrie. Actes du Colloque universitaire international de Neuchâtel (= Guerres mondiales et conflits contemporains no. 170 [Avril 1993])

Michael **Salewski**, Der Erste Weltkrieg, Paderborn – München – Wien 2003

Wolfgang **Steglich**, Die Friedenspolitik der Mittelmächte 1917/18. Bd. 1, Wiesbaden 1964

David **Stevenson**, 1914–1918. The History of the First World War. London 2004

Hew **Strachan**, The First World War. Vol. I, Oxford 2001

Dieter **Struss**, Das war 1914. Fakten. Daten. Zahlen. Schicksale, München 1982

Ulrich **Trumpener**, Germany and the Ottoman Empire 1914–1918, Princeton, New Jersey 1968

Anton **Wagner**, Der Erste Weltkrieg. Ein Blick zurück, Wien ¹1968, ²1981

Bibliographie

Adam **Wandruszka** – Peter **Urbanitsch** (Hrsg.), Die Habsburgermonarchie 1848–1918, Wien 1973ff.

Hans **Weigel** – Walter **Lukan** – Max Demeter **Peyfuss**, Jeder Schuss ein Russ, jeder Stoss ein Franzos. Literarische und graphische Kriegspropaganda in Deutschland und Österreich 1914–1918, Wien 1983

Samuel R. **Williamson** – Peter **Pastor**, Essays On World War I: Origins and Prisoners of War, New York 1983

Zbyněk A. **Zeman**, Der Zusammenbruch des Habsburgerreiches 1914–1918, München – Wien 1963

Register der Personennamen

'Abdullah, arab. Politiker 134
Abdülhamit II., Sultan 28, 79
Abdülmecit I., Sultan 17, 20
Adıvar, Halide Edib 312
Adler, Alfred 303
Adler, Dr. Friedrich, österr. Politiker 124
Ady, Endre 304
Aehrenthal s. Lexa v. Aehrenthal
Ahmed Haşim 313
Ahmed Izzet Pascha, osman. Kriegsmin., Großvezir 252
Ahmed Riza, osman. Politiker 79
Aitken, brit. Generalmajor 97
Akutagawa, Ryûnosuke 313
Albert I., Kg. v. Belgien 78, 92, 130, 177
Alexander I., Kg. v. Serbien 72
Alexander I., Zar 9, 13, 14
Alexander II., Zar 26
Alexander III., Zar 29
Alexander v. Battenberg, Fürst v. Bulgarien 30
Alexander, Kg. v. Griechenland 179
Alfons XIII., Kg. v. Spanien 216
Altenberg, Peter 303
Alvensleben, Gustav v., Generalleutnant, Generaladjutant Kg. Wilhelms I. v. Preußen 21
Ambrus, Zoltán 304
Andersen, Hans Nielsen, dän. Etatsrat 104
Andrássy v. Csík-Szent Király u. Kraszna-Horka, Julius (Gyula) Graf (der Jüngere), k.u.k. Min. d. Äußern 230, 232, 235

Andrian-Werburg, Dr. Leopold Frhr. v., k.u.k. Generalkonsul in Warschau 88, 89, 102
Andrić, Ivo 304
Angelov, Ivan 311
Annunzio, Gabriele d' 226, 308
Antonescu, Petre 312
Antonov-Ovseenko, Vladimir Alekseevič, russ. Politiker 189
Aosta, Emanuele Filiberto di Savoia, Herzog, ital. General 195
Apollinaire, Guillaume 307
Arigi, Julius, k.u.k. Offiziersstellvertreter (Jagdflieger) 153
Armand du Plessis, Herzog v. Richelieu, frz. Min.-Präs. 14
Armand, Abel Graf, Major im frz. Kriegsmin. 162, 171, 219
Aronco, Raimondo d' 308
Arp, Hans (Jean) 306
Arz v. Straußenburg, Arthur Frhr., k.u.k. Generaloberst, Generalstabchef 88, 146, 157, 213, 226, 227, 230, 235, 236, 262, 270, 274
Asquith, Herbert Henry, brit. Premiermin. 129, 157, 173
Atanasov, Georgi 311
Auffenberg-Komarów, Moritz Ritter v., k.u.k. General d. Inf., Kriegsminister 84
Avarna, Giuseppe Herzog v., ital. Botschafter in Wien 107
Babits, Mihály 304
Bachmann, Gustav, dt. Admiral, Chef d. Admiralstabes 104
Bacovia, Gheorge 312

Register der Personennamen

Bader, Dr., Leiter d. poln. Pressebüros in Bern 157
Badoglio, Pietro, ital. General 236
Bahr, Hermann 303
Baldwin, James Mark 309
Balfour, Sir Arthur James, brit. Außenmin. 165
Ball, Albert, brit. Jagdflieger 153
Balla, Giacomo 308
Banfi, Antonio 308
Banfield, Gottfried Frhr. v., k.u.k. Linienschiffsleutnant (Marineflieger) 153
Barrès, Maurice 307
Barthou, Jean Louis, frz. Außenmin. 175
Bartók, Béla 304
Barton, Alix, geb. Lady Peel 157
Baruch, Bernard Maunes, amerikan. Wirtschaftspolitiker
Barwig, Hans 305
Basile, Ernesto 308
Battisti, Cesare, Reichsratsabg. 139
Baumgart, Winfried, dt. Historiker 8
Beatty, David, brit. Admiral 120, 149, 205
Becher, Johannes Robert 3006
Beckmann, Max 306
Beer-Hofmann, Richard 303
Behn, Fritz 306
Behrens, Peter 306
Bell, Dr. Johannes, dt. Verkehrsmin. 286
Bellows, George Wesley 310
Below, Otto v., preuß. General d. Inf. 197, 256
Belyj, Andrej 310
Benard, Dr. August, ung. Politiker 295
Benckendorff, Graf Aleksandr K. v., russ. Botschafter in London 131

Benedikt XV., Papst 161, 172
Beneš, Edvard, tschech. Politiker 124, 224, 226, 230
Berchtold von und zu Ungarschitz, Fratting u. Pullitz, Leopold Graf, k.u.k. Minister d. Äußern 42, 45, 46, 47, 49, 50, 88, 106
Berdjaev, Nikolaj 310
Berg, Alban 304
Bergson, Henri 307
Berindey, Ion D. 312
Bernstorff, Johann Heinrich Graf v., dt. Botschafter in Konstantinopel 251
Berrer, Albert v., württemb. Generallt. 198
Beseler, Hans Hartwig v., Generaloberst 92, 114
Bethmann Hollweg, Dietrich v., Leg.-Sekr. an der dt. Botschaft in Wien 45
Bethmann Hollweg, Theobald v., dt. Reichskanzler u. preuß. Min.-Präs. 45, 47, 64, 66, 79, 103, 104, 107, 125–129, 155, 157, 158, 166, 168–172, 176, 191
Beyatlı, Yahya Kemal 313
Binički, Stanislav 311
Bismarck-Schönhausen, Otto Fürst v., preuß. Ministerpräs., dt. Reichskanzler 23, 27
Bissing, Moritz Ferdinand Frhr. v., Generaloberst, Generalgouv. v. Belgien 92, 175, 176
Bittner, Julius 304
Blau, Tina 304
Bloem, Walter 305
Blok, Aleksandr 310
Blümelhuber, Michael 305
Boccioni, Umberto 308

Boeckl, Herbert 305
Boelcke, Oswald, dt. Jagdflieger (Leutnant, zuletzt Hauptmann) 153
Böhm-Ermolli, Eduard Frhr. v., k.u.k. Feldmarschall 84, 187, 216
Bojadjieff, Kliment, bulg. Generalleutnant 117
Bojić, Milutin 311
Böltz, Eduard Edler v., k.u.k. Feldmarschallleutnant 216
Bölükbaşi, Riza Tevfik 313
Bomberg, David 309
Bonaparte, Jérôme, Kg. v. Westfalen 9
Bonaparte, Joseph, Kg. v. Neapel 9
Bonaparte, Louis, Kg v. Holland 9
Bonard, Pierre 307
Bonsels, Waldemar 305
Boog, Adolf v., k.u.k. Feldmarschallleutnant, 1918 Komm. d. dt.-österr. Volkswehr 237
Bordalo Pinheiro, Columbano 310
Boris III., Kg. v. Bulgarien 250
Boroević v. Bojna, Svetozar, k.u.k. Feldmarschall 85, 86, 102, 115, 139, 140, 177, 195, 196, 198, 199, 231, 263, 265, 266, 268, 269, 270
Bosanquet, Bernard 309
Boselli, Paolo, ital. Min.-Präs. 130
Botha, Louis, südafrikan. General, Min.-Präs. 120
Bothmer, Felix Graf v., bayer. General d. Inf. 187
Bouzianis, Giorgos 312
Bradley, Francis Herbert 308
Brâncusi, Constantin 312
Brandão, Raúl Germano 310
Braque, Georges 307
Brătianu, Johann (Ion), rumän. Min.-Präs. 133

Braun, Felix 304
Brecht, Bertolt 306
Briand, Aristide, frz. Min.-Präs., Außenmin. 130, 173, 174
Brjusov, Valerij 310
Brod, Max 304
Brooke, Rupert Chawner 309
Broqueville, Charles Frhr. v., belg. Min.-Präs. 130
Bruchmüller, Georg, dt. Artillerieoberst 183
Brudermann, Rudolf Ritter v., k.u.k. General d. Kav. 84
Brumowski, Godwin v., k.u.k. Hauptmann (Jagdflieger) 153
Brusilov, Aleksej Alekseevič, russ. General 110, 140, 141, 142, 147, 187
Bryan, William Jennings, amerikan. Staatssekr. 191
Buber, Martin 303
Buchan, John 309
Buchanan, Sir George William, brit. Botschafter in Petersburg 108
Bülow, Bernhard Fürst v., preuß. Min.-Präs., dt. Reichskanzler, Botschafter in Rom 39, 106
Bulgakov, Sergej 310
Bulwer, William Henry Earl, brit. Botschafter in den USA 18
Bunin, Ivan 310
Buol-Schauenstein, Karl Ferdinand Graf v., österr. Min.-Präs. 19
Burián v. Rajecz, Stefan (István) Frhr. (Graf), k.u.k. Min. d. Äußern 106, 107, 118, 128, 135, 136, 158, 213, 220, 223, 226–228, 246
Busoni, Ferruccio 308
Bussche-Ippenburg, Erich Frhr. v. d., Major 247

Byng, Julian Hedworth George, brit. General 257
Cadorna, Luigi Graf, ital. General, Generalstabschef 115, 196
Calder, Alexander 310
Callaghan, Sir George Astley, Admiral, Oberbefehlshaber d. brit. Flotte 98
Cambon, Paul, frz. Botschafter in London 42, 52
Cankar, Ivan 304
Čapek, Karel 304
Capello, Luigi, ital. Generallt. 195, 199
Capuana, Luigi 308
Carra, Carlo 308
Casella, Alfredo 308
Casement, Roger, irischer Politiker 129
Cassatt, Mary 309
Castlereagh, Henry Robert Stewart, Viscount, brit. Außenminister 15
Castro e Almeida, Eugénio de 310
Castro, José Maria Ferreira de 310
Čcheidze, N. S., russ. Politiker 185
Čchenkeli, Akaki, georg. Außenmin. 276
Cecil, Edgar Algernon Robert, Lord, Unterstaatssekretär i. brit. Außenmin. 226
Celal Sahir Erozan 313
Cenap Şahabettin 313
Cerchez, Grigore 312
Ceremšyna, Marko 304
Chagall, Marc 311
Chesterton, Gilbert Keith 309
Christian v. Sonderburg-Augustenburg, Herzog 17
Christian VIII., Kg. v. Dänemark 17, 19
Christian X., dän. König 104

Christov, Dobri 311
Churchill, Winston, Erster Lord d. brit. Admiraliät, Munitionsmin. 98, 282
Ciganović, Milan 43, 44
Clam-Martinic, Heinrich Graf v., österr. Min.-Präs.; 10.7.1917 – 3.11.1918 Gouverneur in Montenegro 124, 156, 160, 226
Clayton, John Middleton, amerikan. Staatssekretär 18
Clemenceau, Georges, frz. Min.-Präs. u. Kriegsmin. 175, 219, 200
Coelho, Ruy 310
Conrad v. Hötzendorf, Franz Frhr. (Graf), Chef des k.u.k. Generalstabes, Feldmarschall 39, 45, 49, 57, 58, 84, 85, 102, 106, 107, 112, 118, 135, 136, 142, 156, 157, 177, 198, 199, 263, 264, 267
Conrad, Joseph 309
Corinth, Lovis 306
Crainic, Nichifor 312
Croce, Benedetto 308
Csokor, Franz Theodor 304
Czernin von u. zu Chudenitz, Otto Graf, k.u.k. Gesandter in Sofia 159
Czernin von und zu Chudenitz, Ottokar Graf, k.u.k. Min. d. Äußern 124, 155-159, 161-165, 168, 170, 171, 209, 212-214, 219, 220

Danev, bulg. Kriegsmin. 294
Danilo (Daniel) (Haus Petrović Njegoš), Vladika (Fürstbischof) von Cetinje 74
Danilo (Daniel) I., weltlicher Fürst v. Montenegro 74
Danilo, montenegr. Kronprinz 45
Dankl v. Kraśnik, Viktor Graf, k.u.k. General d. Kav. 84, 115, 137

Daskalov, Rajko, bulg. Politiker 250
Debeljanov, Dimčo 311
Debussy, Claude 307
Degas, Edgar 307
Dehmel, Richard 305
Delauney, Robert 307
Delcassé, Théophile, frz. Außenminister 71
Deledda, Grazia 308
Demuth, Charles 310
Denis, Ernest, frz. Historiker 124
Diller Baron, k.u.k. Generalmajor 113
Dimitrescu, Ștefan 312
Dimitrijević, Dragutin, serb. Oberst 44
Dinghofer, Dr. Franz, österr. Politiker 231, 234
Dix, Otto 306
Djemal Pascha, Ahmed, osman. Marineminister 119
Döblin, Alfred 3005
Dobrović, Petar 311
Doering v., Major, Stellv. Gouverneur v. Togo 97
Doyle, Arthur Conan 309
Draga, Gemahlin Kg. Alexanders v. Serbien 72
Drasche-Lázár, Alfréd v., ung. Politiker 295
Dreiser, Theodore 309
Drews, Dr. Bill, preuß. Min. d. Innern 243
Duchamp, Marcel 307
Duchamp-Villon, Raymond 307
Duchonin, Nikolaj Nikolaevič, russ. General, Oberkomm. d. russ. Heeres 190
Dučić, Jovan 311
Dürich, Josef, tschech. Politiker 124
Dunsterville, Lionel Charles, brit. Generalmajor 278

Duveneck, Frank 309
Ebert, Friedrich, dt. Politiker 244, 245, 246
Ebner, Ferdinand 303
Eduard VII., Kg. v. Großbritannien 133
Edwards, brit. General 279
Egger-Lienz, Albin 305
Ehrenfels, Christian Frhr. v. 303
Eichhoff, Johann Andreas Frhr. v., Sekt.-Chef im k.k. Innenmin. 230
Eisner, Kurt, dt. Politiker 244
Endrici, Cölestin, Fürstbischof v. Trient 114
Enescu, George 312
Enriques, Federigo 308
Ensor, James 307
Enver Pascha, osman. Kriegsminister 109, 251–252
Ernst, Paul 305
Erzberger, Mathias, dt. Politiker 161, 248
Esenin, Sergej 310
Esterházy-Galántha u. Frakno (Forchtenstein), Moritz (Móric) Graf, ung. Min.-Präs. 160
Eucken, Rudolf 305
Eugen, Erzherzog, Feldmarschall 115, 137
Evert, Aleksej Jermolajevič, russ. General 141
Eysler, Edmund 304
Faistauer, Anton 305
Falkenhausen, Ludwig Frhr. v., Generaloberst, Generalgouv. v. Belgien 92
Falkenhayn, Erich v., General d. Inf., preuß. Kriegsmin., Chef d. Generalstabes d. Feldheeres 47, 91, 107, 112, 118, 126, 127, 141–144, 146, 152, 191, 275

Register der Personennamen

Fechter, Paul 305
Felixmüller, Conrad 306
Ferdinand I., Kg. v. Rumänien 133
Ferdinand IV., Kg. v. Neapel 13
Ferdinand v. Sachsen-Coburg-Gotha-Koháry (Ferdinand I.), Fürst, König v. Bulgarien 30, 39, 72, 109, 133, 250, 273
Fink, Jodok, österr. Politiker 231
Flaischlen, Cäsar 305
Fleischmann v. Theißruck, Major d. k.u.k. Generalstabskorps 216
Flex, Walther 306
Flotow, Ludwig Frhr. v., Sekt.-Chef im k.u.k. Min. d. Äußern, letzter k.u.k. Min. d. Äußern 155, 235
Foch, Ferdinand, frz. Marschall 248, 254, 260
Foerster, Dr. Friedrich Wilhelm, dt. Philosoph u. Pädagoge 163
Fonck, René, frz. Jagdflieger 153
Forgách v. Ghymes u. Gács, Dr. Johann (János) Graf, Leiter d. k.u.k. Kommission Kiew, 45, 48, 102, 216
Forster, Edward Morgan 309
France, Anatole 307
Franchet d'Espérey, Louis-Felix, frz. General 272
Franco, Francisco 310
Frank, Leonhard 306
Franke, Oberstlt., Kommandeur d. Schutztruppe (Deutsch-Südwestafrika) 97
Franz Ferdinand v. Österreich-Este, Erzherzog 43, 44, 46
Franz II. (röm. Kaiser), I. (Kaiser v. Österreich) 9, 11, 13, 14
Franz Joseph I., Kaiser v. Österreich, Apostolischer Kg. v. Ungarn 26, 29, 33, 36, 39, 46, 49, 73, 107, 121, 123, 301
Freud, Sigmund 303
Frey, Alexander Moritz 305
Friedrich Karl Landgraf v. Hessen 243, 245
Friedrich VII., Kg. v. Dänemark 17, 19
Friedrich Wilhelm III., Kg. v. Preußen 11, 13, 14
Friedrich, Erzherzog, k.u.k. Feldmarschall, Armeeoberkommandant 141–142
Fulda, Ludwig 305
Gablenz, Ludwig Frhr. v., k.u.k. Feldmarschallleutnant 22, 23
Gabo, Naum 311
Galliéni, Joseph, frz. General, Gouverneur v. Paris 90
Gallwitz, Kurt v., General d. Art. 117, 226
Galsworthy, John 309
Ganghofer, Ludwig 305
Garniet, Tony 307
Gaugl, Joseph, k.u.k. Generalmajor 147
Gentile, Giovanni 308
Georg III., Kg. v. Großbritannien 11
George, Stefan 305
Gide, André 307
Giesl Frhr. v. Gieslingen, Wladimir, k.u.k. Gesandter in Belgrad 49
Gilbert, Alfred 309
Ginzkey, Franz Karl 303
Giolitti, Giovanni, ital. Min.-Präs. 107
Gippius, Zinaida 310
Giusti del Giardino, N., ital. Senator 236, 271
Goga, Octavian 304
Goiginger, Ludwig, k.u.k. Feldmarschallleutnant 265

Register der Personennamen

Gökalp, Ziya 312
Goldmark, Carl 304
Goltz, Rüdiger Graf v. d., General, Komm. d. dt. Truppen in Finnland 245
Goltz, Wilhelm Leopold Colmar Frhr. v.d., preuß. Generalfeldmarschall, General-Gouv. v. Belgien, osman. Marschall 92, 147
Golubkina, Anna 311
Gončarova, Natalija 310–311
Gorčakov, Aleksandr Michajlovič, russ. Außenminister 21
Goremykin, Ivan Longinovič, russ. Min.-Präs. 69, 131
Gorkij, Maksim 310
Gosse, Sir Edmund William 309
Gough, Sir Hubert de la Poer, brit. General 257
Gozzano, Guido 308
Graener, Paul 306
Grey, Sir Edward (1916 Viscount of Fallodon), Staatssekretär im brit. Außenamt 40, 42, 48, 50, 52, 157
Groener, Wilhelm, preuß. Generalleutnant, Erster Generalquartiermeister 243, 244
Gropius, Walter 306
Gryparis, Ioannis 312
Güntekin, Reşat Nuri 312
Gürpinar, Hüseyin Rahmi 312
Guimard, Hector 307
Gumilev, Nikolaj 310
Gusti, Dimitrie 312
Gyokudō, Kawai 313
Haase, Hugo, dt. Politiker 103, 125, 142
Haeckel, Ernst 305
Haggard, Sir Henry Rider 309
Haguenin, Leiter d. Presseabt. d. frz. Botschaft in Bern 157

Haig, Sir Douglas, brit. Feldmarschall 254, 257
Hakki Pascha, osman. Gesandter in Berlin 251
Halaçoğlu, Yusuf, türk. Historiker 109
Halil Pascha, osman. General 147
Hamilton, Sir Ian, brit. General 119
Han, Oscar 312
Hanak, Anton 305
Handel-Mazzetti, Enrica Freiin v. 303
Hardy, Thomas 309
Hartwig, Nikolaj Genrikovič, russ. Gesandter in Belgrad 41, 73
Harue, Koga 313
Hašek, Jaroslav 304
Hasenclever, Walter 306
Hauer, Josef Matthias 304
Hauptmann, Gerhart 305
Haus, Anton, k.u.k. Großadmiral, k.u.k. Flottenkommandant 115, 155, 156
Hauser, Johann Nepomuk, Prälat, österr. Politiker 234
Haußmann, Dr. Conrad, dt. Reichstagsabg., Staatssekr. ohne Geschäftsbereich 163, 243
Hay, John Milton, amerikan. Staatssekretär 35
Heckel, Erich 306
Hellmer, Edmund 305
Hemingway, Ernest 309
Hentig, Dr. Werner Otto v., dt. Legationssekretär 67
Hentsch, Friedrich Heinrich, 1914 Chef d. Nachrichtenabt. im Gr. Generalstab, (Oberstleutnant) 91
Herr, frz. General 143
Herron, George David, amerikan. Theologieprof. 163

Hertling, Georg Graf v., dt. Reichskanzler u. preuß. Min.-Präs. 223, 240
Herzmanovsky-Orlando, Fritz Ritter v. 304
Hesse, Hermann 52, 305
Heydebreck v., Oberstleutnant, Kommandeur d. Schutztruppe (Deutsch-Südwestafrika) 97
Heymel, Walter 305
Hindenburg: v. Beneckendorff und v. Hindenburg, Paul, preuß. Generalfeldmarschall, Chef d. Generalstabes d. Feldheeres 85-87, 110, 126, 129, 142, 163, 169, 227, 242-244, 270
Hintze, Paul v., Admiral, Staatssekr. i. dt. Ausw. Amt 227, 278
Hipper, Franz Ritter v., dt. Admiral 99, 120, 149
Hisar, Abdülhak Şinasi 312
Hitler, Adolf 51
Hoeppner Ernst v., komm. General d. dt. Luftstreitkräfte (Generalleutnant) 153
Hofer, Karl 306
Hoff, norweg. Major, 1914 als Generalinspektor f. Ostanatolien vorgesehen 43
Hofmannsthal, Hugo v. 303
Hohenberg, Sophie Herzogin v. 43
Hohenlohe-Schillingsfürst, Gottfried Prinz zu, k.u.k. Botschafter in Berlin 158, 230
Hohlbaum, Robert 304
Hold-Ferneck, Dr. Alexander Frhr. v., Univ.-Prof. 49
Holtzendorff, Henning v., dt. Admiral, Chef d. Admiralstabes 104, 127, 129, 155, 205

Holz, Arno 305
Hölzle, Erwin, dt. Historiker 8
Hoover, Herbert Clark, amerikan. Politiker 193
Horta, Victor 307
Horthy v. Nagybánya, Nikolaus (Miklós) v., k.u.k. Konteradmiral 207, 208, 214, 279, 280
House, Edward Mandell, Oberst, Berater Wilsons 157, 191
Hoyos, Alexander Graf, Leg.-Rat, Kabinettschef im k.u.k. Min. d. Äußern 45-47
Huch, Ricarda 305
Humperdinck, Engelbert 306
Hurban-Vajanský, Svetozár 304
Husain, arab. Politiker 134
Hussarek v. Heinlein, Dr. Max Frhr. v., 225
Husserl, Edmund 303
v. Hutier, dt. General d. Inf. 257
Ibrahim Temo, osman. Politiker 79
Ilkić, Jovan 311
Immelmann, Max, dt. Jagdflieger (Leutnant) 153
Ionescu, Nae 312
Ismail Hakki Pascha, osman. Generalintendant 134
Ivanov, Nikolaj N., russ. General d. Artillerie 87
Ivanov, Vjačeslav 310
Ives, Charles Edward 309
Izvol'skij, Aleksandr Petrovič, russ. Außenminister u. Botschafter in Paris, 39, 69, 71, 131
Jagow, Gottlieb v., Staatssekr. d. dt. Auswärtigen Amts 46, 83
Janáček, Leoš 304

Register der Personennamen

Jellicoe, John Rushworth, Admiral, Oberbefehlshaber d. brit. Flotte 98, 149
Joffre, Joseph, frz. Marschall 89, 90, 112, 140, 143
Johann, Kg. v. Sachsen 24
Jongen, Joseph 307
Joseph August, Erzherzog, Vertreter Kg. Karls in Ungarn 234
Joseph Ferdinand, Erzherzog, k.u.k. General d. Inf. 85-87, 141
Joseph, Erzherzog, k.u.k. Generaloberst 265, 268
Jovanovič, Konstantin 311
Jovanović, Ljuba, serb. Unterrichtsminister
Joyce, James 309
Juhász, Gyula 304
Juriga, Dr. Ferdiš, slowak. Politiker 231
Kaburagi, Kiyokata 313
Kafka, Franz 304
Kaiser, Georg 305
Kálmán, Emmerich 304
Kalomiris, Manolis 312
Kamenev, Lev Borisovič, russ. Politiker 188
Kandinskij, Vasilij 306, 310
Kanzan, Shimomura 313
Karadjordje (eigentlich Georg Petrović), serb. Fürst 72
Karamichajlova, Elena 311
Karaosmanoğlu, Yakup Kadri 312
Karay, Refik Halit 312
Karkavitsas, Andreas 312
Karl Franz Joseph, Erzherzog = Karl I., Kaiser v. Österreich (als Karl IV. Apostol. König v. Ungarn) 123, 141, 155–158, 160, 161, 165, 170, 171, 213, 216, 218–220, 222, 227, 229–232, 234–237, 266, 267, 274, 280
Karl Stephan, Erzherzog 215
Karl v. Hohenzollern-Sigmaringen, Fürst König v. Rumänien (Carol I.) 27, 30, 133
Károlyi v. Nagy-Károly, Michael (Mihály) Graf, ung. Min.-Präs. 232, 234
Kazantzakis, Nikos 312
Kemal Bey, Leiter d. Einkaufsges. d. Jungtürkenkomitees 81
Kerenskij, Aleksandr Fedorovič, russ. Kriegsmin., Min.-Präs. 185, 187-190
Kernstock, Ottokar 303
Kerz, Alfred 305
Ketteler, Klemens Frhr. v., dt. Gesandter in Peking 35
Kienzl, Wilhelm 304
Kipling, Joseph Rudyard 309
Kirchner, Ernst Ludwig 306
Kiriao, Demetri 312
Kitchener, Herbert (Earl of Khartoum), brit. Kriegsminister 76, 129
Klimt, Gustav 304
Klinger, Max 306
Kluck, Alexander v., Generaloberst 90, 91
Köbis, Albin, Heizer 168
Kodály, Zoltán 304
Koerber, Ernest v., österr. Min.-Präs., k.u.k. Finanzminister 106, 124, 135
Kokoschka, Oskar 305
Kolb, Annette 305
Kolbenheyer, Erwin Guido 304
Kolig, Anton 305
Kollwitz, Käthe 306
Kolowrat-Krakowski, Alexander Graf, k.u.k. Oberleutnant 56

Kolušev, bulg. Gesandter in Konstantinopel 251
Kolyško, I. I., russ. Unterstaatssekretär, Journalist, Unternehmer 104
Konenkov, Sergej 311
Konstantin I., Kg v. Griechenland 178, 179
Kornilov, Lavr Georgievič, russ. General 187, 188
Korošec, Dr. Antun, slowen. Politiker 160, 229
Korunović, Momir 311
Koryürek, Enis Behiç 313
Kosztolányi, Dezső 304
Kövess v. Kövessháza, Hermann Frhr., k.u.k. Feldmarschall 84, 113, 117, 135, 137, 235, 236, 271, 274, 275
Krafft v. Dellmensingen, Konrad, bayer. Generallt. 197
Kraft, Viktor 303
Kralik, Richard v. 303
Kramář, Karel, tschech. Politiker 124, 160, 225, 228
Krasnov, Petr N., russ. General 190
Kraus, Karl 52, 303
Krauß, Alfred, k.u.k. General d. Inf. 95, 137, 197, 216
Kreneis, Emil, Oberst d. k.u.k. Generalstabskorps 216
Kreß v. Kressenstein, Friedrich Frhr. v., bayer. Oberst (Generalmajor) 119, 148
Krleža, Miroslav 304
Krobatin, Alexander Frhr. v., k.u.k. Kriegsminister, Feldmarschall 106, 135, 268, 271
Kropotkin, Petr Fürst, russ. Anarchist 69–70
Krüdener, Barbara Juliane Freiin v. 13
Krylenko, Nikolaj Vasil'evič, russ. Fähnrich, Nachfolger Duchonins als russ. Oberbefehlshaber 190
Kubin, Alfred 305
Kucharzewski, Jan, poln. Min.-Präs. 215
Kühlmann, Dr. Richard v., Staatssekr. im dt. Ausw. Amt 169, 172, 173, 177, 209
Kuk, Karl, k.u.k. Feldzeugmeister 114
Kummer v. Falkenfehd, Heinrich Ritter v., k.u.k. General d. Kav. 84, 85
Kundmann, Carl 305
Kuśmanek v. Burgneustädten, Hermann, k.u.k. Feldmarschallleutnant 111
Laermans, Eugène 307
Lambelet, G. 312
Lammasch, Dr. Heinrich, Univ. Prof., Mitgl. d. österr. Herrenhauses, österr. Min.-Präs. 162, 163, 232, 234
Lamsdorff, Vladimir Nikolaevič Graf, russ. Außenminister 37
Lancken-Wakenitz, Oscar Frhr. v.d., Leiter d. Polit. Abt. b. dt. Gen. Gouv. in Belgien 173, 176, 177
Landauer, Gustav 305
Landwehr v. Pragenau, Ottokar, k.u.k. Generalmajor, Vors. d. Gem. Ernährungsausschusses 154
Lansing, Robert, amerikan. Staatssekr. 157, 191, 212, 222, 247
Lapšin, Ivan 310
Larionov, Michail 311
Laska, Oskar 305
Lasker-Schüler, Else 305
Lavrangas, Dionysios 312
Lawrence, David Herbert 309
Ledebour, Georg, dt. Politiker 239
Léger, Fernand 307

Lehár, Franz 304
Lehmbruck, Wilhelm 306
Lenin (eigentl. Ul'janov), Vladimir Il'ič, Führer der Bol'ševiki, Vors. d. Rates d. Volkskommissare, 186-188, 190
Leoncavallo, Ruggiero 308
Leopold II., Kg. v. Belgien 78
Lerch, Egon, k.u.k. Linienschiffsleutnant 100
Lettow-Vorbeck, Paul v., Generalmajor, Kommandeur d. Schutztruppe (Deutsch-Ostafrika) 97, 120, 148, 204, 279
Lewis, Henry Sinclair 309
Lewis, Wyndham 309
Lexa v. Aehrenthal, Aloys Graf, k.u.k. Botschafter in Petersburg, Minister d. Äußern 36, 39, 45
Liebermann, Max 306
Liebknecht, Karl, dt. Politiker 64, 103, 125
Liechtenstein, Johannes Prinz von und zu, k.u.k. Fregattenkapitän 207
Liliev, Nikolai 311
Liman v. Sanders, Otto, preuß. General d. Kav., osman. Marschall 118, 275
Lino, Raul 310
Linsingen, Alexander v., preuß. General d. Inf., 141, 142
Lipošćak, Anton, k.uk. General d. Inf. 215
Lissauer, Ernst 306
Ljubyn's'kyj, Mykola, ukrain. Politiker 214
Lloyd George, David, brit. Munitionsmin., Premierminister 105, 129, 211

Löns, Hermann 305
Loos, Adolf 305
Lossow, Otto v., bayer. Generalmajor, dt. Militärbevollmächtigter in Konstantinopel 276
Lovinescu, Eugen 312
Ludendorff, Erich, General d. Inf., Erster Generalquartiermeister 56, 85, 126, 142, 163, 169, 177, 227, 247, 248, 260
Ludwig III., Kg. v. Bayern 245
Ludwig XVIII., Kg. v. Frankreich 11
Ludwig, Emil 305
Lutyens, Edwin 309
Lvov, Fürst Georgij Evgenevič, russ. Min.-Präs. 185, 187
Lyncker, Moritz Frhr. v., General d. Inf., Chef des Militärkabinetts 47
Macchio, Karl Frhr. v., k.u.k. Botschafter in Rom 107
Macdonald, James Ramsay, brit. Politiker (Labour Party) 75
Macedo, Diogo de 310
Mach, Ernst 303
Machado, Bernardino, portug. Staatspräsident 131
Macke, August 306
Mackensen, August v., preuß. Generalfeldmarschall 87, 112, 119, 146, 147
Mackenzie, Sir Alexander Campbell 309
Maeterlinck, Maurice 307
Mahmud II., Sultan 16
Maillol, Aristide 307
Majakovskij, Vladimir 310
Makana, Sultan (Deutsch-Ostafrika) 291
Makovej, Osyp 304
Maleas, Konstantinos 312

Register der Personennamen

Malevič, Kasimir 310
Malhōa, José 310
Malinov, Aleksandăr, bulg. Min-Präs. 250
Malipiero, Gian Francesco 308
Mallet-Stevens, Robert 307
Malobabić, Rade 44
Mann Edler v. Tiechler, Ernst Ritter v., Staatssekr. d. dt. Reichsmarineamts 243
Mann, Heinrich 305
Mann, Thomas 305
Mannherheim, Carl Gustav Frhr. v., finn. General u. Staatsmann 245
Manojlović, Todor 311
Manteuffel, Edwin Frhr. v., preuß. General, zuletzt Generalfeldmarschall
Marc, Franz 306, 310
Marchesini, Giovanni 308
Maria, Gemahlin Kg. Ferdinands I. 133
Marie Louise, Erzherzogin, Herzogin v. Parma 11, 13
Marinetti, Filippo Tommaso 308
Marinković, Josif 311
Martinetti, Piero 308
Marwitz, Georg v. d., preuß. General d. Kav. 256
Marx, Joseph 304
Mascagni, Pietro 308
Masaryk, Tomáš Garrigue, tschech. Politiker, 89, 124, 161, 222, 224, 228, 230
Matisse, Henri 307
Mauthner, Fritz 303
Max(imilian) Alexander Friedrich Prinz v. Baden, dt. Reichskanzler u. preuß. Min.-Präs. 240, 242–245, 247

McCudden, brit. Jagdflieger 153
McTaggart, John 309
Mehmed Ali, Vizekönig v. Ägypten 16, 17
Mehmed V., Sultan 79, 96
Mehmed VI., Sultan 251, 277
Mehmedbašić, Muhamed 45
Meidner, Ludwig 306
Meiji (Mutsuhito), jap. Kaiser 81
Meinl, Julius, österr. Großkaufmann 163
Meinong, Alexius v. 303
Mell, Max 304
Mensdorff-Pouilly Fürst v. Dietrichstein zu Nikolsburg, Albert Graf, k.u.k. Botschafter in London 157, 165
Mensdorff-Poully, Alexander Graf v., österr. Min. d. Äußern 23
Mérey v. Kapos-Mére, Kajetan, k.u.k. Botschafter in Rom 48, 89, 164
Merežkovskij, Dmitrij 310
Metternich-Winneburg, Clemens Wenzel Lothar Fürst v., österr. Staatskanzler 13
Meyer, Adolf 306
Meyrink, Gustav 303
Michaelis, Dr. Georg, dt. Reichskanzler u. preuß. Min.-Präs. 169, 172
Michail Aleksandrovič, Bruder v. Nikolaus II. 186
Michailov, Nikola 311
Micheler, frz. General 201
Micić, Ljubomir 311
Mies van der Rohe, Ludwig 306
Mihalovich, Anton, Banus v. Kroatien 233
Miklas, Dr. Wilhelm, österr. Politiker 234

Milan IV., Fürst, Kg. v. Serbien 29, 72
Miljutin, V. P., russ. Volkskomm. f. Landwirtschaft 190
Miloradić, Mate 304
Milovanović, Djordje 311
Minne, George 307
Minulescu, Ion 312
Mitov, Anton 311
Mohammed 79
Molnár, Ferenc 304
Moltke, Helmuth Graf v., Chef des preuß. Generalstabes, Generalfeldmarschall 55
Moltke, Helmuth v. (d. J.), Chef des Gr. Generalstabes, Generalfeldmarschall 58, 65, 89, 91
Monet, Claude 307
Moore, George Edward 309
Móricz, Zsigmond 304
Moser, Kolo 305
Mücke, Hellmuth v., dt. Kapitänleutnant 100, 121
Mühsam, Erich 305
Müller, Hermann, dt. Außenmin. 286
Musil, Dr. Alois, Univ. Prof. Wien (biblische Hilfswiss. u. arab. Sprache), Prälat 156, 160, 170
Musil, Robert Edler v. 304
Mustafa Kemal Pascha, osman. General 80, 275, 297
Musulin v. Gomirje, Dr. Alexander Frhr., Referatsleiter im k.u.k. Min. d. Äußern
Napoleon I., Kaiser der Franzosen 9, 11, 14, 75
Napoleon III., Kaiser der Franzosen 21
Natorp, Paul 305
Naumann, Friedrich, Mitgl. d. dt. Reichstages, Publizist 102, 104

Neurath, Otto 303
Niedermayer, Dr. Oskar Ritter v., bayer. Oberleutnant bzw. Hauptmann 67
Nikita (Nikolaus) I., Fürst, König v. Montenegro 74, 136
Nikolaj Nikolaevič, russ. Großfürst 74, 113
Nikolaus II., Zar 33, 36, 37, 68, 71, 185, 186
Nivelle, Robert Georges, frz. General 200, 201
Njegovan, Maximilian, k.u.k. Admiral, k.u.k. Flottenkommandant 156, 214
Nolde, Emil 306
Noske, Gustav, dt. Politiker 242, 243
Nowicki, Franciszek Henryk 304
Olgiati, Francesco 308
Ömer Seyfeddin 312
Oprasopisov, Nikola 311
Orhon, Orhan Seyfi 313
Orlando, Vittorio Emanuele, ital. Min.-Präs. 178, 200
Orlik, Emil 305
Országh-Hviezdoslav, Pavol 304
Osman ('Uthmān), Kalif 291
Ozansoy, Halit Fahri 313
Pacelli, Eugenio, Nobile di Aquapendente e di San Angelo in Vado, Nuntius in München 172
Painlevé, Paul, frz. Min.-Präs. 173, 175
Paléologue, Maurice, frz. Botschafter in Petersburg 108
Pallady, Theodor 312
Pallavicini, Johann (János) Markgraf, k.u.k. Botschafter in Konstantinopel 251
Pandurović, Sima 311
Papini, Giovanni 308

Register der Personennamen

Parry, Sir Charles Herbert 309
Parthenis, Konstantinos 312
Pasdermadjian, Garegin (Armen Garo), armen. Politiker 109
Pašić, Nikola, serb. Min.-Präs. 44, 72, 73, 108, 161
Pasternak, Boris 310
Pauncefote, Julian, brit. Diplomat 35
Pavelić, Dr. Ante, kroat. Politiker 229, 233
Payer, Friedrich v., dt. Vizekanzler 171
Péguy, Charles 307
Penfield, Frederic C., amerikan. Botschafter in Wien 157
Permeke, Constant 307
Perret, Auguste 307
Perry, Matthew Calbraith, amerikan. Commodore 19
Perry, Ralph Barton 309
Pershing, John, amerikan. General 192
Pessoa, Fernando António Nogueira de Seábra 310
Pétain, Henri Philippe, frz. General 143, 201, 202, 254, 257
Peter I., Kg. V. Serbien 72, 73, 74, 118
Petković-Dis, Vladislav 311
Petraşcu, Gheorghe 312
Petrescu, Camil 312
Petrov, Nikola 311
Petruševyč, Dr. Eugen (Evhen), Reichsratsabg. 231
Petzold, Alfons 304
Pfitzner, Hans 306
Pflanzer-Baltin, Carl Frhr. v., k.u.k. Generaloberst, 110, 141, 272
Picot, Georges, frz. Diplomat 130
Pikonis, Dimitris A. 312
Pimenta de Castro, Joaquim Pereira, portug. Min.-Präs. 131

Pirandello, Luigi 308
Pizzetti, Ildebrando 308
Plechanov, Georgij Valentinovič, russ. Sozialist 69, 310
Plessen, Hans Georg v., Generaloberst, Generaladjutant des Dt. Kaisers 47
Pogačnik, Josip Ritter v., slowen. Politiker 233
Pohl, Hugo v., Chef d. dt. Admiralstabes 100
Poincaré, Raymond, frz. Min.-Präs. 77, 130, 156, 170, 175
Polgar, Alfred 304
Pomerancev, Alexander 311
Potiorek, Oskar, Feldzeugmeister, Oberkommandant d. k.u.k. Balkanstreitkräfte 93, 95
Pound, Ezra Loomis 309
Pratella, Francesco Balilla 308
Prezzolini, Giuseppe 308
Pribićević, Svetozar, kroat. Politiker 229, 233
Priestley, John Boynton 309
Princip, Gavrilo 43
Prokofiev, Sergej 310
Psichari, Ernest 307
Puccini, Giacomo 308
Puhallo v. Brlog, Paul, k.u.k. Feldzeugmeister 141
Rachmaninov, Sergej 310
Radon, Bořivoj, k.u.k. Linienschiffsleutnant 285
Radoslavov, Vasil', bulg. Min.-Präs. 133, 250
Rakić, Milan 311
Rama V., Kg. v. Siam 179
Rama VI., Kg. v. Siam 179
Rank, Otto 303
Rašín, Dr. Alois, tschech. Politiker 232

Rasputin, Grigorij Efimovič, russ. Mönch, Günstling am Hof Nikolaus II. 69
Rathenau, Walther, Leiter d. Kriegsrohstoffabt. i. preuß. Kriegsmin. 247
Ratzenhofer, Emil, k.u.k. Oberst 235
Redlich, Dr. Josef, Univ.-Prof., österr. Politiker 163
Reichpietsch, Max, Oberheizer 168
Reininger, Robert 303
Reiss, Rodolphe Archibald, Schweizer Kriminologieprof. 94
Renner, Dr. Karl, österr. Staatskanzler 233, 292
Renoir, Auguste 307
Rensi, Giuseppe 308
Respighi, Ottorino 308
v. Reuter, dt. Konteradmiral 205
Revertera v. Salandra, Nikolaus Graf, k.u.k. Legationsrat 162, 171, 219
Rhemen zu Barensfeld, Adolf Frhr. v., k.u.k. General d. Inf. 133
Riadis, Emil 312
Ribeiro, Aquiliono 310
Ribot, Alexandre, frz. Min.-Präs. 173, 175
Richthofen, Manfred Frhr. v., erfolgreichster dt. Jagdflieger 153
Riehl, Dr. Walter, österr. Politiker 221
Riemerschmid, Richard 306
Rifaat Pascha, osman. Botschafter in Berlin 251
Rigele, Hermann, k.u.k. Linienschiffsleutnant 280
Rigotti, Annibale 308
Rilke, Rainer Maria 304
Rittner, Tadeusz 304
Rizzo, ital. Korvettenkapitän 280
Roda Roda, Alexander 303

Rodčenko, Aleksandr 311
Rodin, Auguste 307
Rohlfs, Christian 306
Rohr v. Denta, Franz Frhr. v., k.u.k. General d. Kav. 115
Rolland, Romain 52, 307
Roosevelt, Theodore, amerikan. Präsident 37
Rosegger, Peter 303
Rosenberg, Dr. Fréderic Hans v., Geh. Leg.-Rat (m. d. Titel e. ao. Gesandten) 251
Rostworowski, Graf, Vertrauensmann des k.u.k. Evidenzbureaus 157
Roth v. Limanowa-Lapanów, Joseph Ritter v., k.u.k. Feldmarschallleutnant 87, 88
Rühle, Otto, dt. Politiker, 64, 103
Ruffo di Calabria, Fulco Fürst, Capitano, ital. Jagdflieger 153
Rupprecht, Kronprinz v. Bayern, Generalfeldmarschall 255
Russell, Bertrand 309
Russolo, Luigi 308
Rykov, Aleksej Ivanovič, russ. Volkskomm. f. Inneres 190
Sabaheddin, osman. Prinz 79
Saint-Saëns, Camille 307
Sakazov, bulg. Politiker 294
Salandra, Antonio, ital. Min.-Präs. 107, 130
Salis-Seewis, Johann Ulrich Graf, k.u.k. Feldmarschallleutnant 118, 132
Salten, Felix 303
Sant'Elia, Antonio 308
Sarasov, bulg. Politiker 294
Sarkotić v. Lovćen, Stephan Frhr. v., k.u.k. Generaloberst 226, 228, 235

Sarrail, Maurice, frz. General 117, 203
Satie, Erik 307
Sauvage, Frédéric Henri 307
Savigny, Karl Friedrich, preuß. Diplomat 23
Sazonov, Sergej Dmitrievič, russ. Außenminister 49, 69, 70, 71, 108
Schaukal Richard v. 303
Schaz, Boris 311
Scheer, Reinhard, dt. Admiral, Chef d. Seekriegsleitung 127, 149, 243
Scheidemann, Philipp, dt. Politiker 171, 242, 245
Scheüch, Heinrich v., Generalmajor, preuß. Kriegsmin. 241
Schickele, René 306
Schiele, Egon 305
Schlieffen, Alfred Graf v., Generalfeldmarschall, Generalstabschef 51, 55, 65, 89
Schmidt, Franz 304
Schmidt-Rottluff, Karl 306
Schnitzler, Arthur 303
Scholtz, Friedrich v., preuß. General d. Artillerie 273
Schönberg, Arnold 304
Schönburg-Hartenstein, Aloys Fürst, k.u.k. Generaloberst 267
Schönherr, Karl 303
Schröder, Rudolf Alexander 305
Scotti, Karl, k.u.k. General d. Inf. 198
Ščusev, Aleksej 311
Šechtel', Fedor 311
Seeckt, Hans v., preuß. Generalmajor 117, 141
Seidler v. Feuchtenegg, Dr. Ernst Ritter, österr. Min.-Präs. 160, 214
Seihō, Takeuchi 313
Seiki, Kuroda 313

Seipel, Dr. Ignaz, Sozialmin. im Kabinett Lammasch 232
Seitz, Karl, österr. Politiker 231, 234
Selim I., Sultan 277
Serao, Matilde 308
Seton-Watson, Robert William, brit. Schriftsteller 89, 124
Severini, Gino 308
Shaw, George Bernard 309
Shōen, Vemura 313
Simons, Walter, preuß. Geheimrat 243, 244
Sinclair, May 309
Sinclair, Upton 309
Singule, k.u.k. Linienschiffsleutnant 120
Şirato, Francisc 312
Sixtus, Prinz v. Bourbon-Parma, belg. Artilleriehauptmann 156, 170, 171, 219
Skerlecz v. Lomnicza, Iván Frhr., Banus v. Kroatien 44
Skoropadśkyj, Pavlo, Het'man der Ukraine 215, 223
Skrjabin, Aleksandr 310
Slataper, Scipio 304
Slevogt, Max 306
Šljapnikov, A. G., russ. Volkskomm. f. Arbeit 190
Sloan, John 310
Smuts, Jan Christiaan, südafrikan. General 148, 165
Smyth, Ethel 309
Snjarić, Lukas, k.u.k. General d. Inf. 94, 233
Socolescu, Ion I. 312
Sologub, Fedor 310
Sommaruga, Giuseppe 308
Sonnino, Sidney Baron, ital. Außenminister 107

Sophie v. Preußen, Gemahlin Kg. Konstantins 178
Sorsich v. Severin, Béla, k.u.k. Feldmarschallleutnant 136
Soukup, Dr. František, tschech. Politiker 232
Spannocchi, Lelio Graf, k.u.k. Generalmajor 216
Spee, Maximilian Graf v., dt. Admiral 99
Spencer, Stanley 309
Spengler, Oswald 305
Spiridonov, Šeko 311
Šrobár, Dr. Vavro, slowak. Politiker 232
Stadler, Ernst 306
Stajnov, Petko 311
Stalin (eigentl. Džugašvili), Iosif Vissarionovič, russ. Volkkomm. f. Nationalitätenangel. 190
Stambulijski, Aleksandăr, bulg. Politiker (Min.-Präs.) 250, 294
Stanford, Sir Charles Villiers 309
Štefánik, Milan, slowak. Politiker 220, 230
Stein, Hermann, Frhr. v., bayer. Generallt. 198
Steiner, Rudolf 303
Sternheim, Carl 305
Stöhr, Adolf 303
Stolypin, Petr Arkadevič, russ. Min.-Präs. 69
Stolz, Robert 304
Stone, Norman, brit. Historiker 109
Stourdza, Alexander 13
Strašimirov, Anton 311
Straus, Oscar 304
Strauss, Richard 306
Stravinskij, Igor 310
Stříbrný, Jiří, tschech. Politiker 232

Strnad, Oskar 305
Stuck, Franz v. 306
Stürgkh, Dr. Karl Reichsgraf v., österr. Min.-Präs. 102, 106, 107, 124, 135
Stürmer (Panin), Boris Vladimirovič, russ. Min.-Präs. 131
Sudermann, Hermann 305
Süleyman II., Sultan 277
Sullivan, Louis Henry 310
Sun Yat-sen, chin. Politiker 179
Svatkovskij, Vsevolod, russ. Journalist 89
Švehla, Antonín, tschech. Politiker 232
Svevo, Italo 304
Svoboda, František 304
Sykes, Sir Mark, brit. Diplomat 130
Szápáry, Friedrich Graf, k.u.k. Botschafter in Petersburg 102
Szeptycki von u. zu Szeptyce, Stanislaus (Stanisław) Graf, k.u.k. Generalmajor, Militär-Gen. Gouv. In Lublin 159, 215
Szögyény-Marich, Ladislaus (László) Graf, k.u.k. Botschafter in Berlin 46, 88
Szurmay, Alexander (Sándor) Frhr. v., k.u.k. General d. Inf. 88
Takaakikato, japan. Diplomat 40
Talaat Bey (Pascha), osman. Innenmin., Großvezir 81, 109, 134, 251, 278
Tankosić, Vojislav 43
Tarhan, Abdülhak Hamid 313
Tarnowski, Adam Graf, k.u.k. Botschafter in Washington 157
Tatlin, Vladimir 311
Tayama, Katai 313
Tersztyánszky v. Nadas, Carl Ritter v., k.u.k. Generaloberst 141, 142, 187

Tetmajer, Kazimierz Przerwa 304
Teufel, Oskar, Reichsratsabg. 230
Tevfik Fikret 313
Texeira Lopes, António 310
Thomsen, dt. Feldflugchef, Chef d. Generalstabes d. komm. Generals d. Luftstreitkräfte (Oberstlt.), 152
Thöny, Wilhelm 305
Tirpitz, Alfred v., Großadmiral, Staatssekr. d. Reichsmarineamts 104, 127, 191
Tisza v. Borosjenő u. Szeged, Stephan (István) Graf, ung. Ministerpräs. 45, 47, 88, 106, 107, 135, 156, 160, 228, 234
Todorov, Petko 311
Tomoyoshi, Murayama 313
Tóth, Árpád 304
Townshend, Sir Charles (Vere Ferrers), brit. General 120, 147
Trajanov, Teodor 311
Trakl, Georg 304
Trepov, Aleksandr Fedorovič, russ. Min.-Präs. 131
Trockij, Lev Davidovič, russ. Volkskomm. f. ausw. Angel., f. Verteidigung 189, 190
Troeltsch, Ernst 305
Trumbić, Ante, kroat. Politiker 124, 161
Tschirschky u. Bögendorff, Heinrich Leonhard v., dt. Botschafter in Wien 47
Tsubouchi, Shôyô 313
Tülf v. Tschepe, dt. General 178
Twardowski, Kazimierz 303
Tweedmouth, Charles Marjoribanks Lord, Erster Lord der Admiralität 75
Tytgat, Edgard 307

Tzara, Tristan 312
Ungaretti, Giuseppe 308
Unruh, Fritz v. 306
Utrillo, Maurice 307
Uzelac, Emil, k.u.k. Generalmajor (Luftfahrtruppen) 152
Vaida-Voievod, Alexandru v., rumän. Politiker 231
Varnalis, Kostas 312
Varvoglis, Mario 312
Velde, Henry van der 307
Verga, Giovanni 308
Verhaeren, Emile 307
Vešin, Jaroslav 311
Vianna da Motta, José 310
Victoria, Königin von Großbritannien 74
Viktor Emanuel II. v. Sardinien, Kg. v. Italien 21, 26
Viktor Emanuel III., Kg v. Italien 107, 130
Villalobar: Saavedra y Vinent, Rodrigo Ramírez de, Marqués de Villalobar, span. Ges. in Brüssel 162, 172
Viviani, René, frz. Min.-Präs. 77, 130
Wagner, Otto 305
Wagner, Siegfried 306
Wahle, dt. General in Deutsch-Ostafrika 148
Wahle, Richard 303
Waldstätten, Alfred v., k.u.k. Generalmajor 141
Waßmuß, Wilhelm, Dragoman, Konsul 67
Weber Edler v. Webenau, Victor, k.u.k. General d. Inf. 133, 136, 236
Webern, Anton v. 304
Weddingen, M., Kapitänleutnant 100
Wedekind, Frank 305

Weiller, Lazar, frz. Deputierter 157
Wekerle, Dr. Alexander (Sándor), ung. Min.-Präs. 162, 213, 234
Wellesz, Egon 304
Wells, Herbert George 309
Wense, Ernst Frhr. v. d., Sekt.-Rat im Min. d. Äußern 89
Werfel, Franz 304
Westenenk, Provinzialgouverneur in Niederländ.-Indien, 1914 als Generalinspektor f. Ostanatolien vorgesehen 43
Wharton, Edith 309
Wickham-Steed, Henry, brit. Journalist 124
Wied, Wilhelm Prinz zu, Fürst v. Albanien 42
Wiesner, Dr. Friedrich Ritter v., k.u.k. Min.-Rat 214
Wild v. Hohenborn, Adolf, Generalleutnant, preuß. Kriegsmin. 127
Wildgans, Anton 304
Wilhelm I., Kg. v. Preußen, Deutscher Kaiser 21, 26, 27
Wilhelm II., Kg. v. Preußen, Deutscher Kaiser 29, 37, 38, 46, 47, 50, 64, 75, 103, 107, 109, 1941, 155, 158, 167, 171, 176, 178, 191, 215, 220, 222, 227, 232, 240-245, 289
Wilhelm, Erzherzog, Komm. eines Detachements, dem die Ukrain. Legion angehört 218-219
Wilhelm, Kronprinz v. Preußen 143, 144, 242, 245, 255, 256
Wilhelmina, Königin d. Niederlande 246
Wilson, Hugh R., amerikan. Geschäftsträger in Bern 163
Wilson, Thomas Woodrow, amerikan. Präsident 128, 129, 157, 163, 191, 192, 211, 213, 216, 222, 228–230, 232, 240, 242, 247, 248, 252, 270, 302
Witte, Sergej Jul'evič, russ. Min.-Präs. 69, 104
Wittgenstein, Ludwig 303
Wolf-Ferrari, Ermanno 308
Wolfskehl, Karl 305
Wolska, Młodnicka Maryla 304
Woolf, Virginia 309
Wouters, Ris 307
Woyrsch, Remus v., preuß. Generaloberst 84, 85, 87, 141
Wright, Frank Lloyd 310
Wundt, Wilhelm 305
Xavier, Prinz v. Bourbon-Parma 220
Xenopol, Alexandru D. 312
Yoshihito (Taisho), jap. Kaiser 82
Yüan Schi-k'ai, chin. Staatspräs. 179
Yurdakul, Mehmet Emin 313
Zadkin, Osip 311
Zahradník, Dr. Isidor, tschech. Politiker 232
Zeidler, Erwin v., k.u.k. Feldmarschallleutnant 139
Zhuber v. Okrog, Alexander, k.u.k. Oberst 136
Zimmermann, Arthur, Staatssekr. i. dt. Ausw. Amt 155
Zimmermann, Major, Kommandeur d. Schutztruppe (Kamerun) 97
Zinov'ev, Grigorij Evseevič, russ. Politiker 188
Zita v. Bourbon-Parma, Gemahlin Kaiser Karls 123, 231
Zitkovszky v. Szemesszova u. Szohorad, k.u.k. Konsul 216
Zobeltitz, Fedor v. 305
Zuckermann, Hugo 304
Zuckmayer, Carl 306
Zweig, Stefan 304

Register der Orts-, Berg- und Flussnamen

Aachen 12, 14
Abercorn 279
Achalcich 276
Achalkalaki 276
Adalia (= Antalya) 296
Adamello 137
Adana 275, 296
Adramyti 296
Adria 106
Adrianopel 15, 42, 73, 297
Agadir 40
Agram 73, 229, 233
Aisne 200, 201, 258
Akkerman 10
Akre 132
Ala-Dagh 132
Albert 255, 261
Aleksandropol' 276
Aleksandrovsk 219
Aleppo 109, 275
Algeciras 38, 40
Altona 23
Amadia 132
Amara 120
Amiens 182, 183, 257, 260, 261
Anaforta 119
Ancona 115, 152
Ansbach 12
Antivari 101
Antwerpen 90, 92
Arad 295
Arandjelovac 95, 118
Archangel'sk 119, 131
Ardahan 27, 217, 276, 277
Argeș 147
Argonnen 92, 261
Ariburnu 119

Armentières 257, 258
Arras 111, 112, 200, 255–257, 261
Aschaffenburg 12
Asiago 138, 199, 264
Assa 199
Astico 263
Astros 15
Augsburg 12
Aussig 221
Bad Homburg 157
Bad Kreuznach 121, 159, 169, 171
Baden 236
Bagdad 43, 75, 120, 204
Bainsizza 196
Baku 246, 277, 278
Baligrod 110
Bapaume 255, 261
Baranoviči 113, 141
Barletta 115
Basra 43, 96, 120
Bassano 177
Batum 27, 217, 276-278
Bayreuth 12
Beirut 275
Belfort 26, 60, 66
Belgrad 41, 49, 50, 59, 73, 88, 89, 95, 117, 118, 233, 274
Belluno 269, 271
Bender 10
Berat 272
Berchtesgaden 10
Berezina 246
Berg 12
Berlin 18, 19, 24, 25, 27, 29, 30, 32, 34, 38–40, 46, 49–52, 56, 57, 64, 73, 75, 84, 85, 102, 106, 109, 117, 118, 123, 128, 134, 155, 158, 161, 163, 166, 168, 170,

Register der Orts-, Berg- und Flussnamen

171, 176, 186, 209, 223, 230, 244, 245, 246, 248, 251, 277, 278, 291
Bern 157
Beskid-Pass 110
Beuthen 86
Białystok 9
Biglia 140
Bitlis 109, 132, 148
Bixschote 201
Björkö 37
Böhmisch Trübau 223
Bordeaux 90
Borgo 138
Boston 37
Boulogne 66
Boyadji-Köi 19
Bozen 264
Brenta 262–264, 266, 268
Breslau 10, 87
Brest-Litovsk 112, 113, 142, 163, 164, 190, 210, 213, 214, 216–218, 238, 245, 248, 276, 277
Briey 66, 77
Brindisi 151, 208, 209, 286
Brod na Savi 232
Brody 113, 141, 142
Brügge 92, 168, 262
Brünn 39, 232
Brüssel 16, 78, 90, 162, 172, 175, 176
Brzezany 187
Buchlau 39
Budapest 27, 50, 60, 123, 145, 162, 237, 268
Buftea 218
Bug 57, 83
Bukarest 10, 15, 30, 42, 51, 73, 147, 221, 248, 251
Cambrai 182, 183, 202, 203, 255
Canin 198
Cannae 55

Čapljina 215
Carskoe Selo 190
Castelnuovo 151
Cattaro 100, 135, 151, 207, 208, 213, 275
Cernavodă 129, 146, 160
Černigov (Černihiv) 218
Cesarea-Dagh 132
Cetinje 74, 136
Chantilly 140
Char'kov (Charkiv) 215, 218
Charput 132
Château-Thierry 91
Chaulnes 257
Chaumont 11
Chełm (Cholm) 84, 113, 214, 215, 228
Chemin des Dames 175, 202, 258, 261
Chiavalle 152
Chotin 10
Chyrów 110
Cima di Campoluzzo 138
Civaron 138
Cividale 198
Cobadina 295
Col di Lana 116, 137
Col Moschin 264
Col Santo 138
Comen 196
Compiègne 248, 259
Cornino 199
Coronel 99
Corsini 115
Cortina d'Ampezzo 140
Cosada 285
Cost'alta 138
Costa d'Agra 138
Costesin 138
Coston d'Arsiero 138
Craiova 147, 159
Croisilles 255
Crozat 256

Register der Orts-, Berg- und Flussnamen

Czenstochau 86, 87
Czernowitz 86, 110, 114, 141, 188, 231, 237
Dąbrowa 163, 3316
Dakar 129
Damaskus 275
Dar-es-Salam 97, 99, 148
Daulatabad 148
Dausig 9, 287
Debreczin 232
Dedeagatsch (Dedeagač) 295
Delhi 74
Dera 275
Derazno 113
Deutsche Bucht 99, 205
Devoli 271
Dinant 90
Dixmuiden 201
Dnestr 187
Doberdò 116, 140
Dobrič (Tolbuhin) 146
Dobroj polje 272
Dodoma 148
Doggerbank 120
Dojran 295
Dolina 110
Dombóvár 223
Dompièrre 226
Don 215
Donau 15, 20, 27, 117, 145–147, 274, 275, 291
Dorpat (Tartu) 246
Douaumont 143, 144
Drama 295
Drau 229
Dresden 24
Drina 93, 118, 274
Duala 97
Dublin 129
Dubno 114

Dünaburg 113, 114
Duino 196
Dunajec 87
Durazzo 42, 135, 136, 152, 208, 280
Džul'fa 276
Edessa 295
Edolo 264
Eger 113
Eghin 132
Ekaterinoslav (Katerynoslav) 218
Elba 11
Elbasan 272
Elbe 9, 291
Enos 108, 131
Eperjes 87, 235
Epidaurus 15
Erfurt 9
Erzerum 109, 148
Erzincan 148, 203, 276
Esseg 232
Etsch 137
Eupen 63, 286
Euphrat 96
Fajti hrib 196
Falzé 269
Fao 96
Faschoda 34
Fassaner Alpen 140
Feldsberg 292
Feltre 268
Fère-Champenoise 91
Fez 40
Fiume (Rijeka) 10, 60, 229, 231, 233
Fjeri 272
Flamanda 146
Flitsch 183, 197, 198, 203, 368
Flondar 195, 196
Florina 295
Focșani 164
Forni 195

Register der Orts-, Berg- und Flussnamen

Frampol 83
Frankfurt/M. 12, 18, 23, 26
Fredrikshamn 9
Fünfkirchen 222, 295
Fulda 12
Galatz 219
Gallipoli 118, 119, 296, 301
Gargano 135
Gastein 22, 23
Gaza 204
Gemona 198
Genf 22, 286
Gent 92, 262, 291
Genua 13
Gette 90
Gibraltar 206
Glasgow 174
Gmünd 292
Gnesen 87
Gnila Lipa 84
Goransko 136
Gorlice 101, 111, 112
Görlitz 179
Görz 10, 60, 106, 107, 116, 139, 140, 195, 196, 199, 229
Goslar 12
Gradisca 60, 106, 107, 138
Grado 209
Gravosa 120
Graz 102
Great Yarmouth 99
Gródek 84, 85
Großwardein 295
Grottaglie 286
Guastalla 11, 13
Gülhane 17
Gümüljina 295
Gumbinnen 83
Gurna (Korna) 96
Haifa 132

Ham 260
Hamadan 148
Hamburg 291
Hampton Roads 206
Hartlepool 99
Heiligengeist 196
Helgoland 11, 13, 32, 162, 289
Helsinki 245
Herbertshöhe 97
Hermada 195, 196
Hermannstadt 146
Heydekrug 287
Hildesheim 12
Homonnas 87
Hongkong 17
Honolulu 99
Hünkâr Iskelesi 16
Hultschin 287
Idria 223
Ildiz-Dagh 132
Ipek 274
Iringa 204
Ischl 50
Isfahan 148
Iskenderun 275
Ismail 10
Ismid 108, 132
Isonzo 107, 115, 116, 137-140, 195-198, 199, 236, 253, 264-267, 283, 301
Itzehoe 23
Ivangorod (Dęblin) 86, 113
Jaffa 204, 275
Jagodnja 95
Jamiano 140
Jangtse 35
Jaroslau 112
Jaroslawice 83
Jassy 229
Jena 125
Jerablus 275

Jerusalem 79, 204
Judenburg 222
Jülich 12
Jungbunzlau 95, 102
Jura 89
Kai 196
Kalisch 10
Kalusz 187
Kamina 97
Kanaltal 293
Kaposvár 223
Karagač (Levski) 251, 297
Karakilise 119
Karlsburg 235
Karpaten 86-88, 110, 111, 114, 146
Kars 27, 217, 276, 277
Kaschau 293
Kattegat 205
Kattowitz 102
Kavadar 272
Kavalla (Kavala, Kawalla) 42, 179, 295
Kayseri 109
Kemmelberg 257
Kermanschah 148
Kiautschou 33, 66, 98, 292
Kiel 11, 22, 243, 261
Kielce 86, 113
Kienthal 125
Kiev (Kyïv) 216, 218
Kilia 10
Kilimandscharo 97, 148
Kilwa 204
Klagenfurt 292
Knittelfeld 223
Koblenz 248, 287-288
Köln 12, 248, 287
Kolomea 110, 188
Kolovrat 199
Kolubara 95
Komarów 84

Königsberg 83
Konjica 215
Konstantinopel (Istanbul) 19, 41, 79, 81, 108, 131, 134, 281, 296, 297
Konstanza (Constanța) 129, 160
Köprüköy 96, 148
Korfu 118, 161, 286
Kostanjevica 195, 196, 198
Kovel 113, 141
Kovno 113
Kragujevac 43, 118, 223
Krakau 10, 14, 86, 87, 209, 218, 223, 234
Kraśnik 83, 84, 112
Krasnostaw 113
Kremnitz 293
Kreuzburg 86
Krk 195
Kronstadt 146
Kruševac 118
Ktesiphon 120
Kuangtschwouwan 33
Kuban' 215
Kuk 195
Kumbor 151, 285, 286
Kumkale 119
Kusu 281
Kut-el-Amara 147
Kutno 87
Kyoto 81
La Bassée 111, 112
La Fère 255, 256, 261
Laborcza 87
Laffaux 202
Laibach 10, 15, 115, 197, 213, 233, 235, 269
Langemarck 92
Laon 258
Lapanów 87
Lauenburg 12, 13, 22
Laun 223
Lausanne 40, 297

Laxenburg 170
Lazarevac 95
Le Cateau 90
Leipzig 166
Lemberg 84, 85, 112, 164, 218, 231, 234
Libau 100, 112
Lille 111
Limanowa 87
Lingen 12
Linz 209
Liptószentmiklós (Liptovský Svätý Mikuláš) 221
Lisko 110
Lissabon 131
Livenza 270
Liverpool 121
Lješnica 93
Ljig 95
Lodz 87, 88
Log 196
London 16-18, 26, 34-38, 40-42, 49, 52, 73, 75, 76, 106-108, 131, 134, 152, 172, 282
Longwy 77, 90
Lovćen 89, 136, 156, 159
Löwen 90, 291
Lubartów 113
Lublin 83, 84, 113, 114, 159, 169, 221, 234
Luck 113, 141
Lüderitzbucht 97
Lüttich 66, 89, 168
Luxemburg 12, 13, 17, 66, 168, 169, 248, 286
Lys 257
Maas 90, 91, 143
Madrid 28
Mahiwa 204
Mährisch Ostrau 154, 232
Maidoni 196
Mailand 12, 250

Main 24
Mainz 248, 288
Malazgirt 119
Malmédy 68, 286
Malmö 17
Malta 11, 13
Mamahatun 148
Mantua 21
Maria-Theresiopel 213, 295
Marica 117, 251, 297
Mariupol' (Marijupil') 218
Marne 66, 67, 77, 86, 90, 91, 183, 258-260
Masurische Seen 85, 110
Maubeuge 90, 262
Medina 79
Mekka 79, 134
Memel 287, 291
Mergewer 132
Messines 201
Metalka 45
Metz 26, 58, 63
Mézières 261
Mezölaborcz 110
Midia 108, 131
Minsk 68
Mitau 113
Mitrovica 94, 117, 274
Modena 21, 23
Mogila 161
Mogilev 190
Monastir 146, 295
Monfalcone 10
Mons 90
Montdidier 259, 260
Monte Ascolone 200, 268
Monte Barco 138
Monte Campomolon 138
Monte Cengio 138
Monte Coston 138

Monte Grappa 199, 200, 262, 264, 268
Monte Hum 198
Monte Maggio 138
Monte Matajur 198, 199
Monte Meletta 138, 200
Monte Melignone 138
Monte Mia 198, 199
Monte Ortigara 195
Monte Paù 138
Monte Priafora 138
Monte S. Martino 198
Monte San Gabriele 195, 196
Monte San Marco 195, 196
Monte San Michele 116, 137, 138
Monte Santo 195, 196
Monte Spinnuccia 200
Monte Tomba 200
Monte Toraro 138
Montello 265, 266, 269
Montmédy 90
Morava 132, 159
Moresnet 286
Moriago 269
Mosel 89, 291
Moskau 68, 70, 188
Mostar 215
Mosul 109, 204, 275, 297
Mudros 252, 278
Mühlhausen 90
München 51, 244, 245, 291
Mürzsteg 36
Munkács 293
Mur 229
Murau 222
Murmansk 131, 246
Muş 109, 132
Nablus 275
Nachičevan' 276
Namur 176
Nanking 17

Narenta 106
Narew 69, 163
Naroč-See 141
Našice 232
Nasira (Nazareth) 275
Naulila 97
Neapel 9, 13-15
Negotin 89, 221, 272
Neufchâteau 90
Neuilly-sur-Seine 136, 294, 296, 297
Neusandez 87, 88
Neuve Chapelle 111
New York 121, 191
Nhamakurra 279
Nieuport 92
Nikolaev (Mykolaïv) 218
Nikolsburg 24, 25
Nikopol' 219
Niš 118, 274
Nizza 21
Njemen 70, 83, 110
Nova Kapela 232
Nova Vas 139
Novi Pazar 28, 39, 89
Novogeorgievsk (Modlin Stary) 113
Novorossijsk 218
Nowy Sącz 224
Noyon 257, 259, 261
Nürnberg 12
Ochrid-See 271, 273
Oder 291
Oderzo 263
Odessa 96, 216, 281
Ogulin 232
Oise 60
Okna 141
Olkioki 9
Olmütz 18, 218
Opatów 112
Oppachiasella 139

Orahovica 232
Ormignon 255
Osowiec 129
Ostende 92, 262
Otočac 232
Otranto 101, 207, 209, 279, 280, 286
Ourq 91
Padua 236, 263, 271
Panama 18
Pancsova 117
Papeete 99
Parenzo 285
Paris 11, 13, 14, 20, 21, 26, 34, 41, 51, 52, 78–80, 90, 106, 130, 131, 134, 136, 152, 221, 223, 224, 227, 228, 230, 254, 258, 290
Parma 11, 13, 21
Pasubio 140
Pederobba 269
Peking 20, 21, 33, 35
Péronne 92, 144, 255
Pesaro 151
Peschiera 21
Petrikau 89
Piacenza 11, 13
Piave 177, 197, 199, 262, 263, 265-269
Pilsen 154, 218
Pinsk 113, 114
Pittsburgh 222
Pleß 122, 128, 141, 155
Plöckenpass 140
Ploești 147
Po 137
Podbozur 136
Podgorica 136
Podlaka 196
Pola 101, 151, 234, 279, 280, 285, 286
Poltava 218
Ponape 99
Porta Lepozze 195

Portsmouth 37
Posen 12, 102
Poti 276
Potsdam 46
Požega 232
Pozza 138
Pozzuolo del Friuli 182
Prag 25, 102, 154, 211, 215, 223, 225, 226, 228, 230, 232
Pressburg 293
Pretoria 36
Prilep 228, 250, 273, 295
Pripjet 141, 142
Priština 118, 159, 274
Prizren 159
Proskurov 218
Przemyśl 84, 86, 110-112, 152
Pskov 186
Punta di Monte Maggiore 198
Putna 188
Quarnero 106
Radkersburg 222, 292
Radom 86
Ragnit 287
Rama 117
Ramansdrift 97
Rapallo 253
Rawa Ruska 85
Reims 92, 200, 201, 258-2600
Rhein 9, 262, 291
Rhodopen 295
Ried/Innkreis 11
Riga 114, 183, 188
Riva 116
Rodoni 135
Rom 21, 26, 35, 36, 48, 80, 81, 89, 106, 220
Romanja planina 95
Rostov 218
Roubaix 106

Rovereto 116, 137
Rovno (Równe) 113
Rowuma 148, 204
Rudnik-Gebirge 95
Rügen 12
Rufiji 204
Rumburg 222
Rzeszów 112
Šabac 88, 89, 93, 95
Saga 199
Saint-Germain-en-Laye 291, 295–297
Saint-Jean-de-Maurienne 154
Sajóecseg 221
Sakarya 108, 131
Salcano 195
Saloniki 42, 44, 80, 117, 118, 145, 159
Salzburg 12, 22, 223
San 83, 86, 112, 231
San Donà di Piave 265
San Giovanni di Medua 135
San Martino 136
San Stefano 27, 277
San Vito 286
Sandfontein 97
Sankt Petersburg (Petrograd) 22, 26, 33, 36, 38, 41, 51, 59, 68, 70, 102, 184, 185, 187–190
Sanok 88, 110, 112
Sansibar 32
Santa Maria di Leuca 286
Sarajevo 9, 43, 44, 48, 74, 94, 95
Sarykamyš 96
Save 10, 93–95, 117, 274, 275
Scapa Flow 281
Scarborough 99
Schemnitz 293
Schiraz 148
Schönbrunn 10
Sebenico 152, 162, 285, 286
Sedan 262

Seddülbahir 119
Semendria (Smederevo) 49, 50, 118
Semois 90
Seres 295
Sereth 129, 147, 159, 183, 188
Sert 132
Sevastopol' 20, 96
Sèvres 295, 296
Sheffield 174
Sheria (Jordan) 275
Shimonoseki 33
Sieben Gemeinden 139, 195, 268
Siedlce 58
Sieniawa 102, 112
Silistra 42, 146, 295
Sinj 215
Sisan 275
Skagerrak 149, 150
Skopje (Üsküb) 273, 295
Skumbi 272
Skutari 42, 136, 274
Smyrna 296, 297
Sofia 30, 109, 117
Soglio d' Aspio 138
Soissons 92, 111, 200, 202, 258–261
Somme 56, 142, 144, 153, 182, 256, 258, 301
Songea 204
Sosnowice 106
Spa 222, 227, 242, 244
St. Mihiel 91, 143, 226, 261
St. Peter (bei Görz) 140, 200
St. Veit a. d. Glan 292
Stanislau 110, 112, 187, 188
Stettin 291
Straßburg 164, 165
Struma 117
Strumica 295
Surduc-Pass 147
Suvla 119

Suwalki 114
Svistov (Svištov) 147
Szegedin 295
Tabor 223
Tabora 148
Täbriz 120
Taganrog (Tahanrih) 218
Tagliamento 182, 199, 270
Talienwan (Dalni, Dairen, Port Arthur) 33, 37, 82
Tanga 97
Tanger 38
Tannenberg 69, 85
Târgu (Tîrgu) Jin 147
Tarnopol 114, 188
Tarnów 87
Tarvis 236, 293
Tauroggen 10
Temes Kubin (Kovin) 49, 50
Temesvár 50, 209
Teplitz 11
Ternovan 196
Teschen 107, 122, 293
Texel 149
Thalerhof 102
Theiß 293
Themse 98
Thorn 87
Tientsin 20
Tiflis 278
Tigris 96, 132, 147
Tigris-ben-Omar 132
Tilsit 9, 287
Tirana 136
Tirlemont 90
Tobago 11
Toblach 236
Tokyo 81
Tolmein 183, 197, 198, 203, 268
Tomaszów 84, 112

Tonale-Pass 263, 264
Topraisar 146
Tourcoing 106
Trapezunt 132, 148
Treviso 263, 265, 266
Trianon 295, 297
Tribil de sp. 198
Trient 12, 114, 139, 235, 264
Trier 12
Triest 10, 12, 60, 106, 107, 162, 164, 165, 195, 197, 209, 229, 230, 235, 236, 285, 286
Trifail 223
Troppau 14
Tsingtau 82, 98, 99
Turin 19, 26
Turnu Severin 221
Turóczszentmárton (Turčiansky Sväty Martin) 234
Tutrakan (Turtucaia) 146
Tuzla 295
Ubena 204
Udine 182, 199
Unterdrauburg 292
Urfa 109
Urmia 119
Užice 93
Uzsóker Pass 87, 110
Valjevo 95
Valona 42, 71, 106, 107, 118, 129, 152, 159, 207, 286
Valstagna 199
Valsugana 137
Van 109, 119, 132
Varano 286
Vardar 273
Varennes 143
Venedig 12, 115, 151, 152, 263
Verdun 91, 92, 140, 142-144, 153, 191, 202, 226, 301

Verecke-Pass 110
Verona 15
Versailles 26, 223, 253, 286, 292, 295-297
Verviers 66
Vesle 260
Vicenza 263
Vidin 274
Viesta 115
Villach 10, 223, 292
Villafranca 21
Vimy 200
Višegrad 118
Vittorio Veneto 233, 268, 271
Vladivostok 119, 131, 224
Vogesen 60, 90, 92
Vojusa 136, 272
Vulkán (Vilcan)-Pass 147
Walfischbai 97
Warschau 9, 10, 12, 57, 58, 113, 229
Warthe 86, 163
Washington 18, 35, 157, 170, 247
Weichsel 57, 83, 86, 113
Wien 11, 14, 17, 19, 22–26, 28, 29, 41,
    49–51, 60, 62, 84, 85, 106, 117, 123,
    124, 155, 157–159, 171, 209, 210,
    213–216, 218, 219, 221–223, 227, 228,
    231, 232, 247, 293
Wilna 113
Windau 121
Wippach 140
Witkowitz 154
Włodzimierz Wołyński (Volodymyr-
    Volynśkyj) 113
Wörgl 223
Wörthersee 292
Würzburg 12
Wyszków 110
Wytschaete 201
Xanthi 295
Ypern 92, 111, 201, 202, 257, 301

Yser 92
Zaleszczyki 141, 188
Załośce 142
Zamość 10, 84, 223
Zara 132
Zborów 161, 187
Zenta 295
Zimmerwald 125
Zimnicea 147
Zloczów 84, 187
Zubair 120
Zürich 21
Zugna Torta 138

CONSTANTIN SCHNEIDER
DIE KRIEGSERINNERUNGEN
1914–1919
EINGELEITET, KOMMENTIERT UND
HERAUSGEGEBEN VON OSKAR DOHLE
BAND 95

Constantin Schneider (1889–1945) diente als Generalstabsoffizier während des Ersten Weltkrieges zuerst an der Ostfront und ab 1915 in Italien am Isonzo und an der Piave. Bei Kriegsende geriet er mit seiner Einheit in italienische Kriegsgefangenschaft, aus der er 1919 zurückkehrte. Die handschriftliche Fassung seiner Kriegserinnerungen besteht aus drei Bänden, die teilweise während seiner Gefangenschaft und teilweise nach seiner Heimkehr aus Italien entstanden. Ihr besonderer Quellenwert liegt einerseits in ihrer detaillierten Beschreibung der Kriegsereignisse und andererseits darin, dass der Verfasser auf Grund seiner militärischen Stellung mit vielen prominenten Persönlichkeiten direkten Kontakt hatte, darunter auch dem späteren österreichischen Bundespräsident Theodor Körner.

2003. 672 S. BR. 4 SCHW.-W. ABB., 2 KTN.
170 X 240 MM. | ISBN 978-3-205-77060-2

BÖHLAU VERLAG, WIESINGERSTRASSE 1, 1010 WIEN. T: +43(0)1 330 24 27-0
BOEHLAU@BOEHLAU.AT, WWW.BOEHLAU.AT | WIEN KÖLN WEIMAR